국역

鼎谷集
정 곡 집

하늘을
원망하지 말고
사람을
탓하지 말라

국역

鼎谷集
정곡집

曺大中 著
梁鉉承 譯

창녕조씨 판윤공파 정곡문중

월인

정곡선생(鼎谷先生)을 배향(配享)하고 있는 지곡서원(芝谷書院) 전경
- 소재 : 전라남도 화순군 화순읍 다지리(茶智里)

* 창건 : 지곡서원은 1584년(宣祖 17. 甲申)에 전라북도 순창군 금과면 고례리(古禮里)에 예천서원(禮川書院; 賜額書院)으로 창건하여 퇴사헌(退思軒) 조흡(曺恰) 선생을 향사(享祀)하였는데 임진왜란의 병화로 소실됨.
* 1차 복원 : 1785년(正祖 9. 乙巳)에 전라남도 화순군 화순읍 륵정(櫟亭)에 륵정서원(櫟亭書院)으로 복원하여 후손인 정곡대중공(鼎谷大中公), 청강수성공(淸江守誠公), 사촌수홍공(沙村守弘公), 구봉엽공(九峯熀公) 네 분 선조를 배향함.
* 1868년(高宗 5. 戊辰)에 서원 철폐령(書院撤廢令)에 의해 훼철(毁撤)됨.
* 3차 복원 : 1996년(丙子)에 전라남도 화순군 화순읍 다지리(茶智里) 현 소재지에 지곡서원(芝谷書院)으로 3차 복원함.

정곡정(鼎谷亭)
- 소재 : 전라남도 화순군 화순읍 서태리(西台里) 입구
(앞에는 심강이 흐르고 뒤에는 종괘산이 솟아 있다)

통훈대부평안전라양도사정곡대중선생-숙인경주김씨합폄 묘소
(通訓大夫平安全羅兩都事鼎谷大中先生-淑人慶州金氏合窆 墓所)
- 소재 : 전라남도 화순군 화순읍 세량리(細楊里)

정곡선생묘갈명 ; 구비
(鼎谷先生墓碣銘 ; 舊碑)
- 소재 : 화순군 화순읍 세량리

정곡선생유적비
(鼎谷先生遺蹟碑)
- 소재 : 화순군 화순읍 서태리

정곡선생묘갈명 ; 신비
(鼎谷先生墓碣銘 ; 新碑)
- 소재 : 화순군 화순읍 세량리

정곡선생유허비
(鼎谷先生遺虛碑)
- 소재 : 화순군 화순읍 서태리

통훈대부행평안전라양도사춘추관기주관홍문관응교정곡조선생 묘비 - 숙인경주김씨.부
(通訓大夫行平安全羅兩都事春秋館記注官弘文館應敎鼎谷曺先生墓碑 - 淑人慶州金氏.祔)

정곡집 표지(초간본)
(鼎谷集 表紙)

〈일러두기〉

1. 이 책은 중간본(重刊本; 石版本. 1972년) 『정곡집(鼎谷集)』(국립중앙도서관 소장본)을 저본으로 하여 국역하였다.
2. 초간본(初刊本; 木版本. 1811년 이후 조선후기 간행) 『정곡유집(鼎谷遺集)』의 사료적 가치를 고려하여 권말 부록에 사진판으로 실었다. 초간본 『정곡유집(鼎谷遺集)』은 '창녕조씨 판윤공파' 문중 소장본의 지질보다 경인문화사(景仁文化社) 발간 『한국역대문집총서』(577권)의 『정곡유집(鼎谷遺集)』이 보다 선명하여 경인문화사의 양해와 협조 속에 수록하였음을 밝힌다.
3. 따라서 국역본에 '원문'으로 명기한 쪽수는 중간본을 기준으로 하였기 때문에, 부록으로 실은 초간본의 쪽수 병기와는 쪽수별로 1~2행 정도의 차이가 있음을 밝힌다.
4. 국역은 직역을 원칙으로 하였으며, 내용 파악에 도움을 줄 수 있다고 판단되는 경우에 한해 부분적으로 의역하거나, 이해에 도움을 주기 위해 ( )속에 어구를 보충하였다.
5. 시가 부분은 시가의 특성상 함축과 압축적인 국역 위주에서 어미와 조사 등을 보다 폭넓게 사용하여 서술형 구문을 택해 독자의 이해를 도모하였다.
6. 한문 용어의 경우 독해에 필요한 인명·지명·관직명 등의 한자어는 ( )속에 병기하고, 음이 다르지만 뜻이 같은 용어는 [ ]속에 표기하였다.
7. 원문에서 공경(恭敬)을 뜻을 나타내기 위해 띄어쓰기를 한 경우는 띄어쓰기나 대두(擡頭)를 하지 않는 대신, 원문과 번역문의 해당 단어의 앞에 □를 써서 표시하였다.
8. 대화 부분은 " ~ "으로 표시하고, 강조 또는 혼잣말이나 마음 속 생각은 ' ~ '로 표시하였다.
9. 서명(書名)은 『 』, 작품명은 〈 〉, 서책의 인용 부분은 「 」으로 표시하였다.
10. 주석은 원문에 나오는 지명(地名), 인명(人名), 전고(典故), 관직명(官職名) 등을 중심으로 하여 가급적 자세하게 밝혀 이해를 돕고, 난해 어구의 경우 여러 개의 뜻을 가진 경우는 본문의 내용 이해에 도움이 되는 의미만을 밝혔다.
11. 중국 연호와 한국 연대 표기는 원문을 기준으로 하고, ( )속에 서기 연대와 정곡 선생의 나이를 병기하여 이해를 도왔다.
12. 원문의 2행(行) 부기(附記) 부분은 원문과 번역문에 작은 활자로 제시하여 구별하였다.

發刊辭

祖上의 偉業을 繼承하여 萬世에 빛나도록 傳하고자 함은 子孫本分이요, 崇祖致誠의 道理는 後孫들에게 떳떳함을 보여주는 자랑스런 일이라 할 수 있을 것입니다.

한 사람의 人生歷程은 그가 살아온 當時의 時代相과 無關치 않다는 것을 想起하면서, 鼎谷先祖께서는 湖南六賢中 한 분이시고 이름난 儒學者이시다. 20歲 前后하여 退溪李滉先生의 門下에서 修學하여 33歲에 明經科에 及第하여 弘文館應教·平安全羅兩道都事를 歷任하고 天性的으로 剛直하고 志操가 굳어 굽힐 줄 모르는 淸白한 論理家로 뛰어나셨다. 그러나 黨論分裂로 鄭澈로부터 直間接的으로 注目을 받아오던 中 平安全羅都事 任命된 지 數個月 뒤인 己丑年(1589) 10月 鄭汝立謀叛事件(大型政治報復事件)이 發生 湖南士人들이 까닭 없는 大肅淸을 當하였다. 그 渦中에도 卓越한 儒學者이기에 深奧한 詩文을 數100余編 남기셨으나 流失되고, 保存된 글이나마 옛날 純漢文詩로써 現代 子孫들이 判讀하기가 어려워서, 우리글로 飜譯하여 後裔들은 勿論 많은 後學들에게 感銘받을 수 있도록 하자는 宗議가 20余年 經過한 끝에 오늘의 國譯版을 刊行하게 되었으니, 晩時之嘆을 삼키면서 子孫과 後學들이 先生의 遺德을 追慕하고 그 높은 뜻을 欽仰하여 참된 삶의 龜鑑이 되어지기를 바라는 마음 懇切합니다.

끝으로 國譯版 刊行의 길을 잡아 준 鼎谷公宗中東錫會長과 編纂刊行을 위하여 人的物的作業에 犧牲的奉仕精神을 아끼지 않은 一鉉總務에 깊은 고마움을 表하며, 國譯에 精誠을 다하신 漢學의 大家이신 梁鉉承先生의 賢勞에 甚深한 謝意를 表합니다.

2015年 乙未 2月 日
鼎谷公 11代孫 不肖 日煥 謹識

서문(序文)

금년 2015 을미(乙未)년은 정곡 조대중 선조(鼎谷曺大中先祖)께서 타계(他界)하신지 425년이 되는 해입니다.

많은 자손들은 유학자이며 효성이 지극하셨고 강직한 성품을 가지셨던 정곡 선조님을 못내 동경(憧憬)하며 살아오면서 이 세상에 왔다는 흔적을 남기고자 고심(苦心) 끝에 나의 13대 조부님의 유적(遺跡)을 찾아 후손들에게 전교(傳敎)하기로 결심하여 종친회의 중의(衆意)를 모아 그렇게도 고대(苦待)하던 "정곡선조의 유집(鼎谷遺集)"을 단행본으로 간행하게 됨에 반갑기 그지없고, 특히 어려운 원문(原文)을 한글로 번역하여 후손들이 수월하게 탐독할 수 있도록 편찬하게 되어 진심으로 큰 보람을 느낍니다.

특히 본 정곡유집이 정곡 조대중선생에 대한 국제학술대회가 도운회(陶雲會) 주관으로 2015년 3월 14일 정곡선생의 고향 전남 화순에서 개최하게 되어 더욱 의미가 깊고 우리 화순의 크나큰 영광이라 자부합니다.

정곡선생은 성동(15세)때 교육열이 높으신 어머님의 말씀과 형제들의 권유에 따라 훌륭하신 스승 담양의 문절공 류미암선생(文節公柳眉巖先生)의 문하에서 수업(修業)하며 인심 도심(人心道心) 등을 논증(論證)함에 미암께서 크게 칭찬을 내리시고 누가 스승인지 알 수 없구나! 나는 더 이상 가르칠 것이 없으니 퇴계선생에게 가도록 하라 하셨다.

정곡은 퇴계 이황선생(退溪李滉先生)을 찾아뵙고 강론(講論)하고 질문(質問)하며 극기복례(克己復禮)하고 박문약례(博文約禮)하며 불천불이(不遷不貳)함이 몹시 아름다웠다. 태극도설(太極圖說)에 이르러서는 퇴계(退溪)께서는 '통유(通儒)'라 칭찬하며, 사암 박순 영상(思菴朴淳領相)에게 자랑하기도 하였다.

정곡선생은 어떻게 사는 것이 진실한 삶인가를 터득했고, 또 실천했던 학자였다. 선비 본연의 정신과 그의 기상(奇想), 불의(不義)와 타협하지 않고 꿋꿋하게 살아오다가 기축사화를 만나 반대당의 계획적인 망(網)에 걸려 모함무고(謀陷誣告)로 하옥되어 13일 만에 42세의 젊은 나이로 운명하고 말았다.

특히 정곡선생은 죽을 때에 임하여 옥중에서 칠언시(七言詩)를 지어 의금부에 올렸는데, 판의금부사 최황(崔滉,서인쪽)이 위관 정철을 거쳐 선조에게 일러 바쳤다.

詩: 「地下若從比干去, 孤魂含笑不須悲」
지 하 약 종 비 간 거 고 혼 함 소 불 수 비

「지하(地下)에서 만일(萬一) 왕자 비간(王子比干)을 따라 갈 수 있다면 고혼(孤魂)이 웃음을 머금고 슬퍼하지 않으리라」하였는데 선조는 오판하여 부관참시(剖棺斬屍)를 명하여 화순 근교(너릿재)에서 시행하였다.

공(公)은 위 시와 같이 떳떳하고 결백함을 소지한 분이라 죽음을 앞두고 그와 같은 시를 지어 읊었으며, 그 형(兄)에게 본인의 청백(淸白)한 마음을 보이며 아래와 같이 영결서를 남기고 마지막 길을 가셨다.

죽기 전에 형에게 보내는 영결서(永訣書)에

"원통함을 품고 죽습니다. 애매함이 하늘을 찌르지만 늦은 것이니 가소롭습니다! 저의 죽음은 진실로 운명(運命)이라고 말 할 수 있으니, 부디 말을 만들어 낸 자에게 허물을 돌리지 마십시오!"

라고 하였다. 조대중은 자기의 죽음을 모두 자기의 운명으로 받아 들였다.

「上家兄永訣書, 抱寃而死, 雖曖昧極天, 實是命也, 死後則必有公論, 然晩矣
상 가 형 영 결 서 포 원 이 사 수 애매 극 천 실 시 명 야 사 후 칙 필 유 공론 연 만 의
可笑, 我死眞所謂命也, 愼勿歸於造言之人也」
가소 아 사 진 소위 명 야 신 물 귀 어 조 언 지 인 야

얼마나 장엄(莊嚴)하고, 결백, 강직한 인물이었던가!

얼마 후에 그 결백함이 드러나 관련 무리들은 귀양 또는 장살 등으로 생을 마감하였다.

위와 같이 정곡선조는 박식하고 웅변을 갖춘 학자로서 스승들과의 강론도 빈번하였고 학문적인 이론과 논리적인 사고와 통찰력은 스승으로의 인정을 받고 많은 업적을 남길 수 있었는데도 억울한 생을 겨우 42세에 마감하였고, 자손들은 선조(先祖)께서 남기셨던 유물들은 후환이 두려워 소실(燒失) 및 멸실(滅失)시켰고, 정곡선조의 행적과 상자속의 유물들은 금오랑 등의 가택수색으로 몰수 및 영원히

분실되고 만 것입니다. 그나마 다행스럽게도 용학구결(庸學口訣) 1권과 정곡집(鼎谷集) 3권이 있었는데, 호남사림들이 선생을 심히 경모(敬慕)하여 애독하며 연구하였고, 선생 이하 4인(五賢)으로 륵정서원(櫟亭書院), 현 지곡서원(芝谷書院)에서 향사하고, 특히 정곡선생은 나주 호암서원(虎巖書院)에서 호남구현(湖南九賢)과 함께 동배(同配)하고 있다.

약간의 잠(箴)이나 명(銘)을 논한 몇 편은 온 솥 맛(全鼎之味)에 겨우 한 점 고기 정도에 불과하다.

이번 유집을 발간함에 있어 선생께서 남기신 유집을 우리말로 쉽게 번역하여 누구나 다 같이 읽을 수 있고 특히 어려운 문구나 용어는 주석을 달았기에 더욱 가까이 할 수 있는 보책(寶冊)이라 감히 자랑하고자 합니다.

425년 만에 나온 이 유집을 각 가정의 보물로 삼아 대대손손 계승하여 명문 창녕조문(昌寧曺門)의 빛나는 전통을 간직하시길 바라면서 이 보책이 세상에 나올 때까지 심혈을 기우려 주신 양현승 교수님께 깊은 감사의 말씀을 드립니다.

끝으로 창녕조문의 여러 종친들께서는 고매(高邁)하신 인물과 덕량을 직접 넓히면서 정곡선조의 곁으로 차츰차츰 가까이 다가갈 수 있게 되었다고 감히 확신하는 바입니다.

2015년 3월 일

昌寧曺氏 判尹公派 鼎谷公 會長

曺東錫 謹書

역자 서문

사람 사이의 갈등은 늘 사실(事實)에 대한 가치 평가와 판단의 상이(相異)와 충돌에서 시작하여, 그 사실에 대해서 '어떻게 (대처)할 것인가?'에서 갈등은 구체화된다. 그것도 과거 완료형인 사실(史實)에 대한 현재의 가치 평가는 곧 사실(事實 / 史實)을 바라보는 사람의 가치관을 반영하고, 나아가 사상과 이념의 구체적 실현을 의미한다. 이에 의한 미래의 정책과 대안에 대한 갈등이 역사 전개의 한 얼개라 할 수 있을 것이다.

조선시대의 역대 여느 당쟁(黨爭)이나 사화(士禍)보다도 수많은 선비들을 참혹한 죽음으로 몰아갔던 정여립모반사건에 의해 발발한 기축옥사(己丑獄事; 1589. 선조 22)의 참변은 당쟁인가 사화인가? 이 물음은 역사에 대해서 문외한인 역자가 이 글을 국역하는 동안 가졌던 의문이었다. 1천여 명의 선비들을 죽음이나 파직, 귀양으로 내몰았음에도 불구하고 아직도 '옥사(獄事)'라는 미제사건(謎題事件)으로 자리하고 있다. 정책대립도 아니었고 사상이나 이념대립도 아니었다면 기축옥사는 왜 일어났는가? 이 의문에 대한 답을 정곡선생(鼎谷先生)과 동시대의 문신이자 학자였던 백담(柏潭) 구봉령(具鳳齡; 1526~1586)의 〈촉견폐일설(蜀犬吠日說)〉(『柏潭集』 9卷 說條)에서 찾을 수 있었다. 내용인즉 '촉(蜀)나라 개는 해를 보면 짖는다.'는 것이니, '촉나라는 누천(漏天)이라 하여 항상 비가 오고 갠 날이 적어서 해를 볼 수 없으니, 해가 한 번 뜨면 개들은 이상히 여기고 짖는다는 것이다. 그러나 개가 해를 보고 짖는 것은 짖다가 그칠 뿐이나, 소인이 군자를 보고 짖는 것은 오직 짖을 뿐만 아니라 반드시 씹어 삼킨 후에야 그만두니, 마침내 화가 나라에까지 흘러가는 것이다.'라고 하고 있다. 중국의 역사에서 용봉(龍逢)과 비간(比干)이 그러하고, 왕장(王章)과 진번(陳蕃), 이천선생(伊川先生; 程頤)과 고정(考亭; 朱熹)이 모두 개의 짖음을 당한 해[日]였다. 개는 소인(小人)이고 해는 군자를 말함은 물론이다. 당대의 병폐를 꿰뚫어본 백담 선생의 통찰(洞察)에 경

탄을 금치 못한다.(拙著『한국설문학선』. 2004. 참고).

『정곡집』을 통해서 소인이 군자를 보고 어떻게 짖었는가? 아니 짖음에 그친 것이 아니라 어떻게 씹어 삼키고, 그 해악이 어떻게 나라를 공국(空國)의 지경에 까지 이르게 하였는가? 그리하여 임진왜란이라는 초유의 비극을 맞이하게 되었는가를 자세하게 알 수 있으니, 옛말에 '대옥(大獄)이 있은 후에는 반드시 큰 병화(兵火)가 있다.'라는 말을 실감하게 하는 글이다. 곧 기축사화(己丑士禍; 필자 주)의 자세한 진행 과정을 볼 수 있으니, 충(忠)・효(孝)・렴(廉)을 이념으로 청고(淸苦)하게 살면서 퇴계선생으로부터 '통유(通儒)'라고 칭송받았던 한 굳건한 거목이 개[小人]들의 날조(捏造)와 모함(謀陷), 무고(無辜)와 조언(造言)과 나직(羅織)의 '짖음' 의해 스러져간 참상이 적나라하게 드러나고 있다. 한 인물의 일대기나 역사서를 읽어가면서 '만약에~이렇게 하였더라면'이라는 가정(假定)을 섞어 재구성하다 보면 안타까움을 느끼게 되는 경우가 종종 있게 된다. 정곡 선생 역시 환해풍파(宦海風波)에 들어서지 않고 도학(道學)의 길을 올곧게 갔더라면 퇴계 선생의 뒤를 이어 얼마나 높고 큰 고봉이 되었을까 하는 안타까움을 금할 수 없다.

『정곡집』 전문은 4권 1책으로 되어 있다. 이 가운데 정곡 선생의 저작은 제1권에 수록되어 있는데 운문(시)은 7편으로, 오언 절구(2편), 칠언 절구(2편), 칠언 율시(1편), 칠언 고시(2편, 1편은 제목만 전함) 등이다. 산문으로는 箴(1편), 銘(1편), 論學(3편), 疏(1편), 書(2편), 祭文(1편) 등으로 모두 16편에 불과하며, 칠언 고시인 〈목마부(木馬賦)〉와 논학류의 〈용학구결(庸學口訣)〉, 〈경연진대(經筵進對)〉 등 3편은 제목만 전하고 있어 실제 수록된 작품 편수는 13편뿐이다. 이렇게 작품 수가 적은 이유는 본문 중에 누차 언급하고 있듯이 수백여 편에 이를 것으로 추정되는 저작들이 의금부(義禁府)의 압수수색으로 인해 유실된 것으로 여겨져 안타까움을 금할 수 없다.

제2권부터 제4권까지는 모두 부록으로 편성되어 있는데, 제2권에서는 당파의 형성과 당쟁의 진행 과정, 신원되기까지의 진행 상황을 연대순으로 기록한 것을 비롯하여 기축옥사와 관련된 기관과 개인 및 선비들의 집단 신원설치를 위한 상소문 등 38종의 글들을 모아놓았다. 제3권에서는 여러 문인들의 문집에 수록된 기축옥사에 관한 글 및 시정기(時政記; 承政院日記) 등에 나타난 기록 등 16편의 기록들을 모아놓았다. 제4권에서는 행장(行狀)・실기(實記) 등 6편의 글과 『정곡집』의 주편찬자였던 나경(羅炅)선생의 발문이 있다. 발문에서 밝히고 있듯이 기축옥사(선조 22. 1589년) 이후 1595년(선조 28년)과 1596년(선조 29)에 호남지방의 선비 중에서 처음으로 정곡선생을 비롯한 억울한 누명을 쓰고 죽어간 호남육현(湖南六賢)의 신원설치를 상소한 의금부 도사였던 나덕윤(羅德潤)·나덕명(羅德明)의 후손으로서 나경 선생이 누구보다도 기축옥사에 관해서 잘 알고 있으리라고 여기고, 정곡 선생의 후손 조창득(曺昌得)과 선비 노씨(魯氏)의 간곡한 부탁으로 1811년(純祖 11)에 편찬한 것이다.

정곡 선생의 삶과 죽음이 현대 사회에 주는 교훈은 무엇일까? 우선 들 수 있는 것은 그의 죽음을 맞이하는 자세이다. 원통하고 억울하게 누명을 쓰고 죽어가면서도 '이것도 나의 운명입니다. 하늘을 원망하지 말고 사람을 탓하지 마십시오.'라고 하고 있다. 우리에게는 전통적 가치관 중에서 운명론 또는 숙명론의 가치관이 있었다. 곧 사람의 행복과 불행은 '모두 사주팔자(四柱八字) 소관'이라는 가치관이다. 물론 당시를 감안하면 정곡 선생만의 가치관이 아니라 당대의 보편적인 가치관이었다. 우리는 그 동안 이 운명론·숙명론을 근대화 과정 속에서 전근대적 가치관으로 여기고 폄하하고 부정·배격하였다. 그리하여 '잘되면 제 탓, 못되면 조상 탓'이라고 하더니, 급기야 '잘되면 제 탓, 못되면 남의 탓'이라고 변질되어, 자신의 불행의 원인을 자신에게서 찾지 않고 남의 탓, 잘못된 사회의 구조적 모순에 의한 피해라고 여기고, 불특정 다수에 대한 적개심과 복수심을 키워가며 불행한 결말로 끝맺음하는 경우를 종종 본다. 케케묵은 사고방식이라고 치부할 일만은 아닌 성싶다. 조금은 운명론적 사고의 긍정적 측면을 인정하고 싶다. 현대인의 마음의 병을 치유(힐링)할 수 있는 작은 인생관을 배울 수 있을 것이라 여겨진다.

〈일러두기〉에서 밝혔듯이 본 국역은 중간본 『정곡집(鼎谷集)』을 저본으로 하였고, 부록으로 실은 초간본 『정곡유집(鼎谷遺集)』은 문중을 비롯 연구자들을 위한 사료적 가치를 염두에 두고 사진판으로 게재하였다. 내용은 중간본 서두에 실린 '서(序)'를 제외하고는 동일하다. 따라서 국역에 붙인 쪽수 표기와 부록에 실린 초간본 쪽수 표기별 국역이 일치하지 않고 1~2행정도 차이가 있음을 밝힌다. 국역본의 본문에 한자음을 부기한 것은 난해한 한문에 대해 문중의 후손들에게 다소간이라도 정곡선조에 대해 쉽게 다가갈 수 있도록 하기 위함이었고, 한문인지 능

력의 교육적 가치를 더해드리고자 한 의도이다. 국역 상의 적지 않은 오류로 인해 정곡 선생의 고결하고 눈부신 행적에 누가 되지 않기를 바라는 마음으로 선배 제현들의 바로잡아 주심이 있다면 감사한 마음으로 받아 드릴 것이다. 본문과 국역을 윤문하여 오・탈자와 오역을 바로잡아 주신 순천대학교 박해장 교수님께 깊은 감사를 드린다. 아울러 좋은 책을 꾸며 주신 월인출판사 박성복 사장님과 최형필 상무님을 비롯한 편집부에 깊은 감사를 드리고, 역사 속에 묻혀 사라질 뻔한 선조의 유덕을 되살리는 현창(顯彰)사업에 골몰한 창녕조씨 판윤공파 정곡문중 제현의 아름다운 복덕을 기리며, 더욱 조기운 씨의 물심양면 헌신에 찬사를 드린다.

2015년 2월 일

망우산자락(忘憂山自樂) 심학당한문학연구실(心學堂漢文學硏究室)에서

역주자 양현승 삼가 씀.

차례

제1권

제2권

제3권

[부록: 여러 대가 문집 속의 기록 / 附錄: 諸家文集參攷錄]

제4권

서(序)

[1쪽]

鼎谷先生曺公 湖南六賢之一 而韓代名儒也 蓋先生孝友天植 早從柳眉
정곡선생조공 호남육현지일 이한대명유야 개선생효우천식 조종유미

巖文節公門 論人心道心之分辨析甚明 文節大加稱歎 繼謁退陶夫子 遂
암문절공문 논인심도심지분변석심명 문절대가칭탄 계알퇴도부자 수

定分焉 講質克復博約 不遷不貳之旨 及太極圖說 夫子許以通儒 所製
정분언 강질극복박약 불천불이지지 급태극도설 부자허이통유 소제

木馬賦武溪深詩 膾炙當世 庸學口訣一卷 及文集三卷 足爲後學之指南
목마부무계심시 회자당세 용학구결일권 급문집삼권 족위후학지지남

而官止全羅都事而已 顧先生以剛直之姿 眞正之學 當善類 彙征之際 可
이관지전라도사이이 고선생이강직지자 진정지학 당선류 휘정지제 가

展其大有爲之志 而不幸黨論裂獄事興 先生橫罹其禍 禍及泉壤 豈不
전기대유위지지 이불행당론렬옥사흥 선생횡리기화 화급천양 기불

痛冤哉 彼黨人之多 方搆虛織無 而自陷於奸毒者已爲 當時君上
통원재 피당인지다 방구허직무 이자함어간독자이위 당시군상

【번역】

정곡(鼎谷) 조대중(曺大中)선생은 호남의 여섯 현인 중 한 분이시고 한국의 이름난 유학자이시다. 원래 선생께서는 효도(孝道)와 우애(友愛)를 타고나셨다.[1] 일찍이 유미암(柳眉巖)[2] 문절공(文節公)의 문하(門下)에서 인심도심(人心道心)[3]을 논하였는데, 나누고 명백히 분석함이 매우 분명하니, 문절공(미암 유희춘)께서 크게 칭찬하셨다. 이어서 퇴도부자(退陶夫子)[4]를 찾아뵙고 드디어 스승과 제자로서의 명분을 정하였다. 극기복례(克己復禮),[5] 박문약례(博文約禮),[6] 불천불이(不遷不貳)[7] 및 태극도설(太極圖說)[8]을 강론(講論)하고 질정(質正)하자 부자(夫子; 退

1) 天植(천식): 마음 심지(心志). 곧 하늘이 인간에게 심어준 것이라는 뜻.

2) 柳眉巖(유미암): 유희춘(柳希春). 1513~1577. 조선 중기의 문신. 자는 인중(仁仲). 호는 미암(眉巖). 시호는 문절(文節). 해남 출신. 부인은 여류 문인 송덕봉(宋德奉)이다. 김인후(金麟厚)와는 사돈간이고 김안국(金安國)・최산두(崔山斗)의 문인으로 1535년 별시문과에 급제함.

3) 人心道心(인심도심): 유학의 심성론(心性論)에서 심(心)의 양면성에 관한 학설. 사람의 음이란 매우 오묘한 것이어서 그 실체를 파악하기가 쉽지 않아서, 마음에 대한 관심은 오래되었으며, 인심도심설의 문제도 그 중의 하나다.

4) 退陶夫子(퇴도부자): 퇴계(退溪) 이황(李滉). '퇴도(退陶)'는 이황의 다른 호, 부자(夫子)는 이황에 대한 경칭.

5) 克己復禮(극기복례): 욕심을 누르고 예의범절을 따름.

6) 博文約禮(박문약례): 널리 학문을 닦아 사리에 밝고 예의범절에 밝음.

7) 不遷不貳(불천불이): 바꾸지 않고 어그러지지 않음. 또는 '불천노불이과(不遷怒不貳過)'의 준말로 이쪽에서 성낸 마음을 저쪽에 옮기지 아니하고, 한 번 저지른 잘못을 거듭 범하지 아니 함. 본문에서는 후사의 뜻.

溪)께서도 통유(通儒)[9]임을 인정하셨다. 지으신 목마부(木馬賦)[10]와 무계심(武溪深)[11]의 2편의 시는 당시에 널리 회자(膾炙)[12]되었고, 『용학구결(庸學口訣)』[13] 1권과 문집 3권은 후학들의 지침이 되기에 충분했지만, 벼슬은 전라도사(全羅都事)[14]에 그쳤을 뿐이다. 선생의 강직(剛直)한 자세와 진정한 학문을 돌아보면 덕망(德望) 있는 선비였으며 훌륭한 인재로 등용[15]되었을 때에는 큰일을 하려는 뜻을 펼칠 수 있었음을 볼 수 있다. 그러나 불행히도 당론(黨論)이 분열되고 옥사(獄事)[16]가 일어나니, 선생이 그 화를 까닭 없이 입고 화가 저승[17]에 까지 미쳤으니, 어찌 원통하지 않으리오. 그 당인(黨人)[18]들의 숫자가 많아 없는 죄를 날조하여서 간악하고 혹독한 자들의 함정에 스스로 빠졌을 뿐이다. 당시에 임금[19]께서

[2쪽]

之所卽 而踵有先生伸雪之典 則畢露黨人之肝腸 而其異趣者 尙今斷斷
지소즉 이종유선생신설지전 즉필로당인지간장 이기이취자 상금단단
不已 盖觀夫古之黨爭 否漢有陳竇十常侍之黨 陳竇以君子而敗 十常侍
불이 개관부고지당쟁 부한유진두십상시지당 진두이군자이패 십상시
以小人而勝 唐有牛李之黨 僧儒以小人而大勝 德裕以君子而大敗 宋有
이소인이승 당유우리지당 승유이소인이대승 덕유이군자이대패 송유
司馬呂惠卿之黨 惠卿以小人而卒勝 溫公以君子而卒敗 則有黨而君子
사마여혜경지당 혜경이소인이졸승 온공이군자이졸패 즉유당이군자
之必敗 自古而然 然則先生之爲君子 固自若而恨丁 於黨伐之世也 樊菴
지필패 자고이연 연즉선생지위군자 고자약이한정 어당벌지세야 번암
蔡相國題墓有曰 網打一邊善人 而主其事者 雖千百世 脫不得小人之目
채상국제묘유왈 망타일변선인 이주기사자 수천백세 탈부득소인지목

8) 太極圖說(태극도설): 유학, 특히 성리학에서 모든 존재와 가치의 근원이 되는 궁극적 실체인 태극을 그림으로 그려 설명한 것.
9) 通儒(통유): 고금의 학문에 통달하여 학식이 깊고 넓은 학자.
10) 木馬賦(목마부): 본문집『정곡집』 목차에 제명은 기록되어 있으나 내용은 유실됨.
11) 武溪深(무계심): 본 문집『정곡집』에 수록되어 있고, 진사시험에 입격(入格)한 시.
12) 膾炙(회자): 회와 구운 고기라는 뜻으로 널리 사람의 입에 오르내림을 의미.
13) 口訣(구결): 한문을 읽을 때에 한문의 단어 또는 구절 사이에 들어가는 우리말.
14) 全羅都事(전라도사): 전라도 관찰사를 보좌하는 직책으로 종5품. 주요임무는 관찰사를 보좌하여 감사와 수령을 규찰하고 문부(文簿)를 처결하는 것으로 아사(亞使)라고 불림.
15) 彙征(휘정): 훌륭한 인재를 등용함.
16) 獄事(옥사): 중대한 범죄를 다스림.
17) 泉壤(천양): 무덤 속. 광중(壙中). 또는 저승.
18) 黨人(당인): 정여립(鄭汝立)모반 사건으로 일어난 기축옥사(己丑獄死; 1589년 선조 22) 당시의 동인(東人)을 핍박한 서인(西人)들을 말함.
19) 君上(군상): 선조(宣祖). 1552년(명종 7)~1608년(선조 41). 조선 제14대왕. 재위 1567~1608.

矣 此是百世公議 嗚呼其盡之矣 獨其詩賦書疏箴銘 零星於經禍之餘 僅
의 차시백세공의 오호기진지의 독기시부서소잠명 영성어경화지여 근
有若干篇 幷年譜狀碣爲一局已有刊 而以
유 약간편 병연보상갈위일국이유간 이이

【번역】

미워하시며 선생의 억울하고 원통한 일을 씻어주고자 하였으나, 그렇게 하면 곧 당인(黨人; 西人)들의 속마음(죄상)이 죄다 드러날 것이었는데, 서로 의견이 달라 아직도 지금에 이르기까지 끝나지 않은 것이다. 대저 옛날의 당쟁을 보건데, 한(漢)나라의 진번(陳蕃)·두무(竇武)[20)]와 십상시(十常侍)[21)]의 무리들을 보더라도, 진번과 두무는 군자였기 때문에 패하고, 십상시 무리들은 소인이었기 때문에 이겼으며, 당(唐)나라의 우이(牛李)[22)]의 무리들이 있었는데, 승유(僧孺; 牛僧孺)는 소인이었기 때문에 크게 이겼고, 덕유(德裕; 李德裕)는 군자(君子)였기 때문에 크게 졌으며, 송(宋)나라 때에는 사마(司馬)[23)]와 여혜경(呂惠卿)[24)]의 무리가 있었는데, 혜경은 소인이었기 때문에 마침내 이겼고 온공(溫公; 司馬光)은 군자였기 때문에 패한 것이다. 무리들이 있으면 군자들은 반드시 패한 것이니, 예부터 그러한 것이다. 그런즉 선생은 군자가 되었기 때문에 참으로 흔들리지 않다가 안타깝게도 당동벌이(黨同伐異)[25)]에 당하신 것이다. 번암(樊菴) 채상국(蔡相國)[26)]은 묘비(墓碑)에 제(題)하기를,

---

20) 陳竇(진두): 후한(後漢)의 진번(陳蕃)과 두무(竇武). 진번은 후한(後漢) 여남(汝南) 평여(平輿) 사람, 두무는 부풍(扶風) 평릉(平陵) 사람으로, 두 사람이 함께 환관 조절(趙節)·왕보(王甫) 등을 제거하려다가 일이 누설되어 살해되고 두무는 자살함.

21) 十常侍(십상시): 후한(後漢) 영제(靈帝) 때 열 두 명의 환관. 곧 장양(張讓)·조충(趙忠)·하운(夏惲)·곽승(郭勝)·손장(孫璋)·필남(畢嵐)·율숭(栗嵩)·단규(段珪)·고망(高望)·장공(張恭)·한회(韓悝)·송전(宋典) 등으로 모두 중상시(中常侍)로 국정을 농단(弄斷)하였기에 십상시라 함.

22) 牛李(우리): 당(唐)나라 문종(文宗) 때의 대신인 우승유(牛僧孺)와 이종민(李宗閔)을 아울러 이르는 말. 당대(唐代)에 우승유(牛僧孺)와 이종민(李宗閔)을 주축으로 하는 종파(宗派)와 이길보(李吉甫)와 이덕유(李德裕) 부자를 주축으로 하는 종파를 이르는 말.

23) 司馬(사마): 송(宋)나라 사마광(司馬光)을 이름. 태사온국공(太師溫國公)에 봉해졌기 때문에 사마온공(司馬溫公)이라고도 함. 송나라 하현(夏縣)사람으로, 신종(神宗) 때 왕안석(王安石)의 신법(新法)을 반대하다가 서경(西京)에 좌천되었음. 철종(哲宗) 초에 재상이 되어 신법 중 백성에게 해로운 것은 모조리 개정함.

24) 呂惠卿(여혜경): 송(宋)나라 진강(晉江) 사람. 왕안석(王安石)의 추천으로 태자 중윤(太子中允)이 되어 신법(新法) 제정에 참여함.

25) 黨伐(당벌): 당동벌이(黨同伐異)의 준말. 곧 시비곡직(是非曲直)을 따지지 않고 같은 편이면 돕고 같은 편이 아니면 배척함.

26) 樊菴蔡相國(번암 채상국): 채제공(蔡濟恭). 1720(숙종 46) ~ 1799(정조 23). 조선 후기의 문신. 번암(樊菴)은 호.

「한 편의 선량한 사람들까지 일망타진(一網打盡)[27]하니, 그 일을 주도한 사람은 비록 천 백세를 지나더라도 소인(小人)이라는 주목(注目)을 벗어나지 못하리라.」[28]

라고 하였으니, 이는 오랜 세대의 공의(公議)인데, 오호라! 그것으로 끝났을 뿐이로다. 오직 시부(詩賦; 詩文)와 서(書; 書翰)와 잠명(箴銘)[29]의 글이 화(禍; 임진왜란・병자호란의 화)를 지나면서 겨우 약간 남아있으며, 아울러 연보(年譜)와 행장(行狀)과 비갈(碑碣) 등이 한 차례 간행된 바 있으나,

[3쪽]

其行之未廣 更謀再刊 后孫毅煥道煥邦煥 造余請序者 豈謂余能文哉 同
기행지미광 경모재간 후손의환도환방환 조여청서자 기위여능문재 동

爲被禍之餘裔也 遂不揆僭率 謹書所感于中者 以爲重刊鼎谷先生文集
위피화지여예야 수불규참율 근서소감우중자 이위중간정곡선생문집

序
서

壬子六月 日 光山李燦休謹書
임자유월 일 광산이찬휴근서

【번역】

그 간행본이 폭넓지 못하여 다시 발간을 도모하면서, 후손 의환(毅煥)・도환(道煥)・방환(邦煥)이 나에게 서문(序文)을 짓기를 청하였다. 어찌 내가 능히 문장을 잘한다고 하겠는가? 함께 화(기축옥사의 화)를 입고 남은 후손들이라, 마침내 주제넘음을 헤아리지 못하고 소감(所感)을 삼가 써서 정곡선생(鼎谷先生) 문집(文集) 중간(重刊)의 서문(序文)으로 삼는다.

임자년(壬子年; 1972년) 유월(六月) 광산(光山) 이찬휴(李燦休)가 삼가 서문을 쓰다.

---

27) 網打(망타): 일망타진(一網打盡)의 준말. 어떤 무리를 한꺼번에 모조리 잡음.

28) 墓題(묘제): 글의 전문은 본 문집 권지사(卷之四) 부록(附錄)에 〈묘갈명(墓碣銘)〉으로 번역 수록되어 있음.

29) 箴銘(잠명): 잠과 명. 모두 문체(文體)의 이름으로. 잠은 주로 행실을 경계하는 운문(韻文)이며, 명은 기물이나 비석에 새겨 교훈으로 삼거나 찬양하는 글임.

정곡집 1권
鼎谷集卷之一

시 / 詩

[15쪽]

[오언절구 / 五言絶句]

성명(誠明)을 읊다

誠明吟
성 명 음

天人同一極
천 인 동 일 극
道在自誠明
도 재 자 성 명
不必求諸遠
불 필 구 제 원
愛親與敬兄
애 친 여 경 형

하늘과 사람이 함께 하나의 지극한 도(道)[1]가 되는 것이니
도는 진실한 마음과 밝은 덕성에 스스로 있는 것이다.
그것을 먼 데서 찾을 필요는 없고
어버이를 사랑하고 형을 공경(恭敬)함에 있다.

1) 一極(일극): 하나의 극점(極點). 지극한 도(道)

한천
寒泉
한 천

洌彼寒泉水
렬 피 한 천 수
源源竟夜聞
원 원 경 야 문
令人深得省
영 인 심 득 성
神舍有天君
신 사 유 천 군

저 차가운 한천(寒泉)의 물은
끊임없이 이어지며[2]밤이 되자 물소리 들리네.
사람으로 하여금 깊이 살피게 하니
신사(神舍)[3]에는 천군(天君)[4]이 있음이라.

---

2) 源源(원원): 끊임없이 이어지는 모양. 『孟子, 萬章上』에 「欲常常而見之, 故源源而來」.
3) 神舍(신사): 신명사(神明舍). 신명(神明)이 있는 집. 곧 신명은 천지 사이에 있는 일체의 신령을 말함.
4) 天君(천군): 사람의 마음. 또는 마음의 의인화 된 명칭.

[칠언절구 / 七言絕句]

낙동강에서 피리소리를 들으며 - 자세한 것은 연보에 보인다.

洛東江聞笛 - 詳見年譜
낙동강문적 상견연보

洛東江上仙舟泛
낙동강상선주범
吹笛歌聲落晚風
취적가성낙만풍
行客停驂聞不樂
행객정참문불락
蒼梧山色暮雲中
창오산색모운중

낙동강 가에 아름다운 놀잇배[5]를 띄워놓고
피리 소리 노래 소리가 저물녘 바람[6] 속에 지네.
지나가는 나그네가 말을 멈추나 듣기에 즐겁지 않고
창오산(蒼梧山)[7] 산 빛만 구름 속에 저무네.

5) 仙舟(선주): 화려하게 장식한 놀잇배. 화방(畵舫).
6) 晚風(만풍): 저물녘에 부는 바람. 저녁 바람.
7) 蒼梧山(창오산): 중국 호남성에 있는 산 이름. 순임금이 사냥하러 갔다가 죽은 곳이나, 본문에서는 낙동강 부근의 산 이름인 듯.

[16쪽]

죽음을 맞이하며 지은 시 - 경인년[8] 3월 13일

臨終詩 - 庚寅三月十三日
임 종 시 경인 삼 월 십 삼 일

丹心一片鬼神知 - 一云有誰知
단심 일편 귀신 지 일 운 유 수 지

未吐深寃恨死遲
미 토 심 원 한 사 지

地下若從比干去 - 一云逢比
지하 약 종 비 간 거 일 운 봉 비

孤魂含笑不須悲
고 혼 함 소 불 수 비

일편단심[9]은 귀신도 알련만 - 또는 '아는 사람이 누가 있으리오'라고도 함
깊은 원통함을 미처 토해내지도 못한 채 죽음[10]이 더딘 것을 한스러워 하는구나.
만약 지하에서 비간[11](比干)을 따라 간다면 - 용봉(龍逢)[12]과 비간(比干)이라고도 함
외로운 혼은 모름지기 슬퍼하지 않고 웃음을 머금으리라.

---

8) 庚寅(경인): 경인년(庚寅年). 1590. 선조 23. 정곡선생 42세.

9) 丹心一片(단편일심): 한 조각 정성스러운 마음. 본문에서는 임금을 향한 충심(忠心).

10) 恨死(한사): 한 맺힌 죽음. 저자인 조대중이 정여립 모반 사건에 억울하게 연루되어 죽어감을 의미함. 1589년 전라도도사로 지방을 순시하던 중 보성에 이르러 부안에서 데려온 관기(官妓)와 이별하며 눈물을 흘렸는데, 이것이 당시 반란음모로 처형된 정여립(鄭汝立)의 죽음을 슬퍼한 것으로 오해되어, 정여립의 일파로 몰려 국문을 받다가 이듬해 장살(杖殺)됨. (한국정신문화원 간, 『민족문화대백과사전』 참조)

11) 比干(비간): 은(殷)나라의 폭군 주(紂)의 제부(諸父). 일설에는 서형(庶兄)이라고도 함. 주의 음란함을 간언하다가 심장을 가르는 죽음을 당함. 기자(箕子)・미자(微子)와 함께 은(殷)의 삼인(三仁)으로 일컬어짐.

12) 龍逢(용봉): 하(夏)나라의 현인 관용봉(關龍逢). 걸(桀)에게 간언하다가 죽임을 당함. 뒤에 충신을 이르는 말로 쓰임.

[칠언율시 / 七言律詩]

집의 형님께 올리는 영결시(永訣詩) - 경인년 3월 13일

上家兄永訣詩 - 庚寅三月十三日
상 가 형 영 결 시 　 경인 삼 월 십 삼 일

無貳□君親一體心
무 이 　 군친 일 체 심
南山隆厚漢江深
남 산 융 후 한 강 심
□聖恩未報身先悴
성은 미 보 신 선 췌
家訓猶思涕自淋
가훈 유 사 체 자 림
伯仲塤篪惟夢寐
백 중 훈 지 유 몽 매
中間鴻鴈阻書音
중 간 홍 안 조 서 음
悲腔一掬那堪說
비 강 일 국 나 감 설
只信天知在上臨
지 신 천 지 재 상 림

□[13]임금과 어버이는 둘이 아닌 한 몸 한 마음이니
남산(南山)은 두텁게 솟아나고 한강(漢江)은 깊습니다.
□임금의 은총을 미처 갚지도 못하고 몸이 먼저 시들어가니
가훈(家訓)을 생각하니 오히려 눈물이 저절로 흐릅니다.
형님과 아우들과 불렀던 노래[14]는 꿈속에도 아련한데
중간에 떠도는 몸[15]이 되어 서간(書簡)마저 뜸해졌지요.
비통한 가슴[16][4]을 움켜쥐고 어찌 감히 말씀을 드리리요
다만 위에 임하여 계시는 하늘이 알아주리라 믿을 뿐입니다.

---

13) □: 공경(恭敬)의 뜻으로 한 칸을 비우는 공격(空隔)의 표시. 즉 글을 쓸 때, 경의(敬意)를 나타내기 위하여 줄을 바꾸거나 몇 자 올리거나 비우고 쓰는 것으로, 주로 임금을 지칭하는 단어 앞에서 사용하는 대두(擡頭)의 하나.
14) 塤篪(훈지): 질나팔과 퉁소. 본문에서는 화답하는 노래의 뜻.
15) 鴻雁(홍안): 재난이나 병란으로 떠돌아다니는 백성. 또는 서신을 이르는 말.
16) 悲腔(비강): 슬픈 감회(感懷).

[17쪽]

[육칠언고시 / 六七言古詩]

무계심[17] – 만력(萬曆) 병자년(丙子年)[18] 진사시(進士試)[19]에 입격(入格)[20]한 시

武溪深 - 萬曆丙子進士試入格
무 계 심　만력 병 자 진사 시 입격

將軍鐵馬向南嘶
장군 철마 향 남 시

塞草茫茫寒日沈
새 초 망망 한 일 심

艱難王事不遑寧
간난 왕사 불 황 녕

路阻[缺]長愁難禁
노 조 결 장 수 난 금

連雲武溪入雲橫
연 운 무 계 입 운 횡

武溪流水千丈深
무 계 유 수 천 장 심

鳥不渡腸已摧
조 부 도 장 이 최

何人更吹蕭蕭音
하 인 갱 취 소 소 음

獸不臨頭欲白
수 불 림 두 욕 백

何人更起凄凄心
하 인 갱 기 처 처 심

---

17) 武溪深(무계심): 중국의 옛 가곡의 이름으로 〈무계적(武溪笛)〉이라고도 하며 송별의 노래다. 본문에서는 정곡선생이 중국 가곡을 차용하여 자신의 심정을 노래한 것. 중국 가곡 〈무계적〉은 한(漢)나라 마원(馬援)의 문하생 원기생(爰寄生)이 피리를 잘 불자, 마원이 무계심(武溪深)을 지어 화답한 데서 유래한 것인데, 무계의 물이 깊고 물살이 급하여 건너기가 어렵다는 내용이다. 진(晉)나라 최표(崔豹)의 『古今注, 音樂』에 「武溪深, 乃馬援南征之所作也, 援門生爰寄生善吹笛, 援作歌以和之, 名曰武溪深, 其曲曰 滔滔武溪一何深, 鳥飛不度, 獸不能臨, 嗟哉武溪多毒淫」. → 무계(武溪)는 일명 노수(瀘水)로 중국 호남성(湖南省) 길수시(吉首市)의 남서쪽 무산(武山)에서 발원하여 동쪽으로 흘러 원강(沅江)으로 유입되는 강 이름.

18) 萬曆丙子年(만력병자년): 1576년(선조 9). 만력은 명(明)나라 신종(神宗)의 연호(1573～1620).

19) 進士試(진사시): 소과 초시(小科初試). 조선시대 때 소과(小科)의 제1단계. 일명 감시(監試)・감시초시(監試初試)・초시(初試)・생진시(生進試)라고도 함. 독서하던 선비들이 처음으로 응시하는 국가시험으로 제술과(製述科)와 명경과(明經科)의 2종이 있어 진사과(進士科)인 제술과는 부(賦) 1편과 고시(古詩)・명(銘)・잠(箴) 중의 1편을 짓게 하고, 생원과(生員科)인 명경과는 5경(五經)의 의(義) 1편과 4서(四書)의 1편을 짓게 하여 각 도(道)의 정수에 따라 전국에서 각 700명을 선발하였음. 본문에서는 정곡 선생이 진사시에서 중국 가곡에서 차용한 고시인 〈무계심〉을 지어 합격한 것을 말함.

20) 入格(입격): 소과(小科) 또는 초시(初試)에 합격하는 일.

一聲高一聲低
일성 고 일성 저
武溪水多毒淫
무 계 수 다 독 음
一聲長一聲短
일성 장 일성 단
武溪水增幽陰聲
무 계 수 증 유 음 성
聲入耳愁更若鬢
성 입 이 수 갱 약 빈
邊霜髮愁蕭森
변 상 발 수 소 삼
三軍情問何如
삼군 정 문 하 여
溪萬曲山萬岑
계 만 곡 산 만 잠
腰間一劒[缺]蛟龍
요 간 일 검 결 교룡
壯氣猶向南雲侵
장 기 유 향 남 운 침
武溪深武溪深
무 계 심 무 계 심
胡令壯士轉爲吟
호 령 장 사 전 위 음

장군의 철마는 남쪽을 향하여 울고
변방의 풀은 무성한데[21] 추위는 깊어지네.
어려운 왕사(王事)[22]는 쉽지[23] 않고
길은 험하고 [缺][24]은 길어 근심을 숨기기 어렵네.
멀고 먼[25] 무계(武溪)에 구름이 가로 질러 가네.
무계에 흐르는 물은 천 길이나 깊어
새도 건너지 못하니 속마음도 이미 억눌렸네.
누가 다시 쓸쓸한 피리를 불어대는가.
짐승도 오지 않으니 머리는 희어지려 하는데
누가 다시 처참한 마음을 불러일으키는가.
한 번은 높고 또 한 번은 낮으니
무계의 물은 독음(毒淫)[26]이 많은 것이고,

21) 茫茫(망망): 무성함. 무성한 모양.
22) 王事(왕사): 왕이 명령한 공무로, 조빙(朝聘) · 회맹(會盟) · 정벌 등 큰일을 이름.
23) 遑寧(황녕): 편안함. 안일함.
24) [缺]: 결자(缺字) · 탈자(脫字) 표시.
25) 連雲(연운): 구름과 맞닿음. 매우 높고 멀거나 매우 많음을 형용.

한 번은 길고 한 번은 짧으니
무계의 물은 저승의 소리[27]를 더하도다.
귀에 들리는 소리는 근심스러워 다시 귀밑머리가 드러나는 듯 하고
변방의 서리는 머리털에 근심으로 내려 초목과 함께 시들어 가네.[28]
군사들은 진정으로 묻기를 어찌하여
무계의 물은 만 번이나 구비지고 산봉우리는 만 번이나 솟았는가.
허리춤에 한 자루 검을 두르니 [缺]교룡(蛟龍)[29]이 서린 듯
장한 기운은 남방의 구름을 향하여 침노하는 듯하구나.
무계심이여! 무계심이여!
어찌하여 장사(壯士)로 하여금 읊조리게 하는가.

---

26) 毒淫(독음): 장기(瘴氣; 습하고 무더운 땅에서 생기는 독기)에 잠김. 장기가 스민 물.
27) 幽陰(유음): 고요히 드러내지 않음. 저승. 죽은 이의 넋. 음귀(陰鬼).
28) 蕭森(소삼): 초목이 무성한 모양. 초목이 말라 시든 모양.
29) 蛟龍(교룡): 교룡과 용. 교룡은 홍수를 일으키고, 용은 구름과 비를 일으킨다고 함. 때를 못 만나 뜻을 이루지 못하는 영웅호걸을 비유하는 말.

잠[1] / 箴

[18쪽]

공경(恭敬)과 의리(義理)를 지키기 위한 잠문(箴文)

– 소서(小敍)는 잃음

敬義箴 - 小叙佚
경 의 잠 소 서 일

惟敬惟義
유 경 유 의

一體相遵
일 체 상 준

如鳥雙翼
여 조 쌍 익

如車兩輪
여 차 양 륜

表裡交資
표 리 교 자

動靜持循
동 정 지 순

事必當理
사 필 당 리

求之於仁
구 지 어 인

以之準繩
이 지 준 승

所由成人
소 유 성 인

경(敬)[2]을 오로지 하고 의(義)[3]를 오로지 하는 것은

한 몸이 되어 서로 좇는 것이니,

새의 두 날개와 같은 것이고

1) 箴(잠): 잠문(箴文). 잠은 옷을 깁는 바늘인데, 옛날의 바늘은 대나무로 만들었으므로 '箴'으로 썼다. 곧 잠문은 옛날 사람들이 남이나 자신을 규제하려는 목적으로 쓴 한문 문체의 하나다. 관잠(官箴)과 사잠(私箴)으로 나뉘는데, 사잠은 자기 자신에게 권면하는 글.

2) 敬(경): 퇴계(退溪)는 경에 대해서 이르기를, 「마음은 일신의 주재(主宰)요, 마음의 주재는 경(敬)이라.(蓋心者一身之主宰而敬又一心之主宰)」(『聖學十圖心學圖』)라 하고, 「인간의 주체를 경으로 생각하여 만사의 근본이 경에 매어 있는 것(敬者一心之主宰而萬事之根本也)」(『聖學十圖大學圖』)라 하였음. (『유학원론』, 성균관대학교 유학과, 1985년. 재인용)

3) 義(의): 주자는 「예(禮)는 인(仁)의 나타남이며, 지혜는 의(義)의 갈무리다」. (朴浣植譯, 『성리학이란 무엇인가』, 여강출판사, 1993년) 재인용.

수레의 두 바퀴와 같은 것이다.
겉과 속[4]이 서로 어울려 의지하는 것이고
움직이고 머무르는 사이에 지켜 따르는 것이다.[5]
일을 행함에는 반드시 순리(順理)에 합당하는 것이니
그것은 인(仁)에서 구한다.
그것으로써 언행(言行)의 표준[6]을 삼으니
훌륭한 사람[7]이 되는 내력인 것이다.

4) 表裡(표리): 경(敬)이 대내적(對內的)인 것이라면 의(義)는 대외적(對外的)인 것이라는 뜻.
5) 持循(지순): 지켜 행함. 따름.
6) 準繩(준승): 물체의 평평함이나 곧음을 측정하는 기구, 준(準)은 수평기, 승(繩)은 먹줄로 언행(言行)의 기준이 되는 원칙이나 표준.
7) 成人(성인): 재덕(才德)을 두루 갖춘 훌륭한 사람. 또는 그러한 사람이 됨. 쓸모 있는 인물이 됨. 인재가 됨.

명[1] / 銘

좌우명[2]
座右銘
좌우명

一日工夫在於早起
일 일 공부 재 어 조 기
一年施爲作於春始
일 년 시 위 작 어 춘 시
百年事業啓於幼齒
백 년 사 업 계 어 유 치
持身如玉處心如水
지 신 여 옥 처 심 여 수
入孝出弟日用常行
입 효 출 제 일 용 상 행
仁熟義精本立道生
인 숙 의 정 본 립 도 생
學而希聖理究誠明
학 이 희 성 리 구 성 명
仕而輔君志篤忠貞
사 이 보 군 지 독 충 정
臨事敬謹履薄奉盈
임 사 경 근 리 박 봉 영
審幾善惡口甁意城
심 기 선악 구 병 의 성
自彊不息觀乎天德
자 강 불 식 관 호 천 덕
定以中正是謂人極
정 이 중 정 시 위 인 극
養性制情罔愆儀式
양 성 제 정 망 건 의 식
常稽古訓必有所得
상 계 고 훈 필 유 소 득
言行慥慥日乾夕惕
언 행 조 조 일 건 석 척

하루의 공부는 아침에 일찍 일어나는 것에 있고[3]
일 년의 생육(生育)하는 일은 초봄에 있으며[4]

---

1) 銘(명): 명문(銘文)은 기물(器物) 등에 새기는 한문 문체의 하나다. 명문의 기능은 주로 두 가지인데, 하나는 경계(警戒)를 그려내는 것이고, 다른 하나는 공덕(功德)을 기록하는 것이다. 대표적인 것으로 비석에 새기는 비명(碑銘)이 있음.
2) 座右銘(좌우명): 좌석 가까이에 써두어 스스로를 경계하는 명문.
3) 『양원제찬요(梁元帝纂要)』에 「하루의 계획은 아침에 있다(一日之計在于晨)」.
4) 『양원제찬요(梁元帝纂要)』에 「일 년의 계획은 봄에 있다(一年之計在于春)」.

백 년의 사업을 여는 것은 어린 아이 때다.

몸가짐을 옥같이 하려면 마음가짐을 맑은 물과 같이 담담하게 하고,

집에 들어오면 효도하고 밖에 나가면 공손하기를[5] 날마다 일상에서 행하고

인을 익숙하게 하고, 의리를 정밀하게 하여 근본이 서면 도가 생기며,

배우고 성인을 바라면서 이치를 궁구(窮究)하고 마음을 진실하게 하고 덕성을 밝게[6] 해야 한다.

벼슬을 하면서 임금을 도우려면 뜻은 독실하고 충심은 곧게 해야 한다.

일에 임해서는 공경하며 삼가고 조심하고 두려워하기[7]를 물이 가득 찬 병을 받들 듯이[8] 하고

선과 악의 기미를 살피고[9] 입을 병마개처럼 다물고 뜻을 성(城)처럼 굳게 가질 것이며

스스로 힘써 쉬지 않으며[10] 천덕(天德)[11]을 살펴

중정(中正)[12]으로써 정(定)하면 이를 최상의 도(道)[13]에 이르렀다고 할 것이다.

천성(天性)을 기르고[14] 본성(本性)을 다스리며 의식(儀式)[15]에 허물이 없어야 하며

항상 옛 가르침을 상고하면 반드시 얻는 바가 있을 것이다.

말과 행실을 독실(篤實)히[16] 하기를 밤낮으로 힘쓰고 조심하여야[17] 할 것이다.

---

5) 入孝出弟(입효출제): 『小學, 立敎』에 「남의 자제된 자는 먼저 가정 안에 있어서는 부모를 효도로 섬기고, 밖에 나가서는 손위 사람에게 종순(從順)하여 한다(入則孝, 出則弟)」.

6) 誠明(성명): 진실함 마음과 밝은 덕성. 『禮記, 中庸』에 「自誠明謂之性, 自明誠謂之敎, 誠則明矣, 明則誠矣」.

7) 履薄(이박): 살얼음을 밟음. 어려운 지경에 처하여 매우 조심하고 두려워함을 비유하는 말. 南朝梁, 陸倕의 『新刻漏銘』에 「履薄非兢, 臨深罔戰」. 여리박빙(如履薄氷). → 履薄臨深(이박임심); 살얼음을 밟거나 깊은 물에 다다라 있는 듯이 함. 위태로운 지경에 처하여 매우 조심함을 비유하는 말. 『詩經, 小我, 小旻』에 「戰戰兢兢, 如臨深淵, 如履薄氷」.

8) 奉盈(봉영): 물이 가득 친 그릇을 받들어 듦. 늘 조심함을 이름. 『禮記, 祭義』에 「孝子如執玉, 如奉盈」.

9) 審幾(심기): 심기탁세(審幾度勢). 일의 기미를 살피고 형세를 가늠해 봄. 명(明)나라 장거정(張居正)의 『陳六事疏』에 「審幾度勢更化宜民者, 救時之急務也」.

10) 自疆不息(자강불식): 自彊不息(자강불식). 스스로 힘써 몸과 마음을 가다듬어 쉬지 아니함. 자기 향상을 위하여 끊임없이 노력함. 『孔子家語, 五儀解』에 「篤行信道, 自强不息」.

11) 天德(천덕): 하늘의 덕. 만물을 화육(化育)하는 광대(廣大)한 자연의 덕. 『易經, 乾』에 「飛龍在天, 乃位乎天德」.

12) 中正(중정): 어느 쪽에도 치우침이 없이 바름. 중지(中至). 중직(中直).

13) 人極(인극): 인류 최상의 도(道). 인류 사회의 도덕규범. 『文中子, 述史』에 「仰以觀天文, 俯以察地理, 中以建人極」.

14) 養性(양성): 천성(天性)을 함양함. 『孟子, 盡心 上』에 「存其心, 養其性, 所以事天也」.

15) 儀式(의식): 예의(禮儀)의 차례와 형식.

16) 慥慥(조조): 독실(篤實)한 모양. 『禮記, 中庸』에 「言顧行, 行顧言, 君子胡慥慥爾」.

17) 日乾夕愓(일건석척): 밤낮으로 부지런히 힘쓰고 조심하는 모양. 『易經, 乾』에 「君子終日乾乾, 夕愓若, 厲, 無咎」.

논학 / 論學[1)]

[19쪽]

용학구결[2)] - 전질(全秩)은 잃음

庸學口訣 - 全秩見佚
용학구결 전질견일

역경(易經)의 한 조목을 배우는 자에게 보여주며 경계(警戒)하다

易說條戒示學者
역설조계시학자

有日易乾之象曰 天行健君子以自彊不息 坤之象曰 地勢坤君子以厚德
유왈역건지상왈 천행건군자이자강불식 곤지상왈 지세곤군자이후덕
載物 家人之象曰 風自火出家人 君子以 言有物而行有恒 君子體自彊不
재물 가인지상왈 풍자화출가인 군자이 언유물이행유항 군자체자강불
息之道 以做日新之工體 厚德載物之道 以容人愛物究 言有物行有恒之
식지도 이주일신지공체 후덕재물지도 이용인애물구 언유물행유항지
義 以謹言行 則庶幾可至於古人之學 而參爲三才之道 亦在其中矣 凡學
의 이근언행 즉서기가지어고인지학 이참위삼재지도 역재기중의 범학
易者推類 而盡其餘 則於事物當然之理 皆有所得矣
역자추류 이진기여 즉어사물당연지리 개유소득의

【번역】

어떤 사람이 말하기를,

"『주역(周易)』에서 하늘[乾]의 형상에 대해 상전(象傳)[3)]에 이르기를, '건(乾)은 굳셈을 행하는 것이니, (性情으로 말하면)군자(君子)가 굳세어 쉼이 없음'[4)]을 말하는 것이고, 땅[坤]의 모습에 대해서 상전(象傳)에 이르기를, '지세(地勢)가 곤(坤)이니, 군자(君子)가 (坤의 두터운 象을)보고 후(厚)한 덕(德)으로 만물을 실어

---

1) 論學(논학): 학문을 논함. 또는 학술적인 견해를 논함.

2) 庸學口訣(용학구결): '용학(庸學)'은 『중용(中庸)』과 『대학(大學)』의 줄임 말로, 두 책의 한문 원문에 구결(口訣; 한자를 빌어 한문의 한 구절 끝에 다는 吐)을 다는 일. 현토(懸吐). 또는 『중용』과 『대학(大學)』의 경문 해석에 대해 말로 전하는 도법(道法)이나 비법(秘法)을 붙이는 일. 본문에서는 후편의 '서(序)'조에 나오는 〈용학구결서(庸學口訣序)〉의 내용으로 미루어 후자의 뜻으로 쓰임.

3) 象傳(상전): 주역(周易) 십익(十翼) 가운데 상・하 양편 4백 50조목을 이르는 말. 그 중 64괘(卦)의 이름과 뜻을 해석한 64조목을 대상(大象), 3백 86효(爻)의 효사(爻辭)를 해석한 3백 86조목을 소상(小象)이라 한다. 괘의 이름과 뜻의 해석은 모두 괘상(卦象)을 근거로 하고, 효사의 해석 또한 주로 효상(爻象)을 근거로 했기 때문에 상전(象傳)이라 한 것이다. 일명 상사(象辭)라고도 함.

4) 『주역』 상경(上經) 건괘(乾卦) 전(傳)에 「乾天也, 天者天之形體, 乾者天之性情, 乾健也, 健而无息之謂乾」.

주는 것이다.'[5]라고 하였으며, 가인(家人)의 형상에 대해 상전(象傳)에 이르기를, '바람이 불로부터 나옴[6]이 가인(家人)이니, 군자가 (바람이 불로부터 나옴을)보고 말에는 사실[物]함이 있고 행실에는 항상(恒常)[7]함이 있게 한다."[8]

라고 하였다. 군자가 몸으로 쉼이 없다[自彊不息]고 한 말은 날로 새로워짐[9]을 공부의 본체(本體)로 간주한다는 것이고, 후한 덕으로 만물을 용납하여 실어 준다는 말은 사람을 용납하고[10] 만물(萬物)을 사랑하며,[11] 궁구하여 말하는 바에는 사실이 있고 행하는 바에는 항상함이 있다는 뜻이다. 말과 행실을 삼가면 곧 거의 고인의 학문에 이르렀다고 할 수 있으며, 삼재(三才)의 도[12]에 참여한 것이니 또한 그 가운데 있는 것이다. 무릇 『주역』을 배우는 자는 미루어[13] 충분히 다 한즉, 사물에는 당연한 이치[14]가 모두 있으니 얻는 바가 있을 것이다.

[20쪽]

경□[15]연(經筵)[16]에 나아가 대답한 설(說)

- 대답한 말로 인심도심(人心道心)과 인설(仁說)에 대해 대답한 것이 있었으나 함께 잃음.

經□筵進對說 - 對辭有人心道心對及仁說對而並佚
경 연진대설 대사유 인심 도심 대급인설대이병일

5) 『주역』 상경(上經) 곤괘(坤卦)에 「象曰, 地勢坤, 君子以, 厚德載物」.
6) 風自火出(풍자화출): '바람이 불로부터 나옴'의 의미는 '일이 안으로부터 나옴'을 말함. 곧 덕업(德業)이 밖에 드러남은 언행(言行)을 안에서 삼가기 때문이니, 말을 삼가고 행실을 닦으면 몸이 바루어져 집안이 다스려짐을 이름.
7) 恒常(항상): 전(傳)에 이르기를 '항(恒)은 떳떳한 법도(法度)와 법칙(法則)을 말함.
8) 『주역』 하경(下經) 가인(家人)에 「象曰 風自火出家人, 君子以, 言有物而行有恒」.
9) 日新(일신): 매일 구습(舊習)의 나쁜 점을 버리고 스스로 새롭게 되어 가는 것을 이름. 『大學, 湯之盤銘』에 「苟日新, 日日新, 又日新」.
10) 容人(용인): 남을 너그럽고 후하게 대우함.
11) 愛物(애물): 만물을 사랑함. 『孟子, 盡心 上』에 「親親而仁民, 仁民而愛物」.
12) 三才之道(삼재지도): 천(天)·지(地)·인(人)의 도(道).
13) 推類(추류): 유추(類推). 같은 종류나 비슷한 것에 기초하여 다른 사물을 미루어 추측함.
14) 事物當然之理(사물당연지리): 모든 사물에는 마땅히 그러한 이치가 있음.
15) □: 공격(空隔). 임금 앞의 자리[筵]이기 때문에 한 칸을 비움.
16) 經筵(경연): 고려와 조선시대에 제왕이 학문을 닦기 위하여 학식과 덕망이 높은 신하를 불러 경서(經書)와 사서(史書) 따위의 강론을 듣고 토론하는 자리.

소[17] / 疏

[20쪽]

과거(科擧)에 현량과(賢良科)[18] 설치를 청하는 상소

請擧賢良疏
청 거 현 량 소

伏以爲國有道 修己安民而已矣 安民有道 仁以率之 德以化之而已矣 苟
복 이 위 국 유 도 수 기 안 민 이 이 의 안 민 유 도 인 이 솔 지 덕 이 화 지 이 이 의 구
欲修己安民 則在於養君德正君心 苟欲養君德正君心 則在於得賢而左
욕 수 기 안 민 즉 재 어 양 군 덕 정 군 심 구 욕 양 군 덕 정 군 심 즉 재 어 득 현 이 좌
右之 夫以堯舜之至仁盛德 猶求賢臣而贊襄 后明臣正此其感應之理也
우 지 부 이 요 순 지 지 인 성 덕 유 구 현 신 이 찬 양 후 명 신 정 차 기 감 응 지 리 야
爲君而孰不以堯舜之治 爲期取人 而孰不以稷契(설)之臣 爲待然而知人
위 군 이 숙 불 이 요 순 지 치 위 기 취 인 이 숙 불 이 직 지 신 위 대 연 이 지 인
之賢不肖 盖亦難矣 後世未必無稷契(설)皐夔
지 현 불 초 개 역 난 의 후 세 미 필 무 직 고 기

【번역】

삼가 아뢰옵니다.

나라의 도(道)로 삼을 만한 것은 수기(修己)[19]와 안민(安民)[20] 뿐이옵니다. 안민에 도가 있으니 인(仁)으로써 거느리고 덕(德)으로써 교화(敎化)하는 것뿐이옵니다. 진실로 수기하고 안민하고자 한다면 곧 군주의 덕을 기르고 군주의 마음을 바르게 하는 데 있사옵니다. 진실로 군주의 덕을 기르고 군주의 마음을 바르게 하고자 한다면 곧 어진 이(신하)를 얻어 좌우에서 두는 데 있사옵니다. 대저 요(堯)임금과 순(舜)임금이 지극한 인과 아름다운 덕을 이룬 것은 마침 어진 신하를 구하여 도움[21]이 있었고, 그런 후에 밝은 신하들이 이것을 바르게 하고, (백성들이)그것에 감응한 것입니다. 군주가 되어서 누군들 요순지치(堯舜之治)[22]로써 하

17) 疏(소): 고래로 조정에서 신하가 군왕에게 정무를 아뢰는 주의(奏議)의 한 종류로, 조목을 나누어 진술하며 흔히 상소(上疏) 또는 주소(奏疏)라고도 함.

18) 賢良科(현량과): 조선 중종 때 조광조(趙光祖)의 건의로 학문과 덕행이 뛰어난 인재를 천거하게 하여 대책만으로 시험한 뒤 관리로 임용한 제도. 연산군 때 어지럽던 정치를 쇄신하고자 하는 뜻에서 신진 사류를 드높여 등용하였으나 보수파들의 반대가 극심하여 위훈삭제(僞勳削除) 문제와 더불어 기묘사화(1519년, 중종 14)를 유발하는 원인의 하나가 되었고, 사림파가 실각하자 현량과는 폐지됨.

19) 修己(수기): 몸을 닦음. 자기의 몸을 수양함.

20) 安民(안민): 백성을 편안하게 함. 백성의 생활을 안정시킴.

21) 贊襄(찬양): 도움. 협조함.

22) 堯舜之治(요순지치): 진실상의 성군(聖君)인 당요(唐堯)와 우순(虞舜)의 다스림.

지 않으며, 사람(신하)을 취하기로 기약하고서 누군들 직설(稷契)[23]같은 신하로써 하지 않겠사옵니까? 기다린 후에 사람의 어짊과 어리석음을 알 수 있으니 대개 또한 어렵습니다. 후세에 이르러서도 반드시 직(稷)과 설(契), 고기(皐夔)[24]와 같은 어진 사람이 없는 것은 아니나,

[21쪽]

之賢也 而未易知之 雖或知之而取之 不以其道用之 不以其道則學古人

지현야 이미역지지 수혹지지이취지 불이기도용지 불이기도즉학고인

之道 而守其身者 豈肯枉道而徇於人乎 雖有其賢而知之 不能用之 不能

지도 이수기신자 기긍왕도이순어인호 수유기현이지지 불능용지 불능

不知其賢 不用其賢 而欲圖二帝三王之治 則不亦難乎 奧昔箕子之東也

부지기현 불용기현 이욕도이제삼왕지치 즉불역난호 오석기자지동야

取人用人必以其道 而厥後千餘載 遂至貿貿 羅代則以香徒而選人 麗朝

취인용인필이기도 이궐후천여재 수지무무 라대즉이향도이선인 여조

則以章句而取士 以是得人 豈得格致誠正之賢乎 自我□聖朝立極以來

즉이장구이취사 이시득인 기득격치성정지현호 자아 성조입극이래

治教休明 取士用賢 必以古法 漸民以仁 摩民以義 節民以禮 以崇正學

치교휴명 취사용현 필이고법 점민이인 마민이의 절민이례 이숭정학

淑人心爲先 而世之爲學者 皆知尊王賤霸 然而俗儒記誦詞章之習 猶未

숙인심위선 이세지위학자 개지존왕천패 연이속유기송사장지습 유미

盡變訓子者 或不知方誨人者 或失其正 而專

진변훈자자 혹부지방회인자 혹실기정 이전

【번역】

쉽게 알 수 없사옵니다. 비록 혹 어질다는 것을 알고서 취하더라도 도(道)로써 쓰지 않습니다. 도로써 쓰지 않는 즉 고인의 도를 배우고서 그 몸을 지킬 뿐이니, 어찌 정도(正道)를 굽히고서 백성을 위해 몸을 아끼지 않겠사옵니까? 비록 그가 어질다는 것을 알고서도 쓸 수 없거나, 그가 어질다는 것을 알고서도 그 어짊을 쓰지 않으면서 이제삼왕(二帝三王)[25]의 다스림을 도모하고자 하나, 그 또한 역시 어렵지 않겠사옵니까? 아득한 옛날에 기자(箕子)[26]가 동쪽으로 와서 사람을 뽑고 사람을 씀에 반드시 도로써 했는데, 그 후 천 여 년 동안 드디어 어지러워지기[27]

23) 稷契(직설): 요순(堯舜) 때의 현신(賢臣)인 직(稷)과 설(契).

24) 皐夔(고기): 순임금 때의 현신(賢臣)인 형관(刑官) 고요(皐陶)와 악관(樂官) 기(夔)를 아울러 이르는 말. 일반적으로 현신을 이름.

25) 二帝三王(이제삼왕): 당요(唐堯)・우순(虞舜)과 하우(夏禹)・은탕(殷湯), 주(周)의 문왕(文王)・무왕(武王). 문왕과 무왕은 부자이므로 한 사람으로 침. 당(唐) 한유(韓愈)의 『董公行狀』에 「所奏於上前者, 皆二帝三王之道」.

26) 箕子(기자): 은(殷)나라의 왕족. 이름은 서여(胥餘). 주(紂)의 서부(庶父) 또는 서형(庶兄)이라고 한다. 기(箕) 땅의 자작(子爵)에 봉해졌다. 주가 포악함에 이를 간해도 듣지 않자 도망하여 거짓 미친 짓을 하며 노예가 되었다. 은이 멸망한 뒤 주 무왕(周武王)에게 서경(書經)의 홍범(洪範)을 전해 주었다고 함.

27) 貿貿(무무): 어지러운 모양. 방향이나 목적이 분명하지 않는 모양.

에 이르렀사옵니다. 신라(新羅) 대에는 향도(香徒)[28]로써 (어진)이를 가려 뽑았고, 고려(高麗) 왕조에서는 (글을 잘 짓는)장구(章句)[29]로써 선비를 뽑았으니, 이것으로 사람을 얻으니 어찌 격물(格物)·치지(致知)·성의(誠意)·정심(正心)[30]의 어진 이를 얻는 것이겠습니까? 우리 성조(聖朝)[31]께서 입극(立極)[32]하신 이래로 덕치(德治)와 교화(敎化)의 밝은 정치를 펴시고,[33] 선비를 뽑아 어진 이를 쓰시되 반드시 고법(古法)[34]으로 하시었으며, 백성을 교화시키되[35] 인(仁)으로써 하셨으며, 백성을 단련시키되 의(義)로써 하셨으며, 백성을 법도 있게 행하게 하되 예(禮)로써 하셨습니다. 정학(正學)[36]을 숭상하셨으며 인심(人心)을 맑게 하는 것을 우선으로 삼으셨으나, 세상에 학문을 하는 사람들은 모두 왕실을 받들어 높이는 것을 천한 패관(覇官)으로 알고 있습니다. 그리하여 속된 선비들은 사장(詞章)[37]을 글로 써서 암송하며 익히니, 오히려 가르치고 돌보아 기르는 것[38]이 두루 미치지 못하며, 혹은 가르쳐 인도할 방법도 모르며, 혹은 옛 성인(聖人)들의 위기지학(爲己之學)[39]에 대해 바르고 전일(專一)하며 정밀(精密)한 것도 잊어버렸거나

[22쪽]

精於先聖 爲己之學者 盖亦解矣 先正臣趙光祖惟是之懼 與金淨奇遵韓
정어선성 위기지학자 개역해의 선정신 조광조 유시지구 여김정기준한

28) 香徒(향도): 화랑도(花郞徒)의 딴 이름.
29) 章句(장구): 글의 장과 구를 아울러 이르는 말. 또는 문장이나 시사(詩詞)를 이름.
30) 格致誠正(격치성정): 『大學』의 팔조목(八條目) 중의 격물(格物)·치지(致知)·성의(誠意)·정심(正心)을 말함. 격물(格物)은 사물의 이치를 궁구함이고, 치지(致知)는 사물의 이치를 궁구하여 지식을 지극히 함이고, 성의(誠意)는 뜻을 참되고 정성스럽게 함이고, 정심(正心)은 그 마음을 바루는 것을 말함.
31) 聖朝(성조): 당대의 왕조를 높여 이르는 말. 본문에서는 조선을 건국한 이성계(李成桂)를 말함.
32) 立極(입극): 제왕의 지위에 오름. 또는 국정을 장악함. 본문에서는 이성계가 조선을 건국하고 임금이 된 것을 말함.
33) 休明(휴명): 아름답고 밝음. 흔히 밝은 정치를 칭송하는 말.
34) 古法(고법): 옛날의 법도와 규범. 특히 고대의 형법과 율령(律令)을 말함.
35) 漸民(점민): 백성을 배어들게 하여 교화시킴. 『漢書, 董仲舒傳』에 「漸民以仁, 摩民以誼」.
36) 正學(정학): 정도(正道)에 맞는 학문. 본문에서는 유학(儒學)을 말함. 전한(前漢) 무제(武帝) 때 백가(百家)의 학설을 일체 배척하고 오직 유학만을 존숭하여 정학으로 여기었고, 송대(宋代) 초기에는 공자(孔子)를 존숭하고 불교와 도교를 배척하는 정학파(正學派)가 형성되기도 함. 『史記, 儒林傳』에 「公孫子, 務正學以言, 無曲學以阿世」.
37) 詞章(사장): 시가와 문장을 아울러 이르는 말.
38) 訓子(훈자): '훈자(訓字)'의 오기로 여겨짐. 가르치고 돌보아 기름. 당(唐)나라 권덕여(權德輿)의 『唐故洛陽縣尉何君夫人范陽盧氏墓誌銘序』에 「乾元中, 何君早世, 夫人訓字諸孤, 動必以方」.
39) 爲己之學(위기지학): 자기 자신을 수양하는 학문. 도(道)를 자기 몸에 얻으려고 하는 학문. 『論語, 憲問』에 「子曰, 古之學者, 爲己, 今之學者, 爲人」.

忠等 相與協心請設賢良科 其制也 依倣於周代賢能之書 漢朝孝廉之薦
충등 상여협심청설현량과 기제야 의방어주대현능지서 한조효렴지천
因此而得人 則眞知實踐之儒 明辨篤行之士 庶幾可得 而施爲至正復古
인차이득인 즉진지실천지유 명변독행지사 서기가득 이시위지정복고
之治 挽古之俗 不難矣 以此而風厲學者 則州序家塾之 究經講道者 皆
지치 만고지속 불난의 이차이풍려학자 즉주서가숙지 구경강도자 개
知誠正修齊之本 而人才之培養振作 由是可致朝野臣民 翹首瞻仰 思見
지성정수제지본 이인재지배양진작 유시가치조야신민 교수첨앙 사견
德化之盛 而不幸中撤 識者之慨然久矣 欽惟□殿下篤於圖治 勤於求賢
덕화지성 이불행중철 식자지개연구의 흠유 전하독어도치 근어구현
苟行此制 而取人則士趍 皆正敎化日隆 何患乎 人才之不如古 何憂乎
구행차제 이취인즉사추 개정교화일륭 하환호 인재지불여고 하우호
治道之不若古乎 且士有敎育然後 可以得其賢
치도지불약고호 차사유교육연후 가이득기현

【번역】

대개 또한 드뭅니다. 선대(先代)의 올곧은 신하였던 조광조(趙光祖)[40]는 오직 이것을 두려워하여 김정(金淨)[41] · 기준(奇遵)[42] · 한충(韓忠)[43] 등과 서로 협심하여 (과거에)현량과(賢良科)를 청해서 설치했던 것입니다. 그 제도는 주 대(周代)의 현능지서(賢能之書)[44]와 한 대(漢代)의 효렴지천(孝廉之薦)[45]을 모방하여 본받은 것이옵니다. 이로 인하여 사람을 얻은즉 진지(眞知)하고 실천(實踐)하는 선비와 명확하게 사리를 분별하고 행실이 돈독한 선비를 거의 얻을 수 있을 것이오며, 지극히 정당한 복고지치(復古之治)[46]를 베풀 것이며, 오래된 습속(習俗)을 못

40) 趙光祖(조광조): 1482(성종 13)~1519(중종 14). 조선 중기의 문신. 호는 정암(靜庵). 김굉필(金宏弼)에게 수학하여 경전과 성리학 연구에 힘써 사림파(士林派)의 영수가 되었다. 유교로써 정치와 교화의 근본을 삼아야 한다는 지치주의(至治主義)에 입각한 왕도정치 실현을 역설하고 여러 가지 개혁정치를 실시하면서 천거시취제(薦擧試取制)인 현량과(賢良科)를 처음으로 실시함. 위훈삭제(僞勳削除)와 주초위왕(走肖爲王) 등 훈구파의 모략과 탄핵 등으로 투옥되어 전라남도 능주로 유배되었다가 사사(賜死)됨. 선조 때 신원(伸寃)되고 영의정에 추증되고 문묘에 배향됨.

41) 金淨(김정): 1486(성종 17)~1520(중종 15). 조선 전기의 문신 · 학자. 호는 충암(冲菴). 여러 관직을 거치면서 조광조의 정치적 성장을 뒤에서 도왔고, 조광조와 더불어 사림파의 대표적 존재로서 현량과 설치를 적극 주장하였으며 왕도정치의 실현을 위한 개혁정치를 펴다가 사림파의 주축들과 유배되었다가 사사되었음.

42) 奇遵(기준): 1492(성종 23)~1521(중종 16). 조선 전기의 문신 · 학자. 호는 복재(服齋) · 양덕(陽德). 조광조에게 수학하고, 스승 조광조의 노선을 적극 지지하였다. 1519년 기묘사화로 유배갔다가 신사무옥(辛巳誣獄)으로 사사되었음.

43) 韓忠(한충): 1486(성종 17)~1521(중종 16). 조선 전기의 문신. 호는 송재(松齋). 1520년 신사무옥과 남곤(南袞)의 책략으로 투옥되었다가 남곤의 하수인에게 살해됨.

44) 賢能之書(현능지서): 현서(賢書). 어질고 유능한 인재를 추천하는 명부(名簿). 뒤에는 과거 합격자 명단을 이르는 말로 쓰임.

45) 孝廉之薦(효렴지천): 효렴(孝廉). 인재를 선발하는 두 과목인 효도를 하는 사람[孝]과 청렴한 선비[廉]으로 천거된 사람. 한 무제(漢武帝) 원광(元光) 원년(B.C. 134)에 처음으로 실시하였는데, 때때로 한 과로 합쳐서 선발하기도 함.

46) 復古之治(복고지치): 예전의 제도에 의한 정치. 『詩經, 小雅, 車攻序』에 「車攻, 宣王復古也」.

하게 하는 데 어렵지 않을 것이옵니다. 이것으로써 학자들을 격려하면[47] 곧 고을에 설립한 학교[48]와 가숙(家塾)[49]에서도 경서를 연구하며 도를 익히는 사람들이 모두 성의(誠意)・정심(正心)・수신(修身)・제가(齊家)[50]의 근본을 알게 될 것이며, 인재의 배양과 진작이 이로 말미암을 것이옵니다. 그리하여 조정과 민간의 신하와 백성들이 간절히 바라며[51] 덕화(德化)가 왕성하게 드러남을 우러러 바라보았던 것입니다. 그러나 불행히도 중간에 폐하게 되었으니 학식 있는 사람들이 개탄한 지가 오래되었사옵니다. 삼가 생각하건대,[52] □[53]전하께옵서는 치세(治世)를 이루려 하심을 돈독히 하시어 어진 이를 구하는데 부지런하시니, 진실로 이 제도를 시행하시어 사람을 뽑으시면 곧 선비들이 모두 바른 데로 옮겨 갈 것이며 교화(敎化)가 날로 융성해질 것이오니 무엇을 걱정하시오며 인재가 옛날과 같지(많지) 않다고 어찌 근심하시겠사옵니까? 정치의 도가 옛날과 같지 않겠사옵니까? 또 선비는 가르친 연후에 있는 것이며, 어진 이를 얻을 수 있는 것은

[23쪽]

人 時習然後 可以得其才 設爲庠序學校 申之以孝弟之敎 明之以仁義之
인 시습 연후 가이득기재 설위상서학교 신지이효제지교 명지이인의지

道者 此三代之所以作人也 夫物不素蓄 不可以需用 器不豫具 不可以猝
도자 차삼대지소이작인야 부물불소축 불가이수용 기불예구 불가이졸

辦 菑田而自養植材 而自庇理勢必然也 養士有道必也 明聖學闢異端
판 치전이자양식재 이자비리세필연야 양사유도필야 명성학벽이단

然後 士知所宗 若不養之以正 則雖其生質之美者 亦將歸於汚下而無用
연후 사지소종 약불양지이정 즉수기생질지미자 역장귀어오하이무용

矣 經筵之上 國學之中 日講堯舜之道孔孟之書 以是導率 而凡老佛之近
의 경연지상 국학지중 일강요순지도공맹지서 이시도솔 이범노불지근

理亂眞者 楊墨申韓之惑世誣人者 永絶於言語文字之中 不使爲吾道之
리난진자 양묵신한지혹세오인자 영절어언어문자지중 불사위오도지

病焉 是爲養士之先務也 善養苗者 先去其害苗者 善養樹者 先除其害樹
병언 시위양사지선무야 선양묘자 선거기해묘자 선양수자 선제기해수

47) 風厲(풍려): 격려함. 권하여 힘쓰게 함.

48) 州序(주서): 주학(州學). 주(州)에 설립한 학교.

49) 家塾(가숙): 개인이 설립한 글방.

50) 誠正修齊(성정수제): 『大學』의 팔조목(八條目) 중 성의(誠意)・정심(正心)・수신(修身)・제가(齊家)를 말함.

51) 翹首(교수): 머리를 들고 바라봄. 주로 바라거나 생각하는 것이 간절함을 비유하는 말. 위(魏)의 완적(阮籍)의 『奏記詣蔣公』에 「群英翹首, 俊賢抗足」.

52) 欽惟(흠유): 발어사. '삼가 생각하건대[敬思]'의 뜻. 남조양(南朝梁) 무제(武帝)의 『踐祚後與諸州郡敕』에 「欽惟邃古, 爰及近代, 雖禪代異時, 而成功一揆」.

53) □: 공경(恭敬)의 공격(空隔).

者 此必然之理也 如是作人則取用之際 俊
자 차 필연 지 리 야 여시 작인 즉 취용 지 제 준

【번역】

수시로 익힌 연후에 그 재량(才量)을 얻을 수 있으니, 지방에 관립 학교[54]를 설치하여 효제(孝弟)를 펴시고 인의(仁義)의 도를 밝게 하시면, 이것이 삼대(三代)[55]가 인재를 임용하고 양성한[56] 까닭이옵니다. 대저 물건은 평소에 저축해놓지 않으면 꼭 써야 할 곳에 쓸 수 없으며, 그릇은 미리 갖추어 놓지 않으면 갑작스럽게 갖출[57] 수 없으니, 묵정밭이 스스로 심어진 나무를 기르려면 스스로 사리와 형세의 비호에 의지함이 반드시 있어야 합니다. 선비를 기르는 데에도 반드시 도가 있어야 하니, 성학(聖學; 儒學)을 밝히고 이단(異端)을 물리친 연후에라야 선비들이 근본 됨을 알게 됩니다. 만약 정학(正學; 儒學, 또는 바른 道)으로 기르지 않는다면 비록 그 타고난 바탕이 아름답다고 하더라도 또한 역시 장차 비루(鄙陋)한[58] 데로 돌아가서 쓸모가 없게 되옵니다. 경연(經筵)이 위가 되고 국학(國學)이 가운데이오니, 날마다 요순(堯舜)의 도와 공자와 맹자의 글들을 강론하시고, 이것으로써 인도하시고 거느리시며, 노장자(老莊子)와 불교(佛敎)는 이치에 가까운 듯하지만 진리를 어지럽히는 것이며, 양묵(楊墨)[59]과 신한(申韓)[60]은 세상을 어지럽게 하고 사람을 그릇되게 하는 것들이니, 말과 글 가운데서 영원히 끊게 하여 우리 도에 병이 되게 해서는 아니 되옵니다. 이를 위하여 선비를 기르는 것을 먼저 힘써야 할 것이옵니다. 어린 싹을 잘 기르는 사람은 먼저 싹에 해가 되는 것을 제거하며, 나무를 잘 기르는 자도 먼저 나무에 해가 되는 것을 제거합니다. 이것은 필연의 이치이옵니다. 이와 같이 선비들을 진작시킨다면, 인재를 뽑아 쓸 즈음에

54) 庠序學校(상서학교): 지방의 관립 학교. 뒤에는 학교의 범칭으로 쓰임. 상(庠)은 은주(殷周)시대의 학교. 지방의 관립 학교. 향학(鄕學).

55) 三代(삼대): 하(夏)·은(殷)·주(周)의 세 왕조.

56) 作人(작인): 인재를 임용하고 양성함.

57) 猝辦(졸판): 갑작스럽게 갖춤.

58) 汚下(오하): 품격이 낮음. 비루함.

59) 楊墨(양묵): 전국시대의 사상가 양주(楊朱)와 묵적(墨翟)의 병칭. 전국시대에 유가(儒家)와 대립한 중요한 두 학파로서 양주는 위아(爲我), 묵적은 겸애(兼愛)를 주장.

60) 申韓(신한): 전국시대의 법가(法家) 신불해(申不害)와 한비(韓非)를 아울러 이르는 말. 가혹한 법치(法治)를 주장.

[24쪽]

又自至丕應徯志 得行先王之道 而得致先王之治 猶反手也 每承求言之
우 자 지 비 응 혜 지 득 행 선왕 지 도 이 득 치 선왕 지 치 유 반 수 야 매 승 구 언 지

□教 思效千慮之一得 而惟此求賢之事 爲今日圖治之先務 故敢陳芹曝
교 사 효 천려 지 일 득 이 유 차 구 현 지 사 위 금일 도 치 지 선무 고 감 진 근 폭

之愚 枕伏願
지 우 침 복 원

聖明深察焉
성 명 심 찰 언

【번역】

준걸들이 스스로 이르러 임금의 인재를 기다리는 뜻[61]에 크게 호응하여[62] 선왕의 도를 행하고 선왕의 다스림을 이루는 것은 손바닥을 뒤집는[63] 것처럼 쉬울 것이옵니다. 매번 구언(求言)[64]을 받들고 천 번을 생각하여 얻은 하나를 드리오니, 오직 이 어진 이를 구하는 일이 금일 치세(治世)를 이루기 위해 먼저 힘써야 할 일이라 생각되오니, 그런 까닭으로 감히 보잘 것 없는 어리석은 생각[65]을 펴오니, 정성스런 마음으로 삼가 바라오니,

[66]성상(聖上)께옵서 밝고 깊게 살펴주시옵소서.

편지 / 書

[24쪽]

동암(東巖) 이발(李潑)[67]께 올리는 편지 - 별폭(別幅)[68]

61) 徯志(혜지): 명(命)을 기다림. 또는 뜻을 기다림. 『書經, 益稷』에 「惟動丕應徯志」.

62) 丕應(비응): 크게 호응함. 『書經, 皐陶謨』에 「其弼直, 惟動丕應」.

63) 反手(반수): 번장(反掌). 손바닥을 뒤집음. 일이 매우 쉬움을 이르는 말. 『文選, 枚乘 , 上書諫吳王』에 「易於反掌, 安於泰山」.

64) 求言(구언): 임금이 신하의 직언(直言)을 구하는 일.

65) 芹曝(근폭): 드리는 선물이 보잘것없다는 뜻으로, 선물을 줄 때 겸사로 쓰임. 근헌(芹獻). 곧 변변치 못한 미나리를 바친다는 뜻으로, 어떤 사람이 미나리를 스스로 맛있다고 여겨 윗사람에게 올렸다가 창피를 당했다는 우화에서 유래.

66) 공경(恭敬)의 뜻으로 앞서 사용한 공격(空隔; □) 대신 대두(擡頭; 글을 쓸 때 敬意의 뜻으로 줄을 바꾸어 쓰되 다른 줄보다 몇 자 올리거나 비우고 쓰는 일)를 함.

67) 李潑(이발): 1544(중종 39)~1589(선조 22). 조선 중기의 문신. 호는 동암(東巖). 1573년 알성문과(謁聖文科)에 장원한 후 벼슬이 대사간에 이르렀다. 조광조(趙光祖)의 지치주의(至治主義)를 이념으로 삼

上李東巖潑書 - 別幅
상 이 동 암 발 서 별 폭

相士者先觀其心 不知其心 而交之則後 必有悔也 以一人而初謂孔子 亞
상 사 자 선 관 기 심 부 지 기 심 이 교 지 즉 후 필 유 회 야 이 일 인 이 초 위 공 자 아
終謂誤國小人 則何其愛憎之至此也 以胡康侯之賢 尙不識秦檜之奸 安
종 위 오 국 소인 즉 하 기 애증 지 지 차 야 이 호 강 후 지 현 상 불 식 진 회 지 간 안
知今世無此等人耶 昔曹操欲緩呂布之死 昭烈曰 明公不見丁建陽董
지 금세 무 차 등 인 야 석 조조 욕 완 여포 지 사 소 열 왈 명공 불 견 정 건 양 동
太師
태사

【번역】

인재(人才)를 식별(識別)[69]하려는 사람은 먼저 그의 마음을 봅니다. 그 마음을 모르고서 사귀면 곧 뒤에 반드시 한 사람으로써 후회가 있게 됩니다. 애초에 공자의 제자[70]도 나라의 큰일을 그르치게[71] 되는 것은 소인이라고 일컬었으니, 어찌 그 애증(愛憎)이 여기에 이르렀습니까? 호강후(胡康侯)[72]의 현명함으로도 오히려 진회(秦檜)[73]의 간사함을 몰랐으니, 금세에 이런 등급의 사람이 없음을 어찌 알겠습니까? 옛날에 조조(曹操)[74]가 여포(呂布)[75]의 죽음을 용서해 주려고 할 때, 소열(昭烈)[76]이 말하기를,

"밝으신 공께서는 정건양(丁建陽)[77]과 동태사(董太師)[78]의 일을 보시지 않았습

아 경연(經筵)에 출입하면서 왕도정치를 제창하여 기강을 확립하였다. 1589년 정여립(鄭汝立) 모반 사건을 계기로 서인이 집권하자 관직을 사퇴하고 고문을 당하다가 장살(杖殺)됨.

68) 別幅(별폭): 딴 쪽지나 조각. 본문에서는 따로 쓴 편지가 있고 다시 쪽지나 조각에 쓴 글이란 뜻.

69) 相士(상사): 인재(人才)를 식별함. 『孔子家語, 子路初見』에 「孔子曰, 里語云, 相馬以輿, 相士以居, 弗可廢矣」.

70) 亞終(아종): 버금가는 사람. 본문에서는 공자의 제자 자로(子路)를 말함.

71) 誤國(오국): 나라의 큰일을 그르침.

72) 胡康侯(호강후): 호안국(胡安國). 송(宋)나라 건주(建州) 숭안(崇安) 사람. 강후(康侯)는 자. 호는 무이선생(武夷先生). 정이천(程伊川)을 사숙하여 거경궁리(居敬窮理)의 학문을 중히 여기고, 특히 춘추(春秋)에 심혈을 기울임.

73) 秦檜(진회): 송(宋)나라 강녕(江寧) 사람. 고종(高宗) 때 악비(岳飛)를 죽이고 주전파(主戰派)를 탄압하여 금(金)과 굴욕적인 화약을 맺게 함. 뒤에 간신으로 몰려 왕작을 추탈 당함.

74) 曹操(조조): 후한(後漢) 패국(沛國) 초(譙) 땅 사람. 삼국 위(三國魏)의 무제(武帝). 기지와 권모술수가 있어 황건적(黃巾賊)을 토벌하고 동탁(董卓)을 침. 위왕(魏王)에 봉해짐.

75) 呂布(여포): 후한(後漢) 구원(九原) 사람. 힘이 세고 궁마(弓馬)에 능하여 비장(飛將)으로 불리움. 정원(丁原)과 동탁(董卓)을 섬기다가 배반하고 유표(劉表)에게 귀순함. 나중에 조조(曹操)에게 사로잡혀 죽음.

76) 昭烈(소열): 소정표(蕭正表). 남조 양(南朝梁) 남난릉(南蘭陵) 사람. 소열(昭烈)은 시호(謚號). 반란을 일으키는 후경(侯景)을 치라는 명령을 받고도 관망하며 후경을 돕다가 양(梁)나라 군사에게 패하자 동위(東魏)로 투항함.

77) 丁建陽(정건양): 정원(丁原). 후한(後漢) 동민(東緡) 사람. 건양(建陽)은 자. 영제(靈帝)가 죽자 하진(何進)과 함께 환관들을 죽이려다가 실패하여 동탁(董卓)에게 죽음을 당함.

니까?"

[25쪽]

之事乎 操亦頷之 背恩 負義人情之所共惡也 好而知惡 君子之所尙也
지사호 조역함지 배은 부 의인 정지소공오야 호이지오 군자 지소상야
云云 詳見年譜
운운 상견연보

【번역】

라고 하니, 조조가 역시 죽였습니다. 은혜를 배반하고 의리를 저버리는 것은 사람들의 인정이 함께 미워하는 바입니다. 좋아하면서도 미워할 줄 아는 것은 군자가 숭상하는 바라고 하였다. -연보(年譜)에 자세히 보인다.

집의 형님에게 올리는 영결(永訣)하는 글
上家兄永訣書
상가형영결서

云云□主上聖明天亦有知 而弟今以自外至者 抱寃而死 雖曖昧極天 實
운운 주상 성명 천 역 유 지 이 제 금 이 자 외 지 자 포 원 이 사 수 애매 극 천 실
是命也 奈何 死後則必有一道公論 然晩矣可笑 順男多有學氣云 死亦有
시 명 야 내하 사후 즉 필 유 일 도 공론 연 만 의 가소 순 남 다 유 학 기 운 사 역 유
慰 須十分勤讀 終作好人 勿以我死而小弛也 我死眞所謂命也 愼勿歸咎
위 수 십 분 근 독 종 작 호인 물 이 아 사 이 소 이 야 아 사 진 소위 명 야 신 물 귀 구
於造言之人也 一門之人 恃我如十盲一杖 終至於呑恨 奈如之何 □兄主
어 조 언 지 인 야 일 문 지 인 시 아 여 십 맹 일 장 종 지 어 탄한 내 여 지 하 형 주
須移居和順 扶濟門戶 如何 念到妻子 不知所言 幸傳勿以不爲諺書爲怨
수 이 거 화 순 부 제 문호 여하 념 도 처사 부 지 소 언 행 전 물 이 불 위 언 서 위 원
也 豈無地下相見之
야 기 무 지하 상견 지

【번역】

여러 말은 생략합니다. □주상 전하와 밝은 하늘도 역시 알고 있듯이, 아우는 지금 외부 사정이 도래하여 죽어갑니다. 비록 애매(曖昧)[79]함이 하늘에 이르렀어도 실제 운명이니 어찌 하겠습니까? 죽은 후에 반드시 한 번 공론(公論)[80]이야 있겠지만, 그러나 이미 늦은 것이니 가소롭습니다. 순남(順男)은 배움에 대한 기

---

78) 董太師(동태사): 동탁(董卓). 후한(後漢) 농서(隴西) 임조(臨洮) 사람. 태사(太師)는 벼슬 이름. 소제(少帝)를 폐위시키고 헌제(獻帝)를 세워 스스로 태사(太師)가 되어 조정을 장악하고 횡포를 부리다가 왕윤(王允)과 여포(呂布)에게 살해됨.

79) 曖昧(애매): 명확하지 않음. 흐릿함. 떳떳하지 못함.

80) 公論(공론): 공정한 평론(評論).

질(氣質)이 많다고 말하고 있으니 죽더라도 역시 위로가 됩니다. 모름지기 충분히 책읽기에 부지런히 하여 끝내는 좋은 사람이 되어야 할 것이며, 나의 죽음으로 인해 조금이라도 게을리 해서는 안 될 것입니다. 나의 죽음은 참으로 운명(運命)이라 일컫고, 없는 말을 날조한[81] 사람들의 잘못으로 삼가 돌리지 마십시오. 우리 한 집안이 나를 믿기를 매우 소중하게 여겼는데[82] 끝내 한을 삼키고 죽어가니 어찌 하겠습니까? □형님[83]께서 모름지기 화순(和順)으로 주거(住居)를 옮기시어 가문(家門)을 구제하시는 것이 어떠신가요? 처자식에게 생각이 미칩니다마는 할 말을 모르겠습니다. 다행히 전한다면 (처자에게)언문(諺文) 편지 쓰지 않는 것을 원망하지 말라고 전해주십시오. 어찌 지하에서 서로 보지 않겠습니까? -공유일(恐有日; 살날이 얼마 없음이 두려움) 글자가 빠졌음-

[26쪽]

恐有日字而缺乎 李郎前亦未修書 迷息奉蘋於□貴門 倘不見疎 感激之情
공유일자이결호 이랑전역미수서 미식봉빈어 귀문 당불견소 감격지정

雖地下可忘可忘
수 지하 가망가망

庚寅三月十三日 弟大中訣 押謹封
경인 삼월 십삼일 제대중결 압근봉

【번역】

이랑(李郎) 앞으로는 미처 편지도 쓰지 못했는데, 못난 자식[84]에게 당신의 □귀한 가문에서 제수(祭需)를 받들게 해주시니, 갑자기 뵙지 못하고 소원해지게 되었습니다만 감격한 마음의 뜻으로 비록 (죽어)지하에서라도 잊을 수 있겠습니다. 잊을 수 있겠습니다.

경인(庚寅)[85] 3월 13일. 아우 대중(大中)이 영결하면서 서명하고 삼가 봉함.

---

81) 造言(조언): 조언날사(造言捏詞). 근거 없는 사실을 날조함. 허위로 말을 날조함.
82) 十盲一杖(십맹일장): 십고일장(十瞽一杖). 열 소경에 한 막대. 매우 요긴하게 쓰이는 소중한 물건이라는 뜻.
83) 兄主(형주): 형님(兄任). '주(主)'의 훈(訓)인 '임(님)'으로 표기한 훈차적(訓借的) 사용.
84) 迷息(미식): 미돈(迷豚). 변변치 못한 자식이라는 뜻으로, 남에게 대하여 자기의 아들을 낮추어 이르는 말.
85) 庚寅(경인): 1590년 선조 23년.

제문 / 祭文

[26쪽]

전주(全州)□대성전(大成殿)[86]□위패(位牌)[87]를 이안(移安)[88]하면서 고유(告由)[89]한 제문(祭文)

全州□大成殿□位牌移安告祭文
전주 대성전 위패이안고제문

痛哉巨猾 早盜盛名 剽竊經史 欺惑俊英 往在癸未 改建廟楹 惟上樑文
통재거활 조도성명 표절경사 기혹준영 왕재계미 개건묘영 유상량문
逆豎所成 操范曄筆 逞李斯情 日月幾何 溷辱神明 幸賴□聖鉞 陰討兇
역수소성 조범엽필 령이사정 일월기하 혼욕신명 행뢰 성월 음토흉
獰 敦賊已跽 莽惡留甍 多士叫憤 一國顏頳 擧木可焚 削墨則輕 是用卜
영 돈적이기 망악유맹 다사규분 일국안정 거목가분 삭묵즉경 시용복
吉 撤舊再營 敢先昭告 庶無震驚 云云
길 철구재영 감선소고 서무진경 운운

【번역】

애통하구나! 몹시도 교활하게 일찍이 높은 명성을 훔치고 경서(經書)와 사서(史書)에서 몰래 따다가 뛰어난 인물을 속이고 미혹시킨 것이 지난 계미년(癸未年)[90]에 있었으니, 사당의 기둥을 고쳐 세우면서 상량문(上樑文)을 반역자[91]가 쓴 바, 범엽(范曄)[92]의 필체로 이사(李斯)[93]의 뜻을 제멋대로 나타내었으니, 신명

86) 大成殿(대성전): 문묘(文廟; 공자를 모신 사당)의 시설 가운데 공자(孔子)의 위패(位牌)를 봉안(奉安)한 성묘(聖廟)의 호칭. 전국 231개 향교마다 건치(建置) 되어 있음.

87) 位牌(위패): 위판(位版). 임금이 천지와 조상에게 제사지낼 때 쓰는 신위(神位)의 판목.

88) 移安(이안): 신주·영정 등을 다른 곳으로 옮기어 모심.

89) 告由(고유): 국가나 사가(私家)에서 중대한 일을 치르기 전이나 치른 뒤에 그 사유(事由)를 종묘(宗廟)나 사당(祠堂)에 아뢰는 일.

90) 癸未年(계미년): 1583년. 선조 16. 전주 향교의 대성전(大成殿)이 건립되던 해이고, 정여립(鄭汝立)이 예조좌랑(禮曹佐郞)이 되던 해.

91) 逆豎(역수): 역수(逆豎). 반역자를 증오하여 일컫는 말. 후기의 내용에 의거 본문에서는 정여립(鄭汝立)을 지칭한 것.

92) 范曄(범엽): 남조(南朝) 순양(順陽) 사람. 태자첨사(太子詹事)를 지내다가 공희선(孔熙先) 등과 의강(義康)을 옹립하려고 모의하였다가 주살(誅殺)되었다. 문장을 잘 짓고 예서(隸書)를 잘 썼으며 음률(音律)에도 밝았음. 뜻을 얻지 못한 데서 강개하여 후한서(後漢書)를 저술하였음. 본문에서는 전주 대성전의 상량문을 직접 짓고 쓴 정여립(鄭汝立)의 반역자 측면을 강조한 용사적(用事的) 표현.

93) 李斯(이사): 진(秦) 상채(上蔡) 사람. 진나라에 벼슬하여 객경(客卿)이 되고, 시황(始皇)이 천하를 통일한 뒤 승상(丞相)에 올라 군현제(郡縣制)를 제정하고 금서령(禁書令)을 내렸다. 소전(小篆)을 표준문자로 통일하고, 시황이 죽자 조고(趙高)의 계획에 따라 조칙을 위조하여 태자(太子) 부소(扶蘇)를 폐위하고 이세(二世)를 세웠다. 뒤에 아들 유(由)가 반란 세력과 내통한다는 조고의 보함으로 요잔(腰斬)되고

(神明)을 더럽힌 세월이 그 얼마인가? 다행히 □성군(聖君; 宣祖)의 황월(黃鉞)[94]에 힘입어 슬며시 흉악하고 사나운 자들을 토벌하니, 굳센 도적들은 이미 무릎을 꿇었습니다.[95] 그러나 거친 악적의 싹이 아직도 남아 있어[96] 많은 선비들이 분노하며 부르짖으며 한 나라의 체면을 부끄러워하며[97] (상량문이 쓰여진 대들보)나무를 끌어내어 불에 태우고 (상량문의)필묵(筆墨)을 깎아 내기는 쉬우니 길한 날을 점쳐서, 옛 집(대성전)을 철거하고 다시 짓습니다. 감히 먼저 밝혀 아뢰오니 울리더라도 놀라지 마시십시오. 아뢰옵니다.

[27쪽]

謹按全州□大成殿上樑文 鄭賊汝立所製也 至是時將改樑 先生以全羅都事巡到 萬頃監司 闕
근 안 전주 대 성 전 상량 문 정 적 여 립 소 제 야 지 시 시 장 개 량 선생 이 전라 도사 순 도 만 경 감사 궐

到□位牌移安告祭文 製送催促甚急 先生操筆立就云云
도 위패 이 안 고 제문 제 송 최촉 심 급 선생 조필 입 취 운운

【번역】

삼가 전주 □대성전(大成殿) 상량문을 살펴보니[98] 역적(逆賊) 정여립(鄭汝立)이 지은 것이었다. 이에 대들보를 바꾸려 할 때에 '(정곡)선생께서 전라도사(全羅都事)[99]로서 순행(巡行)하다가 만경(萬頃)[100]에 이르렀는데, 감사(監司)[101]가 관도(官途)에 이르러 □(공자의)위패를 옮기어 모시는 고유제문(告由祭文)을 지어 보내주기를 매우 급하게 재촉하므로, 선생이 붓을 잡아 쓴 것이다.' 라고 일컬어지고 있다.

삼족(三族)이 몰살당함. 본문에서는 전주 대성전의 상량문을 직접 짓고 쓴 정여립(鄭汝立)의 반역자 측면을 강조한 용사적(用事的) 표현.

94) 聖鉞(성월): 성군(聖君)의 황월(黃鉞). 성군은 선조(宣祖)를 의미하며, 황월(黃鉞)은 황금을 장식한 자루가 긴 도끼로 천자의 의장(儀仗)으로, 정벌(征伐)에도 씀.

95) 己跽(기기): '이기(已跽)'의 오기인 듯.

96) 留甍(유맹): 유맹(留萌). 싹이 남아 있음. 본문에서는 정여립이 지은 전주 대성전의 상량문의 글과 필적을 의미함.

97) 顏赬(안정): 정안(赬顏). 부끄러워 얼굴을 붉힘.

98) 謹按(근안): 근안(謹案). 삼가 고찰하여 살펴봄. 논거나 사실(史實)을 인용하는 첫머리에 쓰는 말.

99) 都事(도사): 조선 초기 중추원(中樞院)·중추부(中樞府)와 각 도(各道)의 도관찰사(都觀察使)·병마도절제사(兵馬都節制使)에 딸린 종6품의 벼슬.

100) 萬頃(만경): 전라북도 김제군 만경면·성덕면 지역에 있었던 조선시대의 현(縣).

101) 監司(감사): 고려·조선시대에 한 도(道)의 정치·행정에 관한 일체의 권한을 가진 안렴사(按廉使)·안찰사(按察使)·도관찰출척사(都觀察黜陟士)·관찰사(觀察使) 등을 두루 이름.

서 / 序[102]

[27쪽]

용학구결서[103]
庸學口訣書
용 학 구 결 서

執中之道 堯舜禹三聖之所以授受 而至夫子時 又發明於論語之書 先聖
집중 지 도 요순 우 삼성 지 소이 수수 이 지 부자 시 우 발명 어 논어 지 서 선 성
相傳之旨訣 于是可見也 大學不言性 而朱子之序大學言性而補之 中庸
상 전 지 지 결 우 시 가 견 야 대학 불 언 성 이 주자 지 서 대학 언 성 이 보 지 중용
不言心 而朱子之序中庸言心而詳之 至於周子太極圖說 但言中正仁義
불 언 심 이 주자 지 서 중용 언 심 이 상 지 지 어 주 자 태극 도 설 단 언 중정 인의
與主靜 而朱子註其說 言敬以補之 亦大學正心章章句言敬之餘意也 就
여 주 정 이 주자 주 기 설 언 경 이 보 지 역 대학 정심 장 장 구 언 경 지 여 의 야 취
中庸而言 執中之道 則其曰 君子時中 則
중용 이 언 집중 지 도 즉 기 왈 군자 시 중 즉

【번역】

중용(中庸)을 지키는 도[104]는 요(堯)[105]·순(舜)[106]·우(禹)[107] 세 성인이 주고받은 바이고, 부자(夫子; 孔子) 당대에 이르러 다시 『논어』에서 드러내어 밝히니, 선대 성인들이 서로 전한 지결(旨訣; 主旨)을 여기서 볼 수 있다. 『대학』에서는 '성(性)'에 대해서 말하지 않았으나, 주자(朱子)는 『대학』의 서문에서 성(性)을 말하면서[108] 그것을 증정(增訂)하였고,[109] 『중용』에서는 '심(心)'에 대해 말하지 않

102) 序(서): 서적이나 문장을 소개하는 글이나, 작가의 일생·사적을 소개하거나 저작의 동기·경위를 설명하거나, 저작의 내용·체제를 밝히고 평가하는 등의 글을 이르는 말. 처음에는 서적이나 문자의 뒷부분에 놓였으나, 훗날에는 보통 앞부분에 놓이게 됨.

103) 앞 [논학(論學)]에서 부기(附記)하고 있듯이 〈용학구결(庸學口訣)〉의 전문은 없어지고 '서문(序文)'만 남아 있어 [서(序)]에 따로 게재한 것임.

104) 執中之道(집중지도): 중용(中庸)의 도리를 지켜 과불급(過不及)이 없음. 『서경(書經), 대우모(大禹謨)』에 「人心惟危, 道心惟微, 惟精惟一, 允之, 執厥中」.

105) 堯(요): 도당씨(陶唐氏)의 호. 제곡(帝嚳)의 아들. 성은 이기(伊祁), 이름은 방훈(放勳). 도(陶)와 당(唐)에 봉(封)해진 데에서 이르는 말.

106) 舜(순): 우순(虞舜). 상고시대 성군(聖君). 성은 요(姚), 또는 규(嬀). 이름은 중화(中華). 선대가 우(虞)에 나라를 세워 유우씨(有虞氏)라 하였다. 효성이 극진하였고, 사악(四嶽)의 추천으로 요(堯)에게 등용되어 섭정하다가 요가 죽은 후에 제위에 올랐다. 사흉(四凶)을 제거하였으며 우(禹)를 등용하여 홍수를 다스리게 하여 후계자로 삼았음.

107) 禹(우): 중국 고대 제왕(帝王). 사성(姒姓). 이름은 문명(文命). 곤(鯀)의 아들. 대우(大禹)·하우(夏禹)·융우(戎禹)라고도 함.

108) 주자(朱子)의 대학장구서(大學章句序)에서, 「하늘이 사람을 내림으로부터 이미 仁義禮智의 性을 賦與

았으나, 주자는 『중용』의 서문에서 심(心)을 상세히 말하였다.[110] 주자(周子)[111]는 〈태극도설(太極圖說)〉[112]에 이르러 다만 중정(中正)[113]·인의(仁義)[114]와 함께 주정(主靜)[115]을 말하였을 뿐이나, 주자는 그것에 뜻을 풀어 밝히면서 '경(敬)'을 말하여 증정(增訂)하였고, 또 『대학』의 정심장(正心章) 장구(章句)에서도 경(敬)의 충분한 뜻을 밝혔다. 『중용(中庸)』을 취하여 집중지도(執中之道)에 대해서 말하기를 가로대,

"군자가 시의(時宜)에 적절하게 처신하여 지나치거나 모자람이 없다는 것이[116]

[28쪽]

執中之謂也 其曰 擇善固執 則精一之謂也 其曰天命率性 則道心之謂也
집중 지 위 야 기 왈 택선 고집 즉 정일 지 위 야 기 왈 천명 솔성 즉 도심 지 위 야
就大學而言執中之道 則其曰 止於至善 則執中之謂也 其曰先正其心 則
취 대학 이 언 집중 지 도 즉 기 왈 지 어 지선 즉 집중 지 위 야 기 왈 선 정 기 심 즉

하지 않음이 없건마는, 그 氣質을 받은 것이 혹 똑같지 못하다. 이 때문에 모두 그 本性을 소유함을 알아 온전히 함이 있지 못한 것이다. 한 사람이라도 聰明하고 叡智하여 능히 그 본성을 다한 자가 그 사이에 나옴이 있으면, 하늘이 반드시 그에게 명하시어 억조 만백성의 군주와 스승으로 삼아, 그로 하여금 백성을 다스리고 가르쳐서 그(백성) 본성을 회복하시는 것이다(蓋天降生民, 則既莫不與之以仁義禮智之性矣, 然其氣質之稟, 或不能齊, 是以不能皆有以知其性之所有而全之也, 一有聰明睿智能盡其性者, 出於其間, 則天必命之, 以爲億兆之君師, 使之治而敎之, 以復其性)」이라고 말한 것을 뜻함.

109) 補之(보지): 증정(增訂). 책 따위의 내용을 더하거나 잘못 된 것을 고침.

110) 주자(朱子)의 중용장구서(中庸章句序)에서, 「心의 虛靈知覺은 하나일 뿐인데, 人心과 道心이 다름이 있다고 한 것은, 혹은 形氣의 私에서 나오고, 혹은 性命의 올바른 것에서 근원하여, 知覺을 한 것이 똑같지 않기 때문이다. 이러므로 혹은 위태로워 편안치 못하고, 혹은 微妙하여 보기가 어렵다. 그러나 이 형체를 가지고 있지 않은 이가 없으므로 비록 上智라도 人心이 없지 못하고, 또한 이 性을 가지고 있지 않은 이가 없으므로 비록 下愚라도 道心이 없지 않으니, 이 두 가지가 方寸(마음)의 사이에 섞여 있어서 다스릴 바를 알지 못하면, 위태로운 것이 더욱 위태로워지고, 은미한 것이 더욱 은미해져서 天理의 공변됨이 끝내 人慾의 사사로움을 이기지 못할 것이다.(心之虛靈知覺, 一而已矣, 而以爲有人心道心之異者, 則以其或生於形氣之私, 或原於性命之正, 而所以爲知覺者不同, 是以或危殆而不安, 或微妙而難見耳. 然人莫不有是形, 故雖上智, 不能無人心, 亦莫不有是性, 故雖下愚, 不能無道心, 二者雜於方寸之間而不知所以治之, 則危者愈危, 微者愈微, 而天理之公, 卒無以勝夫人慾之私矣)」라고 한 것을 말함.

111) 周子(주자): 송(宋)나라 주돈이(周敦頤)의 존칭. 도주(道州) 영도(營道) 사람. 자는 무숙(茂叔). 시호는 원공(元公). 세칭 염계선생(濂溪先生)·주자(周子). 송대 이학(理學)의 개조(開祖)가 되고, 저서로 태극도설(太極圖說)·통서(通書)가 있음.

112) 太極圖說(태극도설): 송(宋)나라 주돈이(周敦頤)가 태극도(太極圖)를 그리고 그것을 해설한 책. 1권.

113) 中正(중정): 어느 쪽에도 치우침이 없이 바름. 중지(中至). 중직(中直). 『서경(書經), 여형(呂刑)』에 「明啓刑書, 胥占, 咸庶中正」.

114) 仁義(인의): 인애(仁愛)와 정의(正義). 『예기(禮記), 곡례(曲禮), 상(上)』에 「道德仁義, 非禮不成」.

115) 主靜(주정): 망상(妄想)을 버리고 마음을 고요하게 가짐. 『예기(禮記), 악기(樂記)』에 「人生而靜, 天之性也」.

116) 時中(시중): 『주역(周易), 몽(蒙)』에 「蒙亨, 以亨行, 時中也」.

道心之謂也 嗚呼 誠者中庸之樞紐也 敬者大學之樞紐也 誠敬二者 實爲
도심 지 위 야 오호 성 자 중용 지 추 뉴 야 경 자 대학 지 추 뉴 야 성경 이 자 실 위
群聖貫道之要 而後人之欲學聖道者 亦當從事於誠敬也 前聖後聖 其揆
군 성 관 도 지 요 이 후 인 지 욕 학 성 도 자 역 당 종 사 어 성 경 야 전 성 후 성 기 규
一也 而要其歸 則皆歸於執中之道 欲求執中之道 則道在邇 而不必求諸
일 야 이 요 기 귀 즉 개 귀 어 집중 지 도 욕 구 집중 지 도 즉 도 재 이 이 불 필 구 제
遠也 大易所謂父父子子兄兄弟弟夫夫婦婦 而家道正矣 以太極言之 則
원 야 대 역 소위 부 부 자 자 형 형 제 제 부 부 부 부 이 가 도 정 의 이 태극 언 지 즉
人人有一太極 而太極便是性也中也 聖人定之 以中正仁義 而立人極者
인 인 유 일 태극 이 태극 편 시 성 야 중 야 성인 정 지 이 중정 인의 이 입 인 극 자
在是矣 用力於此學者 須讀大學 而得明善
재 시 의 용력 어 차 학 자 수 독 대학 이 득 명 선

【번역】

곧 집중(執中)이다."

라고 말한 것이고, 그것에 대해서 말하기를, '선(善)을 선택하여[117] 굳게 지니기를 정일(精一)[118]하게 하는 것'을 일컫는 것인즉, 그것에 대해서 가로대, '천성적으로 타고난 품성을 좇는 것이니 곧 도심(道心)[119]을 말한 것'이다. 그리고 『대학(大學)』을 취하여 집중지도(執中之道)에 대해서 말하여 가로대,

"지어지선(止於至善)'[120]이 곧 집중지도(執中之道)를 일컬은 것이다."

라고 한즉, 그것에 대해서 가로대, '먼저 그 마음을 바르게[121] 하는 것인즉, 도심(道心)[122]을 일컬은 것이다.'라고 하였다.

오호라! '성(誠)'이란 것은 『중용』의 핵심[123]이요, '경(敬)'이란 것은 『대학』의 핵심이니, '성(誠)'과 '경(敬)' 두 가지는 실제로 여러 성인들이 관도(貫道)[124]하는 요체(要諦; 중요한 깨달음)이니, 후인들이 성인의 도를 배우고자 한다면 또한 당연히 성(誠)과 경(敬)에 몸과 마음을 다해야 할 것이다. 전대(前代)의 성인이나

---

117) 擇善(택선): 『좌전(左傳), 양공(襄公) 29』에 「擇善而擧, 則世隆也」.

118) 정일(精一): 정밀(精密)하고 전일(專一)하게 함.

119) 道心(도심): 천리(天理)에서 발현된 마음. 도덕적 의리에서 우러나온 선한 마음. 『서경(書經) 대우모(大禹謨)』에 「人心惟危, 道心惟微」.

120) 止於至善(지어지선): 『대학』의 삼강령(三綱領) 중의 하나로, 사리(事理)가 지극히 당연한 데에 이르러 옮기지 않음. 또는 가장 완전무결한 경지에 처함. 『예기(禮記), 대학(大學)』에 「大學之道, 在明明德, 在親民, 在止於至善」.

121) 正心(정심): 『대학』의 팔조목(八條目) 중의 하나로, 마음을 올바르게 함. 『예기(禮記), 대학(大學)』에 「欲脩其身者, 先正其心, 欲正其心者, 先誠其意」.

122) 道心(도심): 천리(天理)에서 발현된 마음. 도덕적 의리에서 우러나온 선한 마음. 『서경(書經), 대우모(大禹謨)』에 「人心惟危, 道心惟微」.

123) 樞紐(추뉴): 문지도리와 인끈. 사물의 관건이나 서로 관련된 사물의 중심이 되는 부분을 비유하는 말. 원뜻은 북극성의 중추인 천추성(天樞星) 또는 임금을 비유하는 말.

124) 貫道(관도): 도를 통달함을 이르는 말.

후대(後代)의 성인이나 법칙은 하나이니, 그 요체가 돌아가는 곳은 곧 모두 집중지도(執中之道)에 돌아가는 것이라, 집중지도를 구하고자 한다면 곧 그 (집중지)도는 가까이 있는 것이니, 그것을 먼 데서 구할 필요가 없는 것이다. 『대역(大易; 周易)』에서 이른바, '아버지는 아버지답고 자식은 자식답고, 형은 형답고 아우는 아우답고, 남편은 남편답고 부인은 부인다움에 집안의 법도가 바르게 된다.'[125]고 하였으니, 태극도설(太極圖說)의 말로써 한다면 사람이 사람다움은 태극의 하나이니, 태극도 곧 성(性)이고 중(中)인 것이어서 성인이 중정(中正)과 인의(仁義)로써 정한 것이고, 인류 최상의 도[126]를 세운 것도 이것에 있는 것이다. 이 학문에 힘을 쓰는 사람은 모름지기 『대학』을 읽어 명선(明善; 선을 밝힘)[127]의 요체를 얻을 것이요,

[29쪽]

之要 讀中庸 而得誠身之要 詳觀於章句 又觀於惑問 而曲暢旁通 則其
지 요 독 중용 이 득 성 신 지 요 상 관 어 장 구 우 관 어 혹 문 이 곡 창 방 통 즉 기

爲明理復初之道 不外乎此 故近講庸學 隨讀而錄其所得 以爲口訣一卷
위 명 리 복 초 지 도 불 외 호 차 고 근 강 용 학 수 독 이 록 기 소득 이 위 구결 일 권

欲使初學者 審其所以從事之方 云爾
욕 사 초 학 자 심 기 소 이 종 사 지 방 운 이

【번역】

『중용』을 읽어 성신(誠身; 자신을 성실하게 함)[128]의 요체를 얻어야 할 것이다. '장구(章句)'[129]를 자세히 살피고, 또 '혹문(或問)'[130]을 살펴서 곡진히 통하고 사방으로 통하는[131] 것이 곧 복초지도(復初之道)[132]의 이치를 밝히는 것이 되는 것

125) 『주역(周易), 하경(下經)』 권13(卷十三), 가인(家人).

126) 人極(인극): 인류 최상의 도(道). 인류사회의 도덕 규범.

127) 明善(명선): 선(善)을 밝힘. 『예기(禮記), 중용(中庸)』에 「不明乎善, 不誠乎身」.

128) 誠身(성신): 자신을 성실하게 함. 『예기(禮記), 중용(中庸)』에 「順乎親有道, 反諸身不誠, 不順乎親矣, 誠身有道, 不明乎善, 不誠乎身矣」.

129) 章句(장구): 글의 장을 나누고 구를 가르는 일. 경서의 뜻을 주석하는 방식의 하나이나, 본문에서는 송(宋)나라 주희(朱熹)가 『대학』을 주석한 『대학장구(大學章句)』와 『중용』을 주석한 『중용장구(中庸章句)』를 말함.

130) 或問(혹문): 문답 형식으로 구성된 한문 문체의 한 종류이나, 본문에서는 주희(朱熹)가 『대학장구(大學章句)』와 『중용장구(中庸章句)』를 저술하면서 번잡하고 혼란함을 산삭(刪削)하여 '집략(輯略)'을 만들고, 다시 논변(論辯)하여 취사(取捨)한 뜻을 별도로 모아 책의 뒤에 붙인 것을 말함.

131) 曲暢旁通(곡창방통): 곡창(曲暢) 또는 곡창(曲鬯)은 조리(條理)가 두루 빠짐없이 명확하게 통하는 것이고, 방통(旁通)은 널리 두루 통함을 말함.

132) 復初之道(복초지도): 처음의 본성을 되찾는 도. 『논어(論語), 학이(學而)』에 「學而時習之」에 대해서 〈주희집주(朱熹集注)〉에 「人性皆善, 而學有先後, 後學者必效先覺所爲, 乃可以明善復其初也」.

이니, 이밖에 다른 것에 있는 것이 아니다. 근래에 『중용』과 『대학』을 읽고 뜻을 좇아 풀어 그 얻어진 바를 기록하여 '구결(口訣)' 한 권으로 만드니, 초학자들로 하여금 그 까닭을 살펴서 마음과 힘을 다 하는[133] 방법으로 삼게 하고자 한 것이라고 이르겠다.

133) 從事(종사): 이떤 일에 마음과 힘을 다힘.

정곡집 2권
鼎谷集卷之二

부록 / 附錄

[31쪽]

연보[1] / 年譜
연보

皇明世宗肅皇帝嘉靖二十八年己酉
황 명 세 종 숙 황 제 가 정 이 십 팔 년 기 유

- 我□明宗恭憲大王四年(1549년)
아 명 종 공 헌 대 왕 사 년

正月初二日 先生生于和順縣祿邱里第 諱大中字和宇號鼎谷 其先昌寧
정 월 초 이 일 선생 생 우 화 순 현 녹 구 리 제 휘 대 중 자 화 우 호 정 곡 기 선 창 녕
人也○妣淑人羅州鄭氏直長覩宇之女 監察承賢之孫 判書景武公軾之
인 야 비 숙 인 나 주 정 씨 직 장 도 우 지 녀 감찰 승 현 지 손 판서 경 무 공 식 지
曾孫也
증손 야

- 謹按行狀曰 先生天資甚高端粹剛直 讀書專以窮格爲本 慨然有志於古人爲己之學 甫成童
근 안 행장 왈 선생 천 자 심 고 단 수 강직 독서 전 이 궁 격 위 본 개 연 유 지 어 고인 위 기 지 학 보 성 동
遊眉巖柳文節公 文節與論經義嘖嘖焉 及論人心道心天理人欲之分 援引程朱 辨析甚明 文節
유 미 암 유 문 절 공 문 절 여 논 경 의 책 책 언 급 논 인심 도심 천리 인 욕 지 분 원 인 정 주 변 석 심 명 문 절
歛容稱善 及長勵志劬學 操守旣確 踐履克篤焉 又曰 先生孝友出於天賦 早喪嚴侍以未及
감 용 칭 선 급 장 려 지 구 학 조 수 기 확 천 리 극 독 언 우 왈 선생 효우 출 어 천부 조 상 엄 시 이 미 급
奉養常爲至恨 承順慈闈極其誠孝
봉양 상 위 지 한 승 순 자 위 극 기 성 효

【번역】

황명(皇明)[2] 세종(世宗)[3] 숙황제(숙황제)[4] 가정(嘉靖)[5] 28년 기유년(己酉年; 1549년) - 우리나라 □명종(明宗) 공헌대왕(恭憲大王)[6] 4년.

정월 초 2일에 선생은 화순현(和順縣) 녹구리(祿邱里)[7] 집에서 태어나셨으니, 휘(諱)는 대중(大中)이고, 자(字)는 화우(和宇), 호(號)는 정곡(鼎谷)이시다. 선조는 창녕(昌寧) 사람이시다. ○어머니[8]는 숙인(淑人)[9] 나주 정씨(羅州鄭氏)이시니,

1) 年譜(연보): 개인의 한 평생의 사적(事迹)・이력 따위를 연대순으로 적은 기록. 대개 후대 사람이 그 저술과 사서(史書)에 기록된 사실을 바탕으로 고증하여 엮음.
2) 皇明(황명): 명(明)나라를 높여 이르는 말.
3) 世宗(세종): 명(明)나라 제2대 숙제(肅帝).
4) 肅皇帝(숙황제): 명(明)나라 제2대 숙제(肅帝)를 높여 부르는 말.
5) 嘉靖(가정): 명(明)나라 세종(世宗; 朱厚熜)의 연호. 재위 1522~1544년.
6) 明宗恭憲大王(명종공헌대왕): 조선 제13대왕. 재위 1545~1567년. 공헌은 시호(諡號).
7) 祿邱里(녹구리): 현 전리남도 회순군 회순읍 삼천리 4구.

직장(直長)[10] 도(覩)의 따님이시고, 감찰(監察)[11] 승현(承賢)의 손녀이시며, 판서(判書)[12] 경무공(景武公) 식(軾)의 증손녀이시다.

- 삼가 행장을 고찰하여 살펴보니 이르기를, 선생께서는 천부의 자질이 매우 고결하시고, 용모가 단정하시고 순수하시며 성품이 강직하여, 독서를 하시매 궁격(窮格)[13]을 근본으로 삼아 오로지 하셨다. 의기가 복받쳐 고인의 위기지학(爲己之學)[14]에 뜻을 두고, 나이 열대여섯이 지나서[15] 자라자 미암(眉巖) 유문절공(柳文節公)[16]의 문하에 나아가 문절공과 더불어 경의(經義; 經書의 뜻)를 논하매 찬탄하였고,[17] 또 인심(人心)과 도심(道心), 천리(天理)와 인욕(人欲)을 분변(分辨)하매 정주(程朱)[18]의 분변을 당겨 분변하니 나누어 밝힘이 매우 분명한지라, 문절공이 용모를 단정히 하고 표정을 엄숙하게 하면서[19] 잘한다고 칭찬하셨고, 어른이 됨에 학문에만 힘을 쏟으니,[20] 평소의 품행과 지조[21]가 이미 확실해져 실천함이 더욱 도타워졌다. 또 이르기를, 선생의 효성과 우애는 하늘에서 받고 난 것이라, 일찍이 아버지 상을 당해 시묘(侍墓)를 함에 봉양에 미치지 못한 바가 없이 늘 지극한 슬픔으로 하였으며, 어머니[22]를 공손히 모시기를 성심으로 효도하며

[32쪽]

左右就養 無所不備兄弟四人 長枕大被 盡其友于之道 怡怡洽好 小無違戾 鄕黨皆欽服焉
좌우 취 양 무 소 불 비 형제 사 인 장 침 대 피 진 기 우 우 지 도 이 이 흡 호 소 무 위 려 향당 개 흠 복 언

8) 妣(비): 『창녕조씨판윤공파보(昌寧曺氏判尹公派譜)』 1권에 기일(忌日)은 11월 12일임.
9) 淑人(숙인): 정삼품의 당하관 · 종삼품의 적처(嫡妻)에게 내린 외명부(外命婦)의 작호.
10) 直長(직장): 조선시대 중앙의 각 관아에 두었던 종7품 관직.
11) 監察(감찰): 조선시대 사헌부 소속의 종6품 관직. 관리들의 비위 규찰, 재정부문의 회계감사, 의례행사 때의 의전 감독 등 감찰업무를 담당함.
12) 判書(판서): 조선시대 육조의 장관. 상서(尙書) · 전서(典書) · 정경(正卿)이라고도 함.
13) 窮格(궁격): 『대학』의 8조목(條目)의 첫째인 격물(格物; 사물의 이치를 연구하여 궁극에 도달함)을 궁구(窮究; 속속들이 깊이 연구함)하는 것.
14) 爲己之學(위기지학): 자기 자신을 수양하는 학문. 『논어(論語), 헌문(憲問)』에 「古之學者, 爲己, 今之學者, 爲人」.
15) 成童(성동): 나이가 찬 아동. 8세 이상이라고도 하며, 15세 이상이라고도 함.
16) 眉巖柳文節公(미암유문절공): 유희춘(柳希春). 1513(중종 8)~1577(선조 10). 조선 중기의 문신. 호는 미암(眉巖), 시호(諡號)는 문절(文節).
17) 嘖嘖(책책): 찬탄 · 경이 · 탄식을 함.
18) 程朱(정주): 송대(宋代)의 유학자 정호(程顥) · 정이(程頤) 형제와 주희(朱熹)를 아울러 이르는 말.
19) 歛容(감용): 斂容(염용). 용모를 단정하고 엄숙하게 함.
20) 勵志(여지): 한 가지 일에만 힘을 쏟음.
21) 操守(조수): 평소의 품행과 지조.
22) 慈闈(자위): 어머니를 달리 이르는 말.

先生聘于慶州金氏之門 參奉應星之女也 婚禮年月不能記 故姑附於此
선생 빙우경주김씨지문 참봉 응성지녀야 혼례 연월불능기 고고부어차

【번역】

좌우에서 봉양함에 갖추어지지 못한 바가 없었다. 형제 네 사람[23]이 우애의 도(道)[24]를 다 하니, 그 우애의 도가 화목하고[25] 즐거워 조금도 어그러짐이 없었다. 마을 사람들이 모두 우러러 탄복하였다.

선생께서 경주 김씨(慶州金氏)[26] 가문으로 장가드시니, 참봉(參奉) 응성(應星)의 따님이시다. - 혼례한 해와 달을 기록할 수 없어서 성씨만 여기에 부기(附記)한다.

[32쪽]

穆宗莊皇帝隆慶四年庚午 - 我□宣祖昭敬大王三年
목종장황제융경사년경오 아 선조소경대왕삼년

先生二十二歲 是歲十一月十三日 丁外艱 其執喪也 一遵朱文公家禮 參用藝記士喪禮 柴毁哀戚之容人皆稱歎 ○先生兄弟四人 皆以人望並登大小科 世稱曺氏四鳳 長曰諱閎中號樂乎堂 □明宗丁卯中司馬 □宣廟戊辰 以孝廉除善工監役 出宰鴻尼兩縣 言行篤實 晝則點易 夜則鳴琴 風神灑落 人皆景慕 與奇高峯文憲公大升多有講磨之工云 見高峯集 ○柳眉巖文節公希春嘗曰 和順曺閎中之賢 父歿而訓養三弟 有古人之風 見眉巖日記 次曰諱景中號碧松齋 □明宗辛酉中生員後 丁卯登文科 歷兩
선생 이십이세 시세십일월십삼일 정외간 기집상야 일준주문공 가례 참용예기사상례 시훼애척지용인개칭탄 선생 형제 사인 개이인망병등 대소 과 세칭 조씨사봉 장왈휘굉중호락호당 명종 정묘 중사마 선묘 무진 이효렴제선공감역 출재홍니양현 언행 독실 주즉점역 야즉명금 풍신쇄락 인개경모 여기고봉문헌공대승다유강마지공운 견고봉집 유미암문절공희춘상왈 화순조굉중지현 부몰이훈양삼제 유고인지풍 견미암일기 차왈휘경중호벽송재 명종 신유 중생원후 정묘 등 문과 역양

【번역】

목종(穆宗)[27] 장황제(莊皇帝)[28] 융경(隆慶)[29] 4년 경오년(庚午年) - 우리나라□ 선조(宣祖) 소경대왕(昭敬大王)[30] 3년(1570년)

선생 22세. 이 해 11월 13일에 아버지의 상(喪)[31]을 당하여 상례(喪禮)을 봉행

23) 兄弟四人(형제사인): 『창녕조씨판윤공파보(昌寧曺氏判尹公派譜)』 1권에 의하면, 아버지 세명(世明)과 어머니 나주 정씨(羅州鄭氏) 사이에 4남 2녀를 두시니, 1남은 굉중(閎中), 2남은 경중(景中)이고, 3남은 민중(敏中), 4남이 대중(大中)이시다.

24) 長枕大被(장침대피): 장침대금(長枕大衾). 긴 베개와 큰 이불. 부부간의 사랑을 형용하는 말. 뒤에 형제간의 우애를 비유하는 말로 쓰임.

25) 怡怡(이이): 형제끼리의 화목한 모양. 『논어(論語), 자로(子路)』에 「朋友切切偲偲, 兄弟怡怡」.

26) 『창녕조씨판윤공파보(昌寧曺氏判尹公派譜)』 1권에 의하면, 정곡 선생 부인 경주 김씨는 정미(丁未; 1547년) 3월 26일에 출생하시고, 임신(壬申; 1632년) 2월 2일에 졸함.

27) 穆宗(목종): 명(明)나라 13대 황제 주재후(朱載垕).

28) 莊皇帝(장황제): 장제(莊帝). 명나라 목종(穆宗)을 높여 이르는 말.

29) 隆慶(융경): 명나라 목종의 연호. 재위 1567～1572년.

30) 昭敬大王(소경대왕): 조선 제14대왕 선조(宣祖)의 시호. 재위 1567～1608년.

(奉行)함에, 한결같이 주문공(朱文公; 朱熹)의 가례(家禮)를 따르고 『예기(禮記)』의 사상례(士喪禮)[32]를 참작하여 사용하니, 슬퍼하여 섶처럼 바짝 마른[33] 모습에 사람들이 모두 칭찬하고 감탄했다. ○선생의 형제 네 사람이 모든 사람들이 바라는 대소과(大小科)[34]에 나란히 오르니, 세상 사람들이 칭하기를 '조씨(曺氏)의 네 마리의 봉황(四鳳)'이라 칭송했다. 장자(長子)의 휘(諱)는 굉중(閎中)이고 호는 낙호당(樂乎堂)이니, □명종(明宗) 정묘년(丁卯年; 1567)에 사마시(司馬試)에 합격하고, □선조(宣祖) 무진년(戊辰年; 1568)에 효렴(孝廉)[35]으로 선공감(繕工監)[36]을 제수 받았고, 외직(外職)을 제수 받아[37] 홍산(鴻山)과 이산(尼山)[38]의 두 현감(縣監)으로 나가니, 언행이 독실(篤實)하였으며, 낮에는 (관청의 일을)지우고 고치며[39] 밤에는 거문고를 타니[40] 표정과 태도[41]가 소탈하고 대범하니,[42] 사람들이 모두 우러러 사모하였다. 기고봉(奇高峯) 문헌공(文憲公) 대승(大升)[43]과 더불어 강론하고 연마한 공부가 많았다고 『고봉집(高峯集)』[44]에 있다. ○유미암(柳眉巖) 문절공(文節公) 희춘(希春)[45]은 일찍이 말하기를, "화순(和順)의 조굉중(曺閎中)은 어질어 아버지가 돌아가신 후에 세 아우를 가르치고 기름에 고인의 도가 있었다는 풍문이 있었다."고 『미암일기(眉巖日記)』[46]에서 볼 수 있다. 차남(次男)은 휘(諱) 경중(景中)이고 호는 벽송재(碧松齋)이시니, □

31) 外艱(외간): 외우(外憂). 아버지의 상(喪)을 당함.
32) 士喪禮(사상례): 의례(儀禮)의 편명. 본문에서는 『예기』의 사상례편(士喪禮篇)을 말함.
33) 柴毁哀戚(시훼애척): 거상(居喪) 중에 지나치게 슬퍼하여 섶처럼 바짝 마름.
34) 大小科(대소과): 대과(大科)와 소과(小科). 대과는 곧 문과(文科)로 조선시대에 문관(文官)을 등용하기 위해 실시한 과거이고, 소과는 일명 사마시(司馬試)라고도 하는 생원진사시(生員進士試)를 말한다. 생원시는 유교경전에 관한 지식을 오경의(五經義)와 사서의(四書疑)의 제목으로, 진사시는 문예창작의 재능을 부(賦)와 시(詩)의 제목으로 시험하여, 합격자에게는 생원 또는 진사라는 일종의 학위를 부여함.
35) 孝廉(효렴): 인재를 선발하는 두 과목(科目). 효(孝)는 효도하는 사람, 렴(廉)은 청렴한 선비.
36) 繕工監(선공감): 고려와 조선시대에 토목과 영선에 관한 일을 맡아보던 관청.
37) 出宰(출재): 출제(出除). 외직(外職)에 제수하여 보냄.
38) 鴻尼(홍니): 홍산(鴻山)과 이산(尼山). 홍산은 현의 이름으로 지금의 충청남도 부여군(扶餘郡) 홍산면(鴻山面) 지역이고, 이산은 현의 이름으로 지금의 충청남도 논산군(論山郡) 노성면(魯城面) 지역.
39) 點易(점역): 지우고 고침. 본문에서는 공무(公務)에 치밀함을 이름.
40) 鳴琴(명금): 지방관의 선정(善政)을 칭송하는 말. 복자천(宓子賤)이 금을 타면서 선보(單父)를 잘 다스렸다는 고사에서 유래.
41) 風神(풍신): 표정과 태도.
42) 灑落(쇄락): 소탈하고 대범함. 운치가 있고 속되지 않음.
43) 奇高峯文憲公大升(기고봉문헌공대승): 기대승(奇大升). 1527(중종 22)~1572(선조 5). 조선 중기의 문신·성리학자. 호는 고봉(高峯). 시호는 문헌(文憲). 퇴계(退溪) 이황(李滉)의 문인이자 8년 간 이루어진 퇴계와의 사칠논변(四七論辨)으로 널리 알려짐.
44) 高峯集(고봉집): 고봉(高峯) 기대승(奇大升)의 문집.
45) 柳眉巖文節公希春(유미암문절공희춘): 주) 231 참고.
46) 眉巖集(미암집): 미암(眉巖) 유희춘(柳希春)의 문집.

명종(明宗) 신유년(辛酉年; 1561년. 명종 16)에 생원시(生員試)에 합격한 후 정묘년(丁卯年; 1567년. 명종 22)에 문과(文科)에 올라 양전(兩銓)[47]의

[33쪽]

銓郎典三郡事 淸白聞于世 潛心經訓 與柳眉巖文節公考證四書吐釋 見眉巖日記 ○次曰諱敏
전 랑 전 삼 군 사 청백 문 우 세 잠 심 경 훈 여 유 미 암 문 절 공 고증 사서 토 석 견 미 암 일기 차 왈 휘 민

中號鶴灘 □宣廟癸酉中生員 隱居不仕 以文學名世 敎授湖嶺之間 時人至以鄭康成王文中比
중 호 학 탄 선 묘 계유 중 생원 은거 불 사 이 문학 명 세 교수 호 령 지 간 시 인 지 이 정 강 성 왕 문 중 비

之
지

先生卜居于縣西鼎谷里 因自號鼎谷
선 생 복 거 우 현 서 정 곡 리 인 자 호 정 곡

【번역】

낭관(郎官)[48]과 전교서(典校署)[49]를 역임한 후 세 군수(郡守)를 지내니, 일이 청렴결백하다고 세상에 소문이 났으며, 경서의 가르침을 마음에 두고 깊이 생각하며 미암(眉巖) 문절공(文節公) 유희춘(柳希春)과 더불어 사서(四書)를 고증하며 현토(懸吐)하고 주석(註釋)[50]하였다고 『미암일기(眉巖日記)』에 보인다. ○그 다음 차남(次男; 셋째 아들)은 휘(諱) 민중(敏中)이고 호는 학탄(鶴灘)이시니 □선조(宣祖) 계유년(癸酉年; 1573년. 선조 6)에 생원시(生員試)에 합격하고 은거하며 벼슬을 하지 않았는데, 문학으로 세상에 이름을 알렸고, 호남(湖南)과 영남(嶺南) 사이에서 교수(敎授; 학문을 가르침)하시니 당시 사람들이 정강성(鄭康成)[51]과 왕문중(王文中)[52]에 견주는데 이르었다.

(정곡)선생은 (화순)현의 서쪽 정곡리(鼎谷里)[53]에 살만한 곳이라고 정하였으

47) 兩銓(양전): 이조(吏曹)와 병조(兵曹)를 아울러 이르는 말.
48) 郎官(낭관): 각 관아의 당하관(堂下官)을 이르는 말. 주로 육조(六曹)의 정랑(正郎)・좌랑(佐郎)이나 그 밖의 실무를 담당하는 6품의 관원을 이름.
49) 典校署(전교서): 문적(文籍)과 도서(圖書) 및 제초(祭醮)・축소(祝疏) 등에 관한 일을 맡아보던 관아.
50) 吐釋(토석): 현토(懸吐)하고 주석(註釋)을 함. 현토는 한문 구절 끝에 토를 다는 것이고, 주석은 낱말이나 문장의 뜻을 쉽게 풀이하는 것.
51) 鄭康成(정강성): 후한(後漢) 정현(鄭玄)의 자(字)에 성을 붙여 부르는 칭호. 중국 후한 북해(北海) 고밀(高密) 사람으로 자는 강성(康成). 벼슬을 그만두고 태학(太學)에 입학하여 마융(馬融)의 학문을 전수받고, 고문경학(古文經學)을 바탕으로 금문경학(今文經學)을 채택하여, 스스로 일가를 이루어 천여 명의 제자를 양성, 일대의 학파를 형성하였으며, 후대에 훈고학(訓詁學), 경학(經學)의 시조로 깊은 존경을 받음.
52) 王文中(왕문중): 왕통(王通). 수(隋)나라 강주(絳州) 용문(龍門) 사람. 문인들이 문중자(文中子)라는 시호를 올림. 널리 시(詩)・서(書)・예(禮)・역(易)을 연구하고 여러 차례 조정의 부름을 받았으나 나아가지 않고 유학자로 처신함.
53) 鼎谷里(정곡리): 현 전라남도 화순군 화순읍 서태리. '솥[鼎]골[谷]'이라는 마을이름이 일제 강점기를 거치면서 현 '서태리'로 변음된 듯하다. 현재 서태리에 정곡 선생의 제실과 비석이 있음.

니, 그로 인해 정곡(鼎谷)을 스스로 호로 삼았다.

[33쪽]

四年丙子 - 我□宣祖九年
사 년 병자 아 선조 구 년

先生二十二歲 是歲進士試中司馬二等第四人 所製木馬賦武溪深詩
선생 이 십 이 세 시 세 진사 시 중 사 마 이 등 제 사 인 소 제 목 마 부 무 계 심 시

膾炙一世 士皆傳誦 西平韓公浚謙語人日 此唐人語也 - 木馬賦見佚 武溪深
회자 일세 사 개 전 송 서 평 한 공 준 겸 어 인 왈 차 당 인 어 야 목 마 부 견 일 무 계 심

詩見上
시 견 상

先生嘗遊泮宮 謁退溪李文純公 講論顔子克己復禮 不遷怒不貳過 無伐
선생 상 유 반궁 알 퇴계 이 문 순 공 강론 안자 극기복례 불 천 노 불 이 과 무 벌

善無施勞 及周濂溪太極圖說 辯論皆切當 文純公深加稱賞 後語于思菴
선 무 시 노 급 주 렴 계 태극 도설 변론 개 절 당 문 순 공 심 가 칭 상 후 어 우 사 암

朴相公淳曰
박 상 공 순 왈

【번역】

4년[54] **병자년(丙子年)** - 우리나라 □선조(宣祖) 9년(1576년)

선생 22세.[55] 이 해에 진사시 중 사마(司馬) 2등에 합격하니 모두 4인이었다. (이때 지은)〈목마부(木馬賦)〉와 무계심(武溪深)〉이 일세에 널리 사람들의 입에 오르내리니, 선비들이 모두 전하여 외웠다. 서평 한공준겸(西平韓公浚謙)[56]이 사람들에게 말하기를,

"이것은(이 시는) 당(唐)나라 사람의 말(言; 詩)[57]이다."

라고 했다. - 〈목마부(木馬賦)〉는 잃었고, 〈무계심(武溪深)〉은 앞에('六七言古詩'에서) 보였다.

선생이 일찍이 반궁(泮宮)[58]에서 유학하다가, 퇴계 이문순공(退溪李文純公)[59]

54) 四年(사년): 명(明)나라 신종(神宗) 4년을 말함. 연호는 만력(萬曆).

55) 二十二歲(이십이세): '이십팔세(二十八歲)'의 오기. 앞선 연보(선조 3년; 庚午)와 중복.

56) 西平韓公浚謙(서평한공준겸): 한준겸(韓浚謙). 1557(명종 12)~1627(인조 5). 조선 중기의 문신. 자는 익지(益之). 호는 유천(柳川). 문집으로 『유천유고(柳川遺稿)』가 있음. '서평(西平)'은 1623년(인조 1)에 인조반정으로 그의 딸이 인열왕후(仁烈王后)로 책봉되자 서원부원군(西原府院君)에 봉해진 것에 의해 붙여진 약칭인 듯.

57) 唐人語(당인어): 조선 중기에 일기 시작했던 당시풍(唐詩風)을 이르는 말로, 송(宋)나라의 소동파(蘇東坡)의 시풍에서 벗어나 성당(盛唐)의 시풍을 따르고자 하는 것으로, 대표적인 시인들을 '삼당파(三唐派)'라 하였는데, 옥봉 백광훈(玉峯白光勳)·고죽 최경창(孤竹崔慶昌)·손곡 이달(蓀谷李達)을 말함.

58) 泮宮(반궁): 성균관(成均館)을 달리 이르는 말.

59) 退溪李文純公(퇴계이문순공): 이황(李滉). 1501(연산군 7)~1570(선조 4). 조선 중기의 문신·학자. 자는 경호(景浩). 호는 퇴계(退溪). 성리학의 대학자. 시호는 문순(文純).

을 뵙고 안자(顔子)[60]의 극기복례(克己復禮),[61] 불천노불이과(不遷怒不貳過),[62] 무벌선무시노(無伐善無施勞)[63]를 강론하고, 또 주염계(周濂溪)[64]의 태극도설(太極圖說)을 변론(辨論)하였는데, 모두가 사리에 꼭 들어맞았다. 문순공(文純公; 退溪)이 매우 칭찬하고 상찬한 다음 사암 박상공(思菴朴相公)순(淳)[65]에게 말하기를,

[34쪽]

曺和宇眞通儒也 思菴答曰 此人剛方正直置之 風憲之地 則必多可觀 但
조 화 우 진 통 유 야 사 암 답 왈 차 인 강 방 정직 치 지 풍 헌 지 지 즉 필 다 가 관 단
嫉惡太甚 恐小容物之量云
질 악 태 심 공 소 용 물 지 량 운

先生嘗過洛東江 鄭澈方泛舟張樂 乘流上下 聞先生過 邀與同宴 是日卽
선생 상 과 낙동강 정철 방 범 주 장 락 승 류 상하 문 선생 과 요 여 동 연 시 일 즉
□先王陟遐之日也 先生不往 作詩以譏之 澈見之大慙 己丑之禍始祟於
선왕 척 하 지 일 야 선생 불 왕 작 시 이 기 지 철 견 지 대 참 기축 지 화 시 수 어
此 - 詩卽洛東江聞笛詩見上
차 시 즉 낙동강 문 적 시 견 상

先生天性剛直 嫉惡太甚 小不容貸 時鄭澈倡狂酒色 凌蔑禮防 趨利附權
선생 천성 강직 질 악 태 심 소 불 용 대 시 정철 창 광 주 색 능멸 예 방 추 리 부 권
者靡然從之 先生常心憤疾 不欲染跡其門 登第初往還淳昌地 澈要與之
자 미 연 종 지 선생 상 심 분 질 불 욕 염 적 기 문 등 제 초 왕 환 순 창 지 철 요 여 지
見 直過不見 嘗於錦江同舟 嘿不與語 金靈光公喜亦在座 旣濟戒
견 직 과 불 견 상 어 금 강 동 주 묵 불 여 어 김 영 광 공 희 역 재 좌 기 제 계

【번역】

"조화우(曺和宇; '화우'는 정곡 선생의 자)는 진정한 통유(通儒)[66]다."

라고 하자, 사암(思菴; 朴淳)이 대답하기를,

"이 사람은 강직(剛直)하고 방정(方正)함을 꾸밈없이 하여[67] 엄숙하고 정연하게[68] 살아가니 반드시 볼만한 것이 많을 것입니다. 다만 악을 미워함이 매우 심

60) 顔子(안자): 공자(孔子)의 제자 안회(顔回)를 이르는 말.

61) 克己復禮(극기복례): 사욕(私慾)을 버리고 천리(天理)로 돌아감.

62) 不遷怒不貳過(불천노불이과): 이쪽에서 성낸 마음을 저쪽에 옮겨 성내지 아니하고, 한 번 저지른 잘못을 거듭 범하지 아니함. 『논어(論語), 옹야(雍也)』에 「有顔回者好學, 不遷怒不貳過」.

63) 無伐善無施勞(무벌선무시노): 자신의 잘 하는 것을 자랑함이 없으며, 공로를 과시함이 없음. 『논어(論語), 공야장(公冶長)』에 「顔淵曰 願無伐善 無施勞」.

64) 周濂溪(주렴계): 주) 193 참조.

65) 朴淳(박순): 1523(중종 18)~1589(선조 22). 조선 중기의 문신·학자. 자는 화숙(和叔). 호는 사암(思菴). 서경덕(徐敬德)에게 학문을 배워 성리학에 박통하고, 중년에 이황(李滉)에게 사사(師事)하였음. 문집으로 『사암집(思菴集)』이 있음.

66) 通儒(통유): 고금의 학문에 통달하여 학식이 깊고 넓은 학자.

67) 直置(직치): 마음속에 느끼거나 생각한 바를 그대로 글로 표현함.

68) 風憲之地(풍헌지지): 엄숙하고 정연하게 삶, 위엄이 있는 삶.

하여 포용하는 도량[69]이 적음이 두렵습니다.”

라고 일컬었다.

선생이 일찍이 낙동강(洛東江)을 지나는데, 정철(鄭澈)[70]이 바야흐로 배를 띄우고 풍악을 울리면서 물결을 따라 오르내리다가, (정곡)선생이 지나간다는 소리를 듣고 맞이하여 함께 잔치를 벌이고자 했다. 그런데 그 날은 마침 □선왕(先王)이 승하(昇遐)한 날[71]이라, 선생은 (잔치에)가지 않고 시를 지어 정철을 나무라자, 정철이 (그 시를)보고 크게 부끄러워했다. 기축년(己丑年)의 화[72]가 이것에서 빌미가 시작된[73] 것이다. - 시는 〈낙동강문적(洛東江聞笛)〉인데 앞에서 보였다. 선생은 천성(天性)이 강직해서 악을 미워함이 매우 심해서 조금도 너그러이 용서함이 없었다. 그때에 정철이 주색(酒色)에 빠져 미친 짓을 마구 저지르는 것[74]을 능멸하면서, 이익을 추구하고 권세에 빌붙은 사람들이 형편에 쏠리는 것[75]을 미리 막기[76] 위해, 선생의 마음은 늘 분노하고 평온하지 못했으며[77] 그 사이에 더러운 자취를 남기려 하지 않았다. 과거에 올라 처음 순창(淳昌)[78]땅을 돌아다니는데, 정철이 함께 보기를 요청했는데 바로 지나치고 보지 않았다. 일찍이 금강(錦江)에서 같이 배를 탔는데 입을 다물고 더불어 말을 하지 않자, 영광 사람 김공희(靈光金公喜)가 또 같은 자리에 있었는데, 물을 건너자 경계하며 말하기를,

---

69) 容物之量(용물지량): 남을 포용하는 도량. 『장자(莊子), 전자방(田子方)』에, 「其爲人也眞, 人貌而天, 虛緣而葆眞, 淸而容物」.

70) 鄭澈(정철): 1536(중종 31)~1593(선조 36). 조선 중기의 문인·정치가. 자는 계함(季涵). 호는 송강(松江). 〈관동별곡(關東別曲)〉·〈사미인곡(思美人曲)〉·〈속미인곡(續美人曲)〉 등 많은 빼어난 문학작품을 남겼으나, 정여립모반 사건이 일어나자 우의정으로 발탁되어 철저히 동인들을 다스렸다. 훗날에 임금으로부터 '대신으로서 주색에 빠졌으니 나랏일을 그르칠 수밖에 없다.'고 논척을 받고 파직·유배되기도 한 일화의 일단을 엿볼 수 있는 구절.

71) 陟遐之日(척하지일): 먼 길을 떠난 날. 세상을 떠남. 승하(昇遐).

72) 己丑之禍(기축지화): 기축옥사(己丑獄死). 1589년(선조 22) 정여립(鄭汝立)의 모반에 의해 일어난 옥사로, 3년여에 걸쳐 그와 관련이 있던 1천여인의 동인계(東人系)가 피해를 입은 사건이다. 당시 서인인 정철이 옥사를 엄하게 다스려 정곡 조대중 선생도 처형되기에 이른다. 기축옥사의 발생 원인에 대한 학자들의 학설 중 '당시 위관(委官)으로 있던 정철에 의해 조작되었다는 설'도 있음. (『민족문화대백과사전』 참조).

73) 始祟(시수): 빌미가 시작됨.

74) 倡狂(창광): 창광(猖狂). 본성(本性)을 바꾸어 이치에 벗어난 짓을 마구 저지름.

75) 靡然(미연): 초목이 바람에 쓰러지는 모양. 기세나 형편을 보고 이에 반응함을 이름.

76) 禮防(예방): 예법. 예법으로써 질서를 유지하여 혼란을 막는다는 뜻을 이름.

77) 憤疾(분질): 분노하고 증오함. 분노하여 마음이 평온하지 못함.

78) 淳昌(순창): 현 전라북도 순창군(淳昌郡).

[35쪽]

曰 此取禍之道也云
왈 차취화지도야운

【번역】

"이것은 화를 취하는 길이다."

라고 말했다.

十年壬午 - 我□宣祖十五年
십 년 임오 아 선조 십 오 년

先生三十四歲○四月初十日 以明經登文科三等第二十四人 清名人望甚重○十一月十八日 除承文院副正字階從仕郎
선생 삼 십 사 세 사 월 초 십 일 이 명 경 등 문 과 삼 등 제 이 십 사 인 청 명 인 망 심 중 십 일 월 십 팔 일 제 승 문 원 부 정 자 계 종 사 랑

【번역】

십년(十年)[79] 임오년(壬午年) - 우리나라 □선조(宣祖) 15년(1582년)

선생 나이 34세 ○4월 초10일에 명경(明經)[80]으로 문과(文科)에 24인 중 3등으로 급제하시니, 청렴하다는 명성과 사람들이 우러르고 따르는 덕망이 더욱 무거워졌다. ○11월 18일에 승문원(承文院)[81] 부정자(副正字)[82]에 제수되시니 관계(官階)로는 종사랑(從仕郎)[83]이었다.

十一年癸未 - 我□宣祖十六年
십 일 년 계미 아 선조 십 육 년

先生三十五歲□選補藝文館奉教 ○李栗谷珥爲吏判肅謝 □上引見慰諭珥曰當今人物眇然 文士中可用之人 尤爲難得 鄭汝立博學有才 此實可用 但有凌厲之病耳 今者每爲注擬 而不□落點 無乃有讒間之
선생 삼 십 오 세 선 보 예문 관 봉교 이율곡 이 위 이판 숙 사 상 인 견 위 유 이 왈 당금 인물 묘 연 문사 중 가용 지 인 우 위 난 득 정여립 박학 유 재 차 실 가 용 단 유 능 려 지 병 이 금 자 매 위 주 의 이 불 낙점 무 내 유 참 간 지

【번역】

십일년(十一年)[84] 계미년(癸未年) - 우리나라 □선조(宣祖) 16년(1583년)

---

79) 十年(십년): 명(明)나라 신종(神宗) 10년을 말함. 연호는 만력(萬曆).

80) 明經(명경): 명경과(明經科). 고려·조선시대에 과거(科學) 종목의 하나. 문과(文科)의 하나로 경학(經學)에 밝은 인재를 시취(試取)하였는데, 오경(五經: 易·書·詩·春秋·禮記. 뒤에는 春秋를 폐하여 四經)의 의(義)와 사서(四書: 大學·論語·孟子·中庸)의 의(疑)를 출제하여 선발함. 초시(初試)와 복시(覆試)가 있었으며, 이에 합격한 사람을 생원(生員)이라 하여 생원과(生員科)라고도 부름.

81) 承文院(승문원): 조선시대 사대(事大)·교린(交隣)에 관계되는 문서를 맡아 보던 관아.

82) 副正字(부정자): 조선시대 교서관(校書館)·승문원(承文院)의 종9품 벼슬.

83) 從仕郎(종사랑): 조선시대 문관(文官)의 정9품 관계(官階).

선생 35세. 예문관(藝文館)[85] 봉교(奉敎)[86]에 선보(選補)[87]되셨다. ○율곡 이이(栗谷李珥)[88]가 이판(吏判)[89]이 되어 숙사(肅謝)[90]하는데, □임금께서 인견하시고 이이(李珥)를 위유(慰諭)[91]하시며 말씀하시기를,

"바로 지금은 인물이 매우 적어서 문사 중에서 쓸 만한 인물은 더욱 얻기 어렵도다. 정여립(鄭汝立)은 박학다식하고 재주가 많으니 실지 가히 쓸 만 하도다. 다만 (상대방을)업신여기는 나쁜 병이 있도다."

라고 하셨다. 지금 늘 주의(注擬)[92]하고 있었으나 □임금께서 낙점(落點)[93]하지 않으셨으니, 참간(讒間)[94]하는 말이 있었기 때문이 아닌가 하였다.

[36쪽]

言耶 - 見□宣祖時政記 及石潭日記 **於是汝立爲修撰 汝立嘗稱道栗谷曰 孔子已熟底**柿子 **栗谷未熟底**柿子 - 見金荷潭破寂錄 李恒福白沙集亦曰 全州賊汝立 浮慕栗谷 至引重於鄒孟云 ○金時讓涪溪記聞又曰 汝立見栗谷爲時所望 傾身事之 **先生聞之大駭曰 汝立非愚則妄 君子一言以爲知 一言以爲不知 果發此言 得不畏人誅天殃歟**

【번역】

- □선조(宣祖) 때 정기(政記)[95] 및 석담일기(石潭日記)[96]에 보인다. 이에 정여립이 수

84) 十一年(십일년): 명(明)나라 신종(神宗) 11년을 말함. 연호는 만력(萬曆).

85) 藝文館(예문관): 조선시대 임금의 사명(辭命)을 지어 바치는 일을 맡아 보던 관아.

86) 奉敎(봉교): 조선시대 예문관(藝文館)의 정7품 벼슬.

87) 選補(선보): 관직에 결원이 생기면 적합한 인재를 선발하여 보임하는 일.

88) 栗谷李珥(율곡이이): 이이(李珥). 1536(중종 31)~1584(선조 17). 조선 중기의 학자·문신. 자는 숙헌(叔獻). 호는 율곡(栗谷)·석담(石潭)·우재(愚齋). 어머니는 사임당 신씨(師任堂申氏). 이황(李滉)과 쌍벽을 이루는 성리학자.

89) 吏判(이판): 이조(吏曹)의 판서(判書)를 줄여서 이르는 말.

90) 肅謝(숙사): 숙배(肅拜)와 사은(謝恩). 임금의 은혜를 입은 데 대하여 공순히 사례함.

91) 慰諭(위유): 위로함. 위로하고 이해시킴.

92) 注擬(주의): 이조(吏曹)와 병조(兵曹)에서 벼슬아치의 후보자를 뽑을 때에, 적임자인지 아닌지를 심사하고 그에 알맞은 벼슬을 의논하여 작정하는 일.

93) 落點(낙점): 벼슬아치를 뽑거나 과거의 시험 문제 따위를 택하여 정할 때, 삼망의 후보자 이름이나 택할 대상 가운데서 임금이 직접 뽑고자 하는 데에 점을 찍음.

94) 讒間(참간): 헐뜯는 말로 남의 사이를 이간함.

95) 政記(정기): 승정원(承政院)에서 날마다 쓰는 일기.

96) 石潭日記(석담일기): 율곡 이이(栗谷李珥)의 일기.

찬(修撰)97)이 되었는데, 정여립이 일찍이 율곡을 칭찬하여 말하기를,

"공자(孔子)는 이미 익은 감이고, 율곡은 아직 덜 익은 감이다."

라고 했다. - 김하담파적록(金荷潭破寂錄)98)에 보인다. 이항복(李恒福)99)의 『백사집(白沙集)』에도 또 이르기를, "전주(全州)의 역적(逆賊) 정여립은 율곡을 겉으로 사모하는100) 척하여 율곡을 추맹(鄒盟; 孟子)에까지 추켜세운 것이다."라고 했다. 김시양(金時讓)의 『부계기문(涪溪記聞)』에 또 이르기를, "정여립이 율곡이 당시에 사람들이 우러르고 따르는 바가 되니 있는 힘을 다해 섬긴 것이다."라고 했다. (정곡)선생이 그것을 듣고 크게 놀라서 말하기를,

"정여립이 어리석지 않다면 망령한 사람이다. 군자는 한 마디 말에 지혜롭다고 하고, 한 마디 말에 지혜롭지 않다고 하니, 과연 이 말을 했다면 사람이 하늘의 재앙을 받아 죽는 것을 두려워하지 않겠는가?"

라고 했다.

[36쪽]

十二年甲申 - 我□宣祖十七年(1584년)
십 이 년 갑신 아 선조 십 칠 년

先生三十六歲. 二月二十一日 又除承文院副正字 階通仕郞○正月十六
선생 삼 십 육 세 이 월 이 십 일 일 우 제 승문원 부정자 계 통 사 랑 정월 십 육

日 李栗谷珥卒 汝立始改頭換面 趨附於東人 - 荷潭錄曰 及李珥卒 汝立附於
일 이율곡 이 졸 여 립 시 개 두 환 면 추부 어 동인 하 담 록 왈 급 이 이 졸 여 립 부 어

李潑兄弟 反攻栗谷曰 誤國小人云 ○白沙集曰 汝立乃變說自媚於時 **於是西人怨李潑**
이발 형제 반 공 율곡 왈 오국 소인 운 백사 집 왈 여 립 내 변 설 자 미 어 시 어 시 서인 원 이발

兄弟愈甚 先生聞之
형제 유 심 선생 문 지

【번역】

십이년(十二年)101) 갑신년(甲申年) - 우리나라 □선조(宣祖) 17년(1583년)

---

97) 修撰(수찬): 조선 초기에 예문춘추관(藝文春秋館)의 수찬관(修撰官)을 줄여서 이르는 말. 이후 홍문관(弘文館)의 정6품 벼슬.

98) 金荷潭破寂錄(김하담파적록): 하담 김시양(荷潭金時讓; 1581～1643)의 문집 『하담파적록』을 말함. 조선 중기의 문신으로 자는 자중(子仲), 호는 하담(荷潭). 1611년에 전라도도사(全羅道都事)가 되었는데, 향시에 출제한 시제가 왕(광해군)의 실정(失政)을 비유한 것이라 하여 종성에 유배됨. 저서로 『하담파적록』 외에 『하담집(荷潭集)』·『부계기문(涪溪記聞)』 등이 있음.

99) 李恒福(이항복): 1556(명종 11)～1618(광해군 10). 조선 중기의 문신. 자는 자상(子常). 호는 백사(白沙). 오성부원군(鰲城府院君)에 봉해졌기 때문에 오성대감으로 널리 알려졌으며, 죽마고우인 이덕형(李德馨)과의 기지와 작희(作戲)로 널리 알려졌으며, 문집으로는 『백사집(白沙集)』이 있음.

100) 浮慕(부모): 겉으로 사모하는 체함.

101) 十二年(십이년): 명(明)나라 신종(神宗) 12년을 말함. 연호는 만력(萬曆).

선생 36세. 2월 21일에 또 승문원(承文院) 부정자(副正字)를 제수 받으니 관계(官階)는 통사랑(通仕郞)[102]이시다. 정월 16일에 율곡 이이가 돌아가시니, 정여립이 비로소 모습을 바꾸어[103] 동인(東人)[104]에게 붙좇아 따랐다. - 『하담록』에 이르기를,

"이이(李珥)가 죽자 정여립은 이발(李潑) 형제에게 빌붙어 율곡을 반공(反攻)하기를, '이이는 나라를 그르친 소인이다.'라고 했다."

라고 적고 있다. ○ 『백사집』에 이르기를,

"정여립은 이내 말을 바꾸어 시세(時勢)에 스스로 빌붙어 아첨한 것[105]이다."

라고 적고 있다.

이에 서인(西人)[106]이 이발(李潑)[107]형제에게 원한이 더욱 심해지니,[108] (정곡) 선생이 그것을 듣고 말하기를,

[37쪽]

曰 以一人而初爲孔子亞 終爲誤國小人 則何愛憎之至此 遂貽書李東巖
왈 이 일인 이 초 위 공자 아 종 위 오국 소인 즉 하 애증 지 지 차 수 이 서 이 동 암

盖勿交汝立之意也 - 書見上
개 물 교 여 립 지 의 야 서 견 상

【번역】

"한 사람(율곡 이이)을 들어 처음에는 '공자(孔子)의 다음가는 사람'이라고 하더니, 마지막에는 '나라를 그르친 소인이다.'라고 하니, 어찌 사람을 미워하고 사랑함이 여기에 이르는 것인가?"

라고 하고, 드디어 이동암(李東巖; 李潑)에게 편지를 쓰기를, '정여립과는 사귀지 말라'는 뜻으로 썼다. - 편지는 위에서 보였다.[109]

---

102) 通仕郞(통사랑): 조선시대 문관(文官) 정8품 관계.

103) 改頭換面(개두환면): 변장함. 모습을 바꿈. 형식만을 바꾸고 실상과 내용은 그대로 둠을 비유하는 말.

104) 東人(동인): 조선 중기 붕당의 하나. 선조 초에 김효원(金孝元)과 심의겸(沈義謙)의 대립이 동기가 되어, 신진사류와 기성사류들이 각각 나뉘어 두 사람을 지지함으로써 동서분당(東西分黨)이 일어남.

105) 變說自媚(변설자미): 말을 바꾸고 스스로 빌붙어 아첨함.

106) 西人(서인): 주) 319 참조.

107) 李潑(이발): 주) 149 참조.

108) 이발(李潑)이 동인의 거두로서 정철(鄭澈)의 처벌문제에 강경파를 영도하여 북인의 수령이 되고, 이로 인하여 이이(李珥)·성혼(成渾) 등과도 점점 멀어져 서인의 미움을 받은 것을 말함. (『민족문화대백과사전』. 한국정신문화원간) 참조.

109) 書上見(서상견): 편지는 [書]의 〈上李東巖潑書〉이다.

十三年乙酉 - 我□宣祖十八年(1585년)
십 삼 년 을유 아 선조 십 팔 년

先生三十七歲. 二月十五日 又除承文院副正字 ○六月十七日 □除承文院正字 ○十二月十四日 □除承文院著作
선생 삼 십 칠 세 이 월 십 오 일 우 제 승문원 부정자 육 월 십 칠 일 제 승문원 정자 십 이 월 십 사 일 제 승문원 저작

【번역】

십삼년(十三年)110) 을유년(乙酉年) - 우리나라 □선조(宣祖) 18년(1584년)

선생 37세. 2월 15일에 또 승문원 부정자를 제수하셨다. ○6월 17일에 □승문원 정자(正字)111)를 제수하셨다. ○12월 14일에 □승문원 저작(著作)112)을 제수하셨다.

[37쪽]

十四年丙戌 - 我□宣祖十九年(1586년)
십 사 년 병 술 아 선조 십 구 년

先生三十八歲. 正月( )日 □除奉常寺直長兼承文院著作○十一月十六日 □除承文院博士階務功郎 ○是歲思菴朴相公 愛其才能 爲都堂別薦選補翰林
선생 삼 십 팔 세 정월 일 제 봉 상 사 직 장 겸 승문원 저작 십 일 월 십 육 일 제 승문원 박사 계 무 공 랑 시 세 사 암 박 상 공 애 기 재능 위 도당 별 천 선 보 한림

【번역】

십사년(十四年)113) 병술년(丙戌年) - 우리나라 □선조(宣祖) 19년(1585년)

선생 38세. 정월 ○일에 □봉상시(奉常寺)114) 직장(直長)115) 겸 승문원(承文院) 저작(著作)을 제수하셨다. ○11월 16일 □승문원(承文院) 박사(博士)116)를 제수하시니 관계(官階)는 무공랑(務功郎)117)이셨다. ○이 해에 사암박상공(思菴朴相公; 朴淳)께서 그의 재능을 아끼시어 도당(都堂)118)이 되자 (정곡 선생을)특별히 한림원(翰林院)119)

---

110) 十三年(십이년): 명(明)나라 신종(神宗) 13년을 말함. 연호는 만력(萬曆).
111) 正字(정자): 홍문관(弘文館) · 교서관(校書館) · 승문원(承文院) 등에 두었던 정9품 벼슬.
112) 著作(저작): 홍문관(弘文館) · 교서관(校書館) · 승문원(承文院) 등에 두었던 정8품 벼슬.
113) 十四年(십이년): 명(明)나라 신종(神宗) 14년을 말함. 연호는 만력(萬曆).
114) 奉常寺(봉상시): 조선시대 제향(祭享)과 시호(諡號)에 관한 일을 맡아 보던 관아.
115) 直長(직장): 조선시대 각 원(院)과 시(寺), 각 감(監) 등에 두었던 종7품 벼슬과 그 벼슬아치.
116) 博士(박사): 조선시대 홍문관(弘文館)·교서관(校書館)·승문원(承文院) 등에 두었던 정7품 벼슬.
117) 務功郎(무공랑): 조선시대 정7품의 문관(文官)의 관계(官階).
118) 都堂(도당): 고려·조선 초기에 도평의사사(都評議使司)를 달리 이르는 말. 즉 재추(宰樞)들이 모여서 국정(國政)의 중대사(重大事)를 의논하여 결정하던 최고 정무 기관.

[38쪽]

院博士 長帶翰注 出入禁闥 筆翰敏洽 記注詳悉 同列讓能 □上每嘉獎
원 박사 장 대 한 주 출입 금 달 필 한 민 흡 기 주 상 실 동렬 양 능 상 매 가 장

之眷顧甚厚 西崖柳先生成龍 鵝溪李相公山海 更相推譽 于儕流中 鄭澈
지 권 고 심 후 서 애 유 선생 성 룡 아 계 이 상공 산 해 경 상 추 예 우 제 류 중 정철

因以爲指目嫌隙 始萌於此
인 이 위 지목 혐 극 시 맹 어 차

【번역】

박사(博士)에 선보(選補)로 추천하시니, 한주(翰注)[120]를 함께 맡아 금달(禁闥)[121]을 출입하시고 글과 글씨가 민첩하고 해박하시고,[122] 사실(史實)을 기록함이 상세하고 빠짐이 없고, 같은 반열(班列)들에게는 자리를 양보하시니,[123] □임금(선조)께서 늘 칭찬하고 장려(獎勵)하시며 사랑하심이 매우 도타우셨다. 서애 유선생(西崖柳先生) 성룡(成龍)[124]과 아계 이상공(鵝溪李相公) 산해(山海)[125]께서 번갈아 가며 서로 이어서 같은 동료[126] 중에서 추어올리며 칭찬하니, 정철의 지목(指目)을 받는 원인이 되어 미워하는 감정[127]이 비로소 싹 튼 것이다.

[38쪽]

十五年丁亥 - 我□宣祖二十年(1587년)
십 오 년 정해 아 선조 이 십 년

先生三十九歲. 三月初七日 □除奉常寺(시)直長 兼承文院博士 又遷
선생 삼 십 구 세 삼월 초 칠 일 제 봉 상 직장 겸 승문원 박사 우 천

弘文館正字 ○六月二十日 □除成均館典籍 ○十月初四日 □除司憲府
홍문관 정자 육 월 이 십 일 제 성균관 전적 십 월 초 사 일 제 사헌부

監察 ○是歲鵝溪李相公薦于弘文館應教 時朝廷取士 專以科第一路 而
감찰 시 세 아 계 이 상 공 천 우 홍문관 응교 시 조정 취 사 전 이 과 제 일 로 이

119) 翰林院(한림원): 임금의 사명(詞命)을 짓는 일을 맡아 보던 관아.

120) 翰注(한주): 한림(翰林; 翰林院)과 주서(注書)를 함께 이르는 말. '주서'는 승정원(承政院)에 두었던 정7품 벼슬. 당후관(堂後官)을 고친 이름.

121) 禁闥(금달): 궁궐의 문. 또는 궁궐이나 조정.

122) 敏洽(민흡): 민첩하고 해박함. 영민하고 두루 앎.

123) 讓能(양능): 재능 있는 사람에게 자리를 양보함.

124) 西崖柳先生成龍(서애유선생성룡): 유성룡(柳成龍). 1542(중종 37)~1607(선조 40). 조선 중기의 문신. 자는 이견(而見). 호는 서애(西崖). 대사헌·병조판서 등을 역임하고 정여립 모반 사건으로 기축옥사가 있게 되자 여러 차례 벼슬을 사직하였으나 왕이 허락하지 않자 소(疏)를 올려 자핵(自劾; 스스로 죄를 탄핵함)하였다. 문집으로 『징비록(懲毖錄)』과 『서애집(西崖集)』이 있음.

125) 鵝溪李相公山海(아계이상공산해): 이산해(李山海). 1539(중종 34)~1609(광해군 1). 조선 중기의 문신. 자는 여수(汝受). 호는 아계(鵝溪). 문집으로 『아계집(鵝溪集)』이 있음.

126) 儕流(제류): 제배(儕輩). 동아리. 동료. 친구.

127) 嫌隙(협극): 시기하거나 미워하여 생긴 나쁜 감정이나 원한.

雖間采公議 薦進林下之士 卽是虛文無實用 先
수간채공의 천진임하지사 즉시허문무실용 선

【번역】

십오년(十五年)[128] **정해년(丁亥年)** - 우리나라 □선조(宣祖) 20년(1586년)

선생 39세. 3월 초7일에 □봉상시 직장 겸 승문원 박사를 제수하시고, 또 홍문관(弘文館)[129] 정자로 옮기시다. ○6월 20일에 □성균관(成均館)[130] 전적(典籍)[131]을 제수하시다. ○10월 초4일에 □사헌부(司憲府)[132] 감찰(監察)[133]을 제수하시다. ○그 해에 아계 이상공(鵝溪李相公; 李山海)이 홍문관 응교(應敎)[134]에 천거하시니, 그때 조정에서는 인재를 선발함에 오로지 과거제도 한 가지 방법으로 하였으니, 비록 공정한 의론을 거쳐 은사(隱士)[135]를 캐내어 천거하여 (벼슬에)나아가게 하더라도 실속 없는 말이나 글을 하여 실제 소용이 없었다.

[39쪽]

生憂人才之難得 陳疏請復賢良科 一依先正臣趙文正公光祖**之所規劃 朝**
생우인재지난득 진소청복현량과 일의선정신조문정공광조지소규획 조

議不一事 遂寢識者恨之 - 請擧賢良疏見上
의불일사 수침식자한지 청거현량소견상

【번역】

(정곡)선생은 인재를 얻기가 어려운 것을 근심하여 현량과(賢良科)를 다시 (시행하기를)청하는 상소를 썼으니, 선대(先代; 中宗)의 바른 신하 조문정공(趙文正公) 광조(光祖)이 계획한 바에 의거한 것이었다. 그러나 조정 의론에서는 논의거리로도 삼지 않아, 유식한 사람들을 내버려 두게 된 것에 대해 한스러워했다. - 과거에 현량과(賢良科) 설치를 청하는 상소문은 앞에서 보였다.[136]

---

128) 十五年(십오년): 명(明)나라 신종(神宗) 15년을 말함. 연호는 만력(萬曆).

129) 弘文館(홍문관): 조선시대 내부(內附)의 경적(經籍)과 문한(文翰) 및 임금의 고문(顧問) 등에 관한 일을 맡았던 관아.

130) 成均館(성균관): 조선시대 유학(儒學)의 교회(敎誨)에 관한 일을 맡아 보던 관아.

131) 典籍(전적): 조선시대 성균관(成均館)의 정6품 벼슬.

132) 司憲府(사헌부): 조선시대 시정(時政)을 논집(論執)하고, 백관(百官)을 규찰(糾察)하며, 풍속(風俗)을 바로잡고, 원억(冤抑)을 풀어주며, 참람(僭濫)하고 거짓을 금하는 등의 일을 맡아 보던 관아.

133) 監察(감찰): 조선시대 사헌부의 정6품 벼슬. 또는 그 벼슬아치.

134) 應敎(응교): 조선시대 홍문관・예문관(藝文官)의 정4품 벼슬. 또는 그 벼슬아치.

135) 林下之士(임하지사): 임하사(林下士). 은사(隱士).

136) 見上(견상): 앞의 [소(疏)] 조에서 제시한 〈청거현량소(請擧賢良疏)〉를 말함.

十六年戊子 - 我□宣祖二十一年(1588년)
십 육 년 무자 아 선조 이 십 일 년

先生四十歲. 四月初九日. □除刑曹佐郎階承訓郎 正月趙憲疏 論
선생 사 십 세 사 월 초 구 일 제 형조 좌랑 계 승 훈 랑 정월 조헌 소 논

盧守愼李山海金應南黨比病國 且論朴淳鄭澈見棄遐荒 宜速宣召 於是
노수신 이산해 김응남 당 비 병 국 차 논 박순 정철 견 기 하 황 의 속 선 소 어 시

東西攻斥 轉加一層 - 見□宣祖時政記
동서 공 척 전 가 일 층 견 선조 시 정 기

【번역】

십육년(十六年)[137] 무자년(戊子年) - 우리나라 □선조(宣祖) 21년(1587년)

선생40세. 4월 초9일에 □형조(刑曹)[138] 좌랑(佐郞)[139]을 제수하시니, 관계는 승훈랑(承訓郞)[140]이었다. 정월에 조헌(趙憲)[141]이 상소를 올려 노수신(盧守愼)[142]·이산해(李山海)·김응남(金應南)[143]의 당(黨)[144]을 나라에 화를 끼치는[145] 것에 견주고, 또 박순(朴淳)·정철(鄭澈)을 외지고 먼 변경으로 내쳐보냈는데, 마땅히 빠르게 불러서 만나 볼 것[146]을 논하였다. 이때에는 동인과 서인 간의 공박(攻駁)과 배척(排斥)이 더욱 더 심해지고 있을 때였다. - □선조(宣祖)의 시정기(時政記)[147]에 보인다.

---

137) 十六年(십육년): 명(明)나라 신종(神宗) 16년을 말함. 연호는 만력(萬曆).

138) 刑曹(형조): 조선시대 육조(六曹)의 하나. 법률(法律)·형옥(刑獄)·사송(詞訟)·노예(奴隸) 등에 관한 일을 맡음.

139) 佐郎(좌랑): 조선시대 육조 소속 관아의 정6품 벼슬.

140) 承訓郎(승훈랑): 조선시대 종친(宗親)·문관(文官)의 정6품의 관계(官階).

141) 趙憲(조헌): 1544(중종 39)~1592(선조 25). 조선 중기의 문신·유학자·의병장. 호는 중봉(重峯). 이이(李珥)와 성혼(成渾)의 문인으로 1587년 정여립의 흉패함을 논박하는 만언소(萬言疏)를 올리고, 이산해가 나라를 그르침을 논박하는 소를 대궐문에 나아가 올렸다. 임진왜란이 일어나자 옥천에서 의병을 일으켜 분전하다가 전사함.

142) 盧守愼(노수신): 1515(중종 10)~1590(선조 23). 조선 중기의 문신·학자. 자는 과회(寡悔). 호는 소재(蘇齋). 문집으로 『소재집(蘇齋集)』이 있음.

143) 金應南(김응남): 1546(명종 1)~1598(선조 31). 조선 중기의 문신. 자는 중숙(重叔). 호는 두암(斗巖). 유배지에서도 백성을 구휼하고 교육을 진흥시키고 민속을 바로잡음으로써 칭송을 받음.

144) 黨(당): 1587~88년 무렵 당파가 동인(東人)과 서인(西人)으로 갈라지고, 다시 동인이 남인(南人)과 북인(北人)으로 갈라졌을 때, 이산해(李山海)를 중심으로 한 북인 정권을 장악한 것을 말함.

145) 病國(병국): 병국앙민(病國殃民). 나라에 화를 끼치고 백성에게 재앙을 줌.

146) 宣召(선소): 임금이 신하를 불러서 만남. 이 무렵에 박순(朴淳)은 이이(李珥)가 탄핵되자 옹호하다가 양사(兩司; 사헌부와 사간원)의 탄핵을 받고 영평(永平) 백운산(白雲山)에 암자를 짓고 은거하고 있었으며, 정철(鄭澈)은 왕세자 책립으로 인한 건저문제(建儲問題)로 논척을 받고 진주와 강계로 유배 중이었음.

147) 時政記(시정기): 당대에 조정의 의논과 주대(奏對)를 적은 기록. 재상이 작성하여 사관(史官)으로 봉송(封送)하였다. 본문에서는 『선조수정실록(宣祖修訂實錄)』을 말함.

[39쪽]

十七年己丑 - 我□宣祖二十二年(1589년)
십 칠 년 기축 아 선조 이 십 이 년

先生四十一歲. 三月初七日 □除平安道都事 俄遷
선생 사 십 일 세 삼 월 초 칠 일 제 평안 도 도사 아 천

【번역】

십칠년(十七年)148) 기축년(己丑年) - 우리나라 □선조(宣祖) 22년(1588년)

선생 41세. 3월 초7일에 □평안도 도사(都事)를 제수하셨다가 갑자기

[40쪽]

爲全羅道都事 ○九月巡到列邑 審災傷糾姦贓 不小假貸 勢家多怨之
위 전라도 도사 구 월 순 도 열읍 심 재 상 규 간 장 불 소 가 대 세가 다 원 지

貪官墨守多望風解綬去者 ○十月至寶城 設軍籍 講參試者靈光郡守金
탐관 묵수 다 망 풍 해 수 거 자 십 월 지 보 성 설 군 적 강 참 시 자 영광 군수 김

公喜 潭陽府使金汝岉也 時鄭賊汝立斃 討賊赦文至 先生曰 國家有變
공 희 담양 부사 김 여 물 야 시 정 적 여 립 폐 토 적 사 문 지 선생 왈 국가 유 변

臣子不可宴樂 然罪人既得 巨猾伏誅 不可無賀 與兩試官 置酒張樂終日
신 자 불가 연락 연 죄인 기 득 거 활 복주 불가 무 하 여 양 시관 치주 장 락 종일

以罷 ○十一月巡到靈光 觀察使馳驛使 使先生製送□文廟移安告祭文
이 파 십 일 월 순 도 영광 관찰사 치 역 사 사 선생 제 송 문묘 이 안 고 제문

盖全州大成殿上樑文 卽汝立所製 多士醜之 將改建故也 刻期來關 先生
개 전주 대성 전 상량 문 즉 여 립 소 제 다 사 추 지 장 개 건 고 야 각 기 래 관 선생

曰 亂臣賊子 何代無之 而此賊獨出於縉紳之間 痛憎之心 倍切於他賊
왈 난신적자 하 대 무 지 이 차 적 독 출 어 진 신 지 간 통 증 지 심 배 절 어 타 적

卽成其文 - 告祭文見上
즉 성 기 문 고 제 문 견 상

【번역】

전라도 도사로 바꾸셨다. ○9월에 여러 읍을 차례대로 돌아다니면서 재상(災傷)149)을 살피고 불법적으로 뇌물을 받은 사람150)의 죄상을 적발하여 조금도 용서치 않으니, 세력 있는 집들의 원망(怨望)이 많았으며, 탐관오리들은 묵묵히 고집을 피우며 동정을 살피다가151) 벼슬에서 물러나버린152) 자들이 많았다. ○10월에 보성에 이르러 군적(軍籍)153)을 펼쳐놓고 읽는데, 참시한 사람은 영광 군수(靈光郡守) 김공희(金公喜)와 담양 부사(潭陽府使) 김여물(金汝岉)이었다. 그 때에

148) 十七年(십칠년): 명(明)나라 신종(神宗) 17년을 말함. 연호는 만력(萬曆).
149) 災傷(재상): 천재(天災)와 인화(人禍)로 인해 초래되는 피해.
150) 姦贓(간장): 불법적으로 뇌물을 받음. 또는 그러한 사람.
151) 望風(망풍): 풍문을 들음. 동정을 살핌.
152) 解綬(해수): 해인수(解印綬). 인끈을 풀어 놓음. 곧 벼슬자리에서 물러남.
153) 軍籍(군적): 병적(兵籍). 군의 지위·신분을 적은 명부.

역적 정여립은 죽고 토벌한 역적들은 사면(赦免)했다는 글[154]이 도달하니, (정곡) 선생이 말하기를,

"나라에 변고가 있을 때 신하된 사람으로서 잔치를 벌이는 것은 불가하다. 그러나 죄인을 이미 잡아들여 무척 교활한 사람을 형벌로 죽였으니, 경사스러운 일을 축하하지 않을 수 없다."

라고 하고, 두 시관(金公喜와 金汝岉)과 술자리를 벌이고 종일 풍악을 울린 후 끝냈다. ○11월에 영광에 도착했는데 (전라도)관찰사가 역사(驛使)[155]를 급히 보내 선생으로 하여금 □문묘(文廟)의 위패(位牌)를 옮겨 모시는 고유제문(告由祭文)을 지어 보내라고 하니, 대개 전주(全州) 대성전(大成殿)의 상량문(上樑文)은 (謀反을 일으킨)정여립이 지은 바였다. 많은 선비들이 그것을 나쁘게 여겨서 장차 고쳐 지으려고 했기 때문에 기한을 재촉하는 관문이 왔다. 선생이 말하기를,

"난신적자(亂臣賊子)[156]가 어느 시대이건 없으리오마는 이 역적은 벼슬에서 물러나 있다가[157] 오로지 혼자서 나왔으니, 극도로 미워하는 마음이 다른 역적보다도 갑절이나 더한즉 그 글을 쓴 것이다. - 고유제문(告由祭文)은 앞에서 보였다.[158]

[41쪽]

士禍首末
사 화 수 말

- 成滄浪文濬 牛溪子也 上尹海平書云己丑士禍 ○張溪谷維撰白 沙行狀書己丑事曰 會士禍
성 창 랑 문 준 우 계 자 야 상 윤 해 평 서 운 기축 사화 장 계 곡 유 찬 백 사 행장 서 기축 사 왈 회 사 화

起相國鄭澈爲禍首 見桐巢漫錄
기 상국 정철 위 화 수 견 동 소 만록

先是乙亥 東西黨起初金省菴孝元 登科有盛名 當薦銓郎 而參議沈義謙
선 시 을해 동서 당 기 초 김 성 암 효 원 등과 유 성명 당 천 전랑 이 참의 심 의 겸

卽戚里也枳 孝元不許 孝元以名家子弟 有學行文章 又喜推賢讓能 大得
즉 척 리 야 지 효 원 불허 효 원 이 명가 자제 유 학행 문장 우 희 추 현 양 능 대 득

士類之心 時年少士類 懲於己巳之禍 沮抑外戚太甚 於是指義謙爲妨賢
사 류 지 심 시 년 소 사류 징 어 기사 지 화 저 억 외척 태 심 어 시 지 의 겸 위 방 현

---

154) 赦文(사문): 대사령(大赦令)의 글. 나라의 경사를 당하여 죄수를 석방할 때 임금이 내리는 글.

155) 驛使(역사): 역참(驛站)에서 공문이나 서신을 전달하는 사람.

156) 亂臣賊子(난신적자): 난신(亂臣)과 적자(賊子). 곧 나라를 어지럽히는 불충한 신하와 부모의 뜻을 거역하는 불효자식.

157) 縉紳(진신): 벼슬에서 물러나 집에 있는 사람. 본문에서는 본래 서인(西人)이었으나 수찬이 된 뒤 당시 집권세력인 동인편에 반부(反附)하여 이이를 배반하고 박순(朴淳)·성혼(成渾)을 비판, 왕이 이를 불쾌히 여기자 벼슬을 버리고 고향으로 돌아가 있었던 것을 말함.

158) 見上(견상): 앞의 [祭文] 중 〈全州□大成殿□位牌移安告祭文〉을 말함.

弄權而攻之 義謙雖外戚 曾有退權 肝扶士類之功 年老位高者 多擁護之
롱권이공지 의겸수 외척 증유퇴권 간부사류지공 연로위고자 다옹호지

自是先輩與後輩 岐異由徵 至著癸未甲申年間 東西名號始分 以沈家在
자시선배여후배 기이유징 지저계미갑신년간 동서명호시분 이심가재

西 故目之爲西人 金家在東 故目之爲東人 右沈者 鄭澈尹
서 고목지위서인 김가재동 고목지위동인 우심자 정철윤

【번역】

사화(士禍)[159]의 시작과 끝 - 창랑(滄浪) 성문준(成文濬)[160]은 우계(牛 溪)[161]의 아들인데 〈윤해평(尹海平)[162]에게 보낸 편지〉에서 기축사화(己丑士禍)[163]라고 했다. 계곡(谿谷) 장유(張維)[164]가 지은 〈백사행장(白沙行狀)〉[165]의 글에서도 기축년의 일을 말하기를 '사화가 일어난 것은 상국(相國) 정철(鄭澈)이 화의 우두머리'라고 한 것이 『동소만록(桐巢漫錄)』[166]에 보인다.

이에 앞서 을해년(乙亥年; 1575년. 선조 8), 동인당(東人黨)과 서인당(西人黨)이 일어난(갈라진) 시초는, 성암(省菴) 김효원(金孝元)[167]이 과거에 급제하여 명성이

159) 士禍(사화): 조선 중기에 신진사류(新進士類)들이 훈신·척신들로부터 받은 정치적 탄압. '사림(士林)의 화'의 준말로, 1498년(연산군 4)의 무오사화(戊午士禍), 1504년의 갑자사화(甲子士禍), 1519년의 기묘사화(己卯士禍), 1545년의 을사사화(乙巳士禍)등이 대표적 예이다. 사화는 당초 일으킨 쪽인 훈척계열에서는 난으로 규정하였으나, 당한 쪽인 정인(正人)·현사(賢士)들이 죄없이 당한 화라고 주장하여 사림의 화라는 표현을 쓰던 끝에, 사림계가 정치적으로 우세해진 선조 초반부터 '사화'라는 표현이 직접적으로 쓰여지기 시작함. (『민족문화대백과사전』에서 게재). 본문에서는 정곡선생이 화를 당한 기축년(己丑年; 1589년)의 옥사(獄事), 곧 '기축옥사(己丑獄事)'를 '사화(士禍)'로 규정하고 '기축사화(己丑士禍)'라고 해야 한다는 주장을 피력 · 강조한 표현.

160) 成文濬(성문준): 1559(명종 14)~1626(인조 4). 조선 중기의 문신. 자는 중심(仲深). 호는 창랑(滄浪). 좌참찬 성혼(成渾)의 아들. 문집으로 『창랑집(滄浪集)』이 있음.

161) 牛溪(우계): 성혼(成渾)의 호. 1535(중종 30)~1598(선조 31). 조선 중기의 성리학자. 같은 고을의 이이(李珥)와 평생 지기(知己)로 지냄. 문집으로 『우계집(牛溪集)』이 있음.

162) 尹海平(윤해평): 해평(海平) 윤두수(尹斗壽). 1533(중종 28)~1601(선조 34). 자는 자앙(子仰). 호는 해평(海平). 조선 중기의 문신. 여러 관직을 거치면서 임진왜란 때에는 평양성을 지켰으며, 유성룡(柳成龍) 등과 함께 난국을 수습하였음.

163) 己丑士禍(기축사화): 역사에서 일반적으로 '기축옥사(己丑獄事)'라는 표현 대신 '기축사화'라고 해야 한다는 주장의 정당성을 증거로 내세운 선인들의 표현을 인용한 것.

164) 張維(장유): 1587(선조 20)~1638(인조 16). 조선 중기의 문신. 자는 지국(持國). 호는 계곡(谿谷). 학문이 빼어나 이정구(李廷龜)·신흠(申欽)·이식(李植) 등과 더불어 사대가(四大家)라는 칭호를 받음. 문집으로 『계곡집(谿谷集)』이 있음.

165) 白沙行狀(백사행장): 조선 중기 문신 백사(白沙) 이항복(李恒福; 1556~1618)의 행장(行狀)을 적은 글.

166) 桐巢漫錄(동소만록): 1740년대 후반에 남하정(南夏正)이 저술한 붕당(朋黨)에 관한 책으로 3권 2책.

167) 金孝元(김효원): 1532(중종 27)~1590(선조 23). 자는 인백(仁伯). 호는 성암(省庵). 명종말 문정왕후(文定王后)가 죽은 뒤 척신계의 몰락과 더불어 새로이 등용된 사림파의 대표적 인물. 1572년 오건(吳健)이 이조전랑(吏曹銓郞)으로 추천하였으나 척신 윤원형(尹元衡)의 문객이었다는 이유로 이조참의 심의겸(沈義謙)의 반대로 거부당하고, 이후 1574년 조정기(趙廷機)의 추천으로 결국 이조전랑이 됨. 문집으로 『성암집(省庵集)』이 있음.

자자해지고 전랑(銓郞)[168]에 천거되었는데, 참의(參議)[169] 심의겸(沈義謙)[170]은 곧 왕의 외척(外戚)[171]이였는데, 김효원(金孝元)이 (전랑에 추천된 것을)막고 허락하지 않았다. 김효원은 명문가의 자제로서 학행과 문장이 있었고, 또 어진 이를 추천하고 재능 있는 사람에게 자리를 양보하는[172] 선비들의 마음을 크게 터득한 사람이었다. 당시에 젊은 선비들은 기사사화(己巳士禍)[173]에서 외척의 (권세가)너무 심한 것을 저지하고 억제하여 징계(懲戒)하려고, 이에 심의겸이 어진이의 등용을 방해하고 권력을 마음대로 휘두른다고 공격한 것이다. 그러나 심의겸은 비록 외척이었지만 일찍이 권력을 가진 간신들을 물리치고 선비들을 도운 공이 있어,[174] 연로하고 지위가 높은 자 들이 많이 옹호하고 있었다. 이로 말미암아 선배(先輩)와 후배(後輩)[175]들로 나뉘어 달라져 작은 것에서 말미암아 계미년(癸未年; 1583년. 선조 16)과 갑신년(甲申年; 1584년. 선조 17) 사이에 동인(東人)과 서인

168) 銓郞(전랑): 이조(吏曹)의 정랑(正郞)과 좌랑(佐郞)을 일컫는 말. 정랑은 각 육조(六曹)에 딸린 정5품의 벼슬이고, 좌랑은 정6품 벼슬임. 이조의 전랑은 실제 인사권을 쥐고 있는 요직으로 당파 간 대립이 첨예하게 나타나는 벼슬이었음.

169) 參議(참의): 벼슬 이름으로, 조선시대 각 육조(六曹)의 정3품 벼슬.

170) 沈義謙(심의겸): 1535(중종 30)~1587(선조 20). 조선 중기의 문신. 자는 방숙(方叔). 호는 손암(巽菴)·간암(艮菴)·황재(黃齋). 명종(明宗)의 비인 인순왕후(仁順王后)의 동생이다. 김효원이 이조정랑에 천거되자, 김효원이 일찍이 명종 때 권신이던 윤원형(尹元衡)의 집에 기거한 사실을 들어 권신에게 아부했다고 하여 반대하였음.

171) 戚里(척리): 임금의 내척(內戚)과 외척(外戚)을 아울러 이르는 말. 당시 심의겸은 명종(明宗)의 비인 인순왕후(仁順王后)의 동생이었음을 지칭하는 말.

172) 推賢讓能(추현양능): 어진 이를 추천하고 재능 있는 사람에게 자리를 양보하는 것.

173) 己巳士禍(기사사화): 기묘사화(己卯士禍)와 을사사화(乙巳士禍)을 함께 이르는 말. 기묘사화는 조선 4대사화의 하나로 1519년(중종 14)에 남곤(南袞)·심정(沈貞)·홍경주(洪景舟) 등의 훈구재상에 의해서 조광조(趙光祖)·김정(金淨)·김식(金湜) 등 신진사류가 화를 입은 사건이고, 을사사화도 조선 4대사화의 하나로 1545년(명종 즉위년)에 왕실의 외척인 대윤과 소윤의 반목으로 일어나, 소윤이 대윤을 몰아낸 사림의 화옥(禍獄).

174) 退權奸扶士類之功(퇴권간부사류지공): 권력을 가진 간신들을 물리치고 선비들을 도운 공. 심의겸이 인순왕후의 동생으로 1562년 별시문과에 을과로 합격하고 청요직에 임명되었는데, 1563년 사림들이 이량(李樑; 명종비 인순왕후 심씨의 아버지인 심강의 처남이자 심의겸의 외숙부)으로부터 화를 입게 되자 외숙인 이량을 탄핵하며 권세와 간계를 배척하는 등 사람의 입장을 옹호하는데 힘쓴 것을 말함. (『민족문화대백과사전』 참조)

175) 先輩後輩(선배후배): 이조전랑 추천을 중심으로 한 김효원과 심의겸의 반목이 심해지면서, 사림계는 동인과 서인으로 나누어지게 되었는데, 훈신·척신들에 의한 정치체제의 개혁을 둘러싸고 선조 즉위 직후부터 전배(前輩)와 후배(後輩)의 대립이 나타나기 시작하였다. 척신정권 때 정계에 진출하여 심의겸의 도움을 받은 사람들이 전배이고, 소윤의 몰락 이후 심의겸과 무관하게 정계에 진출한 부류가 후배로, 전차 대립이 심화되어 심의겸을 중심으로 한 전배는 서인이 되고, 김효원을 중심으로 한 후배는 동인이 됨.

(西人)이라는 이름으로 불리면서 비로소 나뉘어지게 되었다. 심의겸의 집은 (도성의 서쪽인 정동)서쪽에 있었기 때문에 서인이라 부르게 되었고, 김효원의 집은 (도성의)동쪽에 있었기 때문에 동인이라 불렀다. 심의겸을 지지하는 사람들로는 정철(鄭澈) ·

[42쪽]

斗壽張雲翼李海壽具思孟 皆戚里也 右金者李山海金應南柳成龍金宇顒
두수 장 운 익 이 해 수 구 사 맹 개 척 리 야 우 김 자 이산해 김응남 유성룡 김 우 옹

許曄白惟讓李潑曺大中 皆名流也 其餘不可悉擧 以東淸西濁 金優沈劣
허엽 백 유 양 이발 조 대 중 개 명 류 야 기 여 불가 실 거 이 동 청 서 탁 김 우 심 열

互相傾軋 - 見安鍊石黨論源流 李珥爲調停之計 言于相臣盧守愼建白 兩人
호상 경 알 견 안 련 석 당 논 원 류 이이 위 조정 지 계 언 우 상신 노수신 건 백 양인

補外之說 以義謙爲開城留守 以孝元爲三陟府使 - 見李廷龜月沙集 自是黨
보 외 지 설 이 의 겸 위 개성 유 수 이 효 원 위 삼척 부사 견 이정구 월사 집 자 시 당

議 互相愈激 東人以李珥爲兩是兩非之說 指之謂沈黨 時鄭汝立登庚午
의 호상 유 격 동인 이 이이 위 양 시 양 비 지 설 지 지 위 심 당 시 정여립 등 경 오

科 棄官歸鄕以讀書爲名 時往坡山 學李珥成渾相從論學 珥渾取其讀書
과 기 관 귀향 이 독서 위 명 시 왕 파 산 학 이이 성혼 상종 논 학 이 혼 취 기 독서

常稱許於士友間 以此汝立名重 朝野多士聞風 出入至以竹島先生稱之 -
상 칭 허 어 사 우 간 이 차 여 립 명 중 조야 다사 문 풍 출입 지 이 죽 도 선생 칭 지

雜出於野乘 及安邦俊己丑記事.
잡 출 어 야 승 급 안방준 기축 기 사

【번역】

윤두수(尹斗壽) · 장운익(張雲翼)176) · 이해수(李海壽)177) · 구사맹(具思孟)178) 등이며 모두 척신이었다. 김효원을 지지하는 사람들로는 이산해(李山海) · 김응남(金應南)179) · 유성룡(柳成龍) · 김우옹(金宇顒)180) · 허엽(許曄)181) · 백유양(白惟

176) 張雲翼(장운익): 1561(명종 16)~1599(선조 32). 조선 중기의 문신. 자는 만리(萬里). 호는 서촌(西村). 선천군수로 있을 때에는 평안도 목민관으로 많은 치적을 남겼으며, 특히 중국어에 능통하여 선조의 사랑을 받았으며, 주청사(奏請使)가 되어 명나라에 다녀옴.

177) 李海壽(이해수): 1536(중종 31)~1598(선조 31). 조선 중기의 문신. 자는 대중(大仲). 호는 약포(藥圃) · 경재(敬齋). 서인 정철이 건저문제(建儲問題) 문제로 유배되자 연루되어 종성으로 유배되었다가 임진왜란이 일어나자 왕을 종성으로 호종하고 부제학 이름. 문집으로 『약포집(藥圃集)』이 있음.

178) 具思孟(구사맹): 1531(중종 26)~1604(선조 37). 조선 중기의 문신. 자는 경시(景時). 호는 팔곡(八谷). 선조 때 신진사류들의 원로에 대한 탄핵이 심하여 대부분의 사류들이 뜻을 굽혔으나 끝내 따르지 않아 자주 탄핵을 받았다. 왕실과 인척이면서도 청렴결백하였음.

179) 金應南(김응남): 1546(명종 1)~1598(선조 31). 조선 중기의 문신. 자는 중숙(重叔). 호는 두암(斗巖). 이이(李珥)의 탄핵에 연루되어 제주목사로 좌천되었어도 치적을 남겼다는 기록이 여러 문헌에 보이며, 임진왜란 때에는 좌의정이 되어 유성룡과 함께 혼란한 정국을 안전시키는 데 공을 세움.

180) 金宇顒(김우옹): 1540(중종 35)~1603(선조 36). 조선 중기의 문신. 자는 숙부(肅夫). 호는 동강(東岡). 유성룡(柳成龍) · 김성일(金誠一) 등과 가까워 정치적으로도 이들과 입장을 같이 하는 동인(東人)계열에 섰음.

181) 許曄(허엽): 1517(중종 12)~1580(선조 13). 조선 중기의 문신. 자는 태휘(太輝). 호는 초당(草堂). 〈홍

讓)[182] · 이발(李潑) · 조대중(曺大中) 등으로 모두 이름 있는 부류들이었다. 기타 나머지는 모두 들 수도 없다. 동인은 맑고 서인은 흐리다는 것을 들어 김효원 당이 우세하고 심의겸 당이 열세라고 하며 상호 간에 질투하고 헐뜯었다.[183] - 안연석(安鍊石)[184]의 〈당론원류(黨論源流)〉에 보인다. 이이(李珥)가 (東·西人黨 간의 갈등을)조정하는 계책으로 상신(相臣; 相國) 노수신(盧守愼)[185]에게 말하여, 두 사람(김효원과 심의겸)을 지방관에 보임(補任)시킬 것[186]을 개진하니,[187] 심의겸을 개성 유수(開城留守)로 삼고, 김효원을 삼척 부사(三陟府使)로 삼았다. - 이정구(李廷龜)의 『월사집(月沙集)』에 보인다. 이로부터 당의 의론이 서로 간에 더욱 격렬해져, 동인이 이이가 양시양비(兩是兩非)라고 한 말은 심의겸 당(서인)을 지적한 것이라고 하였다. 그 때에 정여립(鄭汝立)이 경오년(庚午年; 1570년. 선조 3)에 과거에 급제하였으나, 벼슬을 버리고 고향으로 돌아가[188] 독서로 명성을 날리고, 파산(坡山)[189]으로 가서 이이(李珥)와 성혼(成渾)에게 배우고 서로 따르며 학문을 논쟁하니, 이이와 성혼이 그의 독서를 취하여 늘 선비들 사이에 칭송하였다. 이것으로 정여립의 이름은 더욱 막중해져 조정과 재야의 많은 선비들이 풍문을 듣고 출입하면서 죽도선생(竹島先生)[190]이라고 칭송하기에 이르렀다. -야사(野史)와 안방

길동전〉의 저자 허균(許筠)의 아버지다. 동 · 서인의 대립시 김효원과 함께 동인의 영수가 되어 당시 사류의 지도급 인물이었음. 문집으로 『초당집(草堂集)』이 있음.

182) 白惟讓(백유양): 1530(중종 25)~1589(선조 22). 조선 중기의 문신. 자는 중겸(仲謙). 1589년 정여립의 모반사건이 일어나자 아들 수민(壽民)이 정여립의 형 정여흥의 딸을 아내로 삼았던 탓으로 연좌되어 사형 당하자 사직하고, 부령에 유배된 후 장살(杖殺)됨.

183) 傾軋(경알): 서로 간에 질투하고 헐뜯음.

184) 安鍊石(안연석): 1662(현종 3)~1730(영조 6). 조선 후기의 문신. 자는 보천(補天). 호는 보만당(保晩堂). 문장에 능하여 생원·진사에 합격하고, 경연(經筵)에서 임금에게 민폐를 진언하였음.

185) 盧守愼(노수신): 1515(중종 10)~1590(선조 23). 조선 중기의 문신 · 학자. 자는 과회(寡悔). 호는 소재(蘇齋) · 이재(伊齋) · 암실(暗室) · 여봉노인(茹峯老人). 진도 등으로 19년 간 유배생활을 하다가 선조가 즉위하자 풀려 영의정에 이르렀음. 덕행과 학문적 성과는 매우 다양하였다. 문집으로 『소재집(蘇齋集)』이 있음.

186) 補外(보외): 지방관에 보임(補任)함.

187) 建白(건백): 국사(國事)에 대하여 의견을 개진하는 일.

188) 棄官歸鄕(기관귀향): 정여립은 본래 동인이었으나, 수찬이 된 뒤 당시 집권 세력인 동인 편에 반부(反附)하여 이이를 배반하고 박순(朴淳)·성혼(成渾)을 비판하고, 왕이 이를 불쾌히 여기자 벼슬을 버리고 고향으로 돌아간 것을 말함.

189) 坡山(파산): 파산서원(坡山書院). 서원 이름. 현 경기도 파주군 파평면(坡平面) 납로리(納老里)에 있음. 조선 선조 원년(1568)에 건립하였고, 효종(孝宗) 원년(1650)에 사액(賜額)하였음. 조선의 성수침(成守琛) · 성수종(成守宗) · 성혼(成渾)·백인걸(白仁傑) 등이 봉향됨.

190) 竹島先生(죽도선생): 정여립의 고향이 전라북도 진안의 죽도(竹島)이므로 붙여진 별칭.

준(安邦俊)[191]의 〈기축기사(己丑記事)〉에 잡다하게 나온다.

[43쪽]

是歲十月初二日　黃海監司韓準　秘密書狀入□啓卽載寧安岳信川等處
시 세 십 월 초 이 일　황 해 감사 한 준　비밀 서 장 입　계 즉 재 령 안 악 신 천 등 처
上變事也 有曰 汝立潛謀大逆 與其黨聚兵九月山 約日謀犯[ ]闕卽夜 □
상 변사 야 유 왈 여 립 잠 모 대 역 여 기 당 취 병 구월 산 약 일 모 범 궐 즉 야
命召三公六承旨　禁府堂上入直　都摠管玉堂皆引對　遂分遣宣傳官
명 소 삼공 육 승 지　금부 당상 입직　도총관 옥당 개 인 대　수 분 견 선전관
禁府都事于黃海全羅等地 ○十一日 前判敦寧鄭澈 自畿甸揚揚入來 上
금부도사 우 황 해 전라 등 지 십 일 일 전 판 돈녕 정철 자 기전 양양 입 래 상
秘密劄子 乃措捕逆賊事也 澈素與士類相失 至是嗾京外無賴輩 構誣
비밀 차자 내 조 포 역적 사 야 철 소 여 사류 상 실 지 시 주 경 외 무 뢰 배 구 무
清流 鍛鍊成獄 無所不至 ○十七日 汝立伏誅 ○十一月初二日 生員梁
청류 단 련 성 옥 무 소 불 지 십 칠 일 여 립 복 주 십 일 월 초 이 일 생원 양
千會等上疏 論鄭賊與朝臣 交密者某某云 而語及李潑兄弟 ○初四日 禮
천 회 등 상소 논 정 적 여 조 신 교 밀 자 모모 운 이 어 급 이 발 형제 초 사 일 예
曹正郎白惟咸 入京上疏 論
조 정 랑 백 유 함 입경 상소 논

【번역】

그 해(1589, 己丑年) 10월 초2일 황해 감사(監司; 관찰사) 한준(韓準)이 비밀을 적은 서찰을 들였는데, □임금께서 열어보니, 재령(載寧; 군수 朴忠侃)·안악(安岳; 군수 李軸)·신천(信川; 군수 韓應寅) 등과 올린 변사(變事)의 고변(告變)[192]으로 적혀 있기를, 정여립이 대역(大逆)[193]을 몰래 꾀하고 있는데, 그 무리들이 구월산(九月山)에 병사들을 모아 날짜를 약속하여 대궐을 범하려고 한다는 것이었다. 임금께서 삼공(三公)[194]과 육승지(六承旨)[195]와 의금부(義禁府)의 당상관(堂上官)과 숙직하는 도총관(都摠管)과 옥당(玉堂; 弘文館)을 불러들이라 명령하시고, 모두 인견(引見)하여 대하시고, 마침내 선전관(宣傳官)[196]과 금부도사(禁府都事)[197]를 황해도(黃海道)와 전라도(全羅道)로 나누어 보냈다. ○(10월)11일에

191) 安邦俊(안방준): 1573(선조 6)~1654(효종 5). 조선 중기의 학자. 자는 사언(士彦). 호는 은봉(隱峰)·우산(牛山). 성혼(成渾)의 문인으로 임진왜란이 일어나자 의병을 일키고 성리학에 전념하여 호남지방에서 명성을 얻음. 저서로 『삼원기사(三寃記事)』가 있고, 시문집으로 『은봉전서』가 있음.

192) 告變(고변): 반역을 고발함. 변고를 알림.

193) 大逆(대역): 십악(十惡)의 하나로, 군부(君父)·종묘(宗廟)·왕릉(王陵)·궁궐 등에 해를 끼치는 행위.

194) 三公(삼공): 조선시대 의정부(議政府)의 영의정(領議政)·좌의정(左議政)·우의정(右議政)을 아울러 이름. 품계는 정1품.

195) 六承旨(육승지): 조선시대 승정원(承政院)에 딸린 여섯 승지. 곧 도승지(都承旨)·좌승지(左承旨)·우승지(右承旨)·좌부승지(左副承旨)·우부승지(右副承旨)·동부승지(同副承旨).

196) 宣傳官(선전관): 조선시대 선전관청(宣傳官廳)에 딸린 벼슬로, 형명(刑名)·계라(啓螺)·시위(侍衛)·전령(傳令)·부신(符信)·출납(出納) 따위를 맡아 봄.

전(前) 판돈녕(判敦寧)[198] 정철(鄭澈)이 기전(畿甸)[199]으로부터 득의(得意)한 듯 들어와 몰래 차자(箚子)[200]를 올렸는데, 역적을 뒤쫓아 잡는 일이었다. 정철은 평소에 선비들 서로 사귀지 못하더니, 이때에 이르러서 서울과 외방의 무뢰배들을 무고한 말로 청류(淸流)[201]를 얽어내자고 부추겨서 죄를 덮어 씌워[202] 옥사를 일으키니 하지 못할 바가 없었다. ○17일에 정여립이 복주(伏誅)[203]되었다. ○11월 초2일에 생원 양천회(梁千會)등이 상소하여 논하기를, 역적 정여립과 조정의 신하들이 사귀기를 비밀리에 하였으니 아무개 아무개 등이라고 말하고 이발(李潑) 형제도 말했다. ○초4일에 예조 정랑(禮曹正郞) 백유함(白惟咸)이 서울에 들어와서 상소를 올려 논하기를,

[44쪽]

金宇顒及李潑兄弟 與逆賊交密 且陳鞫獄疎漏事 - 東岡會寧定配 ○初八日
김 우 옹 급 이발 형제 여 역적 교 밀 차 진 국 옥 소 루 사 동 강 회 령 정 배 초 팔 일
鄭澈拜右相 仍爲委官 ○十二日□上御宣政殿 □親鞫鄭彦信鄭彦智洪宗
정철 배 우상 잉 위 위관 십 이 일 상 어 선 정 전 친국 정 언 신 정 언 지 홍 종
祿鄭昌衍白惟讓李潑李洁 以出於鄭緝之招也 李潑配熙川 李洁竄渭原
록 정 창 연 백 유 양 이발 이 길 이 출 어 정 집 지 초 야 이발 배 희 천 이 길 찬 위 원
鄭彦智竄江界 白惟讓配富寧 洪宗祿免減 鄭彦信中途付處 鄭昌衍放送
정 언 지 찬 강 계 백 유 양 배 부 령 홍 종 록 면 감 정 언 신 중도 부처 정 창 연 방송
皆一時名流也 ○時寶城人鄭僑挾 其舊憾造作先生爲賊 流涕之說 傳播
개 일시 명류 야 시 보 성 인 정 교 협 기 구 감 조작 선생 위 적 유 체 지 설 전 파
於奸黨 羅州鄕所柳溵光州人奇孝曾等 飛書於鄭澈 白惟咸梁千頃千會
어 간 당 나주 향소 유 은 광주 인 기 효 증 등 비 서 어 정철 백 유 함 양 천 경 천 회
等 陰嗾其黨丁巖壽等 會于光州 遂爲陳疏 ○十二月十四日 湖南人丁巖
등 음 주 기 당 정 암 수 등 회 우 광주 수 위 진 소 십 이 월 십 사 일 호남 인 정 암
壽等 承望澈風旨疏
수 등 승 망 철 풍 지 소

【번역】

김우옹(金宇顒) 및 이발 형제가 역적과 교제가 친밀했다고 하자, 국옥을 소홀히

197) 禁府都事(금부도사): 조선시대 죄인을 다스리던 의금부의 도사(都事)로 품계는 종5품.

198) 判敦寧(판돈녕): '판돈녕부사(判敦寧府事)'의 준말. 돈녕부(敦寧府; 조선시대 왕실의 친척들이 친목을 도모하기 위해 설치한 관아)의 버금 벼슬로 품계는 종1품. 정철(鄭澈)은 큰 누이가 인종의 귀인이 되고, 둘째 누이가 계림군 유(桂林君瑠)의 부인이 된 관계로 어려서부터 궁중에 출입하게 됨.

199) 畿甸(기전): 기내(畿內). 서울을 중심으로 사방으로 뻗어나간 가까운 행정구역으로 경기도 일원을 이르는 말.

200) 箚子(차자): 임금에게 올리는 간단한 서식의 문서.

201) 淸流(청류): 명분과 절의를 지키는 깨끗한 사람들.

202) 鍛錬(단련): 죄를 덮어씌움.

203) 伏誅(복주): 형벌을 순순히 받아서 죽음.

한 일[204]에 대해 사건을 진달[205]하였다. - 동강(東岡; 金宇顒)을 회령(會寧)으로 정배(定配)보냈다. ○초8일에 정철을 우상(右相; 右議政)에 제수하고 인하여 위관(委官)[206]을 삼았다. ○12일에 □임금이 선정전(宣政殿)[207]에서 □친히 정언신(鄭彦信)・정언지(鄭彦智)・홍종록(洪宗祿)・정창연(鄭昌衍)・백유양(白惟讓)・이발(李潑)・이길(李洁)을 국문하시고, 정여립이 불러 모은 사람들을 나오게 하였다. 이발(李潑)은 희천(熙川)으로 유배보내고, 이길(李洁)은 위원(渭原)으로 내쫓고, 정언지(鄭彦智)는 강계(江界)로 내쫓고, 백유양(白惟讓)은 부령(富寧))으로 유배보내고, 홍종록(洪宗祿)은 면제해주고, 정언신(鄭彦信)은 중도부처(中途付處)[208]하고, 정창연(鄭昌衍)은 풀어주었으니 모두 한 때의 유명한 사람이었다. ○그때 보성(寶城) 사람 정교협(鄭僑挾)이 그의 묵은 감정으로 (정곡)선생이 역적을 위하여 눈물을 흘렸다는 말을 조작하여 간사한 무리들에게 전파시키고, 나주(羅州) 향소(鄕所)[209]의 유은(柳溵)과 광주(光州) 사람 기효증(奇孝曾) 등이 정철에게 문서를 급히 보내 백유함(白惟咸)・양천경(梁千頃)・(양)천회(千會) 등이 그 무리들을 은밀히 부추겼으며, 정암수(鄭巖壽) 등이 광주(光州)에서 회합을 가졌다는 상소를 진달했다. ○12월 14일에 호남 사람 정암수 등이 정철의 뜻[210]에 비위가 맞는[211] 상소를 올려서

[45쪽]

斥一時名流三千餘人 與澈異議者 皆指爲逆黨 先生名亦與焉 - 其疏略云
척 일시 명류 삼천 여 인 여 철 이 의 자 개 지 위 역당 선생 명 역 여 언 기 소 략 운

李山海與逆賊 會面雖罕 肝胆所屬 交契甚密云 金穎南爲之謀出 李山海等手跡火之云 李潑
이산해 여 역적 회 면 수 한 간 단 소속 교계 심 밀 운 김 영 남 위 지 모 출 이산해 등 수 적 화 지 운 이발

自以汝立之交 欲待罪闕下云 鄭彦信不以國家爲憂 惟恐禍及私黨云 羅士忱以其子德明德俊
자 이 여 립 지 교 욕 대죄 궐하 운 정 언 신 불 이 국가 위 우 유 공 화 급 사 당 운 나 사 침 이 기 자 덕 명 덕 준

德潤 與汝立交契甚密 知禍及已譸張其說顯爲伸告云 鄭仁弘汝立情私甚篤云 韓孝純李廷立
덕 윤 여 여 립 교계 심 밀 지 화 급 이 주 장 기 설 현 위 신 고 운 정인홍 여 립 정 사 심 독 운 한 효 순 이 정 립

---

204) 疎漏(소루): 엉성하고 누락됨. 소홀히 하여 빠뜨림.

205) 鞫獄(국옥): 국옥(鞫獄). 사건을 심리함.

206) 委官(위관): 중죄인의 국문(鞫問)을 주관하는 벼슬아치.

207) 宣政殿(선정전): 서울 창덕궁(昌德宮) 안에 있는 편전(便殿)으로 임금이 평상시에 거처하던 전각. 인정전(仁政殿) 동쪽에 있음.

208) 中途付處(중도부처): 벼슬아치에 대한 형벌의 한 가지. 일정한 곳을 지정하여 머물러 있게 하여 거주를 제한하는 형벌.

209) 鄕所(향소): 향관(鄕官). 향청(鄕廳)의 좌수(座首)・별감(別監)을 이르는 말.

210) 風旨(풍지): 임금의 뜻이나 의도를 이르는 말. 뜻이나 의도를 이르는 말.

211) 承望(승망): 영합함. 비위를 맞춤.

之欺明巧免 其心所存 終可疑云 鄭介淸久與逆賊交遊親密塤篪邪說者云 柳宗智與汝立相隨
지 기 명 교 면 기 심 소 존 종 가 의 운 정개청 구 여 역적 교유 친밀 훈 지 사설 자 운 유 종 지 여 여 립 상 수
亦密會合山中云 鄭彦智及權克禮克智等 表裡親舊 根據要津 互相周旋云 監司柳永立推官金
역 밀회 합 산중 운 정 언 지 급 권 극 례 극 지 등 표 리 친구 근거 요 진 호상 주선 운 감사 유 영 립 추 관 김
宇宏等 皆以賂賄釋之云 李鎰受命出塞 而脫笠解釼(인) 以私遣之云 洪汝諄無君不道之罪
우 굉 등 개 이 뢰 회 석 지 운 이 일 수 명 출 새 이 탈 립 해 이 사 견 지 운 홍 여 순 무 군 부 도 지 죄
無一人擧劾請討 則君臣之義幾乎息矣云 李陽元尹毅中尹卓然之徒 身在崇班日 事征利貪饕
무 일인 거 핵 청 토 즉 군신 지 의 기 호 식 의 운 이 양 원 윤 의 중 윤 탁 연 지 도 신 재 숭 반 일 사 정 리 탐 도
是尙云 柳成龍名稱士類 身負重望 主張時論 而固非知逆謀者 今若反顧云 宋言愼之肝肺無
시 상 운 유성룡 명칭 사류 신 부 중망 주장 시론 이 고 비 지 역모 자 금 약 반 고 운 송 언 신 지 간폐 무
隱 尹起莘之移走 取媚南經彦之賂遺贊咏 李彦吉之輸財營第 曺大中之爲賊流涕 金弘毅之
은 윤 기 신 지 이 주 취 미 남 경 언 지 뢰 유 찬 영 이 언 길 지 수 재 영 제 조 대 중 지 위 적 류 체 김 홍 의 지
必宿震吉之家 李弘老之誇著汝立之衫 此輩皆嘗出入賊家 眩亂邪說者也 如
필 숙 진 길 지 가 이 홍 로 지 과 저 여 립 지 삼 차 배 개 상 출입 적 가 현란 사설 자 야 여

【번역】

물리친 한 때의 명망 높은 사람들이 30여인이었고, 정철과 의논이 다른 사람들은 모두 역적의 당이라고 지목하니, (정곡)선생의 이름도 또한 그 안에 있었다. - 그 상소를 간략히 이른다면, 이산해(李山海)와 역적이 대면한 것은 비록 드물었으나 간담상조(肝膽相照)[212]하여 (역적의 당에)소속하여 매우 친밀하게 사귀었다고 했으며, 김영남(金穎男)은 그(정여립)를 위해 꾀를 내었으며, 이산해(李山海) 등은 화적(火賊)을 위해 글을 썼다고 하고, 이발(李潑)은 스스로 정여립과 사귀어 대궐(大闕) 아래서 죄를 기다렸다고 쓰고 있으며, 정언신(鄭彦信)은 나라를 걱정하지 않고 오로지 화가 사사로운 무리들에게 미칠 것만 두려워했다고 했으며, 나사침(羅士忱)은 그의 아들 (나)덕명(德明)·(나)덕준(德俊)·(나)덕윤(德潤)과 더불어 정여립과 서로 사귄 우의(友誼)가 매우 은밀하여 화가 미칠 것을 알고 속이고 현혹시키는[213] 말을 늘어놓아 (관가에)신고했다고 하며, 정인홍(鄭仁弘)과 정여립은 사사로운 정이 매우 돈독하다고 했으며, 한효순(韓孝純)과 이정립(李廷立)은 진실을 속여 교묘하게 명했으나, 그들의 마음속에는 끝내 의심할 것이 있다고 했으며, 정개청(鄭介淸)은 역적(정여립)과 오랫동안 교유하여 친밀하기가 형제 같았으며[214] 그릇되고 간사한 말을 하는 사람이라고 하였으며, 유종지(柳宗智)는 정여립과 더불어 서로 따르며 역시 산속에서 비밀리에 회합하였다고 했으며, 정언지(鄭彦智) 및 권극례(權克禮)·(권)극지(克智) 등은 안팎과 같은 오랜 친구여서 요충지[215]를 근거로 하여 서로 간에 일이 잘 되도록 힘썼다고 했으며, 감사(監司) 유영립(柳永立)은 김우굉(金宇宏) 등을 관리로 추천하고 모두 뇌물을 받고 풀어주었다고 했으며, 이일

---

212) 肝胆(간단): 간담(肝膽). 간담상조(肝膽相照). 서로 마음을 터놓고 진심으로 상대함을 비유.
213) 譸張(주장): 주장위환(譸張爲幻). 속이고 현혹함.
214) 塤篪(훈지): 훈지(壎篪). 훈(壎)은 흙으로 만든 악기, 지(篪)는 대로 만든 악기. 이 둘을 합주하면 소리가 잘 어울리는 까닭에, 주로 형제간에 화목하고 우애가 돈독함을 비유.
215) 要津(요진): 중요한 나루. 또는 요충지를 비유하는 말.

(李鎰)은 명을 받고 변방으로 나가면서 갓을 벗고 칼을 풀어 사사로이 보내진 것이라고 했으며, 홍여순(洪汝諄)은 군주를 업신여기고 부도한 죄가 있는데도, 죄를 캐물은[216] 사람이 한 사람도 없었으니 벌을 줄 것을 청한다면 군신의 의가 멈춘 것이 얼마인가 라고 쓰고 있으며, 이양원(李陽元)·윤의중(尹毅中)·윤탁연(尹卓然)의 무리들은 몸은 높은 지위에 있으면서 날마다 하는 일은 이익을 취하면서 끝없는 탐욕 부리기[217]를 숭상하였다고 했으며, 유성룡(柳成龍)은 이름은 사류(士類)로 칭송받으면서 몸은 두터운 명망(名望)을 저버리고 시론(時論)을 주장하면서 참으로 역모를 꾸민 자들을 몰랐으니 지금 돌아볼 일이라고 했으며, 송언신(宋言愼)은 (정여립에게)속마음을 숨기지 않았으며, 윤기신(尹起莘)은 (정여립에게) 아첨하느라[218] 바빴으며, 남경언(南經彦)은 뇌물을 보내면서 (정여립을)칭송하는 노래를 하였으며, 이언길(李彦吉)은 재물을 실어 보내 집을 짓게[219] 했으며, 조대중(曺大中)은 역적을 위하여 눈물을 흘렸으며, 김홍의(金弘毅)는 반드시 진길(震吉)의 집에서 잤으며, 이홍노(李弘老)는 정여립의 의복을 자랑했으니, 이 무리들은 일찍이 역적의 집을 출입하면서 현란하고 간사한 말을 한 사람들로,

[46쪽]

李純仁柳夢井輩瑣瑣不足言 **澈門客宋翼弼所製也** 時宋祀連之子 翼弼逃匿澈家 澈使
이순인유몽정배쇄쇄부족언 철문객송익필소제야 시송사련지자 익필도익철가 철사

之製疏 梁千頃姜海等脅岩壽爲疏頭 巖壽老 而無知不省疏意之如何 故時人謂之丁愚頭 **疏**
지제소 양천경강해등협암수위소두 암수노 이무지불성소의지여하 고시인위지정우두 소

入 □上察其誣震怒 □傳曰 丁巖壽等 爲乘國家逆賊之變 敢肆構陷之計
입 상찰기무진노 전왈 정암수등 위승국가역적지변 감사구함지계

揑造無形之語 陰陳邪譎之疏 賢相名卿 無不指斥 必欲空國 而後已原其
날조무형지어 음진형휼지소 현상명경 무불지척 필욕공국 이후기원기

設心 將欲何爲 其凶慘之狀 極爲駭愕 此必聽奸人指嗾的 然無疑巖壽等
설심 장욕하위 기흉참지상 극위해악 차필청간인지주적 연무의암수등

名在上列者十人 - 丁岩壽朴天挺朴大鵬李慶男金應會任尹聖金承緖梁山龍柳思敬柳瑛
명재상열자십인 정암수박천정박대붕이경남김응회임윤성김승서양산룡유사경유영

拿來推鞫定罪 事下義禁府兩司 承澈旨 論救不已 太學生等 亦上疏 以
나래추국정죄 사하의금부양사 승철지 논구불이 태학생등 역상소 이

爲不宜蔽言路 □上命勿鞫 澈又使臺諫 於流涕下 又加行素二字入□啓
위불의폐언로 상명물국 철우사대간 어유체하 우가행소이자입 계

時黃秋
시황추

216) 擧劾(거핵): 죄인의 죄명(罪名)을 열거하여 탄핵(彈劾)함.
217) 征利貪饕(정리탐도): 이익을 취하면서 끝없이 탐욕을 부림.
218) 取媚(취미): 비위를 맞춤. 아첨함.
219) 營第(영세): 집을 지음.

【번역】

이순인(李純仁)・류몽정(柳夢井) 무리들의 자잘한 것들은 말로 하기에도 부족하다. 정철(鄭澈)의 문객인 송익필(宋翼弼)[220]이 지은 것이다. 그때 송사련(宋祀連)의 아들 (송)익필(翼弼)은 정철의 집에 도망가 숨었는데, 정철이 상소를 지으라고 시킨 것은 양천경(梁千頃)과 강해(姜海)가 (정)암수(岩壽; 丁巖壽)를 위협한 것이 그 이유였는데,[221] 암수가 늙고 무지하여 상소의 뜻이 어떤 것인지 살피지 않았던 까닭으로 당시의 사람들이 이르기를 '정우두(丁愚頭; 우둔한 사람)'라고 하였다. 상소가 들어가자, □임금께서 그것이 무고(誣告)한 것임을 살피고, 크게 성을 내면서 □전하기를,

"정암수 등이 나라의 역적의 변고를 이용해 감히 거짓으로 모함하는 계략과 없는 말을 날조하여 거짓 상소를 써서 어진 재상과 명망 있는 관원들을 가리지 않고 배척하니, 필시 나라를 텅 비게 하고자 것이니, 그 마음 씀씀이를 궁구해 보면 장차 어떻게 하고자 하는 것이냐?"

라고 하시니, 그 흉악하고 참혹한 모양이 극에 이르니 몹시 놀라울 뿐이었다. 이것은 필시 간사한 사람들의 사주를[222] 들은 것이 의심이 없이 분명한 것이었다. 암수 등의 이름이 나열된 자가 10인이었다. - 정암수(丁岩壽)・박천정(朴天挺)・박대붕(朴大鵬)・이경남(李慶男)・김응회(金應會)・임윤성(任尹聖)・김승서(金承緖)・양산룡(梁山龍)・류사경(柳思敬)・류영(柳瑛) - 붙잡아 와 추국(推鞫)[223]하고 죄를 정하는 일을 의금부(義禁府)와 양사(兩司)[224]에 명하였으나 정철의 지론을 받들어 구하려는 의론을 그만 두지 않고, 태학생(太學生) 등 또한 언로(言路)를 막는 것은 마땅하지 않다고 상소를 올렸다. □임금이 국문하지 말라고 명령을 하니, 정철이 또 대간(臺諫)[225]들을 시켜서 '(정여립의 죽음을 슬퍼하여) 눈물을 흘렸다'는 글자 아래 다시 '행소(行素)'[226] 두 글자를 더했는데, □임금께서 열어 보셨다. 그때 추포(秋

---

220) 宋翼弼(송익필): 1534(중종 29)~1599(선조 32). 조선 중기의 학자. 자는 운장(雲長). 호는 구봉(龜峯). 정치 감각이 뛰어나 서인의 막후실력자가 되기도 함. 문집은 『구봉집(龜峯集)』이 있음.
221) 疏頭(소두): 이유를 설명한 짧은 글.
222) 指嗾(지주): 달래고 꾀어서 어떤 일을 하도록 부추김.
223) 推鞫(추국): 의금부(義禁府)에서 임금의 특명에 따라 중죄인을 신문하던 일.
224) 兩司(양사): 사헌부(司憲府)와 사간원(司諫院)을 아울러 이르는 말.
225) 臺諫(대간): 조선시대 사헌부와 사간원의 관원들을 지칭하는 말.
226) 行素(행소): 상복(喪服)을 입었거나 부고(訃告)를 받은 뒤에 주육(酒肉)을 먹지 않음. 본문에서는 정곡(鼎谷) 조대중(曺大中) 선생이 정여립의 죽음을 슬퍼했음을 모함하기 위한 말을 더욱 첨가함을 말함.

浦) 황신(黃愼)[227]은

[47쪽]

浦愼以正言　語稠廣曰　使曺大中爲正人　必不爲賊流涕　行素設奸人也
포 신 이 정언　어 조 광 왈　사 조 대 중 위 정인　필 불 위 적 류 체　행 소 설 간인 야
逆賊旣誅之後　寧有對人涕泣之理　此疏不成說不近理　云云　○澈揚揚
역적 기 주 지 후　녕 유 대인 체읍 지 리　차 소 불 성 설 불 근 리　운운　철 양양
自得　獨爲委官　陰嗾梁山璹金光運　又上疏盡斥時宰　□上下備忘記曰
자득　독 위 위관　음 주 양 산 숙 김 광 운　우 상소 진 척 시 재　상하 비망기 왈
人心乖悖至於如此　此輩陳疏　盡斥朝臣　獨贊右相澈　以下數人　自以爲
인심 괴 패 지 어 여차　차 배 진 소　진 척 조신　독 찬 우상 철　이하 수인　자 이 위
直言 反露其情狀 可哂也 ○自是獄事鍛鍊蔓延 凡東人之平日峻激者 不
직언 반 로 기 정 상 가 신 야　자시 옥사 단련 만연 범 동인 지 평일 준격 자 불
死則竄 一入其網 不得自脫 杖死者三十一人 竄配者二十五人 – 鄭彦信配
사 즉 찬 일 입 기 망 부 득 자 탈 장사 자 삼 십 일 인 찬배 자 이 십 오 인 정 언 신 배
甲山仍卒配所　鄭彦智定配江界　白惟讓杖死獄中　洪宗祿定配龜城　韓百謙定配遠地　崔永慶
갑 산 잉 졸 배 소　정 언 지 정배 강 계　백 유 양 장사 옥중　홍 종 록 정배 구 성　한 백 겸 정배 원지　최 영 경
杖死獄中　柳宗智杖死獄中　金宇顒杖配會寧　李潑李洁杖死獄中　柳夢井杖死獄中　李黃鍾杖死
장사 옥중　유 종 지 장사 옥중　김 우 옹 장 배 회 녕　이발 이 길 장사 옥중　유 몽 정 장사 옥중　이 황 종 장사
獄中　鄭介淸竄死
옥중　정개청 찬 사

【번역】

정언(正言)[228]으로서 많은 사람들이 모여 있는 자리에서 말하기를,

"관리 조대중(曺大中)은 바른 사람이니, 절대로 역적을 위하여 눈물을 흘리고 행소(行素)를 하였다는 것은 간사한 사람들이 만든 것이다. 역적(정여립)이 이미 죽은 후에 어찌 (죽은)사람을 대하여 눈물을 흘릴 이치가 있겠는가? 이 상소는 말이 되지 않으며 이치에도 가깝지 않다."

라고 하였다. ○정철은 득의양양하여 홀로 위관(委官)이 되어 뒤에서 양산숙(梁山璹)·김광운(金光運)을 부추겨 또 상소를 올리게 하여 마침내 당시의 재상을 다 배척했다. (조대중을)물리쳤다. 상이 비망기(備忘記)를 내려 말하기를,

"인심의 어그러짐이 여기에 이르렀으니, 이 무리들이 상소를 올려 조정의 신하들을 다 배척했지만 오로지 우상(右相; 右議政) 정철이하 몇 사람만을 찬성하면서 스스로 직언(直言)을 했다고 생각하니, 도리어 그 정상이 드러나면 가히 비웃을 만한 것이다."

라고 하였다. ○이로부터 옥사(獄事)를 단련함이 널리 퍼지니, 무릇 동인(東人)

227) 黃愼(황신): 1560(명종 15)~1617(광해군 9). 조선 중기의 문신. 자는 사숙(思叔). 호는 추포(秋浦). 성혼(成渾)과 이이(李珥)의 문인으로 문집으로 『추포집(秋浦集)』이 있음.

228) 正言(정인): 조신시대 사간원(司諫院)에 두있던 정6품 버슬.

들로 평상시 군세고 힘센 자들은 죽지 않으면 곧 쫓겨나거나, 한 번 그 그물에 걸려들면 스스로 벗어나지 못하고 장형(杖刑)을 당하여 죽은 자가 31인이었고, 귀양 보내진 자가 25인이었다. - 정언신(鄭彦信)은 갑산(甲山)으로 귀양 갔다가 귀양지에서 죽었고, 정언지(鄭彦智)는 강계(江界)로 유배 갔으며, 백유양(白惟讓)은 옥중에서 형장을 맞고 죽었으며, 홍종록(洪宗祿)은 구성(龜城)으로 유배 갔으며, 한백겸(韓百謙)은 먼 곳으로 유배 갔으며, 최영경(崔永慶)은 옥중에서 형장을 맞아 죽었고, 유종지(柳宗智)는 옥중에서 형장을 맞아 죽었고, 김우옹(金宇顒)은 형장을 맞은 후 회령(會寧)으로 유배 갔으며, 이발(李潑)과 이길(李洁)은 옥중에서 형장을 맞아 죽었고, 유몽정(柳夢井)은 옥중에서 형장을 맞아 죽었고, 이황종(李黃鐘)은 옥중에서 형장을 맞아 죽었고, 정개청(鄭介淸)은 삭북(朔北)으로 귀양 가서 죽었다.

[48쪽]

朔北 **被囚者二十一人 罷黜者三十餘人 其餘死徙廢錮者 不可勝記** - 並出
삭북 피수자이십일인 파출자삼십여인 기여사사폐고자 불가승기 병출
時政記 及野乘與己丑錄
시정기 급야승여기축록

十八年庚寅 - 我□宣祖二十三年(1590년)
십팔년경인 아 선조이십삼년

先生四十二歲二月 巡到萬頃縣 承□命拿去 就義禁府獄 自獄中陳疏
선생사십이세이월 순도만경현 승 명나거 취의금부옥 자옥중진소
原情 極明誣狂 引寶城參試金公喜金汝岉等爲證 公喜等以爲必問 待□
원정 극명무광 인보성참시김공희김여물등위증 공희등이위필문 대
命□闕下三日 鞫廳大臣澈 卒不施問 但令捕寶城知印二茶母一 考訊甚
명 궐하삼일 국청대신철 졸불시문 단령포보성지인이다모일 고신심
酷 三人皆不服而死 - 原情裂服疏二條上□闕無傳 - **三月十三日 先生殞於**
혹 삼인개불복이사 원정열복소이조상 궐무전 삼월십삼일 선생운어
禁府獄中 先生在獄中 有家兄永訣書一幅 永訣詩一絶 - 書與詩見上 - **○時**
금부옥중 선생재옥중 유가형영결서일폭 영결시일절 서여시견상 시
李文忠公白沙
이문충공백사

【번역】

죄인으로 잡힌 사람이 21인이었고. 파출(罷黜)229) 된 자가 30여 인이었고, 그 나머지 죽어 묻히거나 폐고(廢錮)230) 된 사람은 다 기록할 수도 없다. - 시정기(時政記) 및 야승(野乘)과 기축록(己丑錄)에 함께 나타난다.

229) 罷黜(파출): 파면(罷免).
230) 廢錮(폐고): 면직되어 다시 기용되지 못함.

18년[231] 경인년(庚寅年) - 우리나라 □선조(宣祖) 23년(1590년)

선생은 42세 2월 순행하여 만경현(萬頃縣)에 이르렀다가, □어명(御命)을 받들어 붙잡혀 금부(禁府; 義禁府)에 나가, 옥중에서 사실을 규명하는 상소문을 써서 거짓으로 꾸민 미친 일임을 지극히 밝히고 보성(寶城)에서 참시(參試)했던 김공희(金公喜)와 김여물(金汝岉) 등을 불러 들여 증언하게 하리라 하고, 김공희 등은 반드시 물음이 있으리라 여기고, □궐하에서 □어명을 3일 동안 기다렸으나, 국청(鞫廳) 대신(大臣)인 정철은 끝내 묻지 않고, 다만 보성의 지인(知印)[232]과 두 명의 다모(茶母)[233] 한 사람을 잡아들여 한 차례 신문을 하였는데, 매우 혹독하게 했으나 세 사람 모두 끝내 자복(自服)하지 않다가 죽었다. - 옷을 찢어 소한 원정(原情) 2조는 □궐에 올렸는데 전해지지 않았다.

3월 13일에 (정곡)선생은 의금부 옥중에서 숨을 거두었으니, 옥중에 있을 때 가형(家兄)에게 쓴 영결서(永訣書) 한 폭과 영결시(永訣詩) 한 편이 있다. - 영결서(永訣書)와 영결시(永訣詩)는 위에서 보였다. ○그때 문충공(文忠公) 백사(白沙)

[49쪽]

恒福 以問事郎見伊時事 對人輒盛說 曺大中寃死之狀 ○時先生之靈柩
항복 이문사랑견이시사 대인 첩성설 조대중 원사 지 상 시 선생 지 영구

自京而南還 李忠武公純臣宰井邑 聞公喪之返 語人曰 曺公不服而死 其
자경이남환 이 충무공 순신 재 정읍 문공상지반 어인왈 조공불복이사 기

罪不可知 且經本道 使客義不可恝 操文設奠哭之甚哀 又金吾郎搜出公
죄불가지 차경본도 사객의불가괄 조문설전곡지심애 우김오랑수출공

家文書 得 公與忠武公所嘗往來書札 欲示隱諱之意 忠武公不可曰 吾與
가문서 득 공여 충무공 소상 왕래 서찰 욕시은휘지의 충무공 불가 왈 오여

曺公 主客間也 且不知其罪名 今已搜出 則不可隱諱 以負欺國之罪也 -
조공 주객 간야 차부지기 죄명 금기수출 즉 불가 은휘 이부기국지죄야

李澤堂植撰忠武公行狀 首揭此而美之 ○ 五月二十六日 □傳曰 李潑等事 狀已
이택당식찬충무공 행장 수게차이미지 오월이십육일 전왈 이발 등사 상이

著證據 已悉依律處斷議□啓 禁府□啓略曰 惟在□聖斷云 ○二十八日
저 증거 이실의율 처단 의 계 금부 계략왈 유재 성단운 이십팔일

以李潑等事收議 ○領相李山
이 이발 등사수의 영상 이산

【번역】

이항복(李恒福)이 문사랑(問事郞)[234]에게 지난번 일에 대해 묻고, 사람을 만나

---

231) 十八年(십팔년): 명(明)나라 신종(神宗) 18년. 1590년.

232) 知印(지인): 고려·조선 시대에 각 관아에서 관인(官印)을 맡아 관리하는 이속(吏屬).

233) 茶母(다모): 다비(茶婢). 관아에 딸린 여자 종의 하나. 주로 차를 끓이는 일을 함.

234) 問事郞(문사랑): '문사낭청(問事郞廳)'의 준말. 중죄인을 임금이 직접 심문할 때 기록과 낭독을 맡은 임시 벼슬.

서는 문득 조대중의 원통한 죽음에 대해서 많은 말을 했다. ○그때 선생의 영구(靈柩)가 서울에서 남쪽으로 돌아가는데, 충무공 이순신이 정읍(井邑) 관리[235]로 있으면서 공(조대중)의 영구가 반송되고 있다는 것을 듣고, 사람들에게 말하기를,

"조공(曺公; 曺大中)은 굴복하지 않아 죽은 것이며, 나는 그의 죄는 알 수 없다. 또 (그의 운구가)본도(本道; 全羅道)를 지나고 있으니 관리였던 객(客; 조대중)은 의로웠으니 소홀히 할 수 없다."

라고 하고, 글을 짓고 제사를 지내며[236] 곡을 하며 매우 슬퍼했다. 또 금오랑(金吾郞; 義禁府 都事의 별칭)이 공이 집으로 보낸 문서(文書)[237] 얻은 것을 찾아 내놓았고, 공과 충무공이 일찍이 주고받은 서찰들을 보여주기를 꺼리며 감추려 하자, 충무공이 그럴 수 없다며 말하기를,

"나와 조공(曺公; 曺大中)은 주인과 손님의 사이이다.[238] 또 그의 죄명을 알 수 없으니, 지금 찾아 내놓어 숨길 수 없으며, 나라를 속이는 죄이다."

라고 했다. - 이것을 택당(澤堂) 이식(李植)의 〈충무공행장(忠武公行狀)〉 첫머리에 게시(揭示)하였으니 아름다운 일이다. - ○5월 26일 □임금의 명령을 전하기를,

"이발(李潑) 등의 사태(事態)는 이미 증거가 드러났으니 모두 형률에 의거하여 마땅히 처단하라."

라고 하시자, 수의(收議; 의논을 수렴함)한 것을 금부(禁府)에서 □임금께 계사(啓辭)[239]하였는데, □임금께 올린 계사의 대략에 이르기를,

"오직 성상(聖上)의 결단에 있사옵니다."

라고 하였다. 28일에 이발(李潑) 등의 사태에 의논을 수렴하였다. ○영상(領相; 領議政) 이산해(李山海)가

---

235) 宰井邑(재정읍): 정읍을 다스리는 벼슬아치. 곧 충무공 이순신이 44세 되던 1589년 정읍 현감으로 있을 때를 말함.

236) 設奠(설전): 제물(祭物)을 차려 놓고 제사를 지냄.

237) 家文書(가문서): 조대중 선생이 죽음을 맞이하면서 집의 형님에게 보낸 〈영결서(永訣書)〉와 〈영결시(永訣詩)〉를 의미한 듯.

238) 主客之間(주객지간): 당시 충무공은 정읍의 현감이니 주인인 격이고, 정곡 조대중 선생의 죽은 영구는 정읍을 지나가는 손님격에 해당한다는 뜻.

239) 啓辭(계사): 공사(公事)나 논죄(論罪)에 관하여 임금에게 계문(啓聞; 글로 임금에게 상주함)하는 글.

[50쪽]

海議略曰 潑等事 臣之愚見 亦與禁府回 □啓之意無異云 ○沈守慶議
해의약왈 발등사 신지우견 역여금부회 계지의무이운 심수경의
小臣不參推鞫之時 只聞傳播之言 未知其出於逆口者 何如也 但不服旣
소신불참추국지시 지문전파지언 미지기출어역구자 하여야 단불복기
斃之後 斷以逆律 恐未盡於刑政大體云 ○金貴榮議 小臣伏見李潑等
폐지후 단이역율 공미진어형정대체운 김귀영의 소신복견이발등
罪目 只繫於逆賊親密綢繆 別無同參逆謀之端 今以同參之律 追加於旣
죄목 지계어역적친밀주무 별무동참역모지단 금이동참지률 추가어기
死之身 未審於刑政大體 何如云 ○委官鄭澈 □啓潑等之罪 昭著已久
사지신 미심어형정대체 하여운 위관정철 계발등지죄 소저이구
誅討之 □上敎至嚴 以臣等昏昧 固難容贅 請廣收廷議 ○六月二日 二
주토지 상교지엄 이신등혼매 고난용췌 청광수정의 육월이일 이
品以上收議 皆以爲當初旣不承服而斃 以證據擬罪 遽加重律 爲未穩云
품이상수의 개이위당초기불승복이폐 이증거의죄 거가중율 위미온운
○十月三日 政院 □啓
십월삼일 정원 계

【번역】

수의한 것의 대략에 이르기를,

"이발 등의 사태는 신들의 어리석은 견해였으니, 또한 의금부로 회부시켜야 합니다."

라고, □임금께 의논한 것을 상주하니 별다른 뜻이 없으셨다. 심수경(沈守慶)이 논의하기를, '소신은 국문할 때 참석하지 않았으며, 다만 전해지는 말만 들어서 그 말이 누구의 입에서 어떻게 나온 것인지 알지 못합니다. 단 굴복하지 않았다고 이미 죽은 후에 역율(逆律)[240]로 처단하는 것은 형정(刑政)의 대체(大體)를 다하지 못할까 두렵습니다.'라고 말했다. ○김귀영(金貴榮)이 의논하기를, '소신이 삼가 생각하옵기로는 이발(李潑) 등의 죄목은 역적과 친밀하게 얽혀있어 연계되어 있기는 하나 역모에 동참했다는 별다른 단서는 없으니, 지금 동참했다는 형률을 이미 죽은 몸에 추가하는 것은 형정의 대체를 깊이 살피지 않은 것이니 어찌하여야 합니까?'라고 했다. ○위관(委官) 정철(鄭澈)이 □임금께 상주하기를, '이발 등의 죄가 밝게 드러난 것이 이미 오래되어 정벌하였습니다.'라고 하였다. □주상(主上)의 가르침이 지극히 엄하시니, 신하들이 어리석어 잘다한 것들을 용납하기 참으로 어려우니 조정의 의논을 넓게 수렴(收斂)하시라고 청했다. ○6월 2일에 2품 이상의 (신하들의)의논을 수렴하신데, 모두가 당초에 이미 (죄를)승복하지 않았고 증거로써 죄가 있는 것으로 판정하여[241] 죽었는데, 갑자기 무거운 형

240) 逆律(역률): 역적을 처벌하는 법률.

률을 더하는 것은 온당(穩當)하지 않은 것이라고 했다. ○10월 3일에 정원(政院; 承政院)에서 □임금께 상주하기를

[51쪽]

昨日委官 □啓辭李潑等 家籍沒與否 他大臣一時議□啓事 □允下矣 遣
작일 위관 계사 이발 등 가적몰여부 타 대신 일시 의 계사 윤하의 견
問事郞廳收議乎 會于一處收議乎 □答曰 命招議 □啓仍 □傳曰 禁府
문사랑청수의호 회우일처 수의 호 답왈 명초의 계잉 전왈 금부
堂上亦爲 □命招同日二品以上 密□啓收議 入□啓 ○備忘記曰 李潑等
당상 역위 명초 동일 이품 이상 밀 계 수의 입 계 비망기 왈 이발 등
按律定罪事在不疑 而群議如此 當從群議矣 予觀大明會典 有逆外籍沒
안율 정죄 사재불의 이군의 여차 당종군의의 여관 대명회전 유역외적몰
之文 則雖非逆賊有籍沒之法矣 □永樂時 夏元吉因事籍沒此 則雖非
지문 즉수비 역적 유 적몰지법의 영락 시 하원길인사적몰차 즉수비
大罪有籍沒之典矣 古者多有籍沒 其家之語 我□朝亦有前例 況與逆賊
대죄 유 적몰 지전의 고자다유 적몰 기가지어 아 조역유 전례 황여 역적
交結之情狀昭昭 天地所不容者乎 其不能取服 明示正法 失刑甚矣 今不
교결 지 정상 소소 천지 소불용자호 기 불능 취복 명시 정법 실형심의 금부
籍沒其家 不足以嚴討
적몰 기가 부족이엄토

【번역】

어제 위관이 □임금께 이발 등의 집의 적몰(籍沒)[242] 여부를 다른 대신들이 한때 논의한 것을 상주하니, □임금이 상주한 것에 대해 □임금이 윤허하시면서 '(이발의 사태에 대해)낭청(郎廳; 問事郎廳)들의 의견을 모았으며 한 곳에 모여서 의논을 모았느냐?'라고 하니, □임금께 답하기를, 명령대로 의논을 모아서 □임금께 상주하였다고 하니, □임금께서 전교(傳敎; 下敎)하시기를,

"금부(禁府; 義禁府) 당상(堂上; 정3품 이상의 벼슬)들도 또한 같이 하라."

고 하시니, □임금의 명령을 받들어 같은 날에 2품 이상을 불러들여 은밀히 □의논한 것을 모아 □상주하였다. ○〈비망기(備忘記)〉에 이르기를,

"이발 등을 형율(刑律)을 상고하여 죄를 정하였고, 사태에 의혹할 것이 없고 여러 의논이 이와 같아, 당연히 여럿의 의논을 따랐다. 내가 『대명회전(大明會典)』[243]을 보건대, 역적 이외의 사람의 가산도 몰수한다는 글이 있었으니, 비록 역적이 아니라도 가산을 몰수하는 법이 있는 것이다. □영락(永樂)[244] 황제 때에 하

241) 擬罪(의죄): 죄가 있는 것으로 판정함. 결정함.

242) 籍沒(적몰): 중죄인의 재산을 몰수하던 일.

243) 大明會典(대명회전): 명회전(明會典). 명(明)나라 홍치(弘治; 明 孝宗의 연호. 1488~1505) 연간에 이동양(李東陽) 등이 편찬한 책. 1백 80권. 명대(明代)의 제도를 이부(吏部) 예부(禮部)·병부(兵部)·공부(工部)·호부(戶部)·형부(刑部)로 나누어 집성함.

원길(夏元吉)[245]이 사건으로 인하여 가산을 몰수했으니, 이것은 곧 비록 큰 죄가 아니라도 가산을 몰수한다는 법인 것이다. 옛날에도 가산을 몰수당했다는 그 집안의 말이 많이 있다. □우리 왕조에서도 또한 전례가 있는데, 하물며 역적과 사귀어 정을 맺은 형상이 명백한데, 천지에 용납되지 않으리오. 그에게서 자백[246] 받을 수 없었더라도 바른 법에 밝게 나타나 있는 형벌의 공정성을 잃는[247] 것이 심한 것이다. 지금 그 집의 가산을 몰수하지 않는 것은 역적을 엄히 토벌하는 것에 부족한 것이며,

[52쪽]

逆之典洩神人之憤 李汲潑洁白惟讓曺大中 護逆凶悖怨上不道 並籍沒
역 지 전 설 신 인 지 분 이 급 발 길 백 유 양 조 대 중 호 역 흉 패 원 상 부 도 병 적 몰

事議□啓 諸議 並以未取服 擧定籍沒 或有後弊爲□啓 ○十四日 □傳
사 의 계 제 의 병 이 미 취 복 거 정 적몰 혹 유 후 폐 위 계 십 사 일 전

日李汲潑洁白惟讓曺大中家 並籍沒 - 並出時政記及諸家文集 及己丑錄 - ○
왈 이 급 발 길 백 유 양 조 대 중 가 병 적몰 병 출 시 정 기 급 제 가 문집 급 기 축 록

先生嘗在鞫廳 作一絶詩曰 丹心一片鬼神知 未吐深寃恨死遲 地下若從
선생 상 재 국 청 작 일 절 시 왈 단심 일편 귀신 지 미 토 심 원 한 사 지 지하 약 종

比干去 孤魂含笑不須悲 委官沈守慶 以爲罪人臨死 荒亂之辭 不足煩達
비 간 거 고혼 함소 불 수 비 위관 심 수 경 이 위 죄인 임사 황 란 지 사 부족 번달

且慮後弊置而不□啓 澈嗾其黨判禁吾崔滉 撤去上句 以下句達於□榻
차 려 후 폐 치 이 불 계 철 주 기 당 판 금 오 최 황 철거 상 구 이하 구 달 어 탑

前曰 旣以比干自況 則比□君於何地 以是激□天怒 □上引對問其故 守
전 왈 기 이 비 간 자 황 즉 비 군 어 하 지 이 시 격 천 노 상 인 대 문 기 고 수

慶對曰 凡因原情 供招外餘事 曾
경 대 왈 범 인 원 정 공 초 외 여 사 증

【번역】

법규의 집행이 누설되는 것이어서, 신과 사람이 분노하는 것이 된다. 이급(李汲)·이발(李潑)·이길(李洁)·백유양(白惟讓)·조대중(曺大中)은 역적의 흉악하고 도리에 어긋난 것을 감싸면서 윗사람이 부도(不道)하다고 원망하였으니, 아울러 가산을 몰수한다는 일을 논의하여 □임금께 상주한 것이나, 함께 의논하기를, '아직 범죄 사실을 자백 받지 못했는데 갑자기 가산을 몰수하기로 정한 것은, 혹 뒷날의 폐단이 있을 것'이라고 □임금께 상주하였다. ○14일에 □임금께서 전교(傳敎)하시기를,

244) 永樂(영락): 명(明)나라 성조(成祖; 1403～1424)의 연호.

245) 夏元吉(하원길): '하원길(夏原吉)'의 오기. 명(明)나라 상음(湘陰) 사람. 자는 유철(惟喆). 시호는 충정(忠靖). 벼슬은 호부상서(戶部尙書). 기무(機務)를 맡아 봄.

246) 取服(취복): 죄인으로부터 범죄 사실을 자백 받음.

247) 失刑(실형): 형벌이 공정성을 잃음.

“이급(李汲)·이발(李潑)·이길(李浩)·백유양(白惟讓)·조대중(曺大中)의 집의 가산도 아울러 몰수하라.”

고 하셨다. - 시정기(時政記)와 여러 사람의 문집과 기축록(己丑錄)에 함께 나온다. - ○ (정곡)선생께서 일찍이 국청(鞫廳)에 있으면서 시 한 수를 지어 이르기를,

「일편단심(一片丹心)은 귀신도 알고 있는데
억울하고 깊은 원망은 아직 털어놓지 못했는데 죽음이 더디구나.
만약 지하에서 비간(比干)[248]을 따라 간다면
외로운 혼이 웃음을 머금으리니 자못 슬프지마는 않으리라.」

라고 썼다. 위관(委官) 심수경(沈守慶)이 ‘죄인이 죽음에 임해서 황당하고 어지러운 말을 하여 번거롭게 한 것도 부족하여 또 훗날에 폐단을 세우려고 한다.’고 여겨, (정곡의 시를)□임금께 상주하지 않았다. 정철이 그의 당파(黨派)인 판금오(判禁吾)[249] 최황(崔滉)을 부추겨 (정곡선생이 지은)시의 위 구(句)를 떼어버리고 아래 구(句)만을 □임금의 자리에 상주하면서 말하기를,

“거괴(渠魁; 두령. 정곡)가 이미 비간(比干)으로써 자기를 비유하였으니, 곧 □군주를 견준 것은 어떤 처지입니까?”[250]

라고 하니, 이런 까닭으로, □임금의 분노하셨다. □임금이 신하들을 불러 그 까닭을 물으니, 심수경이 대답하기를,

“무릇 죄수가 사정과 범죄 사실을 진술할 때에는 그 외의 나머지 일들을 하소연하는 것이니, 일찍이

[53쪽]

無受理之例 而況臨死荒亂之辭乎 臣忝在大臣之例 曾知奉法而已 □上
무 수 리 지 례 이 황 림 사 황 란 지 사 호 신 첨 재 대 신 지 례 증 지 봉 법 이 이 상
震怒 守慶力求免三辭見遞 澈獨爲委官 - 出鄭東里世規己丑錄 追加極律子
진노 수 경 역 구 면 삼 사 견 체 철 독 위 위관 출 정 동 리 세 규 기축 록 추가 극률 자
婿弟姪逮捕 覈訊甚急 於是澈獻議曰 曺大中本以陰邪險妄之人 奴事
서 제 질 체포 핵 신 심 급 어 시 철 헌 의 왈 조 대 중 본 이 음사 험 망 지 인 노 사
李潑白惟讓輩 附會邪說 恒言李珥成渾 皆可殺以撓時譽 又逆賊交結
이발 백 유 양 배 부 회 사 설 항 언 이이 성혼 개 가 살 이 요 시 예 우 역적 교결

248) 比干(비간): 은(殷)나라의 폭군 주(紂)의 제부(諸父). 일설에는 서형(庶兄)이라고도 함. 주의 음란함을 간언하다가 심장을 가르는 죽음 당함.

249) 判禁吾(판금오): 판의금부사(判義禁府事). 의금부(義禁府)의 으뜸 벼슬. 품계는 종1품.

250) 정곡 선생이 자신의 죽음을 비간(比干)에 견준 것은, 곧 임금을 폭군 주(紂)에 견준 것이라는 뜻.

甚密(심밀) 汝立自斃後(여립자폐후) 涕泣行素之說(체읍행소지설) 發於公論(발어공론) 觀其詩意(관기시의) 怨懟(원대)□君父(군부) 蓄怨(축원) 朝廷之狀(조정지상) 所難容言(소난용언) 然比諸伏誅逆賊(연비제복주역적) 不無有間(불무유간) 若斷以次律(약단이차율) 可以得中(가이득중) □上不允(상불윤) 又獻議曰(우헌의왈) 大中凶惡情狀(대중흉악정상) 已露於詩句(이로어시구) 護逆(호역) 自有其律(자유기율) 妻妾(처첩) 壓膝事(압슬사) 於臣遇見(어신우견) 實有未安(실유미안) □傳曰(전왈)

【번역】

그러한 (하소연의) 문서를 받아서 심리한[251] 예가 없사오며, 하물며 죽음에 임해서 말한 황당하고 어지러운 말들을 신하들이 정사를 의논하는 자리에 더하여 늘어놓겠사옵니까? 이것이 일찍이 법을 받들고 따르는 것으로 알고 있을 뿐이옵니다."

라고 하니, □임금께서 몹시 분노해 하셨다. 심수경이 힘써 (잘못을)면해주기를 바라는 말을 세 번이나 청하였으나 (위관 심수경을) 교체하였으니, 정철만이 홀로 위관이 되어 - 동리(東里) 정세규(鄭世規)[252]의 〈기축록(己丑錄)〉에 나온다. - 형율(刑律)을 최고로 추가하여 아들과 형제, 사위와 조카들까지 체포하여 조사하고 신문을 하는데 매우 심하고 급하게 서둘렀다. 이에 정철이 논의를 올리면서 말하기를,

"조대중은 본래 음험하고 사악하며 망령된 사람으로 이발(李潑)과 백유양(白惟讓) 무리들을 종처럼 섬기면서 붙어서 사악하게 항상 말하기를, '이이(李珥)와 성혼(成渾)은 모두 죽여야 될 성가신 사람들이다.'라고 하다가도 때때로 칭찬하기도 하고, 또 역적과 서로 사귀어 정을 맺기를 심히 친밀히 하였으며, 정여립이 자살한 후에는 눈물을 흘리고 행소(行素)를 하였다는 말을 공적인 의논의 자리에서 하였사옵니다. 그의 시를 보건데, □임금을 원망하는 뜻이 있고, 조정의 형상에 원망을 쌓은 바 용납하기 어려운 말들입니다. 그러나 그가 역적의 죄를 받아 죽게 된 것을 참소한 것[253]에 있다고 비견하고 있으니, 만약 이 형율(刑律; 極律)로 처단하면 알맞을 수 있사옵니다."

라고 하니, □임금께서 윤허하지 않았다. 정철이 또 의논을 올리면서 말하기를,

"조대중의 흉악한 모습은 이미 시구에서 드러났고, 역적을 감싼 것도 그의 음율

251) 受理(수리): 서류를 받아서 심리함.

252) 鄭世規(정세규): 1583(선조 16)~1661(현종 2). 조선 후기의 문신. 자는 군칙(君則). 호는 동리(東里). 1613년에 문음(門蔭)으로 의금부도사를 거쳐 화순현령, 안산군수를 역임하였음. 조선시대에 문음으로 육경(六卿)에 오른 대표적 인물.

253) 有間(유간): 이간하는 행위가 있음. 참소하는 말이 있음.

에 스스로 있으나, 처첩을 압슬형(壓膝刑)[254]으로 다스린 것은 신의 어리석은 견해였으니 실로 부끄럽습니다."

라고 하니, □임금께서 전교하시기를.

[54쪽]

參謀與否難以臆斷 女人則勿爲訊之 - 並出時政記及知先錄 ○**成牛溪渾與澈**
참모 여부 난이억단 여인 즉 물위신지 병출시정기급지선록 성 우계 혼 여 철
別紙略曰 曺詩本非大段 至於兩司罷遞 何不調劑 此非稱念獄 - 出牛溪
별지 약왈 조시본비대단 지어양사파체 하부조제 차비칭념옥 출 우계
文集 **是歲士禍再作禍及泉壤** - 家牒云辛卯禍及泉壤 **返葬于和順縣西面細陽**
문집 시세 사화 재작화급천양 가첩 운 신묘 화급천양 반장우화순현서면세양
洞 乙坐之原
동 을좌지원

生員臣曺敏中原情
생원 신 조민중 원정

白等矣身必于大中同生喩良置 早喪父母 兄弟四人 分散四方 大中元居
백 등 의신 필우대중 동생 유량치 조상부모 형제사인 분산 사방 대중 원거
和順矣身段妻邊靈光地移居 今至二十六年 二日程道 相距隔遠是沙除良
화순 의신 단 처변 영광 지 이거 금지이십육년 이일정도 상거 격원 시사제량
其 矣身 弟段壬午年出身後 仍在京職爲如可 前年分本道都事 除授爲白
기 의신 제단 임오년 출신후 잉재경직위여가 전년 분 본도 도사 제수 위백
良置 巡行列邑 殊無暇日爲白遣矣身段本
량치 순행 열읍 수무가일위백견의신단본

【번역】

"(조대중이 역적들의)모의에 참가했는지 안했는지를 억측하여 처단하기는 어렵고 여자들은 신문하지 말라."

라고 하셨다. - 〈시정기(時政記)〉와 『지선록(知先錄)』[255]에 함께 나온다. ○우계(牛溪) 성혼(成渾)과 정철이 주고받은 편지의 별지(別紙)에서 대략 말하기를,

"조대중의 시는 대단한 것이 아닌데 양사(兩司)[256]에 까지 이르게 하여 벼슬을 파직하여 갈아 내고 죄를 추문한 것이[257] 어찌 죄를 만들어낸 것이 아니겠는가?"

라고 하였다. - 『우계문집(牛溪文集)』[258]에 나온다. - 이 해에 사화(士禍)가 다시 일

254) 壓膝刑(압슬형): 죄인을 심문할 때에 널빤지나 돌로 무릎을 누르는 형벌.

255) 知先錄(지선록): 1801년(순조 1)에 학헌공(鶴軒公) 조석중(曺錫中, 1761~1816)이 지은 『창녕조씨 지선록(昌寧曺氏知先錄)』을 말함.

256) 兩司(양사): 사헌부(司憲府)와 사간원(司諫院)을 아울러 이르는 말.

257) 罷遞(파체): 죄를 지은 벼슬아치를 파직하고 그 죄과를 추문함.

어나 화가 저승에까지 미쳤다. - 가첩(家牒)[259]에 이르기를 '신묘년(辛卯年)의 화가 저승에까지 미쳤다.'고 하고 있다. - (정곡 선생의)시신이 (고향으로)돌아와 화순현(和順縣) 서면(西面) 세양동(細楊洞)[260] 을좌(乙坐)[261] 언덕에 묻혔다.

생원(生員) 신(臣) 조민중(曺敏中)[262]이 사정을 하소연한 글[263]

사뢰옵니다.[264] 이 몸은[265] (조)대중이 동생일지라도[266] 일찍 부모를 잃고 형제 네 사람이 사방으로 흩어졌습니다. (조)대중은 원래 화순(和順)에서 살았고, 이 몸은[267] 아내에게 딸린 영광(靈光) 땅으로 옮겨가 산지가 지금 26년입니다. 이틀을 걸어야 하는 거리로 멀리 떨어져 있사옵니다.[268] 아우는[269] 임오년(壬午年; 1582. 선조 15)에 출신(出身)[270]한 후로 계속 서울에서 벼슬하다가[271] 지난해에 본도(本道; 전라도) 도사(都事) 벼슬을 제수 받아 하다가[272] 여러 읍을 순행하기에 특별히 한가한 날도 없이 하였고,[273] 이 몸은

[55쪽]

是風濕病重之人　廢棄科業　杜絶人事是乎等以用其矣　拿來時及受刑良
시 풍습 병 중 지 인　폐기 과 업　두절 인사 시 호 등 이 용 기 의　나래 시 급 수형 량

258) 牛溪文集(우계문집): 우계(牛溪) 성혼(成渾)의 문집.
259) 家牒(가첩): 한 집안의 가승(家乘)이나 족보.
260) 細楊洞(세양동): 현 전라남도 화순군 화순읍 세량리(細良里). 정곡 선생의 묘가 있음.
261) 乙坐(을좌): 묏자리나 집터가 을방(乙方)을 등진 방향이나 또는 그 자리. 곧 남동쪽을 등지고 앉은 자리.
262) 曺敏中(조민중): 1541(중종 36)~1589(선조 22). 정곡 선생의 셋째 형님. 자는 응행(應行). 호는 학탄(鶴灘).
263) 본문 〈生員臣曺敏中原情(생원신조민중원정)〉의 글은 한문과 이두(吏讀) 표기를 혼용하고 있다. 이두(吏讀)란 한자의 음과 훈(訓; 새김)을 빌려 우리말을 표기하던 차자표기법(借字表記法)의 하나를 말한다. 따라서 본문의 해석에는 한문 해석과 이두 문자 해석을 겸하고 있다. 우선 본문의 한자음은 한자를 기준으로 부기하였으나, 이두 표기에 해당하는 단어는 한자음과 이두음(吏讀音)을 각주에서 함께 표기하고 뜻은 '[吏]'를 표시한 후 표기하였음.
264) 白等(백등 / 숣든): [吏] 사뢰오되, 사뢰건대.
265) 矣身(의신 / 의몸): [吏] 이 몸, 제 몸.
266) 喩良置(유량치 / 디라두): [吏] ~ㄹ지라도.
267) 矣身段(의신단 / 의몸딴): [吏] 나는. 내딴엔. 나인즉.
268) 是沙除良(시사제량 / 이ᄉᆞ덜어): [吏] ~이야 덜어.
269) 弟段(제단 / 아ᄋᆞᄂᆞᆫ): [吏] 아우는. '段(단 / 딴)'은 '는, 은'의 뜻.
270) 出身(출신): 과거에 급제하는 것. 본문에서는 정곡 선생이 임오년(壬午年; 1582년. 선조 15)에 명경과(明經科) 문과(文科)에 급제하고 승문원(承文院) 부정자(副正字) 벼슬을 제수 받은 것을 의미함.
271) 爲如可(위여가 / ᄒᆞ다가): [吏] ~하다가.
272) 爲白良置(위백량치 / ᄒᆞ숣아두): [吏] ~하사와도. ~하옵서도. ~하옵실지라도.
273) 爲白遣(위백견 / ᄒᆞ숣고): [吏] ~하옵고. ~하사옵고.

中 並只來見 不得爲如乎 兄弟之間相從稀罕 凡事亦知不得爲如乎 事狀
중 병지래견 부득위여호 형제지간상종희한 범사역지부득위여호 사상

明白爲白齊 惟只前年十一月 分父忌 過祭事 大中家歸到次 適音全州□
명백위백제 유지전년십일월 분부기 과제사 대중가귀도차 적음전주

大成殿□位牌移安告祭文乙 大中以製送 亦監司刻期來關是白去乙 大
대성전 위패이안고제문을 대중이제송 역감사각기래관시백거을 대

中云 亂臣賊子 何代無之 而此賊獨出於縉紳之間 痛憎之心倍切於他賊
중운 난신적자 하대무지 이차적독출어진신지간 통증지심배절어타적

云 卽成其文曰 痛哉巨猾 早盜盛名剽竊經史 欺惑俊英 往在癸未改建廟
운 즉성기문왈 통재거활 조도성명표절경사 기혹준영 왕재계미개건묘

楹 惟上樑文 逆竪所成操范曄筆 逞李斯情 日月幾何溷辱神明 幸賴□聖
영 유상량문 역수소성조범엽필 령이사정 일월기하혼욕신명 행뢰 성

鉞 陰誅凶獰敦
월 음주흉영돈

【번역】

본시 풍습병(風濕病)[274]이 위중하여 과업(科業; 科擧)를 버리고 사람들과의 사귐도 막고 끊은 바[275]가 그것입니다. (아우가)잡혀 오고 또 형벌을 받을 때에[276] 함께[277] (만나)볼 수 없었더니,[278] 형제지간이라도 서로 따르며 친하게 사귀기가 드물었습니다. 그러므로 모든 일을 (아우가)오로지 하였으니 또한 알 수가 없었더니 사태가 명백해졌습니다.[279] 오직[280] 전년 11월 부친 기일(忌日; 제삿날)에 제사를 지내고 헤어졌는데, 대중은 집으로 돌아가 다음 순행지에 도착하였습니다. 때 마침 전주(全州) □대성전(大成殿)의 □(孔子의)위패를 옮기는 고제문(告祭文; 告由祭文)을[281] (아우)대중이 지어보내고 또한 감사(監司)가 기한을 분명하게 정해서 관문(關門; 전주의 관문)에 오라고 하였거늘,[282] 대중이 이르기를, '난신적자(亂臣賊子)[283]가 어느 때인들 없으리오마는 이 역적은 벼슬에서 물러나 있다가[284] 홀로 일어났으니, 괴롭고 미워하는 마음이 다른 역적보다 갑절이나 많다.' 고 하고, 즉시 그 글을 이루어 말하기를,

274) 風濕病(풍습병): 습기로 인하여 뼈마디가 저리고 아픈 병.
275) 是乎等以(시호등이 / 이온돌로): [吏] ~이온 줄로. ~이온 바로.
276) 良中(량중 / 아히): [吏] ~에. ~에서. ~에게.
277) 並只(竝只, 병지 / 다무기): [吏] 모두. 함께.
278) 爲如乎(위여호 / ᄒᆞ다온): [吏] ~한다는. ~하더니. ~한다고 하므로.
279) 爲白齊(위백제 / ᄒᆞ숣졔): [吏] ~하옵니다. ~하옵십니다. ~하옵소서. ~하십시오.
280) 惟只(唯只, 유지 / 아기): [吏] 오직.
281) 乙(을 /을.를): [吏] ~을.~를. 목적격 조사로 쓰임.
282) 是白去乙(시백거을 / 이숣거늘): [吏] ~이옵거늘.
283) 亂臣賊子(난신적자): 나라를 어지럽히는 신하와 부모의 뜻을 거스르는 자식.
284) 縉紳(진신): 홀(笏)을 신(紳; 예복의 띠)에 꽂음. 또는 사대부. 벼슬에서 물러나 집에 있는 사람. 본문에서는 정여립의 행적으로 보아 후자에 해당함.

「애통하구나! 몹시도 교활하게 일찍이 높은 명성을 훔치고 경서(經書)와 사서(史書)에서 몰래 따다가 뛰어난 인물을 속이고 미혹시킨 것이 지난 계미년(癸未年)[285]에 있었으니, 사당의 기둥을 고쳐 세우면서 상량문(上樑文)을 반역자[286]가 쓴 바, 범엽(范曄)[287]의 필체로 이사(李斯)[288]의 뜻을 제멋대로 나타내었으니, 신명(神明)을 더럽힌 세월이 그 얼마인가? 다행히 □성군(聖君; 宣祖)의 황월(黃鉞)[289]에 힘입어 슬며시 흉악하고 사나운 자들을 토벌하니,

[56쪽]

賊已跽莽惡留甍 多士叫憤 一國顏赬 擧木可焚 削墨則輕 是用卜吉 撤
적 이 기 망 악 류 맹 다 사 규 분 일 국 안 정 거 목 가 분 삭 묵 즉 경 시 용 복 길 철
舊再營 敢先昭告 庶無震驚云云 又於臨死之時 矣身亦中遺書永訣云 □
구 재 영 감 선 소 고 서 무 진 경 운 운 우 어 임 사 지 시 의 신 역 중 유서 영결 운
主上聖明天亦有知 而弟今自外至者 抱寃而死 雖曖昧極 天實是命也
주상 성명 천 역 유 지 이 제 금 자 외 지 자 포 원 이 사 수 애매 극 천 실 시 명 야
奈何 死後必有公論 然晩矣可笑 順男多有學氣云 死亦有慰 須十分勸讀
내하 사 후 필 유 공론 연 만 의 가소 순 남 다 유 학 기 운 사 역 유 위 수 십 분 권 독
終作好人 勿以我我而小弛也 我死眞所謂命也 愼勿歸咎於造言之人也
종 작 호 인 물 이 아 아 이 소 이 야 아 사 진 소위 명 야 신 물 귀 구 어 조 언 지 인 야
一門之人 恃我如十盲一杖 終至於呑恨 奈如之何 兄主須移居和順 扶濟
일 문 지 인 시 아 여 십 맹 일 장 종 지 어 탄 한 내 여 지 하 형 주 수 이 거 화순 부 제
門戶 如何 念到妻子 不知所言云云 兄弟之間 所聞所見 只此兩事分叱
문호 여하 념 도 처자 부 지 소 언 운운 형제 지 간 소 문 소 견 지 차 양 사 분 질
是白遣 他無聞見爲白去
시 백 견 타 무 문 견 위 백 거

【번역】

억센 도적들은 이미 무릎을 꿇었습니다.[290] 그러나 거친 악적의 싹이 아직도

285) 癸未年(계미년): 1583년. 선조 16. 전주 향교의 대성전(大成殿)이 건립되던 해이고, 정여립(鄭汝立)이 예조좌랑(禮曹佐郞)이 되던 해.

286) 逆豎(역수): 역수(逆豎). 반역자를 증오하여 일컫는 말. 후기의 내용에 의거 본문에서는 정여립(鄭汝立)을 지칭한 것.

287) 范曄(범엽): 남조(南朝) 순양(順陽) 사람. 태자첨사(太子詹事)를 지내다가 공희선(孔熙先) 등과 의강(義康)을 옹립하려고 모의하였다가 주살(誅殺)되었다. 문장을 잘 짓고 예서(隸書)를 잘 썼으며 음률(音律)에도 밝았음. 뜻을 얻지 못한 데서 강개하여 후한서(後漢書)를 저술하였음. 본문에서는 전주 대성전의 상량문을 직접 짓고 쓴 정여립(鄭汝立)의 반역자 측면을 강조한 용사적(用事的) 표현.

288) 李斯(이사): 진(秦) 상채(上蔡) 사람. 진나라에 벼슬하여 객경(客卿)이 되고, 시황(始皇)이 천하를 통일 한 뒤 승상(丞相)에 올라 군현제(郡縣制)를 제정하고 금서령(禁書令)을 내렸다. 소전(小篆)을 표준 문자로 통일하고, 시황이 죽자 조고(趙高)의 계획에 따라 조칙을 위조하여 태자(太子) 부소(扶蘇)를 폐위하고 이세(二世)를 세웠다. 뒤에 아들 유(由)가 반란 세력과 내통한다는 조고의 모함으로 요찬(腰斬)되고 삼족(三族)이 몰살당함. 본문에서는 전주 대성전의 상량문을 직접 짓고 쓴 정여립(鄭汝立)의 반역자 측면을 강조한 용사적(用事的) 표현.

289) 聖鉞(성월): 성군(聖君)의 황월(黃鉞). 성군은 선조(宣祖)를 의미하며, 황월(黃鉞)은 황금을 장식한 자루가 긴 도끼로 천자의 의장(儀仗)으로 정벌(征伐)에도 씀.

남아 있어[291] 많은 선비들이 분노하고 부르짖으며 한 나라의 체면을 부끄러워하였습니다.[292] (상량문이 쓰여진)나무(대들보)를 끌어내어 불태우고 (상량문의)필묵(筆墨)을 깎아 내기는 쉬우니 길한 날을 점쳐서, 옛 집(대성전)을 철거하고 다시 짓습니다. 감히 먼저 밝혀 아뢰오니 울리더라도 놀라지 마시십시오. 아뢰옵니다.」

라고 하였습니다. 이 몸에게[293] 유서(遺書)로 영결(永訣)하면서 이르기를,

"□주상께서는 지혜가 밝으시고 하늘도 또한 알고 있으니, 아우가 지금 외지(外地; 지방 순행 중)에서 도착해서 원통하게 죽어가나, 비록 (죽음이)애매(曖昧)하더라도 높은 하늘의 실제 운명[294]이니 어찌하겠습니까? 죽은 후에 반드시 공론(公論)이 있을 것이나, 그러나 때가 이미 늦은 일이니 가소롭습니다. 순남(順男)은 배우고자 하는 기운이 많다고 말할 수 있습니다. (제가)죽더라도 또한 모름지기 십분 독서에 힘써 종국에는 좋은 사람이 되어야 하니, 나의 죽음으로 인해 조금도 (학문에)긴장을 늦추지 말라고 위로해 주십시오. 나의 죽음은 참으로 운명이라고 이르고, 근거 없는 사실을 날조한[295] 사람들의 탓으로 돌리지 말라고 삼가십시오. 한 집안의 사람들이 나를 매우 중요한 사람[296]으로 믿어왔는데 종당에 한을 머금기에 이르렀으니 어찌하겠습니까? 형님께서는 모쪼록 화순(和順)으로 옮기시어 집안을 도와 구제하셔야지 어찌하겠습니까? 생각이 처자에 이르니 무어라 말씀드려야할지 모르겠습니다."

라고 말했습니다. 제가 형제지간에 보고 들은 바로는 이 두 가지 일 뿐이옵고[297], 다른 것은 들은 것도 본 것도 없사옵거늘,[298]

290) 己跽(기기): '이기(已跽)'의 오기인 듯.

291) 留甍(유맹): 유맹(留萌). 싹이 남아 있음. 본문에서는 정여립이 지은 전주 대성전의 상량문의 글과 필적을 의미함.

292) 顔赬(안정): 정안(赬顔). 부끄러워 얼굴을 붉힘.

293) 矣身亦中(의신역중 / 이 몸여힉): [吏] 이 몸에게 '亦中(여힉)'는 '경우에, 때에'의 뜻.

294) 實是(실시): 적절하고 정확하게 치국(治國)하는 방도. '시(是)'는 '국시(國是; 국가 이념이나 기본 방침)'를 말함.

295) 造言(조언): 근거 없는 사실을 지어낸 말.

296) 十盲一杖(십맹일장): 십고일장(十瞽一杖). 열 소경에 한 막대라는 뜻으로 매우 요긴하게 쓰이는 소중한 물건이란 뜻의 속담.

297) 分叱是白遣(분질시백견 / 뿐이숩고): [吏] ~뿐이옵고. ~뿐이사옵고.

298) 爲白去乙(위백거을. ᄒᆞ숩거늘): [吏] ~하삽거늘. ~하옵거늘.

[57쪽]

乙節 十餘歲弱子三人 一家之內四父子 拿來爲有臥乎 所寃憫極天爲白昆
을절 십여세 약자 삼인 일가 지내 사부자 나래위유와호 소원민극천위백곤

右良情由乙 尋常推鞫例除 各別分揀 以解寃枉爲白只爲
우량정유을 심상 추국 예제 각별 분간 이해원왕위백지위

獄中聯名疏
옥중 연명소

義禁府囚人 生員臣曺敏中 幼學臣曺守訓曺守誠曺守弘等 誠惶誠恐 頓
의금부 수인 생원 신조민중 유학 신조수훈조수성조수홍등 성황성공 돈

首百拜 上言于□主上殿下 伏以臣以大中詩中 妄發之罪 將伏赤族之誅
수 백배 상언우 주상 전하 복이신이대중시중 망발지죄 장복적족지주

極天寃憫之情 不得不陳有過無大之□四聰也 妄發之罪 所謂眚灾之適
극천원민지정 부득불 진유과무대지 사총야 망발지죄 소위 생재지적

爾者也 而其身已死 莫懲其罪 延及門族 則切以爲曖昧也 其詩之作 非
이자야 이기신이사 막징기죄 연급문족 즉절이위 애매 야 기시지작 비

平居暇日 有意於訕□上者
평거 가일 유의어산 상자

【번역】

10살이 갓 지난 어린 아들 세 사람 등 한 가족의 네 사람[299]이 잡혀왔는 바,[300] 억울함과 가여움이 높은 하늘에까지 닿사옵니다.[301] 위에 말함과 같은[302] 일의 과정과 원인을 보통의 추국(推鞫)의 예를 제거하고 각별히 분간하여 억울한 누명[303]을 풀어주시옵소서.[304]

옥중(獄中)에서 연명(聯名)[305]으로 올린 상소

의금부(義禁府)의 죄인 생원(生員)[306] 신(臣) 조민중(曺敏中)[307]과 유학(幼學)[308] 신(臣) 조수훈(曺守訓)[309]·조수성(曺守誠)[310]·조수홍(曺守弘)[311] 등은 참

299) 四父子(사부자): 아버지는 이 글(原情)을 쓴 정곡 선생의 형님 조민중(曺敏中)과 그의 세 아들 수흠(守欽)·수경(守敬)·수홍(守弘)을 지칭하는 것으로 여겨짐.
300) 爲有臥乎所(위유와호소 / ᄒᆞ잇누온바): [吏] ~하였는 바.
301) 爲白昆(위백곤 / ᄒᆞ숩고는): [吏] ~하옵사온.
302) 右良(우량 / 이미여): [吏] 우여(右如 / 이미여). 위와 같이. 위에 말함과 같이.
303) 寃枉(원왕): 원통하고 억울한 죄. 억울한 누명을 씌움.
304) 爲白只爲(위백지위 / ᄒᆞ숩기삼. ᄒᆞ숩기암): [吏] ~하옵도록. ~하옵기 위하여.
305) 聯名(연명): 두 사람 이상의 이름을 한 곳에 잇따라 씀.
306) 生員(생원): 과거 명경과(明經科)에 합격한 사람. 또는 나이 많은 선비를 대접하여 이르는 말.
307) 曺敏中(조민중): 정곡 조대중 선생의 셋째 형.
308) 幼學(유학): 벼슬하지 않는 유생(儒生)을 이르는 말.
309) 曺守訓(조수훈): 정곡 조대중 선생의 둘째 형 조경중(曺景中)의 큰 아들.

으로 황송하고 두려움[312]으로 머리를 조아리고 백번 절하며 □주상 전하께 삼가 말씀 올리옵니다. 바라옵건대 (조)대중의 시 가운데 망발(妄發)[313]한 죄로 온가족을 죽여 없애라는 죄[314]를 받았사온대, 억울하고 원통한 마음이 하늘에 미쳐 어찌할 수 없이 크지 않는 잘못을 용서해[315] 주십사하는 뜻을 진술합니다. □주상(主上)께옵서는 들어서 아시다시피[316] (대중의)망발한 죄는 이른바 과실로 인한 죄[317]에 해당할 뿐이옵고, 그의 몸은 이미 죽어 더할 나위 없이 징벌(懲罰)하였사온데, 그 죄를 집안의 가족들에게 까지 끌어들였으니, 애매한 것을 바로잡아 주시기 바랍니다. 그 시를 지은 것은 평상시 기거하며 한가로운 날에 지은 것이 아니고, □주상 전하를 비방하는[318] 자들에 대해서 일부러 지은 것인데,

[58쪽]

也 偶發於忍杖 荒迷之際 而不及致察於文字之犯 嫌者也苟有他意 豈敢
야 우발어인장 황미지제 이불급치찰어문자지범 혐자야구유타의 기감

顯然進呈於推鞫廳 自取通天之罪哉 詳其大旨 其意若曰 生前未伸寃枉
현연진정어추국청 자취통천지죄재 상기대지 기의약왈 생전미신원왕

地下若從直道之人 則吾知免夫之意 隱然於丹心一片等語 豈可以兩字
지하약종직도지인 즉오지면부지의 은연어단심일편등어 기가이양자

之失 而盡掩一絶之義也 詩中妄發 古所未免梨花白雪香之句 李白未免
지실 이진엄일절지의야 시중망발 고소미면이화백설향지구 이백미면

無香 而有香之誤 雲白山青萬餘里之句 杜甫未免踏襲古詩之嫌 號稱工
무향 이유향지오 운백산청만여리지구 두보미면답습고시지혐 호칭공

於詩者 有如是錯誤 於神和氣平之時 又況茫昧急遽於杖下殞命之際 其
어시자 유여시착오 어신화기평지시 우황망매급거어장하운명지제 기

能免於下字之差失也 情當矜恕 罪當寬宥 而可容於□殿下包含大度中
능면어하자지차실야 정당긍서 죄당관유 이가용어 전하포함대도중

矣 雷霆發響百物
의 뇌정발향백물

【번역】

뜻하지 아니한 곤장을 맞아 아픔을 참느라 정신이 흐릿하고 헛갈리는[319] 때여

310) 曺守誠(조수성): 정곡 조대중 선생의 첫째 형 조굉중(曺閎中)의 큰 아들.

311) 曺守弘(조수홍): 정곡 조대중 선생의 셋째 형 조민중(曺敏中)의 셋째 아들 .

312) 誠惶誠恐(성황성공): 참으로 황송하고 두려움. 신하가 임금에게 상소문(上疏文) 등을 올릴 때 쓰는 투식어임.

313) 妄發(망발): 말이나 행동을 잘못하여 자기나 조상에게 욕되게 함.

314) 赤族(적족): 멸족(滅族). 온가족이나 종족을 죽여 없앰.

315) 宥過(유과): 잘못을 용서해 줌.

316) 四聰(사총): 먼 사방의 실정을 들어서 앎.

317) 眚灾(생재): 과실로 인한 죄. 또는 과실로 생긴 재앙.

318) 訕上(산상): 웃사람을 비방함. 주로 군왕을 비방함을 이름.

319) 荒迷(황미): 정신이 아득하여 흐리고 헛갈림.

서, (시 속의)문자가 (妄發之罪에)저촉되는 지를 살피지 못한 것입니다. (시 속에서)싫어한 것은 진실로 다른 뜻에 있는 것이었사옵니다. 어찌 감히 (망발지죄를) 나타냈겠사옵니까? 그러나 추국청(推鞫廳)에 자진하여 내어드린 것은 임금에 거슬린 죄를 스스로 취한 것이옵니다. (永訣詩의)대강의 내용을 자세히 살펴, 그것의 뜻을 약간 말씀드리자면, 생전에 원통하고 억울한 것을 풀지 못하면, 지하에서는 조금이라도 바른 길을 가는 사람을 따르겠다고 한 것인즉, 저는 죄를 면하고 싶은 뜻[320]이 '단심(丹心)'[321]이라는 글자 속에 은연중에 있는 것으로 알고 있사옵니다. 그리고 '일편(一片)'등의 말은 어찌하여 두 글자가 빠져버려 시 한 편의 뜻이 완전히 가려진 것입니다. 시 속에 망발(妄發; 망령된 말이나 행동)한 것은 옛날에도 면하지 못한 바이니, 「梨花白雪香(배꽃과 흰눈이 향기롭다)」라는 시구에서 이백(李白)[322]도 무향(無香; 향기가 없음)인데 유향(有香; 향기가 있다)라고 그릇 해석한 잘못을 면하지 못했으며, 「雲白山靑萬餘里(흰구름과 푸른 산이 만리나 되네)」라는 시구에서 두보(杜甫)[323]도 옛시를 답습했다 하여 시를 지음에 공교롭다는 호칭을 부르기를 꺼려한 사람이 있었으니, 정신과 기운이 화평할 때도 이와 같은 착오가 있었습니다. 또한 하물며 (죄가)모호하여 분명하지 않는 가운데 갑자기 곤장을 맞고 죽어가는 즈음에 그가 아래 두 ('一片'의)글자가 어긋나 틀려 있음에 능히 면할 수 있었겠사옵니까? 본래의 뜻으로도 응당 긍휼히 용서받아야 하며, (妄發의)죄도 응당 용서받아야 하옵니다. □전하께옵서 용납하실 수 있사오니 큰 헤아림 가운데 품어주시옵소서. 천둥과 벼락의 울림으로 온갖 물상이

[59쪽]

震疊者 天有无妄之災也 人主用刑 萬民慴伏者 君有无妄之實也 聖人贊
진첩자 천유무망지재야 인주용형 만민습복자 군유무망지실야 성인찬

易繫无妄於天雷者 良以此也 原情於疑似之際 考實於曖昧之中 有罪者
역계무망어천뢰자 양이차야 원정어의사지제 고실어애매지중 유죄자

---

320) 免夫之意(면부지의): '면부(免夫)'의 원뜻은 송(宋)나라 때 백성들이 노역 대신에 돈을 바치던 제도인데, 본문에서는 '망발지죄(妄發之罪)를 면하고 싶다.'는 뜻으로 풀이.

321) 丹心(단심): 속에서 우러나오는 정성스런 마음.

322) 李白(이백): 당(唐)나라 성기(成紀) 사람. 자는 태백(太白). 당나라 최고의 시인으로 두보(杜甫)와 병칭되어 시선(詩仙)으로 불림.

323) 杜甫(두보): 당(唐)나라 양양(襄陽) 사람. 자는 자미(子美). 당나라 최고의 시인으로 이백(李白)과 병칭(竝稱)되어 시성(詩聖)이라 불림.

必死 無罪者必生 輕重不差 冤枉得伸 然後方可謂盡无妄之實 而刑歸於
필사 무죄 자 필 생 경중 불 차 원왕 득 신 연후 방 가위 진 무 망 지 실 이 형 귀 어
義殺也 伏願□殿下 曲垂如傷之仁 弘敷若保之德 迓續臣之命於垂絶之
의 살 야 복 원 전하 곡 수 여 상 지 인 홍 부 약 보 지 덕 아 속 신 지 명 어 수 절 지
際焉 謹昧死以聞
제 언 근 매 사 이 문

十九年辛卯 我□宣祖二十四年
십 구 년 신묘 아 선조 이 십 사 년

閏三月初六日 兩司合□啓 大槩吏曹正郎柳拱辰人物麤庸 檢閱李春英
윤 삼월 초 육 일 양 사 합 계 대 개 이조 정 랑 유 공 진 인물 추 용 검열 이 춘 영
爲人浮妄 出入宰相澈之門云云 請並罷 □批曰依□啓 ○十四日兩司合
위인 부 망 출입 재상 철 지 문 운운 청 병 파 비 왈 의 계 십 사 일 양 사 합
□啓 領敦寧
계 영 돈 녕

【번역】

두려워하는[324] 것은 하늘에서 내리는 뜻밖의 재난[325]이 있기 때문이나, 임금이 형벌을 씀에 온 백성이 두려워 엎드리는 것은 임금에게 무망(无妄)[326]의 실재(實在)가 있기 때문입니다. 성인(聖人)이 하늘의 뇌신(雷神)에 대해 주역(周易)의 계사전(繫辭傳)[327]에 무망(无妄)[328]을 지은 어짊은 바로 이것 때문입니다. 의심스럽고 비슷한 것 사이에서 하소연하는 것이오니, 애매한 것들의 실질을 살피시는 가운데 죄가 있는 자는 반드시 죽여야 하며, 죄가 없는 자는 반드시 살리시어 (죄의)가볍고 무거움에 차이를 없게 하여 원통하고 억울한 것을 풀 수 있는 연후에야, 비로소 무망(无妄)의 실재(實在)를 다하였다고 일컬을 수 있을 것이며, 형벌은 의로운 죽음으로 귀착될 것이옵니다. 엎드려 바라옵건대 □전하께옵서 만약 죽은 사람이 있다면 성의를 표하시어[329] 어짊을 널리 펴시어[330] 덕을 보전하시기를 계속하옵기 바랍옵니다. 신등의 목숨은 거의 끊길[331] 지경에 있사옵니다. 삼가 죽음을 무릅쓰고 상주(上奏)하옵니다.[332]

---

324) 震疊(진첩): 놀람. 두려워함.
325) 无妄之災(무망지재): 뜻밖의 재난.
326) 无妄(무망): 원형이정(元亨利貞). 곧 만물을 내고 키우며 이루고 완성하는 덕(德).
327) 易繫(역계): 『주역(周易)』의 계사(繫辭; 본문에 딸려 그 말을 설명하는 말). 문왕(文王)과 주공(周公)이 사(辭)를 지어 괘효(卦爻)의 아래 달아놓았고, 공자(孔子)가 계사전(繫辭傳)을 지었다고 함.
328) 无妄(무망): 주역(周易) 육십사괘의 하나. 진(震)이 아래에, 건(乾)이 위에 있는 상(象)으로 괘의 모양은. 『易, 无妄』에 「无妄, 元亨利貞」.
329) 曲垂(곡수): 제왕이 신하에게 물건을 내려 주거나 성의를 표시하는 것을 높여 이르는 말.
330) 弘敷(홍부): 널리 폄. 널리 미침.
331) 垂絶(수절): 목숨이 거의 끊김. 멸망의 위기에 다다름.

19년[333] 신묘년(辛卯년) - 우라니라 □선조(宣祖) 24년(1591년)

윤3월 초6일에 양사(兩司; 司憲府와 司諫院)이 합동으로 □임금께 (原情과 聯名上疏의)대략을 상주하였다. 이조 정랑(吏曹正郞) 유공진(柳拱辰)은 인물이 거칠고 용렬(庸劣)하며,[334] 검열(檢閱)[335] 이춘영(李春英)은 사람됨이 경솔하고 허망한데, 재상(宰相) 정철(鄭澈)의 문을 출입하였고, (原情과 聯名上疏를)함께 파직할 것을 청하니, □임금이 비답(批答)[336]하시기를, □(임금께 올린)상주에 의거하라고 하셨다. ○14일 양사(兩司)가 합동으로 □상주하기를, 영돈녕(領敦寧)[337]

[60쪽]

鄭澈擅弄朝綱 裁制一時 請罷依□啓 ○十六日□傳曰 古者罷黜大臣
정철 천농조강 재제 일시 청파의 계 십육일 전왈 고자 파출 대신

榜示朝堂 所以昭示罪狀於國人之耳目 而懲後人也 今此鄭澈罷職承□
방시 조당 소이 소시 죄상 어 국인 지 이목 이 징 후인 야 금차 정철 파직 승

傳依古事 榜示朝堂 ○六月二十二日 都政吏郎尹暾 以前舍人白惟咸 前
전의 고사 방시 조당 육월이십이일 도정 이랑윤돈 이전 사인 백유함 전

正郎柳拱辰擬學官望 □上震怒 □傳曰 白惟咸柳拱辰趨附 鄭澈濁亂
정랑유공진의학관망 상 진노 전왈 백유함유공진추부 정철 탁란

朝廷 罪重之人 擬於學官望 尹暾拿推下獄 □命削其職 ○二十三日
조정 죄중지인 의어 학관 망 윤돈나추 하옥 명삭기직 이십삼일

大司憲李元翼 執義金泾 掌令趙仁得尹覃茂 持平李尙毅鄭光績 大司諫
대사헌 이원익 집의 김경 장령 조인득윤담무 지평 이상의정광적 대사간

洪汝諄 司諫權文海 獻納金敏善 正言李廷臣尹熚等 合□啓 前
홍여순 사간 권문해 헌납 김민선 정언 이정신윤엽등 합 계 전

領敦寧府事鄭澈及白惟咸柳拱津李
영돈녕부사 정철 급 백유함유공진이

【번역】

정철(鄭澈)은 조정의 기강을 제 마음 내키는 대로 하여[338] 한 때를 속박하였으므로, □임금께서 올린 상주에 의거해 파직(罷職)을 청했다. ○16일에 □임금께서 전교(傳敎)하시기를,

"옛날에 파출(罷黜; 罷免)하는 대신을 조정에 방문(榜文)을 붙여 널리 보인 것은 나라사람들의 눈과 귀에 죄상을 밝게 보여 주어 훗날의 사람들을 징계(懲戒)

332) 昧死以聞(매사이문): 죽을 죄를 무릅쓰고 상주(上奏)함. 상주문에 쓰이는 겸사(謙辭).
333) 十九年(십구년): 명(明)나라 신종(神宗) 19년. 1591년.
334) 麤庸(추용): 추용(麤庸). 조잡하고 용렬함.
335) 檢閱(검열): 예문관(藝文館)에 딸린 정9품 벼슬.
336) 批(비): 비답(批答). 상소에 대한 임금의 대답.
337) 領敦寧(영돈녕): 영돈녕부사(領敦寧府事)의 준말. 돈녕부(敦寧府)의 으뜸 벼슬. 품계는 정1품임.
338) 擅弄(천농): 제 마음 내키는 대로 못된 짓을 함부로 함.

를 하고자 하는 것이니, 지금 이 정철의 파직도 □전교를 받들고 고사에 의거하여 조정에 방문을 붙여 보이라."

라고 하셨다. 6월 22일에 도정(都政)[339] 이랑(吏郎)[340] 윤돈(尹暾)[341]이 이전 사인(舍人)[342] 백유함(白惟咸) 전(前) 정랑(正郎) 유공진(柳拱辰)을 학관(學官)[343]에 추천하였는데,[344] □임금께서 진노하시고, □전교(傳敎)하시기를,

"백유함·유공진은 정철을 붙좇아 따르면서 조정을 흐리고 어지럽게 한 죄가 중한 사람들인데, 학관에 추천한 윤돈을 잡아다가 추문하고 하옥하라."

라고 하셨으며, □임금께서 그 관직을 삭탈하라고 명령하셨다. ○23일에 대사헌(大司憲)[345] 이원익(李元翼),[346] 집의(執義)[347] 김경(金勁), 장령(掌令)[348] 조인득(趙仁得)·윤담무(尹覃茂), 지평(持平)[349] 이상의(李尙毅)·정광적(鄭光績), 대사간(大司諫)[350] 홍여순(洪汝諄), 사간(司諫)[351] 권문해(權文海), 헌납(獻納)[352] 김민선(金敏善), 정언(正言)[353] 이정신(李廷臣)·윤엽(尹燁) 등이 합동으로 □임

---

339) 都政(도정): 도목(都目). 도목정사(都目政事)의 준말. 국가적인 범위에서 벼슬아치들의 성적을 고사하여 인사 문제를 결정하는 일. 이조(吏曹)와 병조(兵曹)에서 해마다 12월과 6월에 행하는데, 12월에 하는 것을 대정(大政), 6월에 하는 것을 소정(小政)이라 하고, 때 없이 수시로 하는 것을 전동정(轉動政)이라 함.

340) 吏郎(이랑): 이조(吏曹)의 정랑(正郎)과 좌랑(佐郎)을 아울러 이르는 말.

341) 尹暾(윤돈): 1551(명종 6)~1612(광해군 4). 조선 중기의 문신. 자는 여승(汝昇). 호는 죽창(竹窓). 이황(李滉)과 기대승(奇大升)의 문인으로, 1591년 이조정랑으로 건저문제(建儲問題)로 유배된 정철(鄭澈)에 연루되었던 백유함(白惟咸)·유공진(柳拱辰) 등을 학관(學官)에 천거하였다가 선조의 노여움을 사서 추고를 받고 삭직되었음.

342) 舍人(사인): 조선 문하부(門下府)의 내사사인(內史舍人)과 의정부(議政府)의 내서사인(內書舍人)을 줄여서 이르는 말.

343) 學官(학관): 조선시대, 승문원(承文院)의 이문 학관(吏文學官)을 줄여서 이르는 말. 이문학관은 승문원에 딸린 벼슬로 음관(陰官)으로 서임(敍任)하며, 외교 문서의 제술을 담당함.

344) 擬望(의망): 벼슬아치를 뽑을 때 삼망(三望; 벼슬아치를 뽑을 때 세 사람을 추천하는 일)의 후보자로 추천함.

345) 大司憲(대사헌): 사헌부(司憲府)의 으뜸 벼슬. 시정(時政)을 논하고 임금의 잘못을 간(諫)하며, 관원의 기강을 바로 잡고, 풍속을 바루는 임무를 가짐.

346) 李元翼(이원익): 1547(명종 2)~1634(인조 12). 조선 중기의 문신. 자는 공려(公勵). 호는 오리(梧里). 성품이 소박하고 단조로워 과장이나 과시할 줄 모르고 정의감이 투철하여 다섯 차례나 영의정을 지냄. 문집으로 『오리집(梧里集)』이 있음.

347) 執義(집의): 사헌부(司憲府)의 종3품 벼슬.

348) 掌令(장령): 사헌부(司憲府)의 정4품 벼슬.

349) 持平(지평): 사헌부(司憲府)의 정5품 벼슬.

350) 大司諫(대사간): 사간원(司諫院)의 으뜸 벼슬.

351) 司諫(사간): 사간원의 사간대부(司諫大夫)를 줄여서 이르는 말.

352) 獻納(헌납): 사간원(司諫院)의 정5품 벼슬.

금께 상주하여, '전 영돈녕부사(領敦寧府事) 정철 및 백유함 · 유공진 ·

[61쪽]

春英等 交相朋比 濁亂朝廷 欲陷異己之人 教誘湖南儒生上疏 名卿士類驅入逆流 欲盡殲滅云云 請並遠竄 □依允 - 澈配江界 惟咸慶興 春英三水 拱辰慶源 ○二十五日 兩司合□啓 尹根壽李海壽張雲翼等 黨附鄭澈 排斥異己 引進奸邪 請並削官爵 依□允 - 雲翼穩城定配 ○七月初五日 兩司論劾曾 前臺諫承權奸指嗾論救丁巖壽等 仍寢拿□命並罷職依□啓 - 丁巖壽在鄉未捕 洪千璟逃走 梁千頃姜現等在京 就捕訊問以渠之疏 卽澈之指嗾承服 斃於決杖之下 ○十七日 □傳曰 爲奸臣鄭澈所構陷排斥者 如有其人 並收敍擢用 - 並出時政記及己丑錄 ○二十日 鄭澈押去 都事李台壽到順安 馳□啓以澈病重不

【번역】

이춘영 등은 사귀면서 서로 결탁하여[354] 조정을 흐리고 어지럽게 하였으며, 자기들과 다른 사람들을 함정에 빠뜨리려고 호남의 유생들을 꾀어 상소를 올리게 하여 유명한 벼슬아치들과 선비들을 핍박하여 역적의 부류로 내몰아 모두 섬멸하려 했다.'고 말하면서, 모두를 먼 곳으로 유배 보낼 것을 청하니, □임금께서 윤허하셨다.[355] - 정철은 강계(江界)로 귀양보내고, 백유함은 경흥(慶興)으로, 이춘영은 삼수(三水)로, 유공진은 경원(慶源)으로 유배보냈다. ○25일에 양사(兩司)가 합동으로 상주하기를, '윤근수(尹根壽) · 이해수(李海壽) · 장운익(張雲翼) 등은 정철에 파당을 지어 붙어 자기들과 다른 사람들을 배척하고, 간사한 자들을 끌어들였으니 아울러 관작(官爵)을 삭탈할 것'을 청하니 □임금께서 윤허하셨다. - 장운익은 온성(穩城)으로 유배보냈다. ○7월 초5일에 양사(兩司)가 즉각 일찍이 전 대간(臺諫)[356] 중에서 임시로 관직에 임명된 사람[357]으로 정암수(丁巖壽)등을 구해낼 것을 논의하라고

353) 正言(정언): 사간원(司諫院)의 정6품 벼슬.
354) 朋比(붕비): 붕당을 만들어 자기편을 두둔함. 사사로이 패거리를 만듦. 결탁함.
355) 依允(의윤): 상주를 임금이 허락함. 윤허(允許)함.
356) 臺諫(대간): 사헌부와 사간원 벼슬아치들의 총칭.
357) 承權(승권): 임시 방편으로 관원을 관직에 임명함.

부추긴[358] 사람들을 점점 잡아들일 것을 의논하니, □임금께서 함께 벼슬도 파직할 것을 명하시고 □상주한 대로 하라고 하셨다. - 정암수는 고향에 있었기 때문에 체포하지 못하고, 홍천경은 도주하였으며, 양천경과 강현은 서울에 있어서 잡아들여 상소(를 올리라고 부추긴)의 우두머리를 신문하니 곧 정철이 부추김이라고 승복하였고, 장형(杖刑)에 처해[359] 죽었다. ○17일에 □임금께서 전교하시기를,

"간신 정철의 함정에 얽혀 배척된 자들이 만약에 있다면 아울러 임용하고 벼슬을 제수하고 발탁하여 쓰라."

고 하셨다. - 시정기(時政記)와 기축록(己丑錄)에 함께 나온다. ○20일에 정철을 (귀양지로)압송하던 도사(都事) 이태수(李台壽)가 순안(順安)에 이르렀다가 말을 달려와 □임금께 상주하기를, '정철의 병이 위중하여

[62쪽]

能趁時押去云 □傳曰 李台壽不畏朝廷 押去奸賊不嚴 使任意徘徊 七日
능진시압거운 전왈 이태수불외조정 압거간적불엄 사임의배회 칠일
程幾至二十日拿鞫 遣他都事押去 澈賦性狡猾奸毒 既到配所 交通雜人
정기지이십일나국 견타도사압거 철부성교활간독 기도배소 교통잡인
未知何等罪狀 嚴加圍籬可也 ○八月 副提學金鶴峯誠一 因朝講請雪崔
미지하등죄상 엄가위리가야 팔월 부제학김학봉성일 인조강청설최
永慶冤死 □命議大臣復職 - 永慶字孝元 號守愚堂 和順人 師曺南溟先生以遺逸 拜
영경원사 명의대신복직 영경자효원 호수우당 화순인 사조남명선생이유일 배
持平不就 庚寅被拿□上察其冤釋之 再被逮竟死於獄中
지평불취 경인피나 상찰기원석지 재피체경사어옥중

二十二年 甲午 - 我宣祖二十七年
이십이년 갑오 아선조이십칠년

五月 日前縣監權愉 - 官至判書 **上疏言崔永慶以山林之士 冤死獄中 奸臣**
오월 일전현감권유 관지판서 상소언최영경이산림지사 원사옥중 간신
構陷 快其私忿歸怨於□國云云 ○十九日 喪人鄭宗溟 - 澈之子 **上疏訴其**
구함 쾌기사분귀원어 국운운 십구일 상인정종명 철지자 상소소기
父澈冤事 不報 ○二
부철원사 불보 이

【번역】

시일에 맞춰 압송할 수 없사옵니다.'라고 말했다. □임금께서 전교하시기를,

"이태수가 조정을 두려워하지 않고 간사한 적을 압송하는데 엄격히 하지 않고, 임의로 배회하다가 7일간의 도정(道程)인데 20여일이나 지났으니, (이태수를)잡아

358) 指嗾(지주): 달래고 꾀어서 어떤 일을 하라고 부추김.

359) 決杖(결장): 장형(杖刑)에 처함.

들이라. 그리고 다른 도사(都事)를 보내어 (정철을 유배지로)압송하라. 정철은 천성적으로 타고난 품성이 교활하고 간사하고 악독하니, 유배지에 이미 도착하면 쓸데없는 사람들이 왕래하여 무슨 일이 있을지 모르니, 죄상에 위리안치(圍籬安置)[360]를 더하는 것이 가하다."

라고 하셨다. ○8월에 부제학(副提學)[361] 학봉(鶴峯) 김성일(金誠一)[362]이 조강(朝講)[363]함을 기인하여 최영경(崔永慶)[364]의 원통한 죽음을 신원(伸寃)해 줄 것을 청하니, □임금께서 명하시기를, 대신들이 의논하여 복직시키라고 하셨다. - 최영경의 자는 효원(孝元)이고 호는 수우당(守愚堂)이니, 화순(和順)사람이다. 남명(南溟) 조식(曺植)[365]선생을 스승으로 삼고 은거하였고, 지평(持平)에 제수되었으나 벼슬에 나아가지 않았다가, 경인년(庚寅年)에 잡힌 것이다. □임금께서 그의 원통함을 살펴서 풀어주었는데, 다시 체포되어 옥중에서 결국 죽었다.

22년 갑오년(甲午年) - 우리나라 선조(宣祖) 27년(1594년)

5월에 일전의 현감(縣監) 권유(權愉)가 - 벼슬은 판서에 이르렀음. 상소를 올려 말하기를, '최영경은 산림의 선비로서 옥중에서 원통하게 죽은 것은 간신들이 모함으로 얽은 것입니다. 그 개인의 분함이 □나라에 대한 원한으로 돌아가는 것을 쾌유(快瘉)시켜 주어야 합니다.' 라고 했다. ○19일에 (죽은 정철의)상복(喪服)을 입은 정종명(鄭宗溟)[366]이 상소를 올려 그의 아버지의 원통한 일을 변명했으나

360) 圍籬(위리): 위리안치(圍籬安置). 죄인이 달아나지 못하게 가시로 울타리를 만들어 그 안에 가두어 둠.

361) 副提學(부제학): 집현전(集賢殿)·홍문관(弘文館)의 정3품 벼슬.

362) 金鶴峯誠一(김학봉성일): 학봉(鶴峯) 김성일(金誠一). 1538(중종 33)~1593(선조 26). 조선 중기의 문신. 자는 사순(士純). 호는 학봉(鶴峯). 이황(李滉)의 문인으로 1590년 통신부사로 일본에 다녀와 '왜가 반드시 침입할 것이라.'는 황윤길(黃允吉)과 상반된 견해를 보였다가 임진왜란이 일어나자 복명에 대한 책임으로 파지되었다가 다시 기용되어 정여립모반사건에 연루되어 옥사한 최영경을 신원설치해 줄 것과 정철을 규탄했음. 문집으로 『학봉집(鶴峯集)』이 있음.

363) 朝講(조강): 이른 아침에 경연(經筵)이나 서연(書筵)에서 진강(進講)하는 일.

364) 崔永慶(최영경): 1529(중종 24)~1590(선조 23). 조선 중기의 학자. 자는 효원(孝元). 호는 수우당(守愚堂). 본관은 화순(和順). 조식(曺植)의 문인으로 여러 차례 벼슬에 제수되었으나 나가지 않았고, 정철(鄭澈)과의 만남을 거절하였다. 1581년 사헌부 지평에 임명되었으나 거절하였고, 정여립사건이 일어나자 유령의 인물 삼봉(三峯)으로 무고되어 옥사하였다. 당시 정적 정철과의 사이가 좋지 않아 그의 사주로 죽은 것으로 의심받았다. 1591년 신원(伸寃)되어 대사헌에 추증됨.

365) 曺南溟先生(조남명선생): 남명(南溟) 조식(曺植). 1501(연산군 7)~1572(선조 5). 조선 중기의 학자. 자는 건중(楗仲 또는 健仲). 호는 남명(南溟). 어려서부터 학문에 열중하였으나 과거에는 평생 응시하지 않았다. 수 십 차례의 벼슬도 사양하고 학문 연구에 몰두하여 철저하게 절제하고 불의와 타협하지 않으며 많은 제자를 길러냈다. 여러 권의 저서와 함께 문집으로 『남명집(南溟集)』이 있음.

대답하지 않았다.

[63쪽]

十日 □傳曰 故司畜崔永慶 以山林之士 奸臣挾憾 乘時構陷 寃死獄中
십 일 전 왈 고 사 축 최 영 경 이 산림 지 사 간신 협 감 승 시 구 함 원사 옥중
伸寃追□贈事下吏曹□贈大司憲 ○十一月 十一日 兩司 - 大司憲金宇顒 大
신원 추 증 사 하 이조 증 대사헌 십 일 월 십 일 일 양 사 대사헌 김 우 옹 대
司諫李墍 合□啓請削奪鄭澈官爵 以正□王法 □傳曰 故領敦寧鄭澈 以
사 간 이 기 합 계 청 삭탈 정철 관작 이 정 왕법 전 왈 고 영돈녕 정철 이
蛇蝎之性懷 鬼蜮(역)之謀 毒氣所鍾 惟以傷人害物爲事 頃値逆變 入秉
사갈 지 성 회 귀 지 모 독기 소 종 유 이 상 인 해 물 위 사 경 치 역 변 입 병
朝權 幸國家之禍 以爲一己逞憾之地 當初自□上以波及爲戒 而乃攘臂
조 권 행 국가 지 화 이 위 일 기 령 감 지 지 당초 자 상 이 파급 위 계 이 내 양 비
鼓吻 廣置爪牙 多張網羅 或使草野 或令臺省上章 澈皆親自指授 或
고 문 광 치 조아 다 장 망 라 혹 사 초야 혹 령 대 성 상 장 철 개 친 자 지 수 혹
手草疏略 不顧忌 打盡異已 爲穽國中 以爲陷人之具 凡以睚眦 被擠害
수초 소 략 불 고 기 타 진 이 이 위 정 국 중 이 위 함 인 지 구 범 이 애 자 피 제 해
者 不如紀極 其恣行胸臆 傾危賊害之狀 昭
자 불 여 기 극 기 자행 흉억 경 위 적 해 지 상 소

【번역】

○20일에 □임금께서 전교하시기를,

“고 사축(司畜)[367] 최영경(崔永慶)은 산림의 선비로서, 간신들이 감정을 품고[368] (정여립 모반이라는)기회를 이용해 터무니없는 말로 꾀어 죄에 빠지게 하여, 원통하게 옥중에서 죽었으니 원한을 풀어주고 □이조판서를 추증(追贈)하고 □대사헌(大司憲)을 추증하라.”

고 하셨다. ○11월 11일에 양사(兩司)가 - 대사헌 김우옹(金宇顒)과 대사간 이기(李墍) 합동으로 □임금께 상주하여 삭탈한 정철의 관작을 □왕법(王法)[369]으로 바로잡아주기를 청하니, □임금께서 전교하시기를,

“고 영돈녕 정철은 뱀이나 전갈 같은 성품으로 귀신과 물여우[370] 같은 모략을 품고 독기를 모아 사람을 다치게 하고 물건을 해치는 것을 일로 삼더니, 잠깐 동

366) 鄭宗溟(정종명): 1565(명종 20)~1626(인조 4). 조선 중기의 문신. 자는 사조(士朝). 호는 화곡(華谷). 송강 정철의 아들로 이이(李珥)와 성혼(成渾)의 문인이다. 아버지 정철의 죄를 추론하면서 관작을 삭탈하자 항변하였음.

367) 司畜(사축): 사축서(司畜署; 말과 소 이외의 여러 가지 가축을 맡아 기르던 관아)의 으뜸 벼슬. 품계는 종6품.

368) 挾憾(협감): 함감(含憾). 감정을 품음. 원망의 뜻을 품음.

369) 王法(왕법): 국가의 법령. 조정의 법령.

370) 鬼蜮(귀역): 귀신과 물여우. 모두 남몰래 사람을 헤치는 요괴이다. 전의되어 교활하고 음험하여 뒤에서 사람을 해코지하는 소인을 비유.

안의 역적의 변고를 당해 조정의 대권을 잡아 나라의 화를 요행으로 여겨 한 몸의 원한을 풀[371] 처지로 여기고, 당초에 □임금이 미치는 영향을 일벌백계(一罰百戒)로 삼아 팔을 걷어 부치고[372] 떠들썩하게 의론하여[373] 앞잡이[374]들을 널리 놓고 그물을 많고 널리 풀어놓았다. 그리하여 혹은 초야(草野)에 있는 선비들을 시키고, 혹은 사헌부와 사간원[375]으로 하여금 글(상소문)을 올리게 하여 정철이 친히 모든 사람들을 스스로 지시하거나, 혹은 손수 상소의 개략(概略)을 초고(草稿)하였는데, 금기해야 할 것도 고려(顧慮)하지 않고 자기와 다른 사람들을 일망타진(一網打盡)하니, 나라를 깊은 구덩이로 삼고 (자기와 뜻이 다른)사람들을 함정에 빠뜨리는 도구로 여겼다. 무릇 사소한 원한[376]으로 모함하여 해침을 입은 사람의 수가 끝[377]을 알 수 없었으니, 그의 자행(恣行)을 생각하면 위태로운 역적의 해악(害惡)의 실상보다 더한 것이 환하게 드러나,

[64쪽]

然甚明 有目皆見 有口皆言 亦可見人心之所同 然天理之未嘗泯也 況其
연 심 명 유 목 개 견 유 구 개 언 역 가 견 인심 지 소 동 연 천리 지 미 상 민 야 황 기
指嗾構陷之事 顯出於千頃之招乎 爲惡者 身無存沒 時無古今 皆得討而
지 주 구 함 지 사 현 출 어 천 경 지 초 호 위 악 자 신 무 존 몰 시 무 고금 개 득 토 이
誅之 不可謂事之已往 而置而不論 追削官爵 事下吏曹 – 見金宇顒東岡集
주 지 불가 위 사 지 이 왕 이 치 이 불 론 추 삭 관작 사 하 이조 견 김 우 옹 동 강 집
自是士林公議 將發湖南有追雪六賢之論 六賢者先生及李東巖潑李南溪
자 시 사림 공의 장 발 호남 유 추 설 육 현 지 론 육 현 자 선생 급 이 동 암 발 이 남 계
洁鄭困齋介清柳清溪夢井李晩翠黃鍾也 – 崔永慶因大臣議 先已雪寃
길 정 곤 재 개 청 유 청 계 몽 정 이 만 취 황 종 야 최 영 경 인 대신 의 선 이 설 원

二十三年 乙未 – 我□宣祖二十八年
이 십 삼 년 을미 아 선조 이 십 팔 년

三月 羅州進士羅德潤等上疏 請伸乙丑寃死臣正鄭澈誣殺賢人之罪 疏
삼월 나주 진사 나 덕 윤 등 상소 청 신 을축 원사 신 정 정 철 무 살 현인 지 죄 소
略云云 我□朝自開國以來 邪正
략 운운 아 조 자 개국 이래 사 정

371) 逞憾(영감): 원한을 풀다. 나쁜 감정을 풀다.
372) 攘臂(양비): 소매를 걷어 부치고 팔을 내뻗음. 격분한 모양.
373) 鼓吻(고문): 입술을 놀림. 떠들썩하게 의론함을 형용.
374) 爪牙(조아): 사람의 손발톱과 어금니. 악인의 앞잡이. 하수인. 부하. 하수인.
375) 臺省(대성): 조선시대 사헌부(司憲府)와 사간원(司諫院)을 아울러 이르는 말.
376) 睚眦(애자): 눈을 부라리며 노려봄. 사소한 원한을 이르는 말.
377) 紀極(기극): 끝 한도. 끝남. 다함.

【번역】

매우 분명하니, 눈 있는 사람은 모두 보았고, 입 있는 사람이라면 모두 말을 하니, 역시 인심은 똑같다는 것을 볼 수 있으며, 하늘의 바른 이치가 아직 망하지 않았다는 것이다. 하물며 그가 달래고 부추겨서 함정에 얽은 일들이 양천경의 공초(供招; 범죄 사실을 진술한 것) 드러났음이라! 악을 행한 자는 살 수 없고, 죽을 때에는 옛날이나 지금이나 모두 죄를 물어 죽였으니,[378] 이미 지난 일은 다시 용서하자고 논의할 수 없으니 관작(官爵)을 추삭(追削)[379]하라."

하시고 이조(吏曹)에서 이 일을 시행하도록 하였다. - 김우옹(金宇顒)의 『동강집(東岡集)』에 보인다. 이로부터 사림(士林)들이 장차 호남의 여섯 현인들을 거슬러 원통함을 풀어줄 것을 공론에 부치니, 여섯 사람의 현인들로는 선생(先生; 曺大中)과 동암(東巖) 이발(李潑)・남계(南溪) 이길(李洁)・곤재(困齋) 정개청(鄭介淸)・청계(淸溪) 유몽정(柳夢井)・만취(晩翠) 이황종(李黃鍾)이다. - 최영경(崔永慶)은 대신들이 의논하여 먼저 설원(雪冤)해주었다.

23년 을미년(乙未年) - 우리나라 □선조(宣祖) 28년(1595년)

3월 나주(羅州) 진사(進士) 나덕윤(羅德潤) 등이 상소를 올려 기축년(己丑年)에 죽은 신하들을 신원(伸寃)해 줄 것과 정철이 어진 사람들을 무고하게 죽인 죄를 바로잡아 줄 것을 청하였으니, 대략을 말하자면,

"우리 □성조(聖朝)가 개국한 이래로 사정(邪正; 그릇되고 올바름)이

[65쪽]

消長 固多反覆 至於貽禍士林 斬絶國脉 則莫甚於己丑之變 目今國破家
소장 고다 반복 지어이화 사림 참절국맥 즉 막심 어 기축 지변 목금국파가

亡之兆 未必不由於此 凡有血氣者 孰不憤扼腕 欲討奸賊 通天之罪 而
망지조 미필불유어차 범유 혈기 자 숙불분액완 욕토 간적 통천지죄 이

傷弓甫己 餘惴尙存 緘口結舌 鬱鬱莫伸者 有年于玆矣 幸今天啓聖心
상궁보기 여췌상존 함구 결설 울울 막신자 유년 우자의 행금천계 성심

离明旁燭 辨別是非 昭雪幽枉以紓 朝野憤惋之懷 此正志士仁人盡言之
리명방촉 변별 시비 소설유왕이서 조야 분완지회 차정 지사 인인진언지

秋也 又曰己丑逆賊之變 起於縉紳之間 而汝立初非放火劫人之賊 實是
추야 우왈 기축 역적 지변 기어진신지간 이여립초비 방화 겁인지적 실시

378) 討而誅(토이주): 토주(討誅). 죄를 물어서 주살(誅殺)함.
379) 追削(추삭): 지난 일을 물어 관직을 삭탈함.

欺天罔人之奸 故在當時博洽多聞 爲士類所推許如李珥輩 最初交遊推
기천망인지간 고재 당시 박흡 다문 위사류소추허여 이이 배 최초 교유 추

重嘉獎 而薦用淸班者 實珥汲引之力也 自癸未分黨已甚 李珥失勢之後
중가장 이천용 청반 자 실이급인지력야 자 계미 분당 이심 이이 실세 지후

汝立始改頭換面 趨
여립시 개두환면 추

【번역】

사라졌다가 자라나기를 참으로 많이 반복되었으나, 사림에 끼친 화와 나라의 명맥이 끊어지는 것으로 기축년(己丑年)의 참변보다 심한 것은 없었사옵니다. 나라가 깨어지고 집안이 망할 징조가 반드시 이것에서 유래한다고 할 수는 없습니다만, 무릇 혈기 있는 자들이 누군들 화를 내며 분개하지[380] 않으며, 간사한 역적의 하늘같이 높은 죄[381]를 토벌하려 하지 않았겠사옵니까? 놀란 마음[382]에 두려움은 아직도 남아있어 입을 다물고 말을 하지 않으며[383] 답답한 마음[384]을 펴지 못한 사람들이 지금에 이르기까지 여러 해였습니다. 다행스럽게 지금에서야 천지신명(天地神明)의 계시(啓示)[385]와 성군(聖君)의 마음으로 통찰하시어[386] 옳고 그름을 널리 비쳐[387] 가리시니, 억울하고 원통함[388]을 깨끗이 씻어[389] 없애주시고, 조정과 민간에 분개하고 증오하는 마음을 없애주셨습니다. 이에 바른 뜻의 선비들과 어진 이들이 기탄없이 모든 말을 하기에 이르렀습니다."

라고 하고, 또 이르기를,

"기축년의 변란이 사대부 사이에서 일어나, 정여립이 처음부터 불을 지르고 사람들을 겁박한 것은 아니었으나, 실지 하늘과 사람을 속인[390] 것이어서, 당시 학문과 식견이 많아 두루 통해 선비의 부류에 든 사람들도 떠받들고 지지하였으니,[391] 이이(李珥)와 같은 무리들도 처음에는 사귀면서 추앙하여 존중하고 칭찬

380) 扼腕(액완): 한 손으로 다른 쪽 팔목을 불끈 쥠. 분발. 분개. 애석함 등의 정서를 드러내는 동작을 말함.
381) 通天之罪(통천지죄): 하늘에 잇닿을 만큼 매우 높은 죄.
382) 傷弓(상궁): 상궁지조(傷弓之鳥). 화살에 한 번 상처를 입은 새는 굽은 나무만 보아도 놀란다는 뜻으로, 어떤 사물에 한 번 놀란 사람은 비슷한 사물만 보아도 겁을 낸다는 말.
383) 緘口結舌(함구결설): 입을 다물고 말을 하지 않음.
384) 鬱鬱(울울): 마음이 답답하고 괴로운 모양.
385) 天啓(천계): 천지신명(天地神明)의 계시(啓示).
386) 离明(이명): 이명(離明). 임금의 통찰(洞察)을 이르는 말.
387) 旁燭(방촉): 널리 비침.
388) 幽枉(유왕): 원통함. 억울함.
389) 昭雪(소설): 억울함을 깨끗이 씻음.
390) 欺天罔人(기천망인): 하늘을 속이고 사람을 속임. 속이는 행위가 극심함을 이름.
391) 推許(추허): 떠받들고 지지함.

하고 장려(奬勵)하였으며, 높은 관직[392]에 천거하여 썼으니, 실지 이이는 추천의 힘을 쓴 사람입니다. 그런데 계미년(癸未年; 1583년)에 분당(分黨; 東人과 西人으로 나뉨)이 이미 심해지고, 이이가 세력을 잃은 후에는 정여립은 비로소 모습을 바꾸고[393]

[66쪽]

附於東 東人既無先見之智 徒信一時之虛名 不得揮以斥之 是則未能
부 어 동 동인 기 무 선견 지 지 도 신 일시 지 허명 부 득 휘 이 척 지 시 즉 미 능
擇交之罪也 王莽之僞 恭八萬人頌其德 陸棠之挾詐 先儒信之不疑 作爲
택교 지 죄 야 왕망 지 위 공 팔 만 인 송 기 덕 륙 당 지 협 사 선 유 신 지 불 의 작 위
家甥 則知人之難 古今通患 若原情以差 其罪則交遊稱許之責 自有首受
가 생 즉 지인 지 난 고금 통환 약 원정 이 차 기 죄 즉 교유 칭 허 지 책 자 유 수 수
之地 而餘當從末減之科矣 又曰鄭澈以狼愎之性 乃生媒孼之計 聚群
지 지 이 여 당 종 말 감 지 과 의 우 왈 정철 이 랑 퍅 지 성 내 생 매 얼 지 계 취 군
不逞之徒 以張其勢 設陰穽以陷 無辜 托公法以復私 讐挾平生睚眦之怨
불령 지 도 이 장 기 세 설 음 정 이 함 무고 탁 공 법 이 복 사 수 협 평생 애 자 지 원
盡入於必報之地 外而嗾浮薄之徒 假一道之士論而冀惑 □天聽內而囑
진 입 어 필 보 지 지 외 이 주 부박 지 도 가 일 도 지 사 논 이 기 혹 천청 내 이 촉
奸細之輩 藉臺諫之聲勢 而構揑不測思所 以日夜挾攻 而必置於死地 倘
간세 지 배 자 대간 지 성세 이 구 열 불측 사 소 이 일야 협공 이 필 치 어 사지 당
微□聖明如日中天 一
미 성명 여 일 중천 일

【번역】

동인(東人)에 붙어 따랐는데, 동인은 이미 미리 일을 내다보고 알만한 지혜가 없었고 다만 한 때의 헛된 명성만 믿고 (정여립을)배척하지 못한 것이니, 이것은 곧 가려서 사귀지 못한 죄인 것입니다. 왕망(王莽)[394]이 거짓으로 공경하니 8만 명의 사람들이 그의 덕을 송축하였으며, 육당(陸棠)이 간사한 생각을 품으니 먼저 선비들이 믿고 의심을 하지 않았다가 가생(家甥)이 된 것이니, 곧 사람을 알아보는 어려움은 예나 지금이나 두루 가지는 공통된 걱정꺼리입니다. 하소연한 사정이 차이가 있는 죄는 곧 사귀면서 칭찬한 책임이 스스로 있는 것이니 먼저 (형벌을)받을 처지이며, 그 나머지는 응당 형벌을 감해야 할 죄목[395]일 것입니다."

392) 淸班(청반): 고귀한 관직. 주로 한원(翰苑)이나 시종신(侍從臣)을 이름.

393) 改頭換面(개두환면): 머리와 얼굴만을 바꾼다는 뜻으로, 어떤 일을 근본을 바꾸지 않고 사람만을 바꾸어 그 일을 그대로 시킴을 말함.

394) 王莽(왕망): 한(漢)나라 제남(濟南)사람. 평제(平帝)가 즉위할 때 대사마가 되어 국정을 장악하고 평제를 독살하였으며, 어린 유영(劉嬰)을 세워 섭정하면서 스스로 가황제(假皇帝)라 칭하다가 유영을 몰아내고 즉위하여 국호를 신(新)이라 함.

395) 末減之科(말감지과): 형벌을 가볍게 하거나 감해야 하는 죄목.

라고 했다. 또 이르기를,

“정철이 사납고 괴팍한 성품[396]으로 모함하여 죄를 만들어내려고[397] 불령한 무리들을 끌어 모을 계책으로 그의 세력을 펼쳐 남몰래 함정을 만들어 무고(無辜)한 사람들을 나라의 공법(公法)에 의탁하여 사사로이 복수(復讎)하였습니다. 평생의 사소한 원한을 모두 다 들어부었고, 반드시 보복할 수 없는 곳에는 경망스럽고 천박한 무리들을 부추겨 한 도(道)의 선비들을 거짓으로 논박하여 □제왕(帝王)의 들으심을 안으로 미혹시키고 간사하고 도량이 적은 무리들을 부추겨 대간(臺諫)의 명성과 위세로 꾸미고 주워 모으기를 헤아릴 수 없었고, 밤낮으로 생각하는 바는 협공하여 반드시 사지(死地)로 몰아넣었습니다. 그러하니 문득 □임금의 밝은 지혜가 하늘의 해와 같았으나

[67쪽]

世之忠賢 悉陷於叛逆之深坑 其爲計可謂慘矣 試以今日之黨禍 擬驗
세 지 충현 실 함 어 반역 지 심 갱 기 위 계 가위 참 의 시 이 금일 지 당화 의 험
歷代 實是危機敗證是非邪正之分 自有後世之公論 唯在□殿下明辨 而
역대 실 시 위기 패 증 시비 사정 지 분 자 유 후세 지 공론 유 재 전하 명 변 이
審擇之如何 又曰 自□上明見萬里之外 洞照怪鬼之狀 特□命拿鞫丁巖
심 택 지 여하 우 왈 자 상 명 견 만리 지 외 통 조 괴 귀 지 상 특 명 나 국 정 암
壽疏頭十人 而奸臣作弄囑臺諫 假公論而沮之 遂使□殿下惡惡之心 不
수 소 두 십 인 이 간신 작 롱 촉 대간 가 공론 이 저 지 수 사 전하 오 악 지 심 불
幸於當日 人有秉彝 孰不惋痛 又曰□殿下洞燭奸賊之情狀 □特憐善類
행 어 당일 인 유 병 이 숙 불 완 통 우 왈 전하 통촉 간적 지 정상 특 련 선 류
之寃枉 以永慶被誣一事 至有中夜 泣下之旨 此天地神人之福也 又曰
지 원 왕 이 영 경 피 무 일 사 지 유 중 야 읍 하 지 지 차 천지 신인 지 복 야 우 왈
伏願□殿下暴揚奸魁之罪 昭雪寃枉之人 告于□宗廟社稷 頒□教中外
복 원 전하 폭 양 간 괴 지 죄 소 설 원 왕 지 인 고 우 종묘 사직 반 교 중 외
與一國 更始云云 □上
여 일 국 경 시 운운 상

【번역】

한 시대의 충성스럽고 어진 사람들이 모두 반역의 깊은 구덩이에 함몰되었으니, 그의 계략은 참혹하다 일컬을 수 있습니다. 금일의 당쟁의 화를 시험할 것 같으면 역대의 증험들과 유사할 것이니, 실지 (역모의)위기에서 시비(是非)와 사정(邪正)의 분변(分辨)에서 실패한 증험들이 되어, 후세의 공론이 스스로 있을 것이옵니다. 오로지 □전하의 밝으신 분별이 있으시어 살펴 가르심을 어찌하시겠사옵

396) 狼愎(낭퍅): 사납고 괴팍함.

397) 媒蘖(매얼): 누룩. 술밑. 공연히 모함하여 죄를 만들어 냄을 비유하는 말.

니까?"

라고 하고, 또 말하기를,

"□주상(主上)께옵서 만 리 밖의 괴귀(怪鬼)한 모습들을 밝게 통찰하여 주시옵소서."

라고 하니, □임금께서 정암수(丁巖壽)가 소두(疏頭)[398]인 (상소를 올린)열 사람을 잡아들여 국문할 것을 특별히 명하시니, 대간(臺諫)들에게 부탁하여 거짓 공론을 부린 간신들의 농간을 막으셨으니, 드디어 □전하께서 악을 미워하시는 마음을 당일에 행하지는 않으셨으나, 상도(常道)를 지키는[399] 사람들로 어느 누군들 한탄하고 통분(痛憤)해하지 않았겠는가? 또 말하기를,

"□전하께옵서 간적의 정상을 통촉하시옵고, □전하께옵서 특별히 착한 사람들의 억울하고 원통한 죄를 불쌍히 여기시고, (최)영경(崔永慶)이 입은 무옥(誣獄)[400]의 한 사건을 밤이 깊도록 눈물을 흘리시면서 지목하시니, 이는 천지신명(天地神明)과 사람의 복이옵니다."

라고 했다. 또 말하기를,

"엎드려 바라옵건대, □전하께옵서 간사한 우두머리[401]의 죄를 드러내어 널리 퍼뜨리시고, 억울한 원통한 죄의 누명을 밝혀 씻어 주심을 □종묘사직에 고하시고, □전하의 교서(敎書)를 나라 안팎으로 널리 반포하시면,[402] 한 나라가 다시 새롭게 시작한 것이라 일컬을 수 있을 것이옵니다."

라고 하였다. □임금께서

[68쪽]

批曰 爾等之論至矣 當議處事 下備邊司領議政柳成龍回□啓略曰 逆賊
비왈 이등지논지의 당의처사 하비변사 영의정 유성룡 회 계약왈 역적

之變 出於縉紳之間 方獄事之始起也 自□上已慮有波及之患 以玉石
지변 출어진신지간 방옥사지시기야 자 상이려유파급지환 이옥석

俱焚 爲戒若使其時 按獄之臣 推廣□至意 除元惡大憝 及律所應坐者外
구분 위계약사기시 안옥지신 추광 지의 제원악대대 급율소응좌자외

皆當伸釋 若是則人情大服 而寃枉得伸 當時則不然 上自士大夫 下至
개당신석 약시즉인정대복 이원왕득신 당시즉불연 상자사대부 하지

398) 疏頭(소두): 연명(連名)하여 올린 상소에서 맨 먼저 이름을 적은 주동이 되는 사람.
399) 秉彛(병이): 상도(常道; 항상 변하지 않는 떳떳한 도리)를 지킴.
400) 誣獄(무옥): 죄 없는 사람을 무고하여 일으킨 옥사(獄事).
401) 奸魁(간괴): 간사한 우두머리.
402) 頒敎(반교): 임금의 교서를 반포함. 또는 반포한 그 교서.

韋布之士 動足搖手 擧在指目中 所以三年大獄 寃楚萬狀 臣等之意 □
위포 지사 동족요수 거재 지목 중 소이 삼년대옥 원초 만상 신등지의
特允儒生之疏 悉加伸雪 而此外未及擧名於疏箚者 亦多有之 依壬辰□
특윤 유생 지소 실가신설 이차외미급거명어소차자 역다유지 의 임진
下教法當緣坐外 悉爲開釋之意 令義禁府詳細開錄云云 □答曰 後當面
하교 법당 연좌 외 실위개석지의 령 의금부 상세 개록 운운 답왈 후당면
議
의

【번역】

비답(批答)[403]하시기를,

"그대들의 논의는 지극한 것이다."

라고 하시면서, 당장 비변사(備邊司)에 일을 처리하도록 명령을 내리시니, 영의정(領議政) 유성룡(柳成龍)이 □임금께 계주(啓奏)를 올렸는데 대략 말하기를,

"역적(정여립)의 변고가 사대부 사이에서 나왔고, 바야흐로 옥사(獄事)가 시작되고 일어나자, □주상전하께옵서 미리 그 파급의 우환(憂患)을 염려하시어 옥석구분(玉石俱焚)[404]을 계율로 삼으라고 하시었사옵니다. 만약 그 당시에 옥사를 다스리는 신하들로 하여금 □전하의 지극하신 뜻을 넓게 미루게 했다면, 악의 근본과 큰 원수를 없앴을 뿐만 아니라 율법이 응하는 바에 의해 연좌된 이외의 사람들은 모두 응당 풀어 석방했어야 할 것이옵니다. 만약 그렇게 했다면 사람들이 크게 감복(感服)했을 것이고, 억울하고 원통한 사람들은 신원(伸寃)할 수 있었을 것이옵니다. 그러나 당시에 그렇게 하지 않은즉 위로는 사대부로부터 아래로는 벼슬하지 않는 선비[405]들에 이르기까지 발을 구르고 손을 흔들며 들고 일어나 지목(指目)하는 가운데 3년 동안 원통한 형장(刑杖)을 가하여 온갖 모습들로 큰 옥사를 일으켰습니다. 신들의 뜻은 □전하께옵서 특별히 윤허하시어 유생들의 상소에 쓰여진 모두를 신원설치(伸寃雪恥)하여 주시라는 것입니다. 이밖에 상소와 차자(箚子)[406]에서 이름을 거명하지 못한 자들도 또한 많사오니 임진년(壬辰年)에 □전하께옵서 하교하신 법으로 응당 연좌(緣坐)[407]에 해당하지 않은 자들은 열어서 풀어주시려는 뜻을 의금부에 명령하시어 상세히 나누어 기록하게 하시옵소

403) 批(비): 비답(批答). 신하의 상주문(上奏文)에 대한 임금의 하답(下答).
404) 玉石俱焚(옥석구분): 옥석개쇄(玉石皆碎). 옥과 돌이 모두 불에 탐. 좋은 사람이나 나쁜 사람이 같이 해를 당함을 비유함.
405) 韋布(위포): 가죽 띠와 베옷. 벼슬하지 않은 선비나 평민의 초라한 옷차림을 이름.
406) 箚子(차자): 신하가 임금께 올리던 간단한 서식의 상소문.
407) 緣坐(연좌): 친척이나 인척의 죄에 연루되어 처벌을 받음.

서."

라고 하니, □전하께옵서 비답하시기를,

"훗날에 얼굴을 마주하고 상의하리라."[408]

고 하셨다.

[69쪽]

二十四年丙申 - 我□宣祖二十九年
이십사년 병신 아 선조 이십구년

十二月 羅州前義禁府都事 羅德明等陳疏 請伸六臣之寃 其略曰 曺大中
십이월 나주 전 의금부 도사 나덕명등진소 청신육신지원 기략왈 조대중
爲人慷慨 立志淸苦 不曳權門之裾 每激拒奸之論孤立 一道衆口咻之 及
위인 강개 입지 청고 불예 권문 지거 배격거간지논 고립 일도 중구 휴지 급
其佐幕澈家在近 亦不經過 而其所斥言 而不諱者 皆澈之惡 則逢被之怒
기좌막철가재근 역불경과 이기소척언 이불휘자 개철지악 즉봉피지노
無足怪也 噫氷炭不同器 邪正不兩立 故小人道長 則君子道消以直道 難
무족괴야 희 빙탄부동기 사정 불량입 고 소인 도장 즉 군자 도소이직도 난
容之君子 逢射影肆毒之 小人則雉離之禍 豈能免於道消之日乎 又曰 大
용지 군자 봉사영사독지 소인 즉치리지화 기능면어도소지일호 우왈 대
中與逆賊 旣爲同朝之臣 雖有識面之分 元非交厚之間 則必無哀死之心
중여 역적 기위동조지신 수유식면지분 원비교후지간 즉필무애사지심
況於逆賊之死 豈有悲傷於人所見之
황어 역적 지사 기유비상어인 소견 지

【번역】

24년 병신년(丙申年) - 우리나라 □선조(宣祖) 29년(1596년)

12월에 나주(羅州)의 전 의금부도사(義禁府都事) 나덕명(羅德明) 등이 상소를 진술하여 여섯 명의 신하들을 신원(伸寃)해 줄 것을 청하였는데, 그 대략을 말하자면,

"조대중(曺大中)은 사람됨이 강개(慷慨)[409]하고 뜻을 세움이 청고(淸苦)하여[410] 권문세가(權門勢家)의 거만함에도 이끌리지 않았고, 매번 간신들의 논의에는 거세게 겨루어 홀로 떨어지니, 한 말로 뭇 사람들이 걱정하였습니다. 그의 좌막(佐幕)[411]이 정철의 집과 가까이 있었는데도 또한 (정철의 집을)들르지도 않았고, 잘못을 지적하여 거침없이 말하기[412]를 정철이 저지른 악이라고 (정철의 이름을)숨

408) 面議(면의): 얼굴을 마주보고 시비를 논함. 면전에서 논의함.
409) 慷慨(강개): 의롭지 못한 것을 보면 의기가 복받치어 원통하고 슬퍼함.
410) 淸苦(청고): 청빈하게 살면서 어려움을 견딤.
411) 佐幕(좌막): 비장(裨將). 대장을 보좌하던 무관.
412) 斥言(척언): 남을 배척하는 말. 잘못을 지적하여 서슴없이 말함. 이름을 들어서 말함.

기지도 않았다가 (정철의)분노함을 입은 것이니 괴이하다 말할 것도 없겠사옵니다. 슬프옵니다. 얼음과 숯을 한 그릇에 담을 수 없듯이[413] 그릇됨과 올바름은 양립할 수 없으니, 그러므로 소인이 가는 길이 길면 군자가 가는 길은 쇠하여 지는 것이어서 올바른 길[414]은 받아드려지기 어려워집니다. 군자가 소인의 중상모략[415]과 핍박[416]을 만나면 그물에 걸리는 화(禍)[417]를 어찌 도(道)가 없어진 날이라면 면할 수 있겠사옵니까?"

라고 하고, 또 말하기를,

"조대중과 역적(정여립)은 일찍이 같은 조정에 신하가 되어 비록 서로 만나는 명분(名分)[418]은 있었으나, 본디 교분이 두터운 사이가 아닌즉 절대로 (정여립의) 죽음을 슬퍼함도 없었는데, 하물며 역적의 죽음에 어찌 남들이 보는 곳에서 슬프고 쓰라린 마음을 두었겠사옵니까?

[70쪽]

處乎 澈之徒黨 承望澈意 揑造無形 或以爲爲賊流滯 或以爲爲賊行素
처호 철지도당 승망철의 열조무형 혹이위위적유체 혹이위위적행소
令其無辜 斃於淫刑慘矣 小人之構殺仁賢 至此極也 嗚呼 古今天下 雖
령기무고 폐어음형참의 소인지구살인현 지차극야 오호 고금천하 수
有士林之禍 豈有如今日之寃也哉 伏願□殿下 亟下一雪□德音 上答
유사림지화 기유여금일지원야재 복원 전하 극하일설 덕음 상답
天意 下慰輿望云云
천의 하위여망운운

二十六年戊戌 - 我□宣祖三十一年
이십육년무술 아 선조삼십일년

和順儒生曺守弘 - 後爲文科 官至弘文正字 **陳疏 請伸六臣之寃** - 時公年二十五 □上引見 嘉奬之勉其成就 **其略云云 奸臣鄭澈 乘時竊柄迷奪 □聖明 杜絶**
화순유생조수홍 후위문과 관지홍문정자 진소 청신육신지원 시공년이십오 상인견 가장지면기성취 기략운운 간신정철 승시절병미탈 성명 두절

413) 氷炭不同器(빙탄부동기): 빙탄불상병(氷炭不相竝). 얼음과 숯불은 성질이 상반되기 때문에 같은 그릇에 담을 수 없음. 곧 화합(和合)하기 어려움을 비유하는 말.

414) 直道(직도): 올바른 길. 정당한 도리.

415) 射影(사영): 사영함사(射影含沙). '사영(射影)'은 물여우[蜮]의 다른 이름. 물여우가 모래를 머금어 물속에 비친 그림자를 쏘아 맞히면 종기가 생겨 죽는다고 함. 남을 중상모략함을 비유.

416) 肆毒(사독): 함부로 죽이고 핍박함. 벌이나 전갈 따위가 독침을 쏨.

417) 雉離之禍(치리지화): 군자가 함정이나 그물에 걸림을 비유하는 말. 토끼그물에 교활한 토끼는 걸리지 않고 꿩이 걸렸다는 데서 온 말.

418) 識面之分(식면지분): 얼굴이나 알고 지내는 사이.

言路 有怨睚眦者 率以構陷 一時名類 殲滅殆盡 嗚呼痛矣 又曰 曺大中
언로 유원애자자 솔이구함 일시명류 섬멸태진 오호통의 우왈 조대중
始以謂爲賊流涕行
시이위위적유체행

【번역】

정철의 무리들이 정철의 뜻에 비위를 맞춰[419] 형체가 없는 것들을 거짓으로 꾸몄으니,[420] 혹은 역적(정여립)을 위해 눈물을 흘렸다거나 혹은 역적을 위해 행소(行素)[421]를 했다고 하면서, 무고한 사람(조대중)을 가혹한 형벌로 죽게 하였으니 참혹하였습니다. 소인이 어질고 현명한 사람을 꾸며 죽인 것이 이렇게 참극(慘劇)의 지극함에 이르렀습니다. 오호라! 고금 천하에 비록 사림들이 입은 화가 있었습니다만, 어찌 오늘날의 원통함과 같았겠사옵니까? 엎드려 바라옵건데, □전하께옵서 서둘러 한번 씻어주시는 □덕음(德音)을 베풀어 주시어 위로는 하늘의 뜻에 답하여 주시옵고 아래로는 뭇 사람들을 위로하여 주시옵기 앙망하옵나이다."

라고 하였다.

26년 무술년(戊戌年) - 우리나라 □선조(宣祖) 31년(1598년)

화순(和順)의 유생 조수홍(曺守弘) - 훗날에 문과에 급제하여 벼슬이 홍문관(弘文館) 정자(正字)에 이름 이 상소문을 써서 여섯 신하들을 신원(伸寃)하여 주기를 청하였는데 -그 때의 공(조수홍)의 나이는 25세였고, □임금께서 불러 만나보시고 가상(嘉尙)하게 여기고 그가 성취하도록 힘쓰라고 장려하셨다. 그 (상소문의) 대략에 이르기를,

"간신 정철은 (역적 정여립의 모반이라는)유리한 시기를 이용해 권력을 훔치고[422] □임금의 밝은 지혜를 미혹하여 어지럽히면서 언로(言路)를 막고, 사소한 원한이 있는 자들을 함정으로 몰아넣어 일시에 유명 인사들을 모조리 섬멸하였으니 슬프고도 아프옵니다."

라고 하였고, 또 이르기를,

"조대중이 처음부터 역적을 위하여 눈물을 흘리고

419) 承望(승망): 영합(迎合)함. 비위를 맞춤.
420) 揑造(열조): '날조(捏造)'의 오기인 듯. 사실이 아닌 것을 사실인 것처럼 거짓으로 꾸밈.
421) 行素(행소): 상(喪)을 당해 소반(素飯)을 먹음.
422) 竊柄(절병): 권력을 훔침.

[71쪽]

素 死於杖下 終以爲怨□上不道 斬屍沒財云云 又曰 至於曺大中涕泣
소 사어장하 종이위원 상부도 참시몰재운운 우왈 지어조대중체읍

行素之說 尤爲無理何 則逆賊之變 出於□聖明之世 凡有血氣者 莫不
행소지설 우위무리하 즉역적지변 출어 성명지세 범유혈기자 막불

痛心刻骨 欲食其肉 況食君祿衣君衣 而知君臣大義者 寧有涕泣行素之
통심각골 욕식기육 황식군록의군의 이지군신대의자 영유체읍행소지

理哉 設與通謀 尤不必現然涕泣 自取夷滅之禍矣 反覆思究 不然必矣
리재 설여통모 우불필현연체읍 자취이멸지화의 반복사구 불연필의

抑有發明者焉 曺大中聞賊死之日 與金汝岉崔慶雲金公喜等 相語曰
억유발명자언 조대중문적사지일 여김여물최경운김공희등 상어왈

國家有變 臣子不可宴樂 然罪人旣得 則亦不可無賀云云 而設酌 以慶
국가유변 신자불가연락 연죄인기득 즉역불가무하운운 이설작 이경

酒食終日 則非爲賊流涕行素者 十目所視 而當其罹獄之日 證以此事 則
주식종일 즉비위적유체행소자 십목소시 이당기리옥지일 증이차사 즉

金汝岉亦以爲必問待命於□
김여물역이위필문대명어

【번역】

소반(素飯)을 먹었다고 일컬어지며 형장을 맞아 죽은 것을 끝내 원통하게 여겼다고, □주상께옵서 참시(斬屍)[423]하고 재산을 몰수하라고 말씀하시지 않으셨습니다."

라고 하고, 또 말하기를,

"조대중이 (역적 정여립의 죽음에 대해)눈물을 흘리며 슬피 울고 소반을 먹었다는 말에 미쳐서는 어떤 이치도 없사온즉, 역적의 변고가 □성상(聖上)의 밝은 세상에 나타났다는 것에 대해 무릇 혈기가 있는 자들은 뼈를 깍듯이 마음을 아파하며 (그 역적의)살이라도 먹으려 하는데, 하물며 군왕의 녹봉(祿俸)을 먹고 군왕의 옷을 입으며, 임금과 신하의 대의를 아는 자가 어찌 (역적을 위해)눈물을 흘리며 소반을 먹을 이유가 있겠사오며, (역적과)더불어 비밀히 서로 통하여 공모(共謀)[424]하였다면 더욱이 눈물 흘리는 것을 (남들에게)보여 (역적과 더불어)죽어 없어지는[425] 화를 스스로 취할 필요가 있었겠사옵니까? 반복해서 생각하고 궁구해보아도 절대로 그럴 수 없사옵니다. 또한 명백히 드러내는 것들이 있으니, 조대중은 역적이 죽었다는 소식을 들은 날에 김여물(金汝岉)·최경운(崔慶雲)·김공희(金公喜)와 더불어 서로 말하기를, '나라에 변고가 있으니 신하된 자로서 잔치를

423) 斬屍(참시): '부관참시(剖棺斬屍)'의 준말. 무덤을 파헤쳐서 관을 쪼개고 송장의 목을 벰. 또는 그리하는 형벌. 생전에 저지른 죄에 대하여 죽은 뒤에 추가하는 극형(極刑)임.

424) 通謀(통모): 비밀히 서로 통하여 공모함.

425) 夷滅(이멸): 죽여 없앰. 섬멸함.

여는 것은 불가하였다. 그러나 죄인이 이미 잡힌즉 또한 하례(賀禮)가 없을 수 없다.'라고 말하면서, 술자리를 베풀고 술과 음식으로 하루 종일 경하(慶賀)했다는 것은 곧 역적을 위하여 눈물을 흘리고 소반을 먹었다는 것이 아님을 여러 사람이 보았던 바이고, 옥사(獄事)에 걸렸던 날을 당해 이 일을 증명하려 한즉 김여물이 또한 반드시 (조대중이 저지른 죄에 대해)자기에게 물을 것이라고 생각하고, □대궐 아래서 대명(待命)[426]한 것이

[72쪽]

闕下者三日矣 奸臣擁蔽 卒無問焉 此所以曺大中之寃骨 尙未瞑目於
궐 하 자 삼일 의 간신 옹폐 졸 무 문 언 차 소이 조 대 중 지 원 골 상 미 명 목 어
地下也 嗚呼 其身已死 猶以爲不足 又取詩中 妄發之語 徇私曲解 引以
지하 야 오호 기 신 이 사 유 이 위 부족 우 취 시 중 망발 지 어 순 사곡 해 인 이
爲寃 □上不道 禍及死後 沒入家財 彼讒人者 亦已甚矣 昔者朱運折檻
위 원 상 부 도 화 급 사후 몰입 가재 피 참 인 자 역 이 심 의 석자 주 운 절 함
有與遊龍 此之言 鄒陽自明 亦引以二子 則盖言其直也 豈其推此 而及
유 여 유 용 차 지 언 추 양 자 명 역 인 이 이 자 즉 개 언 기 직 야 기 기 추 차 이 급
彼者哉 況丹心一片之語 旣發於首句 而□主上聖明二字 特書于與兄
피 자 재 황 단심 일편 지 어 기 발 어 수 구 이 주상 성명 이 자 특서 우 여 형
永訣之私書 則非怨亦明矣 曺大中於臣叔父也 臣之言則可謂私矣 然
영결 지 사서 즉 비 원 역 명 의 조 대 중 어 신 숙부 야 신 지 언 즉 가위 사 의 연
公論旣發 安可以私 而廢公哉 伏願□殿下深燭 必無之理 更察誣陷之實
공론 기 발 안 가 이 사 이 폐 공 재 복 원 전하 심 촉 필 무 지 리 갱 찰 무 함 지 실
試 垂矜察焉 又曰自古黨禍無代
시 긍 찰 언 우 왈 자 고 당화 무 대

【번역】

3일 동안이었으나 간신들이 (전하의 은총과 언로를)가리고 막았으므로[427] 끝내 (전하의)하문(下問)이 없으셨습니다. 이러한 까닭으로 조대중은 원한을 품고 죽어서[428] 아직도 깜깜한 저승에서 있사옵니다. 아! 슬프옵니다. 그런데도 오히려 부족하다고 여겨 (조대중의)시구(詩句) 가운데서 망발(妄發)한 말이라고 취하여 사사로운 감정으로[429] 그릇되게 해석하여 원한을 가진 것이라고 인용(引用)하였사옵니다. □주상께옵서는 (역적의)화로 죽은 다음에 집안의 재산을 몰수하라고 말씀하시지 않으셨음에도, 저 중상모략한 자들은 또한 이미 심하게 (재산을 몰수)하였사옵니다. 옛날에 주운(朱雲)이 궁전의 난간을 부러뜨린[430] 것과 용봉(龍逢)·

426) 待命(대명): 관원이 과실이 있을 때, 상부의 처분 명령을 기다림.
427) 壅蔽(옹폐): 차단하여 막음.
428) 怨骨(원골): 원한을 품고 죽은 사람.
429) 徇私(순사): 사사로운 정에 얽매여 불법을 자행함.
430) 朱雲折檻(주운절함): 한(漢)나라 성제(成帝) 때 직간신(直諫臣) 주운(朱雲)이 간신 장우(張禹)를 참

비간(比干)과 함께 (지하에서)놀겠다는 것은, 추양(鄒陽)[431]을 말한 것이 자명하고, 두 글자[432]를 인용(引用)한 것은 곧 대개 그의 올곧음을 말한 것이었는데도, 어찌 이것을 미루어 그(정여립)를 언급했다고 한 것입니까? 그렇다면 항차에 '단심일편(丹心一片)'이란 말을 이미 앞머리[433]에서 했겠사옵니까? □주상(主上)의 밝은 지혜로 (시 속의)두 글자(二字; 比干)는 특별히 가형(家兄; 曺閔中)에게 준 영결(永訣)하는 개인적인 서신(書信)이었음을 밝혀 주시옵고, 곧 (임금께 품은)원한이 아니었음이 분명하옵니다. 조대중은 신(臣; 상소를 올린 曺守弘)에게는 숙부(叔父)이오니,[434] 신이 드리는 말씀(상소문)은 사사(私事)로운 것이라고 말할 수 있을 것이옵니다. 그러나 공론(公論)이 이미 일어났으니 어찌 사사로운 것이라고 할 수 있으며 공론을 폐할 수 있겠사옵니까? 엎드려 바라옵건데, □전하께옵서 절대로 사리(事理)에 닿지 않음을 통촉하시어 다시 간신들의 무함(誣陷)이었음을 실제 조사하시어 긍휼히 여겨주시옵기를 바라옵니다."

라고 하고, 또 말하기를,

"예로부터 당파의 화가 없었던 때는 없었고,

[73쪽]

無之 而殺之者常爲小人 死之者常爲君子 則澈與六臣之 孰邪孰正皎然
무 지 이 살 지 자 상 위 소인 사 지 자 상 위 군자 즉 철 여 육 신 지 숙 사 숙 정 교 연

若氷炭不待卞說而明矣 又曰 澈之罪惡 固不容誅國家 蒼黃不暇正刑
약 빙 탄 부 대 변 설 이 명 의 우 왈 철 지 죄악 고 불 용 주 국 가 창 황 불 가 정 형

至今地下猶戴其頭 神人之所共憤 多士之所共鬱 伏願□殿下明以察之
지금 지하 유 대 기 두 신인 지 소 공 분 다 사 지 소 공 울 복 원 전하 명 이 찰 지

剛以斷之 回恩降澤 蕩伸寃鬱 剖棺斬奸 揭示常刑 則事得其序 物有其
강 이 단 지 회 은 강 택 탕 신 원 울 부관 참 간 게시 상 형 즉 사 득 기 서 물 유 기

(斬)한 것을 극간하자, 성제가 크게 노하여 주운을 죽이려 하니, 주운이 궁전의 난간을 붙잡고 끌려나가지 않으며 끝까지 간하다가 난간을 부러뜨린 고사. 뒤에 성제는 주운의 충직을 깨닫고 부러진 난간을 수리하지 못하게 하여 충직한 신하를 표창하였는데, 후대에 이를 충신의 직간을 이르는 전거로 씀.

431) 鄒陽(추양): 한(漢) 제군(齊郡) 임치(臨淄) 사람. 경제(景帝) 때 오왕 비(吳王濞)에게 상소하여 반역하지 말도록 권하였으나 듣지 않자, 양(梁)으로 가서 효왕(孝王)을 섬김.

432) 二子(이자): '이자(二字; 두 글자)'의 오기. 본문에서 두 글자라 함은 조대중의 〈임종시(臨終詩)〉 중에 '비간(比干)' 혹은 '봉비(逢比; 龍逢과 比干)'을 말함. 〈임종시〉는 앞서 시부(詩部)에서 제시함.

433) 首句(수구): 앞선 〈임종시〉의 제1구 「단심일편귀신지(丹心一片鬼神知)」를 말함.

434) 叔父(숙부): 상소문을 올린 조수홍(曺守弘)은 앞서 제시한 상소문 〈생원신조민중원정(生員臣曺敏中原情)〉을 쓴 조대중 선생의 셋째 형님 조민중(曺敏中)의 셋째 아들로 조대중 선생과는 숙질(叔姪) 관계임. 자는 계의(季毅) 호는 사촌(沙村). 1574~1608. 생원시와 문과에 장원하여 유성룡(柳成龍) 등에 의해 도당(都堂)에 천거 되고 홍문관 정자에 제수됨.

理 綱紀賴之 以正士氣 賴之以振直道充彌 陽德敷暢 則人心和順 天應
리 강기뢰지 이정사기 뢰지이진직도충미 양덕부창 즉인심화순 천응
休明 陰邪自退 禍根洞去 而國勢固人心寧矣 云云
휴명 음사자퇴 화근통거 이국세고인심녕의 운운

二十七年己亥 - 我□宣祖三十二年
이십칠년 기해 아 선조 삼십이년

八月初二日 羅州前別坐羅德峻等陳疏 請伸己丑之
팔월 초이일 나주 전 별좌 나덕준 등 진소 청신 기축 지

【번역】

죽이는 사람은 늘 소인들이었고, 죽는 사람은 늘 군자였습니다. 정철과 여섯 신하들 중 누가 그르고 누가 바른가는 얼음과 숯처럼 뚜렷해졌으니, 옳고 그름을 가리는 말[435]을 기다리지 않아도 분명해졌사옵니다."

라고 하고, 또 말하기를,

"정철의 죄악은 국가가 (정여립 모반 사건으로)다급하여 정형(正刑; 正法)을 쓸 겨를이 없을 때에 (여섯 신하를)죽인 것으로 절대로 용납될 수 없으며, 지금 지하에서 머리를 들고 귀신과 (억울하게 죽은)사람들이 함께 통분하고 있으며, (살아있는)수많은 선비들이 함께 울분(鬱憤)을 터뜨리고 있사옵니다. 엎드려 바라옵건대, □전하께옵서 밝게 살피시어 굳세게 처리하시옵고, 은혜와 덕택을 두루 내리시어 원통하고 억울함을 씻어 펴시고, (정철의)무덤을 파헤쳐서 관을 쪼개고 간신의 목을 베어 일정한 형법(刑法)을 여러 사람들에게 보여주신다면 곧 일은 순조롭게 될 것이며 만물에 순리(順理)가 있게 되어 나라의 기강이 그것에 의지할 것이옵고, 선비들의 기운을 바르게 되는 것도 그것에 의지할 것이옵니다. 그러면 바른 길을 진작(振作)함이 충만해질 것이고, 임금의 은택[436]이 막힘없이 통해져[437] 인심이 서로 응하여 순해지니, 하늘이 감응하여 밝은 정치를 칭송할[438] 것이니, 음험하고 사악한 것들이 스스로 물러날 것이며 화근(禍根)이 투명하게 물러갈 것이옵고, 나라의 기세가 강해질 것이고 참으로 인심이 편안할 것이옵니다."

라고 말했다.

---

435) 卞說(변설): 변설(辨說). 옳고 그름을 가려 설명함.
436) 陽德(양덕): 양기(陽氣). 만물을 생장시키는 기운. 황제의 은택을 비유하는 말.
437) 敷暢(부창): 널리 전파함. 또는 막힘없이 통함.
438) 休明(휴명): 아름답고 밝음. 밝은 정치를 칭송할 때 쓰임.

27년 기해년(己亥年) - 우리나라 □선조(宣祖) 32년(1599년)

8월 초 2일 나주 전 별좌(別坐)[439] 나덕준(羅德峻) 등이 상소를 올려 기축년의

[74쪽]

寃正奸澈戕賢之罪 - 疏辭佚 **上批曰 初非指爲逆賊而鞫之也 又曰 大抵**
원 정 간 철 장 현 지 죄 소 사 일 상 비 왈 초 비 지 위 역 적 이 국 지 야 우 왈 대저
是非當出於朝廷 爾等之志雖勤 不須每煩
시비 당 출 어 조정 이 등 지 지 수 근 불 수 매 번

三十一年癸卯 - 我□宣祖三十六年
삼 십 일 년 계묘 아 선조 삼 십 육 년
三月十七日 寶城前直長安重默 陳疏請伸己丑之寃正奸澈誣賢之罪 - 疏
삼 월 십 칠 일 보 성 전 직장 안 중 묵 진 소 청 신 기축 지 원 정 간 철 무 현 지 죄 소
辭佚 **十八日□上下禁府議啓 ○四月初八日 堂上沈喜壽宋言慎 回□啓**
사 일 십 팔 일 상 하 금 부 의 계 사 월 초 팔 일 당상 심 희 수 송 언 신 회 계
略曰 抱寃天壤至於十四年之久 稱寃無異於崔永慶 在今更化之日 □特
약 왈 포 원 천 양 지 어 십 사 년 지 구 칭 원 무 이 어 최 영 경 재 금 경 화 지 일 특
施昭雪之典 未爲不可云云
시 소 설 지 전 미 위 불 가 운운

三十四年丙午 - 我□宣祖三十九年
삼 십 사 년 병오 아 선조 삼 십 구 년

【번역】

원통한 일을 풀어주시고 간사한 정철이 어진 신하들을 죽인 것을 바로잡아주시옵소서. - 상소의 글은 잃었음 □주상께서 대답하시기를,

"처음부터 역적으로 지목(指目)한 것은 아니었는데 국문을 한 것이다."

라고 말씀하시고, 또 말씀하시기를,

"대저 옳고 그른 것은 응당 조정에서 나왔으니, 너희들의 뜻이 비록 수고하였으나 늘 번거로울 수는 없다."

라고 하셨다.

31년 계묘년(癸卯年) - 우리나라 □선조(宣祖) 36년(1603년)

3월 17일에 보성(寶城)의 전 직장(直長)[440] 안중묵(安重默)이 상소를 올려 기축년의 원통한 일을 풀어주고 정철의 어진 신하들을 무고한 죄를 바로잡아 줄 것을

---

439) 別坐(별좌): 조선시대 정·종5품에 속한 벼슬.

440) 直長(직장): 조선시대 종7품 벼슬.

청했다. - 상소의 글은 유실됨 □주상께서 금부(禁府)에서 의론하여 계를 올리라 하달하였다. ○4월 초8일에 당상관(堂上官) 심희수(沈喜壽)와 송언신(宋言愼)이 상주(上奏)하였는데, 대략에 말하기를,

"원통하게 죽은 지 14년으로 오래되었고, 억울함을 호소한[441] 것이 최영경(崔永慶)과 다르지 않으니, 교화(敎化)를 틀을 바꾸고자 □임금께서 특별히 억울한 누명을 씻어줄 규정을 베푸셨으나 아직 행해지지 않았사옵니다."

라고 하였다.

34년 병오년(丙午年) - 우리나라 □선조(宣祖) 39년(1606년)

[75쪽]

十月日 茂長前察訪吳益昌等陳疏 請伸五臣之寃 - 晩萃堂李公 先已伸雪復官
십월일 무장전 찰방 오익창등진소 청신오신지원 만췌당이공 선이 신설 복관

故至是只擧五臣之寃 **疏略云云 曺大中居家友愛 出於天性 而立心淸苦 論議**
고지시지거오신지원 소략 운운 조대중거가 우애 출어 천성 이 입심 청고 논의

慷慨 常懷疾惡之心 而見忤**於奸黨 此其所以不免於禍者也 爲賊流涕之**
강개 상회질악지심 이견오어 간당 차기 소이 불면어화자야 위적 유체 지

說 出於構捏**之邪舌 而因以爲罪目 獄中一句之詩 發於臨死 荒亂之際**
설 출어구열지사설 이인이위 죄목 옥중 일구지시 발어 임사 황란지제

而巧爲辭說 更加其罪 豈不寃哉 又曰 伏願□聖明垂察焉 頃者□殿下明
이교위 사설 경가기죄 기불원재 우왈 복원 성명 수찰언 경자 전하 명

日月之照 垂天地之仁 曾於竄逐廢痼之輩 並**令原宥 而於崔永慶 則至有**
일월 지조 수 천지 지인 증어 찬축 폐고지배 병령원유 이어최영경 즉지유

中夜泣下之 □教特爲昭釋 一國臣民 莫不感激 而惟此數臣 尙未蒙□恩
중야읍하지 교특위소석 일국 신민 막불 감격 이유차수신 상미몽 은

此人心之愈鬱 而公論之愈激也 嗚
차 인심 지유울 이 공론 지유격야 오

【번역】

10월 일에 무주군(茂朱郡)과 장수군(長水郡)[442]의 전 찰방(察訪)[443]이었던 오익창(吳益昌) 등이 상소를 써서 다섯 명의 신하들의 원통한 일을 풀어주기를 청하였는데, - 만취당(晩翠堂) 이공(李公)[444]은 먼저 이미 신원설치(伸寃雪恥)하고 복관(復官)되었으므로 여기에서는 다만 다섯 신하[445]만을 든 것이다. 그 상소의 대략에 이르기를,

---

441) 稱寃(칭원): 억울함을 호소함.

442) 茂長(무장): 전라북도 무주군(茂朱郡)과 장수군(長水郡)을 함께 이르는 말.

443) 찰방(察訪): 조선시대 각 도의 관찰사에 소속되어 도로(道路)의 역참(驛站)을 관장하던 종6품 벼슬.

444) 李公(이공): 만취당(晩翠堂) 이황종(李黃鍾)을 말함.

445) 五臣(오신): 정여립 모반 사건에 의해 정철의 모함으로 억울하게 희생된 대표적인 육현신(六賢臣) 가운데 만취당 이황종을 제외한 다섯 사람의 현신들로는 정곡(鼎谷) 조대중(曺大中)과 동암(東巖) 이발

“조대중은 가정에 기거함에 천성에 나온 바로 형제간에 우애하고, 준칙을 수립함에 청빈하게 살면서 어려움을 잘 견디고, 논의를 함에 의롭지 못한 것을 보면 의기가 복받쳐서 늘 악을 미워하는 마음을 품고 있어, 간사한 무리들에게 거슬림을 입었으니, 이것이 화에서 면하지 못한 까닭이 된 것입니다. 역적(정여립)을 위하여 눈물을 흘렸다는 말은 모함하여 억누르고자 하는 사람들이 사악한 혀를 놀린 것으로, 옥중에서 죽음에 임해 정신이 어지러울 때 쓴 시 한 구절을 죄목으로 여긴 것으로 원인한 것이옵고, 교묘하게 사설에 그 죄를 더한 것이었으니 어찌 원통하지 않겠사옵니까?”

라고 하고, 또 말하기를,

“엎드려 바라옵건대, □임금님의 밝은 지혜로 잠깐이라도 살펴주옵신다면, □전하의 해와 달 같은 밝게 비춰주시어 천지간의 어짊을 드리워주시옵소서. 나아가 (정철의 화를 피해)달아나 숨어 폐고(廢痼)[446]된 무리들을 최영경(崔永慶)에 견주어 함께 정상을 참작하여 죄를 용서하여[447] 주시옵기 바라옵고, 밤이 깊도록 눈물을 흘리오니, □전하께서 하교하시어 특별히 밝게 풀어주신다면 온 나라의 신하와 백성들이 감격하지 않을 수 없을 것이오며, 그러나 아직 □성상의 은총을 입지 못한 여러 신하들이 있사오니, 이는 인심이 더욱 울울할 것이며 공론이 더욱 거세질 것이옵니다. 아! 슬프옵니다.

[76쪽]

呼 茲前數臣 湖南人也 臣等亦湖南人也 數臣之被罪 國人皆曰 冤枉而耳目 所及莫切於臣等 旣知其冤枉 不達於□聖明之下 則臣等之罪 亦大矣云云

호 자전수신 호남인야 신등역호남인야 수신지피죄 국인개왈 원왕이 이목 소급막절어신등 기지기원왕 부달어 성명지하 즉신등지죄 역대 의운운

三十五年 丁未 - 我□宣祖四十年

삼십오년 정미 아 선조사십년

正月二十一日 全州儒生梁克遴等 陳疏請伸五臣之寃 疏略云云 曺大中

정월이십일일 전주유생양극린등 진소청신오신지원 소략운운 조대중

(李潑)・남계(南溪) 이길(李洁)・곤재(困齋) 정개청(鄭介淸)・청계(淸溪) 유몽정(柳夢井)을 말함.

446) 廢痼(폐고): 폐고(廢錮). 면직되어 종신토록 다시는 기용되지 못함.

447) 原宥(원유): 정상을 참작하여 죄를 용서함.

志氣剛直 論議慷慨 見嫉奸人 此其所以不免於禍者也 至於爲賊流涕之
지기 강직 논의 강개 견 질 간인 차 기 소이 불 면 어 화 자 야 지 어 위 적 유체 지
說 出於無根之邪舌 而竟成罪目 尤可謂慘矣 當大賊就戮之日 雖參逆謀
설 출어 무근 지 사 설 이 경 성 죄목 우 가 위 참 의 당 대적 취 륙 지 일 수 참 역모
者 猶恐形迹之或現 況大中方以一道都事處公府衆目之中 其敢現然泣
자 유 공 형적 지 혹 현 황 대 중 방 이 일 도 도사 처 공 부 중 목 지 중 기 감 현 연 읍
下乎 且臨死之詩 不過自
하 호 차 임사 지 시 불과 자

【번역】

이 전의 여러 신하들은 호남 사람들이옵고 신들도 역시 호남 사람들이옵니다. 여러 신하들이 죄를 입은 것을 나라사람들이 모두 말하기를,

"억울하게 누명을 쓴 것은 모두가 보고 들은 것인 바인데, 신들에게 끊긴 것(들리지 않은 것)은 신들도 이미 알고 있으며, 그들의 억울하고 원통함이 □임금에게도 미치지(들리지) 못한 것은 곧 신들의 죄이니 또한 크다고 하겠사옵니다."

라고 말했다.

35년 정미년(丁未年) - 우리나라 □선조(宣祖) 40년(1607년)

정월 21일 전주 유생 양극린(梁克遴)이 상소문을 써서 다섯 명의 신하들의 원통함을 풀어주기를 청하니, 그 상소의 대략에 말하기를,

"조대중의 뜻과 기질은 강직하고 논의를 함에는 강개하여 간사한 사람들의 미움을 받았으니, 이것이 그가 화를 면하지 못한 까닭이옵니다. 역적을 위하여 눈물을 흘렸다는 말에 있어서는 근거 없는 사악한 사람들이 혀를 놀린 것이고 마침내 죄목이 되었으니, 더욱 참담하다 일컬을 수 있겠사옵니다. 대역적을 죽이던 날에 비록 역모에 참여하였다손 치더라도 오히려 혹 형적이 나타날까 두려워하는 것인데, 하물며 조대중은 당시에 한 도(道; 전라도)의 도사(都事)로서 공무(公務)를 처리했던 것은 관청의 뭇 사람들이 눈으로 본 것이온대, 그가 어찌 감히 눈물을 보일 수 있었겠사옵니까? 또 죽음에 임해서 쓴 시는

[77쪽]

敍其沈寃 以明其無辜而已 何與於怨尤 而如簧之讒死猶不已 不亦甚乎
서 기 심 원 이 명 기 무고 이 이 하 여 어 원 우 이 여 황 지 참 사 유 불 이 불 역 심 호
又曰 目今邦家再造之化 惟新正當稗合人和 扶植士氣之秋也 豈可使含
우 왈 목 금 방가 재 조 지 화 유 신 정 당 패 합 인화 부 식 사기 지 추 야 기 가 사 함
寃於九泉鬱 而莫伸貽萬世無窮之痛歟 在朝之臣 非不知五臣之寃痛 而
원 어 구천 울 이 막 신 이 만세 무궁 지 통 여 재 조 지 신 비 부 지 오 신 지 원통 이

噤默不言 臣等竊痛焉云云
금 묵 불언 신 등 절 통 언 운운
四月二十九日 和順前參奉崔弘宇等 陳疏請伸五臣之寃 其略云云 嗚呼
사월 이십 구일 화순 전 참봉 최 홍 우 등 진소 청 신 오 신 지 원 기 략 운운 오호
人孰無死 而死莫哀於非罪死 孰無寃 而寃莫甚於陷逆 其橫被惡名 含寃
인 숙 무 사 이 사 막 애 어 비 죄 사 숙 무 원 이 원 막 심 어 함 역 기 횡 피 악 명 함 원
地下者 豈若己丑連累枉死之人哉 鄭介淸李潑李洁柳夢井曺大中 皆臣
지하 자 기 약 기축 연루 왕 사 지 인 재 정개청 이발 이 길 유 몽 정 조 대 중 개 신
等一道人也 或以作論節義受誣 或以與賊 相
등 일도 인 야 혹 이 작 론 절의 수 무 혹 이 여 적 상

【번역】

스스로 그의 무고함을 밝혀 깊이 원통해 한 것을 서술한 것일 뿐이옵니다. 누구를 원망하며 탓하였으며[448] 교묘하게 속이는[449] 참언으로 죽었으니 어찌 또한 너무 심한 것이 아니겠사옵니까?"

라고 하고, 또 말하기를,

"현재 나라에서는 지극히 훌륭한 교화(敎化)[450]를 다시 만들어 새로이 바로잡으려 하며, 백성들이 서로 화합함을 돕고 선비들의 사기를 뿌리내리게 하려는 때이오니, 어찌 원한을 머금고 구천에서 음울(陰鬱)하도록 할 수 있겠사옵니까? 그러니 만세에 끝이 없는 원통함을 풀어주시지 않으시렵니까? 조정에 있는 신하들은 다섯 신하들의 억울하고 원통함을 알지 못한 것이 아니나, 입을 다물고 말을 하지 않으니 신들은 사사로이 아파할 뿐이옵니다."

라고 말했다.

4월 29일 화순의 전 참봉 최홍우(崔弘宇) 등이 상소문을 써서 다섯 신하들의 원통함을 풀어줄 것을 청하였으니, 그 대략에 말하기를,

"오호! 슬프옵니다. 사람으로 누군들 죽지 않겠사오며, 죄가 아님에도 죽는 것보다 슬픈 것은 없사오며, 누군들 원통함이 없겠사옵니까마는 역적의 모함에 빠져 악명(惡名)을 입어 원통함을 머금고 지하에 있는 것이 가장 심한 것이옵니다. 어찌 기축년(己丑年)의 (역모에)연루되어 억울하게 죽은 사람보다 심하겠사옵니까? 정개청(鄭介淸)·이발(李潑)·이길(李洁)·유몽정(柳夢井)·조대중(曺大中)은 모두 신들과 한 도(道; 전라도)의 사람들이옵니다. 혹은 절의(節義)를 의논하다가 무고(無辜)한 죄를 받았고, 혹은 역적과 더불어 서로

448) 怨尤(원우): 원망하며 탓함.
449) 如簧(여황): 여황(如簧). 교사(巧詐)한 말을 잘함. '황(簧)'은 악기에서 진동하여 소리를 내는 혀.
450) 至化(지화): 지극히 훌륭한 교화(敎化).

[78쪽]

厚受罪 或以與賊通書受罪 或以爲賊流涕受誣 無形罪目 有口難明 終負
후수죄 혹이여적통서수죄 혹이위적유체수무 무형죄목 유구난명 종부

惡名抱冤而死 想今耿耿之魂 應爲痛哭 於冥冥之中矣 又曰 □聖敎有曰
악명포원이사 상금경경지혼 응위통곡 어명명지중의 우왈 성교유왈

澈之罪惡 論之恐汚口也 有曰奸澈 有曰毒澈 知澈之奸毒 莫如□聖上
철지죄악 논지공오구야 유왈간철 유왈독철 지철지간독 막여 성상

而見陷於奸毒者 獨未蒙□宥 此公議與悶之 尤極者也云云
이견함어간독자 독미몽 유 차공의여민지 우극자야운운

六月日 儒生韓浩等 陳疏請臣五臣之冤 -疏辭佚 批略曰 非以其人等 爲
육월일 유생한호등 진소청신오신지원 소사일 비략왈 비이기인등 위

參於逆謀也 或出於言官彈論 或出於同黨招辭 在法不得不問 非謂同謀
참어역모야 혹출어언관탄론 혹출어동당초사 재법부득불문 비위동모

叛逆也 凡人旣出於同黨之招 則雖在他獄 不爲推問乎 又曰 訊雖過
반역야 범인기출어동당지초 즉수재타옥 불위추문호 우왈 신수과

【번역】

두터이 사귀다가 죄를 받았고, 혹은 역적과 더불어 글을 주고받았다가 죄를 받았으며, 혹은 역적을 위해 눈물을 흘린 것으로 여겨 억울하게 무고한 죄를 받았으니, 형체 없는 죄목으로써 입이 있으나 밝히기 어려워 끝내 악명을 뒤집어쓰고 원통함을 안고 죽었으니, 지금 생각해도 잊혀지지 않는[451] 혼령들은 깜깜한 가운데 응당 통곡하고 있을 것이옵니다."

라고 말하고, 또 말하기를,

"□성군께서 하교하시기를, '정철의 죄악을 의논하면 입이 더러워질 것이 두렵다.'고 하시고, 또 말씀하시기를, '간사(奸邪)한 정철이다.'라고 하시고, 또 말씀하시기를, '표독(慓毒)한 정철이다.'라고 하시었으니, 정철의 간사하고 표독함을 알기로는 □성상만 함이 없었으나 간사하고 표독함에 빠져 오직 □성상의 죄를 용서함을 입지 못한 것이니, 이것을 공론으로 많은 백성들과 의론하기를 더욱 지극히 하라."

라고 말씀하셨다.

6월 일에 유생 한호(韓浩)등이 상소문을 써서 다섯 신하들의 원통함을 풀어줄 것을 청했는데, - 상소문은 잃었음 □임금께서 비답하신 대략에 말씀하시기를,

"그 사람들은 역모에 참여하지 않았다. 혹은 언관(言官)[452]들이 죄상을 규탄하여 논란[453]함에서 나왔거나, 혹은 같은 당파들이 범죄(역모) 사실을 진술하는 글

451) 耿耿(경경): 마음에 잊혀지지 않고 염려됨.

452) 言官(언관): 임금에게 간언하는 일을 맡은 벼슬아치. 곧 사헌부와 사간원의 벼슬아치를 통틀어 이르는 말.

에서 나왔을 것이니, 법에 있으니 어찌할 수 없이 묻지도 않고 함께 반역을 도모한 것이라고 말하지 않았겠는가. 뭇 사람들이 이미 같은 당파들이 불러서 나온 것이니 비록 다른 죄를 지었더라도 (역모의)죄상을 심문하지 않았겠는가?"

라고 말씀하시고, 또 말씀하시기를,

"죄를 신문함에 비록 지나침이 있었다면

[79쪽]

足爲後戒
족 위 후 계

是歲 進士李潭等 陳疏請復五臣等官爵 疏略云云 有曰伏以己丑逆獄
시 세 진사 이 담 등 진소 청 복 오 신 등 관작 소 략 운운 유 왈 복 이 기축 역옥

連累之人 連章疊牘 至二十年之久 而不已者 豈有一毫之私 而忍負□
연루 지 인 연 장 첩 독 지 이십 년 지 구 이 불 이 자 기 유 일호 지 사 이 인 부

殿下求媚朽骨哉 只緣窮天極地之痛葱 而莫伸公論之激久 而愈極冀 欲
전하 구 미 후 골 재 지 연 궁 천 극지 지 통 원 이 막 신 공론 지 격 구 이 유 극 기 욕

一伸其枉 普被沛澤 於幽明者也 至於曺大中被誣 於邪輩之構捏 不得自
일 신 기 왕 보 피 패 택 어 유명 자 야 지 어 조 대 중 피 무 어 사 배 지 구 열 부 득 자

明 於刑鞫之初 終未免縻身 於地下寃痛之狀 思欲暴白者 庸有極乎 又
명 어 형 국 지 초 종 미면 미 신 어 지하 원통 지 상 사 욕 폭 백 자 용 유 극 호 우

曰 矧茲玉石俱焚之餘 已審其非逆 則可不惻 然動念哉 崔永慶曾蒙 □
왈 신 자 옥석구분 지 여 이 심 기 비 역 즉 가 불 측 연 동 념 재 최 영 경 증 몽

贈官賜祭之榮 李黃鍾亦受職牒之□恩太陽光
증관 사 제 지 영 이 황 종 역 수 직 첩 지 은 태양 광

【번역】

훗날에 경계로 삼기에 족할 것이다."

라고 하셨다.

이 해에(宣祖 40. 1607년) 진사 이담(李潭) 등이 상소문을 써서 다섯 신하들의 관직(官職)과 작위(爵位)를 회복시켜 줄 것을 청했다고 상소의 대략에서 말했다. 또 말하기를,

"기축년 역적의 옥사에 연루된 사람들에 대해 이어지는 글과 쌓인 문서들이 20년에 이르러 오래되었으나 그만두지 않은 것은 어찌 털끝만큼이라도 사사로움이 있는 것이며, 차마 □전하의 비위를 맞추다가[454] 뼈가 썩도록 저버린 것이겠사옵니까? 다만 하늘과 땅처럼 끝이 없는 통분과 원한으로 인한 것이었으나, 그러나 공론이 거세게 일어났으나, 오래되어도 펴지 못하고 끝까지 버려졌기 때문이옵니

453) 彈論(탄론): 죄상을 규탄하여 논란함.

454) 求媚(구미): 기분을 맞춤. 비위를 맞춤.

다. 한 번 그 억울함을 펴서 이승과 저승에 크고 두터운 은택[455]을 널리 입고자 함이옵니다. 조대중에 이르러서는 사악한 무리들에게서 무고하게 날조(揑造)된 것으로 형국(刑鞫)을 받은 시작과 끝을 스스로 밝혀 지하에서 몸이 바스러지는 원통한 형상을 아직 면하지 못한 것을 드러내고자 한 것이오니, 어찌 지극함이 있겠사옵니까?"

라고 하고, 또 말하기를,

"하물며 옥과 돌이 함께 모두 타버린 후에 이미 그가 역적이 아니었음을 환히 알고 있으니 측은한 마음은 헤아릴 수 없사옵니다. 최영경(崔永慶)은 일찍이 □임금께서 관작을 추증(追贈)하시고 사제(賜祭)[456]의 광영을 입었사오며, 이황종(李黃鍾)도 역시 직첩(職牒)[457]을 받았사오니, □임금의 은총이 태양처럼

[80쪽]

復於覆盆之內 人心鼓舞 於千里之外矣 獨於五臣一體 寃死之鬼 未蒙昭
복어 복분 지 내 인심 고무 어 천리 지 외 의 독 어 오 신 일체 원 사 지 귀 미 몽 소
雪之□聖澤 王者一視同仁之義 果安在哉 伏願□殿下更察 五臣非逆之
설 지 성택 왕자 일 시 동인 지 의 과 안 재 재 복원 전하 경 찰 오 신 비 역 지
情 滌去逆惡之名 復其官爵 給其籍沒 使四方民心 咸仰□殿下好生之德
정 척 거 역 악 지 명 복 기 관작 급 기 적 몰 사 사방 민심 함 앙 전하 호 생 지 덕
宗社臣民之福也云云
종 사 신민 지 복 야 운운

三十六年 戊申 - 二月□宣祖昇遐 光海君卽位
삼십 육 년 무신 이 월 선조 승하 광해군 즉위

二月 前義禁府都事羅德潤 陳萬言疏 請伸己丑寃獄 其略云云 自經己卯
이월 전 의금부 도사 나 덕 윤 진 만 언 소 청 신 기축 원옥 기 략 운운 자 경 기묘
乙巳之禍 士氣沮喪 人道幾乎熄矣 唯幸李滉曺植 出於其間 以學問氣節
을사 지 화 사기 저상 인도 기 호 식 의 유 행 이황 조식 출 어 기 간 이 학문 기절
彰明一世 聞風而興起者 盖彬彬焉 惟我□先王崇儒重道 收召拔
창명 일세 문풍 이 흥기 자 개 빈빈 언 유 아 선왕 숭유 중 도 수 소 발

【번역】

엎어진 동이[458] 안에서 다시 빛나, 인심이 천리 밖까지 고무(鼓舞)되었습니다. 오직 다섯 명의 신하는 한 몸이옵고 원통하게 죽은 귀신들은 아직 □성상은택을 입어 누명을 씻어내지 못했사옵니다. 제왕(帝王)이 된 자는 차별 없이 평등하게

---

455) 沛澤(패택): 죄수를 대사(大赦)하는 은전.

456) 賜祭(사제): 대신의 죽음에 임금이 칙사를 보내어 제사를 지내 줌.

457) 職牒(직첩): 벼슬아치의 임명장.

458) 覆盆(복분): 엎어 놓은 동이. 사회가 암울하거나 호소할 곳도 없는 억울한 처지를 비유하는 말.

사랑하는 것[459]을 한 가지로 바라본다는 뜻이온대, 과연 편안하게 있는 것이옵니까? 엎드려 바라옵건대, □전하께옵서 다시 한 번 다섯 명의 신하들이 역적이 아니라는 정상을 살피시어 역적이라는 악명을 씻어주시옵고, 관작을 다시 복직하여 주시옵고, 몰수한 재산[460]을 더해주시어, 사방의 민심이 모두 □전하가 살리기를 좋아하시는 덕을 우러러 보게 하시면 나라의 신하와 백성들의 복일 것이옵니다."

라고 말했다.

36년 무신년(戊申年) - 2월에 □선조대왕(宣祖大王)께서 승하(昇遐)하시고, 광해군(光海君)이 즉위하였다.(1608년)

2월에 전 의금부 도사 나덕윤(羅德潤)이 만언소(萬言疏)[461]를 써서 기축년의 원통한 옥사를 펴줄 것을 청하였으니, 그 대략에서 말하기를,

"기묘년(己卯年)의 사화(士禍)와 을사년(乙巳年)의 사화(士禍)[462]로 선비들의 기개가 막히고 인도(人道)를 잃어버리고 꺼져버린 것이 얼마나 되었사옵니까? 다행히도 이황(李滉)과 조식(曺植)이 그 사이에 나와 학문으로써 기개와 절조를 일세에 드날리면서 환하게 밝히고 떨쳐 일으킨 것이어서 아름답고 성(盛)했습니다.[463] 우리 □선왕(先王)들께오서는 유학을 숭상하고 도를 중하게 여기시어 (학자들을)받아들이고 발탁하여 임용하셨고,

[81쪽]

用 當是時人心丕變 士趨自明世道蔚乎可觀 而不幸沈義謙金孝元 只是
용 당시시 인심 비변 사추자명 세도 울호 가관 이 불행 심의겸 김효원 지시

名利場人物 乃敢立幟分黨 朝著遂不靖 至於癸未 未分黨已甚 士類分波
명리 장 인물 내감립치 분당 조저수부정 지어 계미 미 분당 이심 사류 분파

其害有不可言者 及己丑之變 奸人又謀孼 其間一隊名流 悉陷於叛逆之
기해유 불가 언자 급 기축 지변 간인 우모얼 기간 일대 명류 실함어 반역 지

459) 同仁(동인): 차별 없이 평등하게 사랑하는 일.
460) 籍沒(적몰): 중죄인의 재산을 몰수하던 일.
461) 萬言疏(만언소): 제왕에게 올리는 장편의 상소문.
462) 己卯乙巳之禍(기묘을사지화): 기묘사화(己卯士禍)와 을사사화(乙巳士禍). 기묘사화는 1519년(중종 14) 11월에 남곤(南袞)·심정(沈貞)·홍경주(洪景舟) 등의 훈구재상에 의해 조광조(趙光祖)·김정(金淨)·김식(金湜) 등 신진사류가 화를 입은 사건이며, 을사사화는 1545년(명종 즉위년)에 왕실의 외척인 대윤과 소윤의 반목으로 일어나, 소윤이 대윤을 몰아낸 사림의 화옥(禍獄)으로 모두 조선 4대 사화 중의 하나임.
463) 彬彬(빈빈): 문채와 바탕이 모두 잘 갖추어짐. 문질(文質)을 겸비함. 아름답고 성(盛)한 모양.

深坑 可謂慘矣 壬辰國破家亡之禍 兆於癸未 激於己丑 馴致於內訌大作
심갱 가위 참 의 임진 국 파 가 망 지 화 조 어 계미 격 어 기축 순 치 어 내홍 대 작
外猘斯酷 可勝痛哉 澈素以狼蝮之性 乃生構捏之計 設陰穽以陷無辜 托
외 은 사 혹 가 승 통 재 철 소 이 랑 복 지 성 내 생 구 열 지 계 설 음 정 이 함 무고 탁
公法以復私讎 其一時希望 風旨投疏羅織者 相續以公車之下 而上自
공법 이 복 사 수 기 일시 희망 풍 지 투 소 나 직 자 상속 이 공 거 지 하 이 상 자
士大夫 下及韋布之士 動足搖手 擧在指目之中 少有一言 必陷於營救之
사대부 하 급 위포 지 사 동 족 요 수 거 재 지목 지 중 소 유 일 언 필 함 어 영 구 지
罪 故所以三年大獄 寃
죄 고 소이 삼 년 대 옥 원

【번역】

그때를 당해서 인심이 나쁜 관습을 깨뜨리고 크게 변하니464) 선비들도 빠르게 좇아서 저절로 세상의 도가 아름답게 밝아지니 가히 볼만했사옵니다. 그러나 불행히도 심의겸(沈義謙)과 김효원(金孝元)은 다만 명예와 이익만을 옳다고 여기고 과장(科場)의 인물을 뽑았고, 이에 감히 분당(分黨)의 깃발을 세우니, 조정은 마침내 다스려지지 못하고, 아직 분당이 되지 않았다가 계미년(癸未年; 1583년. 선조 16)에 이르러서는 (분당이)이미 심하게 되었던 것입니다. 학덕 높은 선비 무리들이 나뉘니 그 해악은 말로 할 수 없었고, 급기야 기축년의 변고(變故; 己丑獄死) 이르러서는 간사한 사람들이 또 죄악을 꾀했습니다. 그 사이에 한 때의 명망 있는 사류들이 모두 반역의 깊은 구덩이에 빠졌으니 가히 참담하다 할 것이옵니다. 임진년(壬辰年; 임진왜란)의 나라가 파망하는 화의 조짐은 계미년에 있었고, 기축년에 거세어지더니, 조정에서의 분란465)이 점차 심해지더니466) 외은(外猘; 임진왜란)467)이 크게 일어났으니, 이것은 혹독한 아픔이었습니다. 정철은 평소에 이리와 살무사 같은 천성으로 붙잡아 억누를 꾀를 내어, 함정을 숨기고 무고한 사람들을 공법의 의탁하여 개인적인 원수들을 함정에 빠뜨리니, 그 한 때에 바라는 의도대로 죄를 꾸며 상소를 올리게 하여 임금의 명령으로 연달아 잡아들였습니다. 위로는 사대부로부터 아래로는 벼슬 없는 선비들에 이르기까지 발을 구르고 손을 내젓었습니다. (정철의)지목을 하는 조금의 말이라도 하는 사람은 반드시 죄를 꾸며468) 함정에 빠뜨렸습니다. 그런 까닭으로 3년 간의 대옥사에서 원한 맺힌 형장(刑杖)의

464) 丕變(비변): 예로부터 내려오는 나쁜 관습을 크게 깨뜨려버림. 크게 변함.
465) 內訌(내홍): 내부에서 저희끼리 일으키는 분쟁. 본문에서는 조정에서의 분쟁을 이름.
466) 馴致(순치): 차츰 도달함. 점차 이름.
467) 外猘(외은): 밖에서의 개가 으르렁거리며 싸우는 소리. 본문에서는 임진왜란을 이름.
468) 營救(영구): '영구(營構)'의 오기인 듯. 꾀어내고 유혹함.

[82쪽]

楚萬狀云云 □光海君答略曰 鄭介淸等冤枉 予亦曾聞其槪矣 然事在□
초 만상 운운 광해군 답 략 왈 정개청 등 원왕 여 역 증 문 기 개 의 연 사 재

先朝 不敢輕議 當與大臣商確以處 仍□傳曰 議大臣以啓 大臣收議 完
선조 불 감 경 의 당 여 대신 상 확 이 처 잉 전 왈 의 대신 이 계 대신 수의 완

平府院君李元翼議略曰 己丑年間 臣授任在外 因人聞見之事 到今病昏
평 부원군 이 원 익 의 략 왈 기축 연간 신 수임 재외 인 인 문견 지 사 도 금 병 혼

亦已遺忘之 大槪李潑等以不愼交遊之罪 至陷於謀逆之極禍 人心之寃
역 이 유 망 지 대개 이발 등 이 불 신 교유 지 죄 지 함 어 모역 지 극 화 인심 지 원

憐痛楚久 而愈深 在今快從公論 昭雪至寃 實嗣服之初 慰悅人心之一大
련 통 초 구 이 유 심 재 금 쾌 종 공론 소 설 지 원 실 사 복 지 초 위 열 인심 지 일 대

擧措也 ○左議政李恒福議略曰 逆賊不難知逆謀 則爲逆臣不逆 則爲
거 조 야 좌 의정 이항복 의 략 왈 역적 불 난 지 역모 즉 위 역신 불 역 즉 위

平人而已 故子家子 最親於平子平陰之亂 一朝而便 爲仇敵王導 乃敦之
평인 이 이 고 자 가 자 최 친 어 평 자 평 음 지 란 일조 이 편 위 구적 왕 도 내 돈 지

切族 而南皇之事 以大義
절 족 이 남 황 지 사 이 대의

【번역】

온갖 모습이 일어났습니다."

라고 말했다. □광해군(光海君)이 비답을 내렸는데, 그 대략에 이르기를,

"정개청 등의 원통하고 억울한 일은 나도 역시 일찍이 그 대강을 들었다. 그러나 그 일은 □선조(先朝; 宣祖) 때에 일어난 것이니, 감히 경솔히 의논할 수 없으니 마땅히 대신들과 함께 헤아려 확정하여처리할 것이다."

라고 하고, 거듭 □광해군이 전교(傳敎)하시기를,

"대신들이 의론하여 상계하라."

고 하시니, 대신들이 의론을 모았는데, 완평부원군(完平府院君) 이원익(李元翼)[469]이 의론한 것의 대략에 말하기를,

"기축년 간에 신은 외임(外任; 外職)을 제수받았사옵기 때문에 다른 사람들로부터 보고들은 일들이었고, 지금은 병들어 정신이 혼미하여 역시 이미 잊었사옵니다. 대강의 개략은 이발 등이 삼가지 못하고 (역적과)교유한 죄로 역모의 지극한 화에 빠졌고, 인심의 원통하고 가련하며 아프게 여긴지 오래되었고 더욱 깊어졌사옵니다. 지금 빨리 공론을 따르시어 지극한 원망과 억울한 누명을 밝게 씻어주어 대를 잇는[470] 시초(始初; 맨 처음의 역모의 죄상)를 실제로 위로해주시어 인심

469) 李元翼(이원익): 1547(명종 2)~1634(인조 12). 조선 중기의 문신. 자는 공려(公勵). 호는 오리(梧里). 성품이 소박하고 일처리가 충실하여 임진왜란 때에 왕을 호종하는 등 공로로 호성공신(扈聖功臣)에 녹훈되고 완평부원군(完平府院君)에 봉해졌음.

470) 嗣服(사복): 선인(先人)의 사업(事業)을 계승함.

을 한 번 크게 조처하여주옵소서."

라고 하였다. ○좌의정(左議政) 이항복(李恒福)이 의론의 대략을 말하기를, "역적의 역모는 알아내기 어렵지 않은 즉 역신이 되어 역적질을 하지 않으면 곧 죄 없는 평범한 사람일 뿐이옵니다. 그러므로 자가(子家)의 아들은 평자(平子)[471]와 가장 친했는데, 평음(平陰)[472]의 난리가 한 번 일어나니, 하루아침에 문득 원수와 적이 되었습니다. 그러나 왕은 거듭 가까운 친족으로서 돈독히 하였으나 대의(大義)로써는 남황지사(南皇之事)로

[83쪽]

滅親 古今天下若此類何限 而向□國則爲純臣 背□國則爲逆臣 龍蛇之
멸친 고금 천하 약차 류하한 이향 국즉위순신 배 국즉위역신 용사지

判 只在俄頃向背之間 豈曰其親與不親 潑等平日引進逆臣 使登顯仕 及
판 지재아경 향배지간 기왈기친여불친 발등평일 인진역신 사등현사 급

其誅逆 連累而死勢也 然□朝家議法 則當問情之 有無不當諉之勢 而任
기주역 연루이사세야 연 조가의법 즉당문정지 유무부당위지세 이임

其死也 臣猶記 當時鞫廳議□啓之辭一疑 有云 縉紳之間 出一汝立 已
기사야 신유기 당시국청의 계지사일의 유운 진신지간 출일여립 이

是大變 夫豈有兩汝立乎云云 如曰 必無是理 則是不與逆謀也 不與逆謀
시대변 부기유양여립호운운 여왈 필무시리 즉시불여역모야 불여역모

則與凡臣奚擇焉 惟其自處 則泥首乞死可也 臣於鞫獄之際 所見如是已
즉여범신해택언 유기자처 즉니수걸사가야 신어국옥지제 소견여시이

嘗言於同僚 □先王引對之日 亦以是□啓之 頃日□經筵 又伸前說云云
상언어동료 선왕인대지일 역이시 계지 경일 경연 우신전설운운

○領府事李山海
영부사 이산해

【번역】

친속간의 사적인 정을 잘라버렸으니, 고금 천하에 이와 같은 종류를 어찌 한정하겠사오며, □나라를 바라본즉 충순하고 독실한 신하가 되었다가 □나라를 배반하고 역신이 되었습니다. 용과 뱀의 구별[473]이 다만 잠깐의 좇음과 등짐의 사시에 있으니, 어찌 친했다고 말하며 친하지 않았다고 말하겠사옵니까? 이발 등은 평일에 역신(정여립)을 끌어들여 등용하였고, 높은 벼슬자리에 올렸으나 그가 역적으로 죽음에 연루되어 죽어간 형세였사옵니다. 그러나 □조정에서는 법을 의론한즉 응당 그의 정황을 묻고 부당함이 있는지 없는지는 형세에 맡겼어야 했는데

471) 平子(평자): 후한(後漢) 장형(張衡)의 자.

472) 平陰(평음): 한 대(漢代)에 둔 춘추시대의 평음읍(平陰邑).

473) 龍蛇之判(용사지판): 용과 뱀을 구별하는 것. 곧 좋은 사람과 나쁜 사람을 판별함. 용사혼잡(龍蛇混雜)에서 나온 말.

도 임의(任意)대로 그를 죽인 것이옵니다. 신이 기억하기로는 당시의 국청에서 의론하여 □임금께 올린 상계에는 한 가지 의문이 있사옵니다."

라고 하고, 또 이르기를,

"사대부 사이에서 한 사람의 정여립이 나온 것은 이미 큰 변고인데, 대저 어찌 두 명의 정여립이 있겠사옵니까?"

라고 말했다. 아울러 말하기를,

"절대로 이와 같은 이치는 없을 것인즉 더불어 역모를 하지 않았을 것입니다. 더불어 역모를 하지 않은즉 무릇 (처형한)신하들을 어찌 골랐겠사옵니까? 오직 그 스스로가 처리한즉 복죄(服罪)[474]를 하고 목숨을 애걸함이 가능했던 것입니다. 신이 국문하고 옥사를 했을 때 소견은 이와같사옵니다. 제가 일찍이 동료들에게 말을 하고 □선왕(先王; 宣祖)께서 만나보시던 날도 역시 이와같았으며, □임금께 상계를 올리던 근간인 □임금께 올리던 경연(經筵)에서도 또 앞의 말씀을 드렸사옵니다."

라고 말했다. ○영부사(領府事) 이산해(李山海)가

[84쪽]

議略曰 己丑年間 臣罷散在家庭 鞫一事不出於朝報末 由問知雖囚人 粗
의 략 왈 기축 년간 신 파 산재 가 정 국 일 사 불출 어 조 보 말 유 문 지 수 수 인 조
得其一二 而亦未詳焉 大概李潑等 不愼交遊之罪 固有之矣 以此至陷於
득 기 일 이 이 역 미상 언 대개 이발 등 불 신 교유 지 죄 고 유 지 의 이 차 지 함 어
逆謀之極禍 老母穉子 駢首就戮 不亦慘乎 自初至今 二十餘年 人心莫
역모 지 극 화 노모 치 자 병 수 취 륙 불 역 참 호 자초 지금 이십 여 년 인심 막
不以爲寃痛 而公論始發於今日 此正昭雪至冤之秋也 滌去罪案 還給
불 이 위 원통 이 공론 시발 어 금일 차 정 소 설 지원 지 추 야 척거 죄안 환급
籍沒 豈非幸甚云云 ○右議政沈喜壽議曰 臣伏覩備忘記 □下教委曲 得
적몰 기 비 행 심 운운 우의정 심 희수 의 왈 신 복 도 비망기 하교 위곡 득
中似難 容贅於其間 但旣謂李潑兄弟 不與逆謀 至於平時 㝡相親厚書尺
중 사 난 용 췌 어 기간 단 기 위 이발 형제 불 여 역모 지 어 평시 최 상친 후 서 척
往復 推尊延譽而已 則死於知人暗昧 不愼交遊之罪足矣 甚至老母穉子
왕복 추 존 연 예 이 이 즉 사 어 지인 암 매 불 신 교유 지 죄 족 의 심 지 노모 치 자
亦被刑禍 前古所未有
역 피 형 화 전 고 소 미 유

【번역】

논의하였는데, 대략에 말하기를,

474) 泥首(이수): 진흙을 머리에 바름. 복죄(服罪)함을 나타냄. 뒤에는 머리가 땅에 닿도록 조아림을 이르는 말로 쓰임.

"기축연간에 신은 집에 있으면서 조정 국문의 한 가지 일도 맡지 않았으며 조정의 공보(公報)에도 나아가지 않았사옵니다. 자잘한 일들은 물어서 알았습니다만 비록 정밀하지 않은 한두 가지를 얻을 수는 있었어도 역시 자세한 것이 못되었습니다. 대략은 이발 등이 (역적과)사귐에 삼가지 못한 죄는 진실로 있습니다. 이것으로 역모의 지극한 화에 빠지게 되고, 늙은 어머니와 어린 자식들을 나란히 죽였으니 또한 참혹한 것이 아니겠사옵니까? 처음부터 지금에 이르기까지 20여년 동안 인심이 원통하게 여기지 않음이 없고 공론이 오늘에야 비로소 시작되었으니, 지금이 딱 누명의 지극한 원한을 바르게 씻어 줄 때이옵니다. (역모의)범죄사실을 적은 기록들을 씻어 버리게 하고, 몰수한 가산을 돌려준다면 어찌 매우 다행한 일이 아니겠사옵니까?"

라고 말했다. ○우의정 심희수(沈喜壽)가 의론하며 말하기를,

"신이 비망기(備忘記)를 엎드려 살피건대, □전하께오서 하교(下教)하신 자세한 사정과 곡절 가운데는 번거롭고 장황하여 용납하기 어려운 것들도 있사오나, 다만 이미 이발 형제가 역모에 관여하지 않았으며, 평시에 이르러 서로 친하기를 두터이 하고 편지가 오고가면서 서로 받들어 존경하면서 명예를 퍼뜨린 것뿐인즉, 사람을 알아봄이 어두워 사귐에 삼가지 못한 죄이면 족한데도, 늙은 어머니와 어린 자식이 또한 형벌의 화를 입기에 이른 것은 매우 심하여 예전에 없던 형율이

[85쪽]

之律二十年 只給籍沒 恐或未雪 九泉之寃云云 ○淸平府院君韓應寅議
지 율 이십 년 지 급 적몰 공 혹 미 설 구천 지 원 운운 청 평 부원군 한응인 의

略曰 己丑治獄之事 末稍臣以承旨 或參鞫廳 而至今病昏 專未記憶 故
략 왈 기축 치옥 지 사 말 초 신 이 승지 혹 참 국 청 이 지금 병혼 전 미 기억 고

李潑等事 未能 □一陳達矣 大抵公論之發久而愈激 則快示昭雪 以答輿
이발 등 사 미 능 일 진 달 의 대저 공론 지 발 구 이 유 격 즉 쾌 시 소 설 이 답 여

望 正在今日矣云云 ○諸大臣議入 光海答曰 知道待領相 上來畢收議以
망 정 재 금일 의 운운 제 대신 의 입 광 해 답 왈 지도 대 령 상 상 래 필 수의 이

處 且鄭介淸其時籍沒與否 考□啓 - 其時適有逆辯 且値尨亂 不得更□啓
처 차 정개청 기 시 적몰 여부 고 계 기 시 적 유 역변 차 치 방 란 부 득 경 계

是歲羅州生員姜鳳覽等 上疏請伸五臣之寃 -疏辭佚 光海下禁府議啓
시 세 나주 생원 강 봉 람 등 상소 청 신 오 신 지 원 소 사 일 광 해 하 금부 의 계

禁府回□啓略曰 逆臣汝立包凶餙 僞厚誣一世 當時士大夫稍有一面之
금부 회 계 략 왈 역신 여 립 포 흉 희 위 후 무 일세 당시 사대부 초 유 일면 지

分 莫不通書問答
분 막 불 통 서 문답

【번역】

20여년이라, 다만 몰수하였던 재산만 돌려준다면 혹 구천의 원통함은 미처 씻

어주지 못할까 두려울 뿐이옵니다."

라고 말했다. ○청평부원군(淸平府院君) 한응인(韓應寅)[475]이 의논한 것의 대략에 말하기를,

"기축년에 치옥(治獄)한 일은 말초(末梢; 벼슬이 낮음) 신하였던 승지(承旨)[476]로서 혹 국청에 참여하였고, 지금은 병이 들고 혼미하여 온전히 기억하지는 못하옵니다. 그런 까닭으로 이발 등의 일은 □임금께 한 번도 진술하여 전할 수 없었습니다. 대저 공론이 일어난 것이 오래되었고, 더욱 거세어지고 있으니 빨리 뭇사람들의 바람에 답하여 원통하고 억울한 누명을 씻어주심이 오늘에 있어 바로 할 일이옵니다."

라고 말했다. □여러 대신이 의론을 광해군에게 드리니, 대답하기를,

"영상(領相)이 의론을 모아오기를 기다렸다가 처리할 것이니 그리 알고[477] 또 정개청은 그 당시에 가산을 몰수했는가 하지 않았는가를 밝히라."

라고 하시니, □광해군에게 상계를 올렸다. - 그 때 마침 반역의 변고(變故)가 어지럽게 일어나서[478] 다시 □임금께 상계를 올릴 수 없었다.

이 해에 나주 생원 강봉람(姜鳳覽) 등이 상소를 올려 다섯 신하들의 원통함을 풀어 줄 것을 청하였다. -상소의 글은 잃음 광해군이 금부(禁府)에 의론하여 상계하라고 하달하니 금부에서 □광해군에게 상계를 올렸는데, 대략에 말하기를,

"역신 정여립은 흉악한 마음을 품고 거짓을 무겁게 꾸며 일세를 업신여기니, 당시의 사대부들이 조금도 일면식도 없는 사람들과도 편지로 문답을 통하지 않음이 없었습니다.

[86쪽]

鄭介淸等五人 同在一道 或與之相厚 或因書酬酌 乃人之常情也 及鄭賊
정개청 등 오 인 동 재 일 도 혹 여 지 상 후 혹 인 서 수작 내 인 지 상정 야 급 정 적

刦干孀女之後 士大夫莫不疑訝 絶不相問者 有年凶逆之謀 豈有一毫 與
겁 간 상 여 지 후 사대부 막 불 의 아 절 불 상 문 자 유 년 흉역 지 모 기 유 일호 여

475) 韓應寅(한응인): 1554(명종 9)~1614(광해군 6). 조선 중기의 문신. 자는 춘경(春卿). 호는 백졸재(百拙齋). 정여립 모반을 고변한 공으로 평난공신(平難功臣) 1등에 책봉되고, 임진왜란 때 원나라에 청병을 요구하였고 임금을 따라 행재소에 수행하고 한어(漢語)에 능하여 이여송(李如松)을 접빈하는 등 공을 세워 청평군(淸平君)에 봉해짐.

476) 承旨(승지): 왕명의 출납을 맡은 도승지. 좌・우승지. 좌・우부승지. 동부승지의 총칭.

477) 知道(지도): 알아야 됨. 알기를 바람. 주로 제왕의 조령(詔令)의 말미에 씀.

478) 尨亂(몽란): 난리가 어지럽게 일어남.

知之理乎 變生之初 與賊交遊之說 雖出於言者之口 許多書札中叛逆事
지 지 리 호 변 생 지 초 여 적 교유 지 설 수 출 어 언 자 지 구 허다 서찰 중 반역 사

豈有隻掌毫畵之可疑 而當事委問之臣 一不□啓稟以明其寃狀 李潑
기 유 척 장 호 화 지 가 의 이 당사 위 문 지 신 일 불 계 품 이 명 기 원 상 이발

一家 無遺噍類 鄭介淸柳夢井 重刑遐竄 俱死非命 曺大中以作詩之 故
일가 무 유 초 류 정개청 유 몽 정 중형 하 찬 구 사 비 명 조 대 중 이 작 시 지 고

慘及泉壤 其爲寃痛 容有極哉 況介淸林下士也 窮經說禮 孤特自守 所
참 급 천양 기 위 원통 용 유 극 재 황 개 청 임 하 사 야 궁경 설 례 고 특 자 수 소

著之說 實是有爲 而發白横加惡目 因成罪案 人心難誣 擧國咸痛 一道
저 지 설 실 시 유 위 이 발 백 횡 가 악 목 인 성 죄안 인심 난 무 거국 함 통 일도

之人 明知事狀籲呼 □天門不
지 인 명 지 사 상 유 호 천문 불

【번역】

정개청 등 다섯 사람은 함께 한 도(道; 全羅道)에 있었으니, 혹은 더불어 서로 사귐이 두텁기도 하였고, 혹은 서찰을 주고받기도 하는 것은 사람이 보통 가질 수 있는 마음입니다. 그러나 역적 정여립이 수절하던 과부를 겁간한[479] 후로는 사대부들이 의심하고 의아하게 생각하지 않는 사람이 없었으며, (관계를)끊고 서로 묻지도 않은 것이 여러 해였습니다. 흉악한 역적의 음모를 어찌 털끝만큼도 알고 있을 이치가 있었겠사옵니까? (역적의)변고가 일어난 초기에 역적과 교유했다는 말이 비록 말한 사람의 입에서 나왔다 하더라도 허다한 서찰 가운데 반역한 일이 어찌 있었겠사옵니까? 손바닥 하나로는 소리를 내고, 한 개의 털로 그림을 그렸다는 것[480]은 가히 의심할 수 있는 일이오나, (역적의 난을)당해 신문(訊問)을 맡은 신하는 한 번도 □상계를 올려 그 원통한 모습을 아뢰지[481] 않았습니다. 이발(李潑)의 일가는 한 사람도 살아남은 사람[482]이 없으며, 정개청(鄭介淸) · 유몽정(柳夢井)은 중형을 받고 멀리 유배갔다가 함께 비명(非命)에 죽었으며, 조대중(曺大中)은 시(영결시)를 지었다는 것으로 참담하게 저승으로 갔으니, 그들의 원통함은 또한 지극한 것이었습니다. 하물며 정개청은 산간의 선비로서 경서(經

479) 刼干孀女(겁간상녀): '겁간(刼干)'은 '겁간(刼奸)'의 오기. 상녀(孀女)는 수절하고 있는 과부. 『연려실기술(練藜室記述)』 제14권 '선조조고사본말(宣祖朝故事本末)'에 「(정여립이) 그 이웃에 사족(士族)의 청상과부가 있었는데 재산이 많고 재가할 뜻이 없었다. 여립이 (그 과부가)집안에 강도를 붙여 두었다고 관청에 무고하여 그 집 노비를 잡아 가두게 하고 밤에 가서 강간하고 마침내 첩으로 삼았다.」 라고 『혼정록(混定錄)』의 기록을 옮겨 적고 있음.

480) 隻掌毫畵(척장호화): '척장(隻掌)'은 '척장난명(隻掌難鳴)' 또는 '고장난명(孤掌難鳴)'의 뜻으로 외손뼉 하나로는 소리를 낼 수 없다는 뜻으로, 혼자서는 뜻을 이루기 어렵다는 것이고, '호화(毫畵)'는 '일호난화(一毫難畵)'로 가늘고 뾰쪽한 털 하나로는 붓이 되지 못하니 그림을 그릴 수 없다는 뜻.

481) 啓稟(계품): 글로 임금께 아뢰는 것.

482) 噍類(초류): 살아 있는 사람이나 동물.

書)를 궁리(窮理)하고 예법(禮法)을 강론하면서 오로지 자기가 쓴 책속의 말들을 지키며 실제 행하다가, 제멋대로 가해진[483] 악한 죄목(罪目)으로 인해 적힌 범죄 사실의 기록을 밝혔습니다. 사람의 마음으로 남을 무고(無辜)하기는 어려운 것이니, 온 나라가 모두 원통해 했으며 한 도의 사람들이 일의 모습을 밝게 알고 있고, 대궐문에서 호소하며 부르짖은 것이[484]

[87쪽]

一不再 是非公論 豈待百年而定哉 □先王聖教 一則曰 非以其人等 爲
일 부 재 시비 공론 기 대 백년 이 정 재 선왕 성교 일 즉 왈 비 이 기 인 등 위
逆謀同參 一則曰 問訊雖過 足爲後戒 其非逆謀 則□先王已洞燭矣
역모 동참 일 즉 왈 문 신 수 과 족 위 후 계 기 비 역모 즉 선왕 이 통촉 의
天下之惡 莫大於叛逆 旣非同參 則其寃極矣 天下之寃 莫深於被誣 旣
천하 지 악 막 대 어 반역 기 비 동참 즉 기 원 극 의 천하 지 원 막 심 어 피 무 기
受構捏 則其痛極矣 一時被誣 而寃死者崔永慶 □先王親自昭雪 給其爵
수 구 열 즉 기 통 극 의 일시 피 무 이 원사 자 최 영 경 선왕 친 자 소설 급 기 작
而官 其子至□賜祭以慰之獨 此五臣抱寃窮泉二十年 菀然之魂 其望恩
이 관 기 자 지 사 제 이 위 지 독 차 오 신 포원 궁 천 이 십 년 완 연 지 혼 기 망 은
於□聖上 如天之德者 豈有窮已 次第開釋 惟在□聖衷 光海君答曰 姑
어 성상 여 천 지 덕 자 기 유 궁 이 차제 개 석 유 재 성충 광해군 답 왈 고
待後日
대 후일

三十七年己酉 - 光海元年
삼 십 칠 년 기유 광 해 원년

【번역】

한누 번이 아니었고, 옳고 그름을 밝히는 공론이 있으나 어찌 백년을 기다려 정해지겠사옵니까? □선왕(先王; 宣祖)께옵서 교명(敎命; 임금의 명령)이 있었사오니, 하나는 '그 사람들은 역모에 동참한 사람들이 아니다'라는 것이었고, (또 다른)하나는 '신문(訊問)을 하면서 비록 지나침이 있었더라도 훗날의 경계로 삼기에 족하다.'라는 것이었사옵니다. 그 사람들이 역모를 한 것이 아니라는 것은 곧 □선왕께옵서 이미 통촉하셨다는 것이옵니다. 천하의 악 중에서 반역보다 큰 것이 없고, 이미 동참한 것이 아닌즉 그 사람들의 원통함은 지극한 것이옵니다. 천하에 원통한 것은 무고(無辜)를 입은 것보다 심한 것이 없사오니, 이미 꾸며서 날조한 것이니 그 통렬(痛烈)함은 지극한 것이옵니다. 한 때의 무고를 당해 원통하게 죽

483) 橫加(횡가): 함부로 가함. 제멋대로 함.
484) 籲呼(유호): 호소하며 부르짖음.

은 최영경은 □선왕께옵서 친히 억울한 무명을 씻어주시고 그의 관작을 내려주셨으며, 그의 자손들에게 □선왕께옵서 칙사를 보내어 제사를 지내주고 위로하시었사옵니다. 그러나 오직 이 다섯 신하들만은 원통함을 안고 하늘에 올라간[485] 지가 20년으로 시들은 혼백이 된 그들은 □성상의 은총을 바라고 있사옵니다. 하늘 같으신 덕에 어찌 다함이 있겠사옵니까? 이번 기회에 (원통함을)풀어주시는 것은 오직 □성상의 마음[486]에 있사옵니다."

라고 하니, 광해군이 대답하시기를,

"잠시 후일을 기다리라."

라고 하셨다.

37년 기유년(己酉年) - 우리나라 광해군(光海君) 원년(元年). (1609년)

[88쪽]

二月日 三司 - 李尙毅尹皓尹銑金止男任章朴彝敍李溟金致遠 **合啓請雪五臣之寃**
이월일 삼사 이상의윤호윤선김지남임장박이서이명김치원 합계 청설오신지원

□啓略曰 己丑逆賊 出於縉紳之間 按獄之臣 乘時構捏 一時名賢 並陷
계략왈 기축 역적 출어진신지간 안옥지신 승시구열 일시 명현 병함

於禍網 無罪無辜 騈首就斃 當時抱寃 慘不忍言 人心久而愈痛 天理幾
어화망 무죄 무고 병수취폐 당시 포원 참불인언 인심구이유통 천리 기

乎熄矣 幸□聖明洞燭其狀 旣以公論 可知許之 臣等感激 聚首知伸雪之
호식의 행 성명 통촉 기상 기이 공론 가지 허지 신등 감격 취수 지 신설 지

有期 而區區論執之不已者 盖一日爲急也 又曰 今我□聖上大霈朽骨 實
유기 이 구구 논집 지불이자 개 일일 위급야 우왈 금아 성상 대패후골 실

出於繼述之孝 而豈可謂三年 無改之比乎 人心所在天 且不違公論 日激
출어 계술 지효 이기 가위 삼년 무개지비호 인심 소재 천 차불위 공론 일격

難以久沮 請亟□賜一諭李潑李洁白惟讓鄭介淸曺大中 蕩滌罪案 復其
난이구저 청극 사일유 이발 이길 백유양 정개청 조대중 탕척 죄안 복기

官職 還其籍沒 此外寃死之人 並令廟
관직 환기 적몰 차외원사지인 병령묘

【번역】

2월에 삼사(三司) - 이상의(李尙毅)·윤호(尹皓)·윤선(尹銑)·김지남(金止男)·임장(任章)·박이서(朴彛敍)·이명(李溟)·김치원(金致遠)에서 합동으로 계를 올려 다섯 신하들의 원통함을 풀어줄 것을 청하였는데, □상계의 대략에 말하기를,

"기축년에 역적이 사대부 사이에서 나왔는데, 옥사(獄事)를 다스리던 신하들이

485) 窮天(궁천): 하늘 끝까지 올라감.

486) 聖衷(성충): 천자의 마음.

이때를 이용해서 꾸미고 날조해서 일시의 명현들을 함께 화의 그물에 빠뜨렸으니 죄 없이 무고를 당한 사람들이 머리를 나란히 하고 죽어갔사옵니다. 동시에 원통함을 품었으니 참혹하기가 말로 하기 어려웠사옵니다. 인심이 오래될수록 더욱 통탄해하니 하늘의 밝은 이치가 거의 꺼져갔사옵니다. 그러나 다행이 □성상의 밝은 지혜로 그 참상(慘狀)을 통촉하시고 이미 공론으로써 허락하심을 알 수 있으니 신들은 감격하며 머리를 모아 신원설치할 기약을 알았사오나 구구한 의논이 모이기를 아직 끝나지 않았사오나, 대개 하루가 급해졌사옵니다."

라고 하고, 또 말하기를,

"지금 우리 □성상께오서 죽은 사람들에게 큰 은택을 베풀어주시는[487] 것은 (선왕의)뜻과 사업을 실제로 잇는 효도이오니 어찌 (선왕이 하던 사업은)3년 동안 바꾸지 않는다는 것과 비견하다고 말할 수 있겠사옵니까? 인심이 있는 곳은 하늘이옵고 하늘은 또 공론에 어그러지지 않는 것이오니, 날로 거세어지고 오래될수록 (신원설치의)청을 막기 어려우니 빨리 □성상께오서 한 번 깨우침을 베풀어주시어 이발・이길・백유양・정개청・조대중의 (역적이라는)범죄 기록을 깨끗이 씻어내 주시고 그 사람들의 관직을 회복시켜 주시며, 그 사람들의 몰수한 재산을 돌려주시옵고, 이밖에 원통하게 죽은 사람들을 함께

[89쪽]

堂盡加査考 一體施行 □光海君答曰 凡事莫如待時 而行予意諭之 已盡
당 진 가 사고 일체 시행 광해군 답 왈 범 사 막 여 대 시 이 행 여 의 유 지 이 진

姑待後日可也 - 自今年三司之啓始發 而光海每以三年之內 不敢輕議 爲答故停啓
고 대 후일 가 야 자 금년 삼사 지 계 시 발 이 광 해 매 이 삼 년 지 내 불감 경 의 위 답 고 정 계

三十八年 庚戌 - 光海二年
삼십 팔 년 경술 광 해 이 년

二月 □宣祖祔廟後 三司 -兩司尹玏尹讓柳穡朴思齋金聲發李必榮閔德
이월 선조 부묘 후 삼사 양 사 윤 륵 윤 양 유 색 박 사 재 김 성 발 이 필 영 민 덕

男吳煥許實玉堂南以恭 更□啓請伸五臣之寃 略曰 臣等將己丑諸臣
남 오 환 허 실 옥 당 남 이 공 경 계 청 신 오 신 지 원 략 왈 신 등 장 기축 제신

寃死之事 仰瀆□聖聰 庶幾快覩昭雪之典 而自上持難已有日矣 臣等竊
원사 지 사 앙 독 성총 서기 쾌 도 소설 지 전 이 자 상 지 난 이 유 일 의 신 등 절

惑焉 逆賊出於縉紳之間 當時在廷之臣 孰不與之交遊 書札往復 按獄之
혹 언 역적 출 어 진 신 지 간 당시 재 정 지 신 숙 불 여 지 교유 서찰 왕복 안 옥 지

臣 陰挾宿憾 逞其胸臆 乘時羅織 無所不至 置之極罰 而後已至
신 음 협 숙 감 령 기 흉 억 승시 나직 무 소 부 지 치 지 극 벌 이 후 이 지

487) 大霈(대패): 천지기 큰 은택을 베풂. 곧 대사면(大赦免)을 내림.

【번역】

조정[488]에서 조사하고 고찰하게 하시어 한 가지로 시행해주옵소서."

라고 하니, □광해군이 답하시기를,

"무릇 모든 일은 때를 기다렸다가 시행하는 것만 못하는 것이라고 내 뜻을 밝히니, 이미 끝났더라도 잠시만 훗날을 기다리는 것이 옳다."

라고 말씀하셨다. - 금년(己酉年; 1609년)부터 삼사(三司)의 상계(上啓)가 시작되었으나 광해군이 3년 안(宣祖의 喪中)에는 감히 가벼이 의론할 수 없다고 대답하였으므로 상계를 올리는 것이 정지되었다.

38년 경술년(庚戌年) - 광해군 2년(1610년)

2월에 □선조(宣祖)의 부묘(祔廟)[489]가 끝난 후에 삼사(三司) - 양사(兩司; 사간원과 사헌부)의 윤륵(尹玏)·윤양(尹讓)·유색(柳穡)·박사재(朴思齋)·김성발(金聲發)·이필영(李必榮)·민덕남(閔德男)·오환(吳煥)·허실(許實)과 옥당(玉堂; 홍문관)의 남이공(南以恭) 에서 다시 □임금께 상계하여 다섯 신하들의 원통함을 풀어줄 것을 청하니, 그 대략에 말하기를,

"신들은 장차 기축년의 여러 신하들의 원통하게 죽음은 일을 말씀 드리는 일을 죄송하게 여기옵니다.[490] □성상의 총명으로 거의 억울하고 원통한 누명을 씻어줄 법전을 빠르게 보신다면 전부터 미루었던 것[491]이 이미 여러 날이었사옵니다. 신등은 슬며시 미혹되옵니다. 역적이 사대부 사이에서 나왔으니, 당시 조정에 있던 신하이라면 누군들 함께 교유하고 서찰이 오고가지 않았겠사옵니까? 옥사를 다스리던 신하들이 오래된 원한[492]을 몰래 숨기고 가슴 속의 생각을 굳게 드러내어 때를 이용해 없는 죄를 꾸며 만들어 내니 이르지 못할 곳이 없었고, 극한 형벌로 처치(處置; 죽여 없앰)한 지가 지금까지

488) 廟堂(묘당): 종묘(宗廟)와 명당(明堂; 正殿)이라는 뜻으로 나라에서 정치를 하던 곳. 곧 조정을 말함.

489) 祔廟(부묘): 신주를 종묘의 사당에 조상의 신주와 함께 모시고 합사(合祀)함.

490) 仰瀆(앙독): 웃어른에게 말씀드리는 일을 죄송하게 여김.

491) 持難(지난): 일을 바로바로 처리하지 못하고 미루기만 함. 본문에서는 오신(五臣)의 신원설치(伸冤雪恥)를 미루었던 문제.

492) 宿憾(숙감): 오래된 원한.

[90쪽]

今二十餘年 言者無不酸鼻 □先王亦以爲非與逆謀 爲□教可見 國人之
금 이십 여년 언 자 무 불 산 비 선왕 역 이 위 비 여 역모 위 교 가 견 국인 지
同言 而□先王之志已定也 崔永慶鄭彦信等 同被其禍 而在□先王朝贈
동 언 이 선왕 지 지 이 정 야 최 영 경 정 언 신 등 동 피 기 화 이 재 선왕 조 증
官復職 已不留難 按獄之臣 斥謂奸毒 而竄流之此數臣之伸寃 特未及
관 복직 이 불 유 난 안 옥 지 신 척 위 간독 이 찬 류 지 차 수 신 지 신원 특 미 급
施行耳 遵□先王未及行之志 霈洪□恩於旣骨之寃者 其不在於□殿下
시행 이 준 선왕 미급 행 지 지 패 홍 은 어 기 골 지 원 자 기 부재 어 전하
乎 上年春 三司交章 請雪其寃 而□聖批以待時爲教 臣等固知 □聖意
호 상년 춘 삼사 교 장 청 설 기 원 이 성 비 이 대 시 위 교 신 등 고 지 성의
之有在也 今者□祔禮已畢 大霈滂流蕩滌 數臣之寃 此其時也 時乎時乎
지 유 재 야 금 자 부 례 이 필 대 패 방 유 탕척 수 신 지 원 차 기 시 야 시 호 시 호
不可更延 公論久鬱激 而難回請李潑李洁鄭介清曺大中 白惟讓等 復其
불가 경 연 공론 구 울 격 이 난 회 청 이발 이 길 정개청 조 대 중 백 유 양 등 복 기
官爵 給其籍沒 此外寃
관작 급 기 적몰 차 외 원

【번역】

20여년이옵니다. 말하는 사람들은 슬퍼하면서 콧날이 시큰하지[493] 않는 자가 없사옵니다. □선왕께옵서도 역시 역모를 함께 하지 않았다고 여기시고 □전교(傳敎)하셨음을 볼 수 있사옵니다. 나라 사람들도 □선왕의 뜻이 이미 정해졌다고 함께 말하고 있사옵니다. 최영경・정언신 등은 그 화를 같이 입어서 □선왕께옵서 관직을 추증하시고 복직시켰사옵니다. 이미 트집을 잡았던[494] 옥사를 다스렸던 신하들도 간사하고 표독했다고 말하고[495] 있고, 숨어서 달아난 여러 신하들의 신원설치도 아직 시행하지 못하고 있을 뿐이옵니다. □선왕께서 아직 행하지 못한 뜻을 미치지 못한 바를 좇아 □성상의 은택으로 이미 죽은 자들의 원통함에 널리 은사(恩赦)를 베풂이 □전하께서 없겠사옵니까? 지난봄 삼사에서 번갈아 상소하여[496] 그 원통함을 신원설치하여 주시기를 청하였사옵고 □성상께옵서는 비답하시기를 '때를 기다리라.'고 전교하시었습니다. 신들은 참으로 □성상께서 뜻이 있는 것이라고 알았습니다. 지금은 부묘(祔廟)의 상례(喪禮)도 이미 끝났사오니, 대사면(大赦免)의 은택을 널리 펴시어 여러 신하들의 원통함을 씻어 줄 때이고 때이옵니다. 다시 미루는 것은 불가하옵니다. 공론이 오래되어 막혀 거세고

493) 酸鼻(산비): 슬프거나 참혹하여 콧날이 시큰함.

494) 留難(유난): 고의(故意)로 트집을 잡음.

495) 斥謂奸毒(척위간독): '척위(斥謂)'는 이름을 들어서 말함. 분명히 지적하여 말함. 곧 '척위간독'은 정철(鄭澈)의 이름을 부르면서 '간철(奸澈; 간사한 정철)' 또는 '독철(毒澈; 사납고 독살스러운 정철)'이라고 말한 것을 이름.

496) 交章(교장): 관원이나 관아에서 번갈아 임금에게 상소함.

되돌리기 어렵사옵니다. 이발·이길·정개청·조대중·백유양 등의 관작을 회복 시키시옵고 그들의 몰수한 재산을 내려 주시오며, 이밖에 원통하고

[91쪽]

枉之人 並加查考 一體施行 □答曰 已諭不允 ○十七日 玉堂箚辭 伏以

왕 지 인 병 가 사고 일체 시행 답 왈 이 유 불 윤 십 칠 일 옥당 차 사 복 이

公論者 根於天理 發於人心 雖以奸兇之威 能使之不行於一時 而不能使

공론 자 근 어 천리 발 어 인심 수 이 간 흉 지 위 능 사 지 불 행 어 일시 이 불능 사

之不行於後日 當己丑逆賊之變 謂李潑等 爲無辜者 此乃一國之公論 而

지 불 행 어 후일 당 기축 역적 지 변 위 이발 등 위 무고 자 차 내 일국 지 공론 이

曾在□先朝 湖南儒生 有請伸其冤枉者 □先王教之曰 非謂李潑等 與知

증 재 선조 호남 유생 유 청 신 기 원왕 자 선왕 교 지 왈 비 위 이발 등 여 지

其逆謀也大哉 此言實今日公論之本也 不與其謀 而死於逆黨 自古深寃

기 역모 야 대 재 차 언 실 금일 공론 지 본 야 불 여 기 모 이 사 어 역당 자고 심 원

極痛 寧有如此者乎 當時構捏之狀 □先王已盡洞燭 如崔永慶諸人 優蒙

극 통 영 유 여차 자 호 당시 구 열 지 상 선왕 이 진 통촉 여 최 영 경 제 인 우 몽

渙□恩 而且於李潑等 有此□聖教 則昭雪之典 盖亦已定 於天心矣

환 은 이 차 어 이발 등 유 차 성교 즉 소설 지 전 개 역 이 정 어 천심 의

卽今□离明繼照 解澤滂

즉금 이 명 계 조 해 택 방

【번역】

억울한 사람들을 아울러 조사하고 밝혀서 한 가지로 시행하여 주시기 바라옵니다."

라고 하니, □임금께서 비답하시기를,

"이미 밝혔듯이 윤허하지 않는다."

라고 하셨다. ○17일 옥당(玉堂; 홍문관)에서 차사(箚辭)를 올리기를,

"삼가 공론이란 것은 천리에 근거하고 인심에서 펴나는 것이니, 비록 간악하고 흉악한 위세로 한 때에 행하지 못하게 할 수는 있어도, 훗날까지 행하지 못하게 할 수는 없는 것이옵니다. 기축년 역적의 변고를 당해서 이발 등을 무고한 자들이라고 일컫는 것은, 이것이 한 나라의 공론이며 일찍이 □선조(先朝) 때에도 호남 유생들이 그들의 원통하고 억울함을 풀어주기를 청한 것이 있어서 □선왕께서 하교하시어 이르기를 '이발 등이 그 역모를 알고서도 함께 한 것이 아니라는 것은 큰 것이다.'라고 하신 이 말씀이 오늘날의 공론의 근본이옵니다. 그 역모와 함께 하지 않았는데도 그 역당에게 죽었다는 것은 자고로 깊게 원통하고 지극히 비통한 것이오니, 어찌 이와 같은 일이 있겠사옵니까? 당시에 꾸며낸 실상을 □선왕께서도 이미 모두 통촉하시고 최영경같은 여러 사람들은 충분하게 □임금의 은총을 입었고, 또 이발 등도 이와 같은 □임금의 교명(教命)이 있었으니 곧 억울한

누명을 밝히고 씻어줄 전교를 내리셨으니 또한 이미 천심에 정해진 것이었사옵니다. 이제 □(선왕의)밝고 밝으신 통찰을 이어서 은택을 넓고 세차게 흘러보내시어

[92쪽]

流 無物不霑 有寃必伸 而獨此寃死之人 抱痛天壤沈魂不發 則昭雪之擧
류 무물부점 유원필신 이독차원사지인 포통천양침혼불발 즉소설지거
一日爲急 三司之論 吁亦晩矣 遵□先王已許之意 慰今日輿情之鬱 一則
일일위급 삼사지론 우역만의 준 선왕이허지의 위금일여정지울 일즉
繼述之孝也 一則曠蕩之仁也 今於兩司之□啓 每以三年內 不容輕議爲
계술지효야 일즉광탕지인야 금어양사지 계 매이삼년내 불용경의위
敎 臣等以爲今此昭雪之擧 乃所以體□先王之心 而非所以改□先王之
교 신등이위금차소설지거 내소이체 선왕지심 이비소이개 선왕지
政也 其必待三年之後者 恐非今日繼述之義也 伏願□殿下急從公論 以
정야 기필대삼년지후자 공비금일계술지의야 복원 전하급종공론 이
快人心進止 □答曰 箚辭俱悉 但此事□先王未有處置 恐難輕議也 ○十
쾌인심진지 답왈 차사구실 단차사 선왕미유처치 공난경의야 십
九日玉堂箚辭 伏以李潑等之寃死 逆獄我○大行大王洞燭 而公卿大夫
구일옥당차사 복이이발등지원사 역옥아 대행대왕통촉 이공경대부
切聞之閭 巷間愚夫
절문지려 항간우부

【번역】

만물을 적시게 하시었고 원통함도 모름지기 풀어주시었사옵니다. 그러나 오직 이 원통하게 천지간에 통분을 안고 죽은 넋들만은 떠나지 못하고 있사오니, 그들의 원통을 씻어달라고 하는 것이오니, 하루가 급하다는 것이 삼사의 의론이온대, 아! 이 또한 늦었사옵니다. □선왕께서 이미 윤허하신 뜻을 따라 오늘날의 뭇사람들의 울적한 마음을 위로해주신다면, 그 하나는 선왕의 사업를 잇는 것이요, 다른 하나는 (전하의)어짊을 넓게 펴시는 것이옵니다. 오늘 □전하께 올린 상계는 매번 (전하께오서 宣朝大王의 喪中인)3년 안에는 가벼이 의론하는 것을 용납하지 않겠다고 하교하시었기 때문이옵니다. 신들이 오늘 억울함을 씻어달라고 말씀드리는 것은 □선왕(先王; 宣祖)의 마음을 본체(本體)로 삼았기 때문이요, □선왕의 정사(政事)를 고치려는 까닭이 아니옵니다. 3년 후를 반드시 기다렸던 것은 금일 아니면 선왕의 사업의 뜻을 잇는 것이 아님을 두려워하기 때문입니다. 엎드려 바라옵건대 □전하께옵서 빠르게 공론을 따르고 인심의 떠남과 머무름을 기쁘게 해주시옵소서."

라고 하니, □전하께서 답하시기를,

"차사에는 모든 것이 갖추어져 있으나, 이 일에는 다만 □선왕께서 미처 처리하지 못하신 것이 있고, 가벼이 의론하기에 어려움이 있는 것을 두려워하기 때문이다."

라고 하셨다. ○19일 옥당의 차사에서,

“삼가 이발등이 역적에 대한 옥사에서 원통하게 죽은 것은 우리 □대행(大行)[497] 대왕(大王; 승하한 宣祖)께서 통촉하시었고 공경대부(公卿大夫)들이 여항(閭巷)[498] 간의

[93쪽]

愚婦 亦莫不傷痛之 此實一國之公論 公論者天道也 天道未嘗一日亡 違
우부 역막불상통지 차실일국지공론 공론자천도야 천도미상일일망 위

公論則是違天也 其天可違乎 更化以還大小拭目 皆謂至公之理 必伸於
공론즉시위천야 기천가위호 경화이환대소식목 개위지공지리 필신어

久鬱之餘 而惟此枉死之人 尙在罪案 沈魂未發衋氣傷和 此豈非今日 體
구울지여 이유차왕사지인 상재죄안 침혼미발혁기상화 차기비금일 체

天道順人心之意乎 伏見頃日 □答兩司之敎謂 □先王未定事 輕議爲難
천도순인심지의호 복견경일 답양사지교위 선왕미정사 경의위난

事之 當改者雖在□先朝猶可改 況此李潑等之事 本非□先王之意 而乃
사지 당개자수재 선조유가개 황차이발등지사 본비 선왕지의 이내

□先王已洞燭者也 今之伸寃 實所以體□先王之心 而體□先王之心 卽
선왕이통촉자야 금지신원 실소이체 선왕지심 이체 선왕지심 즉

體天道也順人心也 匹夫非辜 三年有災 況玆諸人之寃窮天地 非匹婦
체천도야순인심야 필부비고 삼년유재 황자제인지원궁천지 비필부

匹夫之比乎 回
필부지비호 회

【번역】

선남선녀(善男善女)들에게 간절히 물은 바로도 또한 마음 아파하지 않는 사람이 없사오니, 이는 실로 한 나라의 공론이옵니다. 공론이란 것은 하늘의 바른 도이고, 하늘의 바른 도는 하루라도 일찍이 없었던 적이 없사오니, 공론을 어기는 것은 곧 하늘을 어기는 것이오니, 하늘을 어길 수 있겠사옵니까? 교화(敎化)의 틀을 바꾸시어 크고 작은 것들을 다시 눈여겨보시면, 모든 사람들이 지극히 공정하고 지극한 이치는 반드시 오래된 울적함을 펴주시는 것이라고 말할 것이옵니다. 오로지 이 억울하게 죽은 사람들이 역적이라고 적은 기록들이 아직 있고, 죽은 사람들의 영혼이 아직 떠나지 못하고 애통하는 기운[499]이 온화(溫和)한 기운을 해치고[500] 있사오니, 어찌 오늘이 아니면 천도를 본체로 삼고 인심의 뜻을 따르겠사옵니까? 삼가 근래의 □임금께서 양사(兩司)에 답하신 하교(下敎)를 보건대,

497) 大行(대행): 황제나 황후가 죽은 뒤 시호를 올리기 전의 칭호. 본문에서는 선조(宣祖)임금의 승하한 후 아직 시호가 정해지지 않았음을 말함.

498) 閭巷(여항): 골목이나 거리. 또는 마을. 일반 백성들 사이.

499) 衋氣(혁기): 애통해 하는 기운.

500) 傷和(상화): 온화(溫和)한 기운을 해침.

□선왕께서 정하지 않으신 일이라 가벼이 의론하지 못하는 것이 어려운 일이라고 하시었사온대, (선왕의 사업을)고친다는 것은 비록 □선조(先朝) 때에 있었던 일이었으니 오히려 고칠 수 있는 것이옵니다. 하물며 이 이발 등이 죽은 것은 본래 □선왕의 뜻이 아니었으며, □선왕께서 이미 통촉하신 바이옵니다. 지금의 원통함을 풀어주는 것은 실지 □선왕의 마음을 본체로 하는 것이옵고, □선왕의 마음은 곧 천도(天道)를 본체로 하는 것이옵고 인심을 따르는 것이옵니다. 보통 사람의 잘못 아니옵고 3년간의 재앙이 있었던 것이온대, 하물며 이 여러 사람들의 원한이 천지에 닿았다는 것도 평범한 사람들에게 견주는 것이 아니옵니다.

[94쪽]

天怒 慰輿望口急一日 伏願□殿下快降一命 以洩九地之寃 以答一國之
천노 위 여망 구 급 일일 복 원 전하 쾌 강 일명 이 설 구지 지 원 이 답 일국 지

望 不勝幸甚進止 □答曰 勿爲煩執 ○二十七日 三司合○啓 臣等以己
망 불승 행 심 진지 답 왈 물 위 번 집 이 십 칠 일 삼사 합 계 신 등 이 이

己丑寃死諸臣 伸雪之事 累瀆□天聽 未蒙□允兪 臣等蹜踖 相顧不知所
기축 원사 제신 신설 지 사 누 독 천청 미 몽 윤 유 신 등 축 적 상 고 부 지 소

達 當初逆賊出於縉紳之間 在廷之臣 孰不與知交遊 往復書札 其時掌鞫
달 당초 역적 출 어 진 신 지 간 재 정 지 신 숙 불 여 지 교유 왕복 서찰 기 시 장 국

之臣 乘時構捏百端 羅織以爲網打之計 使□先王不殺之仁 雖欲赦之
지 신 승시 구 열 백 단 나직 이 위 망타 지 계 사 선왕 불 살 지 인 수 욕 사 지

不可得 豈不痛哉 如李潑曺大中白惟讓鄭介淸等 此其寃死中 表表者也
불가 득 기 불 통 재 여 이발 조 대 중 백 유 양 정개청 등 차 기 원사 중 표표 자 야

□先王旣以洞察其寃 □答湖儒之疏曰 非謂潑等 與知逆謀 掌鞫之臣 亦
선왕 기 이 통찰 기 원 답 호 유 지 소 왈 비 위 발 등 여 지 역모 장 국 지 신 역

目之以奸毒 而竄殛之至
목 지 이 간독 이 찬 극 지 지

【번역】

하늘의 분노를 돌이키시고 백성들이 바라는 말을 위로하여 주심이 하루가 급하옵니다. 삼가 바라옵건대 □전하께옵서 한 번의 명령을 흔쾌히 내려주시어 구천의 원혼들을 화평하게 해주시옵고 한 나라의 소망에 답해주신다면 두터운 성지(聖旨)[501]을 다행으로 여겨 감내하지 못할 것이옵니다."

라고 하니, □임금께서 대답하시기를,

"번거롭게 고집하지 말라."

라고 하셨다. ○27일에 삼사에서 함께 □임금께 상계 올리기를,

"신들이 기축년의 원통하게 죽은 여러 신하들의 신원설치를 여러 차례 죄송스

501) 進止(진지): 임금의 성지(聖旨). 임금의 뜻. 은총.

럽게 청한 것은 □전하께서 들으시고도 아직 □전하의 윤허하심을 입지 못해서 신들이 서로 돌아보며 종종걸음으로 어디로 가야할지 모르겠사옵니다. 당초에 역적이 사대부 사이에 나왔으니, 조정에 있는 신하들이 어느 누가 서로 교유하고 서찰이 오고가지 않았겠사옵니까? 그 때에 옥사를 다루던 신하들이 때를 타서 꾸미고 날조한 온갖 단서로 죄를 꾸며 일망타진하는 계책으로 여겼으니, □선왕으로 하여금 죽이지 않는 어진 마음으로 비록 그들을 사면해주고자 하셨어도 어찌할 수 없게 하였으니, 어찌 비통하지 않겠습니까? 이발 · 조대중 · 백유양 · 정개청 등과 같은 사람들이 원통하게 죽은 것 가운데 뛰어난[502] 사람들이옵니다. □선왕께서는 이미 그 원통(하게 죽은 것)을 통찰하시고 □호남 유생들의 상소에 답하시기를,

"이발 등은 역적과 더불어 모의하지 않았고, 국청을 다스리던 신하들도 역시 목도(目睹)한 것인데, 간사하고 표독스럽게 유배를 보내고 사형을 시킨[503]

[95쪽]

於崔永經鄭彦信等 皆□贈爵復官 曾不留難則 □先王之志 終始可見 而
어 최 영 경 정 언 신 등 개 증 작 복관 증 불 유 난 즉 선왕 지 지 종시 가 견 이
獨於數臣 昭雪之典 特未及擧行耳 上年春 三司論列 □聖批以待時爲□
독 어 수 신 소설 지 전 특 미 급 거행 이 상년 춘 삼사 논 열 성 비 이 대 시 위
教 臣伏感□聖意之有 在□先王未及行之志 必行於□殿下之手乎 今者
교 신 복 감 성 의 지 유 재 선왕 미급 행 지 지 필 행 어 전하 지 수 호 금 자
□附禮已畢 大霈滂流 而抱寃泉壤之臣 獨未蒙曠蕩之典 此公論之 所以
부 례 이 필 대 패 방 류 이 포원 천양 지 신 독 미 몽 광 탕 지 전 차 공론 지 소 이
愈鬱 而不知止者也 夫叛逆天下之大惡人 得以誅之者也 潑等之罪 如有
유 울 이 부지 지 자 야 부 반역 천하 지 대악 인 득 이 주 지 자 야 발 등 지 죄 여 유
可疑之實 則臣等亦將沐浴請討之不暇 何敢餙爲辭說 曲庇戮餘之朽骨
가 의 지 실 즉 신 등 역 장 목욕 청 토 지 불 가 하 감 희 위 사설 곡 비 륙 여 지 후골
自陷於不測之誅哉 此實國人同言 非臣等所獨言也 請加三思特□賜一
자 함 어 불 측 지 주 재 차 실 국인 동 언 비 신 등 소 독 언 야 청 가 삼 사 특 사 일
加 □答曰不可輕
가 답 왈 불가 경

【번역】

최영경 · 정언신 등은 모두 □(선왕께서)작위를 추증하고 관직을 복위시켰사오니 더욱 남겨두기 어렵시옵니다. □선왕의 뜻의 마침과 시작이옵고 오직 여러 신하들의 억울함을 씻어주는 법만을 특별히 시행하지 못했사옵니다. 지난 봄에 삼

502) 表表(표표): 남보다 뛰어남. 걸출함.
503) 竄殛(찬극): 유배 보내고 사형시킴.

사에서 열거한 것을 □성상께서 비답하시기를 때를 기다리라고 □하교하시어서, 신들은 감복하고 □성상의 뜻이 □선왕의 거행하지 않은 것에 있으시니 반드시 □전하의 손으로 행하시리라 느꼈사옵니다. 지금은 □선왕의 부례(祔禮)도 이미 끝났사오니, 원통하게 죽은 저승의 신하들에게 큰 은택을 펴셨으나, 널리 펴신 은전을 입지 못해서 더욱 울적해하는 공론이 있으니 그칠 바를 모르겠사옵니다. 대저 천하에 반역한 큰 악인을 죽여야 합니다. 이발 등의 죄에 만약 의심할 것이 있다면 곧 실로 신등도 또한 목욕하고 토의할 겨를이 없을 것이오니, 어찌 감히 거짓말을 하여 도리를 어기면서 (억울하게)죽은 자들을 편들고 감싸서[504] 스스로 예측할 수 없는 죽음에 빠지겠사옵니까? 이것은 실로 나라 사람들이 같이 하는 말이며 신들이 홀로 하는 말이 아니옵니다. 청하온대 세 번 더 생각하여주시어 □성상께서 베풂을 내려 주시기 바랍니다."

라고 하니, 대답하시기를,

"가벼이

[96쪽]

議之意 諭之已盡不允 ○四月下 □備忘記曰 己丑之事 予亦粗地其槪
의 지 의 유 지 이 진 불 윤 사 월 하 비망기 왈 기축 지 사 여 역 조 지 기 개

三司論請而久 其意亦不可不慰 玆欲還給李潑曺大中等籍沒 而鄭介淸
삼사 논 청 이 구 기 의 역 불가불 위 자 욕 환급 이발 조 대 중 등 적몰 이 정개청

如不在籍沒之中 則還給職牒如何 ○自四月二十四日 至五月初一日 連
여 부재 적몰 지 중 즉 환급 직 첩 여하 자 사 월 이 십 사 일 지 오 월 초 일일 연

□啓答曰 難從之事 無庸煩優 ○五月十八日 合□啓大槪 請李潑李洁
계 답 왈 난 종 지 사 무 용 번 우 오 월 십 팔 일 합 계 대개 청 이발 이 길

鄭介淸曺大中白惟讓等 復其官爵 給其籍沒 此外寃死之人 亦令廟堂並
정개청 조 대 중 백 유 양 등 복 기 관작 급 기 적몰 차 외 원사 지 인 역 령 묘당 병

爲査考 一體施行 □答曰公論如是 當議而處之
위 사고 일체 시행 답 왈 공론 여시 당 의 이 처 지

是時務安生員羅元吉等上疏 請伸五臣之寃 略曰 嗚呼己丑逆變 千古之
시 시 무 안 생원 나 원 길 등 상소 청 신 오 신 지 원 략 왈 오호 기축 역변 천고 지

所無也 無辜橫罹 天下至之寃也
소 무 야 무고 횡 이 천하 지 지 원 야

【번역】

의논할 수 없다고 이미 밝혔으니 윤허하지 않는다."

라고 하셨다. ○4월 하순 □(광해군의)비망기에 이르기를,

"기축년의 일은 나도 역시 대충 알고 있다. 그러나 삼사에서 의논하여 청한 것

504) 曲庇(곡비): 힘껏 보호하여 줌. 도리를 어기면서 편들고 감싸줌.

이 이미 오래되었으니 그 뜻 또한 위로하지 아니할 수 없다. 이에 이발・조대중 등의 몰수한 재산은 돌려주려 하고, 정개청은 만약 몰수한 재산이 없으면 직첩(職牒)이라도 돌려주는 것은 어떤가?"

라고 쓰여 있다. ○4월 24일부터 5월 초1일에 이르기까지 연달아 □상계를 올리니 대답하시기를,

"일을 따르기 어려우니 번거롭게 걱정하지[505] 말라."

라고 하셨다. ○5월 18일에 (삼사에서)함께 □상계를 올렸는데, 그 대략에 이르기를,

"이발・이길・정개청・조대중・백유양 등의 관작을 회복시키시고 몰수한 재산을 돌려주시며, 이 밖에 원통하게 죽은 사람들 또한 조정에 명령하시어 아울러 조사하게 하시어 함께 시행하게 하여 주십시오."

라고 하니, 대답하시기를,

"공론이 이와 같으니, 의당 의론하여 처리하라."

라고 하셨다.

이때에 무안(務安)의 생원 나원길(羅元吉) 등이 상소하여 다섯 신하들의 원통함을 풀어주기를 청하니, 그 대략에 말하기를,

"오호라! 기축년 역적의 변고는 천고에 없는 바이고, 무고(無辜)로 뜻밖의 재앙[506]을 당한 사람들은 천하에 지극히 원통한 일이다.

[97쪽]

一時之俱焚於烈火者　不知其下限　而臣等獨以五臣之死稱寃　而訟之者
일시 지 구분 어 열화 자　부지 기 하한　이 신등 독 이 오 신 지 사 칭원　이 송 지 자

以其耳目之　所及明知其實狀　而冀伸鬱結之寃　於□聖明之下也　當初
이 기 이목 지　소 급 명 지 기 실상　이 기 신 울결 지 원　어　성명 지 하 야　당초

按獄之臣　挾憾構捏以推鞫之廳　爲逞怒之穽　陰嗾偏昵之黨　捃摭發明之
안옥 지 신　협감 구 열 이 추국 지 청　위 령 노 지 정　음 주 편 닐 지 당　군 척 발명 지

跡　眩亂□天聽　因罪案若非□先王之明聖幾乎　空國而後　已可勝痛哉　又
적　현란　천청　인 죄안 약 비　선왕 지 명성 기 호　공 국 이 후　이 가승 통 재　우

曰□聖教有曰　予欲給李潑等籍沒　還給鄭介淸等官爵　議大臣以□啓
왈　성교 유 왈　여 욕 급 이발 등 적몰　환급 정개청 등 관작　의 대신 이　계

云云　大臣之議一切稱寃　從實以□啓　而時無成名　臣等竊惑焉　姑待三年
운운　대신 지 의 일절 칭원　종 실 이　계　이 시 무 성명　신 등 절 혹 언　고 대 삼 년

505) 煩優(번우): '번우(煩憂)'의 오기. 자꾸 번거롭게 근심함.
506) 橫罹(횡리): 뜻밖의 재앙을 당함.

之□教命在國人之耳目 欲給官爵之□命 亦播遠近之聞見 而久留 大臣之議 不下儒生之疏

【번역】

일시에 세찬 불길에 함께 탔으니, 그 끝을 알 수 없으나 신들이 오직 다섯 신하만의 억울함을 호소하면서 글로 하소연하는 것은, 보고 들은 바로 그 실상을 밝게 알고 있음이니, 가슴이 답답하게 막힌 원통함을 □임금의 밝은 지혜로 풀어주기를 청하는 것이옵니다. 당초에 옥사를 다스리던 신하들이 죄를 신문하던 국청(鞫廳)에서 오래된 원한을 가지고 화를 거세게 내면서 죄를 꾸미고 날조하였습니다. 특별히 친한[507] 당파(黨派)들을 은밀히 부추겨 그들의 흔적을 밝히고 알아내서 공격할 자료들을 모아서[508] □성상의 들으심을 현란시켜 죄안(罪案; 범죄 사실을 적은 기록)을 만들었사옵니다. 마치 □선왕의 밝으신 지혜를 저버리듯이 하였고, 군주의 다스림이 없는 듯이 하고, 나라의 군주와 현신(賢臣)의 다스림이 없는 듯이 한 [509] 후이니 이미 원통함을 이길 수 없었던 것이옵니다."

라고 하고, 또 말하기를,

"□성상의 교명(教命)에 이르기를, '나는 이발 등의 몰수한 재산을 돌려주고 정개청 등의 관작을 돌려주려하니 대신들이 의논하여 □상계를 올리라.'고 말씀하시어서, 대신들이 모든 원통함을 호소하였으니, 실제 □상계를 따르시어 아름다운 명성을 이룰 때가 없었사오니,[510] 신들은 은근히 헷갈렸던 것이옵니다. 잠시 3년간 기다리라고 하시던 □전하의 교명(教命)은 나라 사람들이 보고 들었으며, 관작을 돌려주시려는 □전하의 교명도 또한 원근 사람들이 보고 들어서 널리 퍼뜨려졌으니, 대신들의 의론을 오래 놔두시고 유생들의 상소와

[98쪽]

輿情之鬱 何可勝言云云

507) 偏昵(편닐): 편닐(偏暱). 특별히 친근함.

508) 捃摭(군척): 남을 공격할 자료를 찾아 모음. 채집함.

509) 空國(공국): 군주의 다스림과 현신(賢臣)의 보필이 없는 나라.

510) 時無成名(시무성명): 아름다운 명성(名聲)을 이룰 때가 없었음. 본문에서는 선조(宣祖)가 승하(昇遐)하고 부묘(祔廟)할 때까지 3년 간 상중(喪中)에 있었기 때문에 선왕이 미루어 둔 일을 이어서 할 시간이 없었음을 말함.

是歲儒生等 陳疏請伸己丑之寃 略曰 □殿下踐祚之初 臣羅德潤獨疏 則 □聖批有曰 省疏足見 忠懇(간)鄭介清等寃事 予亦曾聞其槪矣 但事在 □先朝 不敢輕議 當與大臣商確而處 大臣議□啓 皆以極稱冤枉 □聖批 有曰 事在□先朝 姑待三年 又己酉年 臣金佑成悉陳 一道五臣 被誣之 首末 而其爲冤枉 明若觀火 □聖鑑 亦已洞燭 而至於三司 累月合□啓 則草野之公論 朝廷之是非 一而明矣 國是已定 而更無可疑 則安可以 不可加之名 一日加於無辜之士乎 一日二日以至

【번역】

뭇 사람들의 답답한 마음을 버리지 않으셨어도 어찌 견딜 수 있겠사옵니까?"

라고 말했다. 이해에 유생들이 상소문을 써서 기축년의 원통함을 풀어주기를 청하였는데, 그 대략에 말하기를,

"□전하께서 등극하신[511] 초기에 신 나덕윤(羅德潤)이 혼자 상소를 올린 즉 □성상께서 비답하시기를, '상소문을 살펴 족히 알 수 있었으니, 충심으로 간청한 정개청 등의 원통한 일은 나도 또한 일찍 그 대강을 알고 있다. 다만 □선조 때에 있었던 일이라 감히 가벼이 의론할 수 없으니, 응당 대신들과 함께 헤아려서 확실하게 처리하겠다.'라고 하셨고, 대신들이 의논하여 □전하께 상계를 올리면서 모든 사람이 억울하고 원통한 일들을 지극히 호소하니, □성상께오서 또 비답하시기를, '일이 □선조에 있었던 것이니 잠시 3년간 기다리라.'라고 하셨으며, 또 기유년(己酉年; 1609년. 광해군 1)에 신하 김우성(金佑成)이 모든 것을 설명하면서 한 도의 다섯 명의 신하들이 무고를 입은 처음과 끝의 억울하고 원통한 일이 불을 보듯 확실하다고 하니, □성상께오서 살피시고 또한 이미 통촉하시었으며, 삼사에서 여러 달에 걸쳐 합동으로 □전하께 상계를 올렸는데, 재야(在野)의 공론과 조정의 시비(是非)가 하나같이 명확하고, 나라의 기본 방침이 이미 정해졌고 다시 의심할 것이 없습니다. 그런즉 어찌 불가할 수 있으며 이름을 더해 하루라도 무고한 선비들을 더할 수 있겠사옵니까? 하루 이틀

511) 踐祚(천조): 등극함. 즉위함.

[99쪽]

二十二年之久 則地下之目 迨今不瞑於長夜之中也 又曰伏願□聖慈 當
이십 이 년 지 구 즉 지하 지 목 태 금 불 명 어 장야 지 중 야 우 왈 복 원 성 자 당
此三年後 更化之日 蕩滌泉壤之寃 則非但慰 一時朝野之望 其扶植士氣
차 삼 년 후 경 화 지 일 탕척 천양 지 원 즉 비단 위 일시 조야 지 망 기 부식 사기
鎭□國家萬世之基業 抑亦由此 而無疆云云 - 儒生姓名見佚 疏草在巾笥 故
진 국가 만세 지 기 업 억 역 유 차 이 무강 운운 유생 성명 견 일 소 초 재 건 고
記之
기 지

三十九年 辛亥 - 光海三年
삼십 구 년 신해 광 해 삼 년

羅州儒生羅德顯等上疏 請伸五臣之寃 疏略云云 嗚呼橫罹枉死 何代無
나주 유생 나 덕 현 등 상소 청 신 오 신 지 원 소 략 운운 오호 횡리 왕 사 하 대 무
之 而含寃至痛 未有如己丑 連累之人也 一時之寃 不知幾何 而臣等獨
지 이 함 원 지 통 미 유 여 기축 연루 지 인 야 일시 지 원 부지 기하 이 신등 독
以李潑李洁鄭介淸柳夢井曺大中等寃死 每叫於□天閽者 誠以臣等 同在
이 이발 이 길 정개청 유 몽 정 조 대 중 등 원사 배 규 어 천 혼 자 성 이 신 등 동 재
一道 明知非辜 冀伸至寃於萬一也 何者如潑
일도 명 지 비 고 기 신 지 원 어 만일 야 하 자 여 발

【번역】

22년이 될 때까지 오래되었으나, 저승의 눈들은 지금토록 어두운 땅 속에 묻혀 있어도512) 감지 못하고 있사옵니다."

라고 하고, 또 말하기를,

"삼가 원하옵건대, □성상께서 영명하고 자상하시니513) 3년이 지난 후 교화(敎化)를 바꾸시는 날을 당해 저승의 원통함을 깨끗이 씻어주신다면 비단 한 때의 조정과 재야의 원망(願望)을 위로해 주실 뿐만 아니라, 선비들의 사기를 뿌리내리게 하시는 것이며 □나라의 만세에 기초가 되는 사업을 진압하시는 것이니, 또한 이로 말미암아 만수무강하시는 것이옵니다."

라고 말했다. - 유생의 성과 이름은 잃었고, 상소문의 초고(草稿)가 두건(頭巾)을 넣어둔 상자에 있어서 기록한 것이다.

39년 신해년(辛亥年) - 광해군(光海君) 3년(1611년)

나주 유생 나덕윤(羅德潤) 등이 상소를 올려 다섯 신하들의 원통함을 풀어줄 것을 청하니, 그 상소문의 대략에 말하기를,

---

512) 長夜(장야): 사람이 죽어 어두운 땅속에 묻힘을 이르는 말.
513) 聖慈(성자): 영명하고 자상함. 황제나 황태후를 칭송하는 말.

"오호라! 뜻밖의 재앙을 당하여 억울하게 죽는 것은 어느 때이건 없으리오마는, 원한을 머금는 지극한 아픔은 기축년에 연루된 사람들과 같음은 아직 없었다. 일시의 원통이 어떠했는지 알 수 없으나, 신들이 오직 이발・이길・정개청・유몽정・조대중 등의 원통한 죽음만을 늘 □대궐의 문에서 부르짖는 것은 참으로 신들이 같은 도에서 있으(살)면서 허물이 아니었음을 밝게 알고 있어서 지극한 원통함을 만에 하나라도 풀어주시기를 바라는 것입니다. 어떤 사람이 이발・이길 형제와 같이

[100쪽]

洁之孝友 介淸之學問 至於篤行 如夢井之淸謹 如大中之特立 不回名於
길지 효우 개청지 학문 지어 독행 여몽정지 청근 여대중지 특립 불회명어

一世 則奸人之含沙伺影謀 欲網打者 爲如何者哉 又曰 □先王聖明公論
일세 즉 간인 지 함사 사영 모 욕 망타 자 위 여하 자재 우왈 선왕 성명 공론

得達 奸情寃狀 無不洞燭 賊澈奸澈 昭在□聖教先雪處士之寃 繼復相臣
득달 간정원상 무불 통촉 적철간철 소재 성교 선설 처사 지원 계복 상신

之官 一體五臣 初無彼此之殊 故□聖批亦曰 非以其人等 爲參於逆謀也
지관 일체 오신 초무 피차 지수 고 성비 역왈 비이기인등 위참어 역모 야

知澈之奸慝 莫如□先王知五臣之冤枉 莫如□先王一國臣民 孰不敢泣
지철지간특 막여 선왕 지오신지 원왕 막여 선왕 일국 신민 숙불감읍

以望次第之□恩典 而皇天不佑 遽遭大戚臣民之痛 曷有其云云
이망 차제 지 은전 이 황천 불우 거조대 척신 민지통 갈유기 운운

是歲羅州前教授鄭詳陳疏 請伸四臣之寃 其略云云
시세 나주 전 교수 정상 진소 청신 사신지원 기략 운운

【번역】

효도하고 우애하였으며, 정개청같이 도타운 행실에 이르는 학문을 하였으며, 유몽정같이 청렴하고 신중하였으며, 조대중 같이 일세(一世)의 명성(名聲)을 돌아보지 않았겠는가? 그런즉 간사한 사람들이 물여우가 모래를 물고 사람의 그림자를 엿보는[514] 음모로 일망타진(一網打盡)한 사람은 어떤 사람이었습니까?"

라고 하고, 또 말하기를,

"□선왕께서는 밝으신 지혜로 공론이 목적한 간사한 사람들의 뜻과 억울한 실상으로 도적같은 정철(鄭澈), 간악한 정철을 통촉하지 않음이 없으셔서 □임금께서 교명으로 밝히고 있듯이, 먼저 처사(處士)의 원한을 씻어주시고, 이어 상신(相臣; 相國)의 관직과 다섯 신하들도 이쪽저쪽 다름없이 일체로 회복시키라고 하신

514) 含沙伺影(함사사영): 함사사영(含沙射影). 함사(含沙)는 함사역(含沙蜮)의 준말. 물여우가 모래를 물고서 사람의 그림자를 쏨. 전설에 그림자를 쏘인 사람은 병이 들고 심한 경우 죽게 된다고 함. 전의되어 남을 헐뜯는 것을 비유.

고로 □성상께오서 또 비답하시기를, '그 사람들이 역모에 참여하지 않았으며, 정철의 간특(奸慝)함은 □선왕께서 다섯 신하의 억울하고 원통함을 알고 있는 것만 못하니, □선왕의 한 나라의 신하와 백성들로 어느 누군들 감격하여 눈물을 흘리지 않으리오. 이번 기회에 바라옵기는, □성상께오서 은전(恩典)을 베푸신다면 황천도 돕지 못하는 대척신(大戚臣)[515]을 갑자기 만난 백성들의 아픔에 어찌 지극함이 있겠사옵니까?"

라고 말했다. 이해에 나주(羅州)의 전 교수(敎授)[516]였던 정상(鄭詳)이 상소문을 써서 네 사람 신하들의 원통함을 풀어주기를 청하였는데, 그 대략에 말하기를,

[101쪽]

曺大中新進之士 年未强仕亞使 南來應接之禮 多失其宜 沙汰之構 暫有
조대중 신진 지사 연미강사아사 남래 응접 지례 다실기의 사태 지구 잠유
人言見忤 於章甫之徒久矣 適因討賊之疏 構造無根之說 爲賊流涕云者
인언견오 어장보지도구의 적인 토적 지소 구조 무근 지설 위적 유체 운자
顚末無理矣 撰疏梁千頃 挾憾欺罔之罪 何可盡達於□冕旒之下乎 栲掠
전말 무리 의 찬소양천경 협감 기망 지죄 하가진달어 면류지하호 고략
骿下 肝膽崩摧 臨刑將死 精神爽越 抱寃之懷 著於詩句者 實出於呼天
변하 간담 붕최 임형장사 정신 상월 포원 지회 저어 시구 자 실출어 호천
至情 寧有怨尤於□君父之前乎 國人皆以一死爲寃 則與逆同謀云者 寃
지정 영유 원우 어 군부 지전호 국인 개이일사위원 즉여역동모운자 원
中之寃也 又曰 伏願□殿下三思 而留神焉 噫分而言之 則雖有四臣之別
중지원야 우왈 복원 전하 삼사 이유신언 희분이언지 즉수유사신지별
合而言之 則四臣同一寃也 四臣之罪名 昭昭於地上 四臣之冥魂 耿耿於
합이언지 즉사신 동일 원야 사신지죄명 소소어 지상 사신지명혼 경경 어
泉下 至寃之積 人心
천하 지원지직 인심

【번역】

조대중은 신진 선비로서 나이가 아직 사십이 안 되었고,[517] 벼슬은 도사(都事)[518]이옵니다. 남쪽에서 와서[519] 손님을 접대함에 있어 그 화목하게 해야함을 잃은 것이 많았사옵니다. 갑자기 쏟아진 모함 속에 곧바로 벼슬아치[520] 무리들에

515) 大戚臣(대척신): 척신은 임금과 척의(戚誼; 인척간의 정의)가 있는 신하로서, 곧 정여립 모반 사건에 의한 기축옥사 때에 영돈녕부사(領敦寧府使)으로 있었던 정철을 말함.

516) 敎授(교수): 조선시대 사학(四學)의 종6품 벼슬.

517) 未强(미강): 아직 마흔 살이 안 됨. 강(强)은 마흔 살을 의미. 조대중 선생이 기축옥사에 억울하게 연루되어 죽을 때의 나이는 42살 때였음. 『禮記, 曲禮, 上』에 「四十曰强, 而仕」

518) 亞使(아사): 조선시대, 감영(監營)과 유수부(留守府)의 경력(經歷)・도사(都事)를 이르던 말. 본문에서는 조대중은 기축옥사 당시 전라도도사(全羅道都事)였음을 말함.

519) 南來(남래): 본문에서 '남(南)'은 조대중의 고향인 전라남도 화순(和順)을 말함.

520) 章甫(장보): 유자(儒者)의 관(冠)을 두루 이르는 말에서 유래하여 벼슬을 말함.

게 거만하게 보인 것이 오래되었다가, 마침 역적을 토벌하는 상소로 인해 근거 없이 날조된 모함하는 말에 '역적을 위해 눈물을 흘렸다'고 말하는 자가 있었습니다마는 처음부터 끝까지 이치에 닿지 않는 것이었습니다. 양천경(梁千頃)이 지은 상소문은 감정을 품고 속인 죄인데도 어떻게 □임금님[521]에게까지 모두 도달될 수 있었겠사옵니까? 살밑에 파고드는 고문(拷問)[522]으로 간과 쓸개가 무너지고 꺾이는 형벌을 받아 장차 죽어가면서, 정신을 잃어[523] 원통한 생각을 품고 지은 시구에 나타난 것은 실지 하늘을 향해[524] 괴로워하는 마음에서 나온 것이지, 어찌 □임금 앞에서 (임금을)원망하고 탓하는 마음에서 나온 것이겠사옵니까? 나라 사람들이 모두 한 사람의 죽음을 원통하게 여기는 것은 역적과 더불어 한가지로 역모했다고 말하고 있는 것이니, 원통한 일 중에 원통한 일이옵니다."

라고 하고, 또 말하기를,

"삼가 바라옵건대, □전하께오서 여러 번 생각하시고 마음을 기울여[525] 주시옵소서. 슬프옵니다. 나누어 말씀드리자면, 비록 네 사람의 신하들을 특별히 합해서 말씀드리자면 네 사람의 신하는 한가지로 원통할 일이옵니다. 네 사람의 신하들의 죄명은 세상에서 뚜렷하게 밝혀졌고, 네 사람의 죽은 영혼은 저승에서도 지극한 원한이 쌓여 환하게 빛나고 있사오니, 인심이

[102쪽]

不和 天道失 寧十年間 兵火之災 妖怪之作 安知不由於公論之壅蔽也
불화 천도 실 영 십년 간 병화 지 재 요괴 지 작 안 지 불 유 어 공론 지 옹폐 야

云云 – 滄洲集云 丁亥而究其疏意 似在是年間 故姑附於此鄭困齋 已有復官之□命 故於此
운운 창 주 집 운 정해 이 구 기 소 의 사 재 시 년간 고 고 부 어 차 정 곤 재 이 유 복관 지 명 고 어 차

只擧四臣
지 거 사 신

四十四年 丙辰 – 光海八年
사십 사 년 병진 광 해 팔 년

521) 冕琉(면류): 면류관(冕旒冠). 면류(冕旒) 또는 면류(冕瑬)의 오기. 황관(皇冠). 황제(皇帝)・제위(帝位)를 이르는 말.

522) 栲掠(고략): 고략(拷掠). 고문(拷問)함.

523) 爽越(상월): 상실(喪失)함. 잃음.

524) 呼天(호천): 하늘을 향하여 도와달라고 울부짖음. 곧 매우 괴로워하는 모습을 이름. 호천고지(呼天叩地). 호천창지(呼天搶地).

525) 留神(유신): 마음을 쏟음. 정신을 기울임.

是歲 生員姜鳳覽等 陳疏請還給 李潑等官爵 追崇鄭介淸之賢 又□命柳
시세 생원 강봉람등 진소청 환급 이발 등 관작 추숭 정개청 지현 우 명유
夢井曺大中等 復官爵 其略云云 李潑李洁鄭介淸等 已有還給籍沒 復其
몽정조대중등 복 관작 기략 운운 이발 이길 정개청 등 이유 환급 적몰 복기
官爵之□命 而獨柳夢井曺大中等 猶未蒙赦宥之□命 推恩昭雪之擧
관작 지 명 이독유몽정조대중등 유미몽사유지 명 추은 소설 지거
一日爲急 臣等請先言夢井大中之寃 後及潑洁介淸之事焉 柳夢井淸直
일일 위급 신등 청선언몽정대중지원 후급발길개청지사언 유몽정 청직
人也云云 曺大中剛毅人也
인야 운운 조대중 강의 인야

【번역】

화목하지 못하고, 천도가 잊혀졌사옵니다. 어찌하여 10년간의 병화(兵火; 壬辰倭亂)에 요괴가 일어났으며, 공론이 가리고 막힘에서 연유하였음을 알지 못하겠사옵니까?"

라고 말했다. - 『창주집(滄洲集)』[526]에 이르기를 "정해년(丁亥年; 1587년. 선조 20)의 상소의 뜻을 궁구하면 그 해에 있었던 것과 비슷하니, 이것에 임시로 따른 것으로, 곤재(困齋) 정개청(鄭介淸)을 복관(復官)시키라는 □임금의 명령이 이미 있었던 까닭으로 여기에서는 다만 '(다섯 사람에서 정개청을 제외하고)네 사람의 신하'만을 들고 있는 것이다."라고 하고 있다.

44년 병진년(丙辰年) - 광해군(光海君) 8년(1616년)

이해에 생원 강봉람(姜鳳覽) 등이 상소문을 써서 이발 등의 관작을 환급해주고, 정개청의 어짊에 봉호(封號)를 내려 줄 것[527]을 청했다. 또 □전하께서 유몽정·조대중 등의 몰수한 재산을 환급해주고 그들의 관작을 회복해 줄 것을 청하니, 그 대략에 말하기를,

"이발·이길·정개청 등은 이미 몰수한 재산을 돌려주고 관작을 회복시키셨으나, □전하의 하명에 오직 유몽정과 조대중 등은 오히려 사유(赦宥)[528]를 입지 못했사오니, □전하께오서 지난 일을 회상하시어 죄와 누명을 밝혀 씻어 주라는 하명이 하루가 급하옵니다. 신들은 유몽정과 조대중의 원통함을 먼저 말하면서 청하고 이발·이길·정개청의 일을 뒤에 언급했사옵니다. 유몽정은 맑고 곧은 사람이라 일컫고, 조대중은 의지가 굳센 사람이어서

526) 滄洲集(창주집): 조선 선조 때의 문신 정상(鄭詳)의 문집.
527) 追崇(추숭): 죽은 사람에게 봉호(封號)를 내림.
528) 赦宥(사유): 죄를 용서해 줌.

[103쪽]

與賊素無相之分 爲本道都事時 適與之相見而已 大中與澈 同在一道 絶不相見 大中之爲及第也 澈要與之見 大中終不肯見 澈之懷憤 非一日矣 逆變之初 權奸之黨 造作流言曰 大中爲賊流涕 遂與權奸羅織殺之 又一句之詩 終有斬屍之禍 欲言其事 令人氣斷 噫二臣之無辜 若是其明白 而受構於奸澈 至於此極窮天之痛 庸有極乎 若乃李潑洁之寃痛 言之慘矣云云 至於鄭介淸 林下一善士也云云 又曰 噫本道乃權奸所居之地 植根旣固 流波滋漫 私意蔽塞 公論熄絶 而猶恐五臣之寃 或伸於□聖明之下 澈子宗溟敢

【번역】

역적과 더불어 평소에 연분(緣分)도 없었으며, 본도(本道; 全羅道)의 도사(都事)가 되었을 때 마침 서로 만나보았을 뿐이옵니다. 그리고 조대중과 정철은 함께 같은 도에 있었으나 관계를 끊고 서로 만나보지도 않았으며, 조대중이 과거에 급제했을 때 정철이 만나보기를 요구했으나 조대중이 끝내 만나는 것을 옳다고 여기지 않았더니, 정철이 분노한 마음을 품은 것이 하루가 아니었습니다. 역적의 변고가 일어나던 당초에 권세를 가진 간신의 무리들이 유언을 만들어 말하기를, '조대중이 역적을 눈물을 흘렸다.'라고 하더니, 드디어 권세를 가진 간신들이 없는 죄를 꾸며 죽이고, 또 한 시의 한 구절로 끝내 부관참시의 화가 있었으니, 그 말을 하자면 기운과 정신이 슬퍼지옵니다. 두 신하의 무고함은 이와 같이 명백한데 간신 정철의 모함을 받아 이렇게 하늘 끝까지 닿을 원통함에 다다르니, 어찌 이런 지극함이 있겠사옵니까? 그리고 만약 이발과 이길의 원통함을 말로하자면 처참하다고 일컬을 수 있사옵니다. 정개청에 이르러서는 산림속의 한 선비라고 일컫습니다."

라고 하고, 또 말하기를,

"슬프도다! 본도(本道)는 권세를 가진 간신(정철)이 살고 있는 땅이고 뿌리를 내린 것이 이미 단단하니, (그를)따르는 파벌(派閥)들이 자라서 뻗어나[529] 사사로운 뜻으로 공론을 덮고 막아서 꺼버리고 끊기게 하였으니, 오히려 다섯 신하들의

529) 滋蔓(자만): 자라서 뻗어감. 흔히 환란이 점점 커지는 것을 이름.

원통함이 혹 □성상의 밝으신 총명 아래 펴지더라도, 정철의 아들 (정)종명(鄭宗溟)이 감히

[104쪽]

陳誣罔之疏 粉餙虛僞之說 托爲訟父之寃 實欲戱敗五臣伸寃之事 人之
罔極何至於此乎 伏願□殿下大霈鴻恩 還給李潑洁官爵 追崇鄭介淸之
賢 又□命柳夢井曺大中 並蒙渙汗之德 復其官爵 以定國是云
六月初四日 全州儒生柳光烈等 陳疏請伸五臣之寃 其略云云 權奸主獄
鍛鍊羅織 使一時名流 無不連逮 姑以洛下士夫 言之則鄭彦信鄭彦智白
惟讓尹起莘 此其尤者也 以嶺南言之 則崔永慶柳宗智 以湖南言之 則
李潑李洁鄭介淸柳夢井曺大中等 此其尤者也 又曰 潑洁之忠孝 介淸之
學問 夢井之守身淸謹 大中

【번역】

거짓 상소문을 써서 좋게 꾸민 거짓말로 아버지의 원통함을 하소연하는 것에 의탁할까 두렵사옵니다. 실지로 장난삼아 다섯 신하들의 신원설치하는 일을 깨뜨리고자 합니다. 사람의 망극(罔極)함이 어찌하여 여기에까지 이를 수 있는 것이옵니까? 삼가 바라옵건대, □전하께오서 은택을 넓고 크게 펴시어 이발과 이길의 관작을 돌려주시고 정개청의 어짊에 봉호를 내려 주시옵고, 또 □전하께오서 유몽정과 조대중이 함께 선명하고 고운[530] 덕을 입도록 하명(下命)하시기를 나라의 기본 방침으로 정해주시옵소서."

라고 했다. 6월 초4일에 전주 유생 유광열(柳光烈) 등이 상소문을 써서 다섯 신하의 원통함을 풀어줄 것을 청했는데, 그 대략에 말하기를,

"권세를 가진 간신들이 옥사(獄事)를 주관하면서 없는 죄를 꾸며대기를 반복하고 익숙하게 하면서 일시의 세상에 널리 알려진 명사(名士)들을 연이어 잡아들이지 않는 사람이 없었으니, 잠시 낙하(洛下; 漢陽)의 사대부들이 말하기를, '정언신(鄭彦信)・정언지(鄭彦智)・백유양(白惟讓)・윤기신(尹起莘) 더욱 그런(잡혀 들어간) 사람들이다.'라고 하고, 영남(嶺南) 사람들로는 최영경(崔永慶)・유종지(柳

530) 渙汗(환한): 제왕의 칙지(勅旨)나 호령(號令)을 비유하는 말로, 광택이 선명하고 고운 모양.

宗智)이고, 호남 사람들로는 이발(李潑)·이길(李洁)·정개청(鄭介淸)·유몽정(柳夢井)·조대중(曺大中) 등이 더욱 그런 사람들이라고 했다. 또 말하기를, 이발과 이길의 충성과 효도와 정개청의 학문, 유몽정의 수신(守身)[531]과 청렴과 신중함, 조대중의

[105쪽]

之持論 不頗前後疏中 已悉枚達 伏惟□聖明亦已洞鑑矣 嗚呼潑洁死 而
지 지론 불 파 전후 소 중 이 실 매 달 복 유 성명 역 이 통 감 의 오호 발 길 사 이
忠孝之風滅矣 介淸死而學問之士絶矣 夢井大中死 而淸介正大之節喪
충효 지 풍 멸 의 개 청 사 이 학문 지 사 절 의 몽 정 대 중 사 이 청개 정대 지 절 상
矣 自是之後 父戒其子 兄敎其弟 以正論力學爲取禍戕身之本 以如此之
의 자 시 지 후 부 계 기 자 형 교 기 제 이 정론 역학 위 취 화 장 신 지 본 이 여차 지
人心 士習欲望其維持 不亦難乎云云 疏入踏□啓字下義禁府 ○十四日
인심 사 습 욕 망 기 유지 불 역 난 호 운운 소 입 답 계 자 하 의금부 십 사 일
回○啓略曰 天下之獄 莫嚴於治逆 嚴故易蔓 而寃其間 或有推鞫之臣
회 계 략 왈 천하 지 옥 막 엄 어 치 역 엄 고 이 만 이 원 기간 혹 유 추국 지 신
挾憾逞怒之事 則一入機穽 毋論曲直 便不得脫其禍 尤爲罔極 又曰 或
협감 령 노 지 사 즉 일 입 기 정 무론 곡직 편 부 득 탈 기 화 우 위 망극 우 왈 혹
自上定配之□命已下 而强請拿鞫 一日再掠之類不一 而足人之受誣者
자 상 정배 지 명 이 하 이 강 청 나 국 일일 재 략 지 류 불 일 이 족 인 지 수 무 자
其惡非如言語 薄過
기 악 비 여 언어 박 과

【번역】

지론(持論)은 전후의 상소 중에서도 한 쪽으로 치우치지 않아서[532] 하나하나가 모두 정통한 것은 삼가 □성상께오서도 밝으신 지혜로 이미 꿰뚫어 보셨사옵니다. 슬프옵니다! 이발과 이길이 죽었으니 충성과 효도의 풍습이 없어졌고, 정개청이 죽었으니 학문하는 선비들이 끊겼으며, 유몽정과 조대중이 죽었으니 청렴한 절개와 바르고 큰 절의를 잃었사옵니다. 이후로는 아버지가 그의 자식을 타이르고 형이 그의 아우를 가르치기를 바른 의론과 학문에 힘쓰는 것은 화를 얻고 몸을 죽이는 것의 근본이라고 하니, 이와 같은 인심을 가진 선비들이 익히고 유지하기를 바라는 것은 또한 어렵지 않겠사옵니까?"

라고 말했다. 상소가 들어가니 □상계한 글이 의금부에 하달되었다. ○14일에 의론한 것을 □임금께 상계하니, 그 대략에 이르기를,

"천하의 옥사 중에 엄한 것은 역모를 다스리는 것이 엄한 것이며, 이런 까닭으

531) 守身(수신): 품성(品性)과 절조(節操)를 유지함.
532) 不頗(불파): 한쪽으로 기울어지지 않음. 한쪽으로 치우치지 않음.

로 경솔하게 환란이 커지고 원통함은 혹 죄를 신문하는 신하들이 감정을 품고 원한을 나타내는 사이에 있는 것이니, 한번 그 함정533)에 빠지면 옳고 그름을 막론하고 그 화를 벗어날 수 없으니, 더욱 망극지통(罔極之痛)이 되는 것이옵니다."

라고 하고, 또 이르기를,

"혹 위로부터 유배(流配)시키라는 □전하의 명령이 이미 내려졌는데도, 억지로 잡아다가 국청에서 신문하기를 청하면서 하루에 두 번 고문했던 부류는 한 번의 일이 아니옵고, 무고를 받은 많은 사람이 그의 죄악이 만약 (무고의)말과 같지 않으면 (벌의)덜하고 지나침(의 차이)은

[106쪽]

之比覆(부)載 神人之所不容其名澆家毁 未足言其寃也 雖死而委絶於
지비 재 신인 지소 불용 기명요가훼 미족언기원야 수사이위절어

天壤 其風嘷雨泣 跼地訴天 傷天地之和 召水旱之灾者 理所必至 又曰
천양 기풍호우읍 국지소천 상천지지화 소수한지재자 이소필지 우왈

湖南士子 則耳目較近 其構人受誣之狀 知之旣盡 且審則憤疾稱寃 宜倍
호남 사자 즉 이목 교근 기구인수무지상 지지기진 차심즉분질 칭원 의배

於他人 衝暑裹足千里陳疏者 夫豈有所爲 而欲媚於窀中之朽骨哉 誠見
어 타인 충서리족 천리 진소 자 부기유 소위 이욕미어취중지 후골 재 성견

崔永慶以一體寃死之鬼 不但首蒙恩雪□贈官賜祭 官其子孫 實曠世之
최영경이 일체 원사 지귀 부단수몽은설 증관사제 관기 자손 실 광세 지

盛典 如李黃鍾者 並蒙厚恩 深服□聖人好生之德 苟察其寃 則不以已死
성전 여이황종자 병몽 후은 심복 성인 호생지덕 구찰기원 즉불이이사

而置之竊意 同仁之恩 無間彼此 而有司無有以此等 寃狀上請者 乃爲此
이치지절의 동인 지은 무간 피차 이 유사 무유이차등 원상 상청 자 내위차

區區之計 欲於天地之大
구구 지계 욕어 천지 지대

【번역】

하늘과 땅534)에 비견할 수 있어, 이름을 부박하게 하고 집안을 패하게 하는 것은 신 같은 사람도 용납할 수 없으니 그 원통함은 말로 할 수 없사옵니다. 비록 죽어가고 천지에 시들어 끊기면서 울부짖기를 바람처럼 하고 눈물을 비 오듯 흘리며, 땅에 꿇고 하늘에 하소연하더라도, 천지의 조화가 이지러졌으니 홍수와 가뭄의 재앙을 불러오는 자의 다스림(판결)은 반드시 이르게 되옵니다."

라고 하고, 또 말하기를,

"호남의 선비들은 보고 들음이 분명하고 가까워서,535) 그가 사람을 모함하고 무

533) 機穽(기정): 짐승을 잡기 위해 덫을 설치한 함정. 험난한 지경이나 남을 해치는 음모를 비유하는 말.

534) 覆載(부재): 하늘은 만물을 덮고 땅은 만물을 싣는다는 뜻으로, 본문에서는 '하늘과 땅'이라는 뜻으로 쓰임.

고를 받은 실상을 이미 다 알고 있사옵니다. 또 살피신다면 분노하고 증오하며 원통함을 호소하는 것이 다른 사람에 비해 갑절이나 되어, 더위를 무릅쓰고 천리 길을 걸어와 상소문을 써서 올리는 것이오니, 대저 어찌하여 하고자 하는 바가 무덤 속[536] 시체에게 아양이나 부리고자 하는 것이겠사옵니까? 참으로 최영경(崔永慶) 한 몸의 원통하게 죽은 귀신을 보자면, 다만 먼저 은혜로운 신원설치를 입어 □전하께오서 관직을 추증하여 주시고 제사를 지내게 하셨으며, 그 자손들에게 벼슬을 주신 것은 실로 공전절후(空前絶後)[537]의 융숭(隆崇)한 은전(恩典)이었사옵니다. 이황종(李黃鍾)이라는 사람도 아울러 후한 은총을 입어 깊이 감복하고 있으니 □성인의 살리기를 좋아하시는 덕이옵니다만, 진실로 그의 원통함을 살피신다면 이미 죽어서 처치한 것이 아니옵고, 그 숨겨진 뜻은 어짊을 한 가지로 한 덕이오니, 피차간에 차이가 없는 것이옵니다. 일을 담당한 사람은 이것으로써 똑같은 원통함의 실상을 청해 올린 것이옵니다. 이러하니 이 구구한 계획으로 천지간에 큰 사람으로서

[107쪽]

人無所憾 當此遇灾 覃恩之日 尤當有以變通 而當時冤枉之狀 □天監既
인 무 소 감 당 차 우 재 담 은 지 일 우 당 유 이 변통 이 당시 원왕 지 상 천 감 기
已洞燭無餘 而推恩昭雪之擧 宜斷自□聖衷 □答曰依允 - 時朝議尨(몽)亂
이 통촉 무 여 이 추은 소설 지 거 의 단 자 성충 답 왈 의윤 시 조의 란
未及施行
미급 시행

熹宗哲皇帝 天啓三年 癸亥 - 我□仁祖憲文大王元年
희 종 철 황제 천계 삼 년 계해 아 인조 헌 문 대왕 원년

四月 領相李元翼入侍 □經筵朝講 承旨曺友仁進曰 伸鄭澈事云云 今日
사월 영상 이원익 입시 경연 조강 승지 조우인 진 왈 신 정철 사 운운 금일
大臣臺諫入侍 議處何如 □上曰 此何如 領相對曰 今日入侍 只有臣及
대신 대간 입시 의 처 하여 상 왈 차 하여 영상 대 왈 금일 입시 지 유 신 급
臺諫二人而已 更有他大臣 他臺諫在不可 以此謂之博詢廣議處之也 然
대간 이인 이 이 경 유 타 대신 타 대간 재 불가 이 차 위 지 박 순 광 의 처 지 야 연
而人各有見 可以仰對臣 曾於辛卯年 爲大司憲 論鄭澈之罪 而至於澈之
이 인 각 유 견 가 이 앙 대 신 증 어 신묘 년 위 대사헌 논 정철 지 죄 이 지 어 철 지
己丑治獄 臣亦以爲人所不
기축 치옥 신 역 이 위인 소 불

535) 較近(교근): 분명하고 가까움.
536) 竁中(취중): 무덤 속. 무덤 구덩이. 묘혈(墓穴).
537) 曠世(광세): 공전절후(空前絶後). 전무후무(前無後無). 지극히 뛰어난 것을 이르는 말.

【번역】

서운한 감정을 없이 하고자 한 것이옵니다. 이러한 재앙을 만나고 은혜를 널리 베푸시는[538] 날을 당해 더욱 응당 변통함이 있으시어, 당시의 원통하고 억울한 실상을 □성상께오서 감찰(監察)하시고 통촉하심에 여지가 없사오니, 죄와 누명을 씻어주는 은혜를 베풀어 주시는 □성상의 마음을 결단하심이 마땅하시옵니다."

라고 하나, □전하께서 대답하시기를,

"윤허(允許)한다."

라고 하셨다. - 이때 조정의 난리가 크게 일어난[539] 것을 의론하느라 미처 시행하지 못했다.

희종(熹宗) 철황제(哲皇帝) 천계(天啓)[540] 3년 계해년(癸亥年) - 우리나라 □인조 헌문대왕(仁祖憲文大王) 원년(元年).(1623년)

4월 영상(領相) 이원익(李元翼)[541]이 입시(入侍)[542]하여 □임금 앞에서 경연(經筵)[543]을 조강(朝講)[544]하는데, 승지(承旨) 조우인(曺友仁)이 진언(進言)하기를,

"정철을 신원(伸寃)하는 일을 말하면서, 금일 대신(大臣)과 대간(臺諫)이 입시하여 처리할 것을 의론할 것이온대, 어찌 하시려오니까?"

라고 하니, □임금께서 말씀하시기를,

"이것을 어찌할까?"

라고 하시니, 영상이 대답하기를,

"오늘 입시하는 신하는 다만 저와 대간 두 사람뿐이옵니다. 또 다른 대신이나

538) 覃恩(담은): 은혜를 널리 베풂. 제왕이 상을 내리거나 사면(赦免)을 행함을 이르는 말.

539) 尨亂(몽란): 난리가 어지럽게 일어남. 1616년에 대외적으로는 후금(後金)이 건국하여 강성을 보이자 조정에서는 그에 대비하여 대포를 주조하는 등 대비책을 세우고, 명(明)나라의 원병 요청에 1만 명을 보내 연합작전을 펴고, 대내적으로는 대북파의 무고로 능창군 전(綾昌君佺)의 추대사건 등으로 어지러운 시기였음을 의미.

540) 熹宗哲皇帝天啓(희종철황제천계): 명(明)나라 제15대 황제. 이름은 주유교(朱由校). 14대 황제 광종(光宗)의 맏아들로 재위 기간은 7년. 시호는 천계(天啓).

541) 李元翼(이원익): 1547(명종 2)~1634(인조 12). 조선 중기의 문신. 자는 공려(公勵). 호는 오리(梧里).

542) 入侍(입시): 대궐에 들어가 왕을 알현하는 일.

543) 經筵(경연): 임금 앞에서 경서(經書)를 강론하던 일.

544) 朝講(소상): 이른 아침에 경연관(經筵官)이 신상(進講)하는 일.

대간이 있는 것은 불가하옵니다. 이 일에는 널리 묻고 넓게 의론하여 처리하셔야 하옵니다. 그러나 사람들에게는 각각의 견해가 있으니 믿고 대답하는 것도 옳습니다. 신은 일찍이 신묘년(辛卯年)에 대사헌(大司憲)이 되었을 때에 정철의 죄를 논하면서, '정철은 기축년에 옥사를 다스렸고, 신 또한 사람으로서 참으로 할 수 없는 일을 하는 사람'이라고 여겼습니다."

라고 했다."

[108쪽]

不忍也 - 見梧里集 及東里錄 **上問初政急務 延平君李貴 兵判金瑬對曰 伸**
불인 야 견 오 리 집 급 동 리 록 상 문 초 정 급무 연 평 군 이귀 병판 김 류 대 왈 신
鄭澈寃 爲宜輔德 尹知敬獨曰 急務非在 伸澈寃己丑寃死人 最當先諸
정철 원 위 의 보덕 윤 지 경 독 왈 급무 비 재 신 철 원 기축 원사 인 최 당 선 제
大臣相顧 未有對李敬輿繼陳曰 知敬之言是也 於是□命議己丑寃死人
대신 상고 미 유 대 이경여 계 진 왈 지 경 지 언 시 야 어 시 명 의 기축 원사 인
伸寃復官賜祭大臣收議 - 見梧里集
신원 복관 사 제 대신 수의 견 오 리 집

四年 甲子 - 我□仁祖二年
사 년 갑자 아 인조 이 년

夏以五臣復官事 特□命收議 □傳曰 鄭澈事似難輕議云云 - 先是澈以己丑
하 이 오 신 복관 사 특 명 수의 전 왈 정철 사 사 난 경 의 운운 선 시 철 이 기축
委官 被反坐之律 辛卯閏三月 特□命暴其罪狀 榜示朝堂 六月江界安置 壬辰蒙□宥還 甲午
위관 피 반 좌 지 율 신묘 윤 삼월 특 명 폭 기 죄상 방시 조당 육 월 강 계 안치 임진 몽 유 환 갑오
十一月 兩司更論其罪 追削官爵 至是其子宗溟等 陳疏請伸 **又曰 澈旣以治獄過濫 至**
십 일 월 양 사 경 론 기 죄 추삭 관작 지 시 기 자 종 명 등 진소 청 신 우 왈 철 기 이 치옥 과람 지
於被罪 雷霆之下 必有抱寃橫罹 而不得
어 피 죄 뇌정 지 하 필 유 포원 횡리 이 부 득

【번역】

- 『오리집(梧里集)』[545]과 『동리록(東里錄)』[546]에 보인다. □주상께서 처음 정사(政事)를 하실 때 급한 일에 대해서 묻자, 연평군(延平君) 이귀(李貴)[547]와 병조판서(兵曹判書) 김류(金瑬)[548]가 대답하기를,

545) 梧里集(오리집): 오리(梧里) 이원익(李元翼)의 문집.

546) 東里綠(동리록): 동리(東里) 정세규(鄭世規)의 기록. 1583(선조 16)~1661(현종 2). 기축옥사 때 희생된 정인신(鄭彦信)의 손자로 문음(門蔭)으로 벼슬에 올랐음.

547) 李貴(이귀): 1557(명종 12)~1633(인조 11). 조선 중기의 문신. 자는 옥여(玉汝). 호는 묵재(默齋). 이이(李珥)・성혼(成渾)의 문인으로 문명을 떨침. 임진왜란 때 왕을 호종하고, 광해군의 난정을 개탄하고, 김류(金瑬)・신경진(申景禛) 등과 인조반정에 성공하고 연평부원군(延平府院君)에 봉해짐.

548) 金瑬(김류): 1571(선조 4)~11648(인조 26). 조선 중기의 문신. 자는 관옥(冠玉). 호는 북저(北渚). 1623년 이귀(李貴)・신경진(申璟禛)・이괄(李适) 등과 인조반정을 일으켜 승평부원군(昇平府院君)에 봉해지고 병조판서를 지냄.

"정철을 신원하는 것은 마땅하옵니다."

라고 하니, 보덕(輔德)[549] 윤지경(尹知敬)[550]만이 홀로 말하기를,

"급한 정무(政務)는 정철을 신원하는 일에 있는 것이 아니옵고, 기축년에 원통하게 죽은 사람들을 가장 먼저 해야 하옵니다."

라고 하니, 여러 대신들이 서로 돌아보면서 대답을 하지 못하고 있는데, 이경여(李敬輿)가 이어 진술하기를,

"윤지경의 말이 옳사옵니다."

라고 하니, □주상이 명령을 하여, '기축년에 원통하게 죽은 사람들의 원통함을 풀어주고 복관(복관)하는 일을 의론하라.'고 하니, 여러 대신들이 의론을 수합하였다. -『오리집(梧里集)』에 보인다.

4년 갑자년(甲子年) - 우리나라 □인조(仁祖) 2년. (1624년)

여름 다섯 명의 신하들의 관작을 회복하는 일을 특별히 □전하께서 의론을 모으라고 명하시고, □전하께서 전교(傳敎)하시기를,

"정철의 일은 가벼이 의논하기 어려운 것 같다."

라고 말씀하셨다. - 전의 정철은 기축년에 위관(委官)이 되어 반좌지율(反坐之律)을 입어 신묘년(辛卯年; 1591년. 선조 24) 윤삼월에 특별히 □전하께서 명하시어 그의 죄상을 폭로하는 방을 조정에 붙이게 하시고, 6월에 강계(江界)에 위리안치(圍籬安置)했다가, 임진년(壬辰年; 1592년. 선조 25)에 □전하의 용서하심을 입어 돌아왔는데, 갑오년(甲午年; 1594년. 선조 27) 11월에 양사(兩司)에서 다시 그의 죄상을 의논하여 관작(官爵)을 추삭(追削)하였다. 그의 아들 정종명(鄭宗溟) 등이 상소하여 신원해 줄 것을 청했다. 또 말씀하시기를,

"정철은 이미 옥사를 다스리면서 지나치게 함부로 하다가 죄를 입기에 이르렀고, (선왕의)격렬한 노여움[551]을 받았다. 뜻밖의 재앙을 당해 원통함을 안고 있는 사람이 있었으나,

549) 輔德(보덕): 세자시강원(世子侍講院; 왕세자의 교육을 맡아보던 관청)의 정3품 벼슬.
550) 尹知敬(윤지경): 1584(선조 17)~1634(인조 12). 조선 중기의 문신. 자는 유일(幼一). 호는 창주(滄洲).
551) 雷霆(뇌성): 제왕이나 높은 사람의 격렬한 노여움을 비유하는 말.

[109쪽]

伸者 亦令大臣從公查出議處 又曰 議于大臣以□啓 ○領相李元翼議略
신자 역령대신종공사출의처 우왈 의우대신이 계 영상 이원익 의략
曰 前日筵中自□上 以鄭澈事下問故 臣以辛卯年忝憲長論 □啓曲折
왈 전일연중자 상 이정철사하문고 신이신묘년첨헌장론 계 곡절
仰達 而至於今日 伸理之議 非有防遏之意也 其時被罪白惟讓等諸人 臣
앙달 이지어금일 신리지의 비유방알지의야 기시피죄백유양등제인 신
等曩日累次獻議 請伸雪 今禁府查出 諸人之名稟處宜當 ○左議政尹昉
등낭일누차헌의 청신설 금금부사출 제인지명품처의당 좌의정 윤방
議略曰 鄭澈事臣於上年 登對之時 已盡陳達 其時被罪人 如有橫罹者
의략왈 정철사신어상년 등대지시 이진진달 기시피죄인 여유횡리자
則今有司查考稟處宜當 ○右議政申欽議略曰 鄭澈事 今若蕩滌 則豈不
즉금유사사고품처의당 우의정 신흠 의략왈 정철사 금약탕척 즉기불
有關於同寅協恭之治道哉 李潑等諸人 被罪時至於籍沒等事亦涉過重
유관어동인협공지치도재 이발등제인 피죄시지어적몰등사역섭과중
臣亦嘗欲以此 並達於
신역상욕이차 병달어

【번역】

신원해주지 못한 사람이 반드시 있다.”

하시고, 또 명령하시기를, ‘대신들이 공적으로 조사하여 의견을 내어 처리하라.’ 하시고, 또 이르시기를, ‘대신들이 의론하고 □상계하라.’고 하셨다. ○영상 이원익이 논의하였는데, 대략에 말하기를,

“이전 날 경연 중에 □주상께서 정철의 일을 하문(下問)하시니, 신이 신묘년에 법을 더럽혔다는 긴 의논을 □상계하여 사정을 우러러 드러냈고,[552] 오늘에 이르러 그 이치를 따지는[553] 것은 틀어막자는[554] 것에 있는 것이 아니옵고, 그때에 백유양 등 여러 사람이 입은 죄를 신들이 지난번에 누차 신원설치를 의론하여 드린 것이옵고, 금부로 하여금 여러 사람들의 이름을 조사하여 올린 대로 처리하라고 명령을 내려주심이 합당할 것이옵니다.”

라고 했다. ○좌의정(左議政) 윤방(尹昉)[555]이 의논드리니, 그 대략에 말하기를,

“정철의 일은 신이 지난해에 등대(登對)[556]할 때 이미 모든 일을 진술하여 드렸듯이, 그 당시에 뜻밖의 재앙에 걸려 죄를 입은 사람들이 있으므로 담당자가 조

552) 仰達(앙달): 우러러 드러냄. 표현함. ‘앙(仰)’은 상대방에게 존경의 뜻을 표시하기 위해 의례적으로 덧붙이는 말로, 공문서에서 쓰는 문투. 상급기관이 하급기관에 대하여는 명령의 뜻으로, 하급기관이 상급기관에 대하여는 존경의 뜻을 나타냄.

553) 伸理(신리): 이치를 들어 폄. 조리를 따져 설명함. 이유를 설명함.

554) 防遏(방알): 방비하여 막음. 틀어막음.

555) 尹昉(윤방): 1563(명종 18)~1640(인조 18). 조선 중기의 문신. 자는 가회(可晦). 호는 치천(稚川). 임진왜란 때 왕을 호종하는 등 많은 치적을 쌓음. 문집으로 『치천집(稚川集)』이 있음.

556) 登對(등대): 조정에 나아가서 임금의 질문에 대답함.

사하여 올리는 대로 처리하심이 마땅하옵니다."

라고 했다. ○우의정(右議政) 신흠(申欽)[557]이 의논드리니, 그 대략에 말하기를, "정철의 일을 지금 만약 깨끗이 씻어주면, 어찌 동인협공(同寅協恭)[558]으로 다스리는 도와 관련이 없겠사옵니까? 이발 등 여러 사람들이 죄를 입을 당시에 재산을 몰수당하는 일에 이르게 한 것은 역시 지나침이 심한 것이었사옵니다. 신도 역시 일찍이 이것을 함께

[110쪽]

□聖明而未及者也　今禁府查出稟處亦當　○諸大臣議入□傳曰　依議施行
성명 이 미급 자 야 금 금부 사 출 품처 역 당 제 대신 의 입 전 왈 의 의 시행

五年乙丑 - 我□仁祖三年
오 년 을축 아 인조 삼 년

二月 因前年收議 始復先生官爵 其餘李潑李洁鄭介淸柳夢井等 四臣並□命復官 禮曹關到本縣先生籍産依□啓下還給 -白惟讓一大臣 所持未復官 後肅廟庚午因三公議復其官
이월 인 전 년 수의 시 복 선생 관작 기 여 이발 이 길 정개청 유 몽 정 등 사 신 병 명 복관 예 조 관 도 본 현 선생 적 산 의 계 하 환급 백 유 양 일 대신 소 지 미 복관 후 숙 묘 경 오 인 삼공 의 복 기 관

毅宗烈皇帝 崇禎四年 辛未 - 我□仁祖九年
의종 열 황제 숭정 사 년 신미 아 인조 구 년

儒生鄭武瑞等陳疏 - 疏辭佚 請追贈鄭彦信鄭彦智鄭介淸曺大中柳夢井李黃鍾 六臣之職 又請追削鄭澈官爵 □特下追奪之□命 - 李潑李洁臺臣 □啓已爲追□贈
유생 정 무 서 등 진소 소 사 일 청 추 증 정 언 신 정 언 지 정개청 조 대 중 유 몽 정 이 황 종 육신 지 직 우 청 추삭 정철 관작 특 하 추탈 지 명 이발 이 길 대신 계 이 위 추 증

【번역】

□전하께 말씀드리고 싶었으나 미처 미치지 못했사옵니다. 금부에 명령하시어 조사하여 올리는 대로 처리하심이 마땅하옵니다."

라고 했다. ○여러 대신들이 의론하여 (전하께)드리니, □전하께서 전교하시기를,

557) 申欽(신흠): 1566(명종 21)~1628(인조 6). 조선 중기의 문신. 자는 경숙(敬叔). 호는 상촌(象村). 각종 외교문서에 능하였으며 사람의 신망이 높아 이정구(李廷龜)·장유(張維)·이식(李植)과 함께 조선 중기의 한문학의 정종(正宗)으로 월상계택(月象谿澤)으로 칭송 받음. 문집으로 『상촌집(象村集)』이 있음.

558) 同寅協恭(동인협공): 동료끼리 서로 공경하여 임금을 섬기고 정사(政事)에 협력함.

“의논한 것에 의해 시행하라.”
라고 하셨다.

5년 을축년(乙丑年) - 우리나라 □인조(仁祖) 3년. (1625년)

2월에 전년에 수의(收議)한 것으로 인해 비로소 (조대중)선생의 관작(官爵)이 회복되었고, 그밖에 이발・이길・정개청・유몽정 등 네 신하들도 함께 □전하께서 관작을 회복시킬 것을 명령하셨다. 예조(禮曹)의 관리가 본현(本縣; 和順縣)에 도착하여 몰수한 가산(家産)을 □임금께 올린 상계에 의거하여 환급하여 내려주었다. - 백유양은 한 대신이 되어 소지한 관작을 회복시키지 못하다가 □숙종(肅宗) 경오년(庚午年; 1690년. 숙종 16)에 삼공(三公)이 의논하여 그의 관작을 회복시켰다.

의종(毅宗) 열황제(烈皇帝) 숭정(崇禎)[559] 4년 신미년(辛未年)
- 우리나라 □인조(仁祖) 9년. (1631년)

유생(儒生) 정무서(鄭武瑞) 등이 상소문을 써서 – 상소문은 잃음. 정언신・정언지・정개청・조대중・류몽정・이황종 등 여섯 신하들의 관직을 추증(追贈)하여 줄 것을 청하고, 또 정철의 관작을 추삭(追削)할 것을 청하니, □전하께서 특별히 추탈(追奪; 追削)하라고 □전하의 명을 내렸다. -이발과 이길은 대신들이 □전하께 올린 상계로 이미 추증하였다.

[111쪽]

八年乙亥 - 我□仁祖十三年
팔 년 을해 아 인조 십 삼 년

嶺南儒生 金璟等八十餘人發通 - 通文佚 本道議立六先生 - 東巖南溪困齋淸溪晩翠及先生 院宇
영남 유생 김 경 등 팔십 여 인 발통 통문 일 본 도 의 립 육 선생 동 암 남 계 곤 재 청 계 만 취 급 선생 원우

九年丙子 - 我□仁祖十四年
구 년 병자 아 인조 십 사 년

559) 毅宗烈皇帝崇禎(의종열황제숭정): 명(明)나라 제16대 황제 장렬제(莊烈帝)의 고친 묘호(廟號). 이름은 주유검(朱由檢). 시호는 숭정(崇禎). 처음 묘호는 사종(思宗). 재위 기간은 1628~1644.

太學儒生 -姓名不傳 伸卞己丑冤獄上疏 略日 臣等伏覩 □殿下臨御
태학 유생 성명 부 전 신 변 기축 원옥 상소 략 왈 신등 복 도 전하 임 어
以來 庶政之欲察生民之 欲安莫過於今世 凡在覆載之間 稍有血氣之類
이래 서정 지 욕 찰 생민 지 욕 안 막 과 어 금세 범 재 복 재 지 간 초 유 혈기 지 류
莫不延頸企足 停待雨暘之順序 星雲之有慶 而近年以來 灾眚荐作 旱澇
막 불 연 경 기 족 정 대 우 양 지 순서 성운 지 유 경 이 근년 이래 재 생 천 작 한 로
不節 雷變 非常是何 □聖明之世 有此天譴之極乎 臣等盖聞 人事失於
부 절 뇌변 비상 시 하 성명 지 세 유 차 천 견 지 극 호 신등 개 문 인사 실 어
下 則天變形於上 □殿下靈德出天 對
하 즉 천 변형 어 상 전하 영덕 출천 대

【번역】

8년 을해년(乙亥年) - 우리나라 □인조(仁祖) 13년. (1635년)

영남(嶺南) 유생(儒生) 80여 명이 통지(通知)하는 글을 보내 – 통문(通文)은 잃음 본도(本道; 全羅道)에서 여섯 선생의 –동암 이발(東巖李潑) · 남계 이길(南溪李洁) · 곤재 정개청(困齋鄭介淸) · 청계 유몽정(淸溪柳夢井) · 만취 이황종(晩翠李黃鍾) 및 선생(先生; 曺大中) 원우(院宇; 祠堂)를 세울 것을 의론하였다.

9년 병자년(丙子年) - 우리나라 □인조(仁祖) 14년. (1636년)

태학(太學) 유생(儒生) - 성과 이름은 잃음 기축년의 원통한 옥사를 급히 펴 줄 것을 상소하였는데, 그 상소의 대략에 말하기를,

"신들이 삼가 보건대, □전하께오서 제위에 오르신 이래로 정사(政事)를 펴심에 백성을 살피시고자 하시고, 편안케 하고자 하심이 지금 세상보다 지나친 때가 없었사옵니다. 무릇 천지 사이에 조금이라도 목숨이 있는 것들은 목을 빼고[560] 발돋음을 하며 간절히 바라며, 비가 오고 해가 나는 것이 차례를 따르고, 우주에 경사스러움이 있기를 서서 기다리고 있사옵니다. 그러나 근년 이래로 재앙과 환난이 연이어 일어나고, 가뭄과 수해(水害)에 때가 없으며, 벼락이 떨어지는 변고가 예사롭지 않으니, 이것은 □전하의 밝은 세상에 무슨 일이옵니까? 이것은 하늘의 꾸지람이 지극함이 있는 것이옵니다. 신들이 대개 들기로는, 인정(人情)과 사리(事理)를 아래(세상)에서 잃으면 하늘의 변고는 위(하늘)에서 모습을 보인다고 하옵니다. □전하의 신령스러운 덕은 하늘이 낸 것으로,

560) 延頸(연경): 목을 길게 빼듦. 우러러 사모하고 간절히 바람.

[112쪽]

越無愧 而咎徵疊臻和氣未應 臣等實愚昧 未解其故也 又曰竊惟方今之
월무괴 이구징첩진화기미응 신등실우매 미해기고야 우왈절유방금지

事 足傷和氣 以致灾沴者 不獨在於□聖上之 或失亦在於民心之失和也
사 족상화기 이치재려자 부독재어 성상지 혹실역재어민심지실화야

臣等請條陳數說 伏願□聖明裁擇焉 士林公議 惟在於己丑寃死 臣等未
신등청조진수설 복원 성명재택언 사림공의 유재어기축원사 신등미

得均蒙褒□贈之典也 辛未冬 儒生鄭武瑞等 陳達己丑冤獄 請削鄭澈
득균몽포 증지전야 신미동 유생정무서등 진달기축원옥 청삭정철

官爵 而日月之下 洞燭澈之奸宄 □特下追奪之□命 一國公議伸矣 士林
관작 이일월지하 통촉철지간귀 특하추탈지 명 일국공의신의 사림

憤鬱洩矣 裁(재)賢病國之奸 必爲自報於九泉之下 無辜寃死之魂 豈不
분울설의 현병국지간 필위자보어구천지하 무고원사지혼 기불

感泣於冥冥之中乎 旣施懲惡討罪之典 則宜有褒□贈 寃死之擧 而矯首
감읍어명명지중호 기시징악토죄지전 즉의유포 증 원사지거 이교수

兩載 猶無稟□啓 此臣之
양재 유무품 계 차신지

【번역】

덕을 베푸심561)에는 부끄러운 것이 없으나, 허물의 조짐이 쌓여서 온화한 기운에는 아직까지 거듭 감응하지 못한 것이옵니다. 신들은 실로 우매하여 그 까닭을 납득하지 못하겠사옵니다.”

라고 말하고, 또 말하기를,

“가만히 생각하건대 방금의 일들은 자연의 재해(災害)562)를 (일어나지 못하게) 돌려보냄에 온화한 기운을 방해하고 있는 것은, 오직□성상에게 있는 것이 아니고 혹 민심(民心)이 서로 좋지 못함에도 또한 있다는 것을 잃었음이 아닌가 하옵니다. 신들이 낱낱이 진술한 수차례의 말들을 삼가 원하옵건대 □전하께옵서 밝으신 지혜로 헤아려 선택하시옵소서. 사림(士林)들의 공론(公論)은 기축년에 원통하게 죽은 신하들이 아직 □전하의 포증(褒贈)563)의 은전(恩典)을 고르게 입지 못했다는 것이옵니다. 신미년(辛未年) 겨울에 유생 정무서(鄭武瑞) 등이 써서 드린 바, 기축년에 원통한 옥사를 행한 정철의 관작을 삭탈하며, 제왕(諸王; 日月)들께서도 정철이 안팎에서 범법행위를 저질렀다는 것564)을 통촉하시고, □성상께서 특별히 추탈(追奪; 追削)의 □어명(御命)을 내리시어 한 나라의 공정한 의론을 펴시었사옵니다. 그러나 사람들의 울분은 흘러나오고 있사옵니다. 현사(賢士)들

561) 對越(대월): 대양(對揚). 사례하며 찬양함. 금문(金文; 옛날의 鐵器나 銅器 등에 새겨진 글)에 많이 보이는 용어로, 신하가 왕의 은혜를 받았을 때 많이 써서, 사례・보답의 뜻으로 씀.

562) 灾沴(재려): 해침. 자연 재해를 이름.

563) 褒贈(포증): 포증(褒贈). 죽은 이를 표창하고 관작(官爵)을 내려주는 일.

564) 奸宄(간귀): 안팎에서 범법행위를 저지름.

에게 재앙을 주고 나라를 병들게 한 간신은 반드시 스스로 저승에서 갚음을 받을 것이니, 무고하게 죽은 원통한 영혼들이 어찌 캄캄한 저승에서 감격하여 흐느끼지 않겠사옵니까? 이미 악을 징벌하고 죄를 벌하시는 은전을 베푸셨으니, 마땅히 □전하께옵서 원통한 죽음에 포증하시면 두 가지의 시초를 함께 바로잡으시는 것이니,[565] 오히려 □전하께 올리는 상계가 없어도 되는 것이옵니다. 이것은 신이

[113쪽]

所以不度愚陋 而心切疑惑焉 頃因臺臣之□啓達 有已己丑寃死臣李潑
소이 부 도 우 누 이 심 절 의혹 언 경 인 대신 지 계 달 유 이 기축 원사 신 이발

李洁兄弟 追□贈之□命 而其他寃死之臣 其數亦多 獨未蒙□恩典 泉下
이 길 형제 추 증 지 명 이 기타 원사 지 신 기 수 역 다 독 미 몽 은전 천하

冤魂 雖不足恤 而其在□聖上一視之德 爲何如哉 若以己丑寃死 諸臣言
원혼 수 부족 휼 이 기 재 성상 일 시 지 덕 위 하여 재 약 이 기축 원사 제신 언

之 古相臣鄭彦信 參判臣鄭彦智 持平臣崔永慶 縣監臣鄭介淸 大司諫臣
지 고 상신 정 언 신 참판 신 정 언 지 지평 신 최 영 경 현감 신 정개청 대 사간 신

李潑 副提學臣李洁 都事臣曺大中 持平臣柳夢井 察訪臣李黃鍾等 鄭澈
이발 부 제학 신 이 길 도사 신 조 대 중 지평 신 유 몽 정 찰방 신 이 황 종 등 정철

之構捏 雖異含怨致死則同 而崔永慶則雪冤之後 卽爲復官追□贈 李潑
지 구 열 수 이 함원 치사 즉 동 이 최 영 경 즉 설원 지 후 즉 위 복관 추 증 이발

洁 今又追□贈 而其餘鄭彦信政彦智鄭介淸曺大中柳夢井李黃鍾等
길 금 우 추 증 이 기여 정 언 신 정 언 지 정개청 조 대 중 유 몽 정 이 황 종 등

六臣 尙稽追□贈之 □
육신 상 계 추 증 지

【번역】

우둔하고 비루(鄙陋)함을 헤아리지 못한 까닭이오나 마음의 의혹은 끊어질 것이옵니다. 사헌부(司憲府)에서 □전하께 올리는 상계로 인해 기축년에 원통하게 죽은 신하 이발과 이길 형제를 □추증하라고 □전하께서 하명하심이 있으시고, 그 나머지 원통하게 죽은 신하들의 수가 또한 많으나, 오직 □전하의 은전을 아직 입지 못한 저승의 원통한 영혼들에게는 비록 구휼하심이 부족하더라도 그들을 □성상께서는 한 가지 덕으로 보고 계시니 어찌하겠사옵니까? 만약 기축년의 원통한 죽음들로, 여러 신하들이 말하고 있는 상신(相臣; 相國) 신 정언신(鄭彦信), 참판(參判) 신 정언지(鄭彦智), 지평(持平) 신 최영경(崔永慶), 현감(縣監) 신 정개청(鄭介淸), 대사간(大司諫) 신 이발(李潑), 부제학(副提學) 신 이길(李洁), 도사(都事) 신 조대중(曺大中), 지평(持平) 신 유몽정(柳夢井), 찰방(察訪) 신 이황종(李黃鍾) 등은 정철의 모함에 걸렸사옵니다. 비록 다른 원한을 머금었더라도 죽

565) 矯首兩截(교수양재): 두 가지의 시초를 바로잡음. 곧 죄는 벌주고 억울함은 풀어주는 것을 말함.

음에 이른 것은 같은 것이고, 최영경은 신원설치 후에 관직을 회복시키고 □전하께서 추증하셨으며, 이발과 이길은 지금 또 □전하께서 추증하시나, 그 나머지 정언신·정언지·정개청·조대중·유몽정·이황종 등 여섯 신하들은 아직 □전하의 추증하시는 □전하의 하명이 멈추고 있사옵니다.

[114쪽]

命 此是一國之公議 雖伸而未得伸也 士林之憤鬱 雖洩而未得雪者也 崔
명 차 시 일국 지 공의 수 신 이 미득 신 야 사림 지 분울 수 설 이 미득 설 자 야 최
永慶之學行 李潑李洁之孝友 今不敢煩達 而政彥信以宿德 宰輔負世
영 경 지 학행 이발 이 길 지 효우 금 불 감 번달 이 정 언 신 이 숙덕 재 보 부 세
重望 忠□君憂國之心 獎善斥邪之心 實爲□國家柱石 而當己丑逆獄之
중망 충 군 우국지심 장 선 척사 지 심 실 위 국가 주석 이 당 기축 역옥 지
初 彥信以委官 方治逆獄 澈自畿甸入來密□啓 彥信如逆賊同宗 不可
초 언 신 이 위관 방 치 역옥 철 자 기전 입 래 밀 계 언 신 여 역적 동종 불가
按獄 三疏見達 陰囑湖儒梁千頃等上疏 至有親鞫之擧 又囑儒生梁泂等
안옥 삼 소 견 달 음 촉 호 유 양 천 경 등 상소 지 유 친국 지 거 우 촉 유생 양 형 등
上疏構捏 而澈以其時委官 間隔密□啓 竟至大受刑 因甲山而死 鄭介清
상소 구 열 이 철 이 기 시 위관 간격 밀 계 경 지 대 수형 인 갑 산 이 사 정개청
力學好古 踐履篤實 持身以敬 教人有序 不求聞達 志操堅確 而嘗以澈
역학 호고 천리 독실 지신 이 경 교인 유 서 불 구 문달 지조 견확 이 상 이 철
餙情僞行 非正人也 又患
희 정 위 행 비 정인 야 우 환

【번역】

이것은 한 나라의 공정한 의론이오니, 비록 펴주신 것이나 아직 펴지 못한 것이옵니다. 사림들이 울분하고 있는 것은 아직 신원설치를 다 못했음입니다. 최영경의 학행과 이발·이길의 효우는 지금 감히 번거롭게 말씀드리지 못하옵니다만, 정언신은 오래 쌓은 덕망으로 임금을 보좌하는 대신[566]으로, 세상 사람들의 두터운 기대를 지고 있었으며, □임금에게 충성하고 나라를 걱정하는 마음으로 선을 장려하며 사악함을 배척하는 마음은 실로 □나라의 기둥과 주춧돌이었사옵니다. 기축년에 역적의 옥사를 당했던 초기에 정언신은 위관(委官)이 되어 바야흐로 역적의 옥사를 다스리려던 때에, 정철(鄭澈)이 기전(畿甸)[567]에서 들어와 은밀히 □전하(선왕; 宣祖)께 상계를 올려, '정언신은 역적(정여립)과 같은 종파로서 옥사를 다스릴 수 없다.'고 세 번이나 상소를 드리고, 몰래 호남의 유생인 양천경(梁千頃) 등에게 상소를 올려달라고 부탁하여 친국(親鞫)하기에 이르렀고, 또 유생 양형(梁

566) 宰輔(재보): 재상을 두루 이르는 말로, 임금을 보좌하는 대신을 이름.
567) 畿甸(기전): 가내(畿內). 서울을 중심으로 하여 경기도 일원을 이르는 말.

泂) 등에게 모함하는 상소를 올리라고 부탁하였고, 정철이 그 (역모의)시기에 위관으로 틈틈이 은밀한 □상계를 올리더니, 마침내 (위리안치의)큰 형벌을 받아 갑산(甲山)에서 죽었습니다. 정개청(鄭介淸)은 학문에 힘쓰고 옛 도(道)를 좋아하며, 순후한 진실을 실천하였으며 경건(敬虔)으로 몸을 보전하고, 사람을 가르침에 차례가 있었으며, 명성이 알려짐을 구하지 않았으며 지조가 굳고 확실하였습니다. 일찍이 정철은 거짓된 마음과 행실로 올바른 사람이 아니었습니다. 또

[115쪽]

時輩之效澈放浪 爲著節義淸談說 以譏之爲澈所誣 竟致竄死朔北 曺大
시 배 지 효 철 방랑 위 저 절의 청담 설 이 기 지 위 철 소 무 경 치 찬사 삭 북 조 대
中天資甚高學問 眞正立志淸苦 論議慷慨 常懷懲惡之心 每激拒扞之論
중 천자 심 고 학문 진정 입지 청 고 논의 강개 상 회 징악 지 심 매 격 거 한 지 론
見澈陰邪 而雖在同道 絶不相見 立朝忠直 見人違度輒彈而矯之 遂以爲
견 철 음사 이 수 재 동도 절 불 상견 입조 충직 견 인 위 도 첩 탄 이 교 지 수 이 위
賊流涕之邪說 爲澈誣陷 竟致寃死於獄中 又以一句之詩 被誣猶酷禍及
적 유체 지 사설 위 철 무함 경 치 원사 어 옥중 우 이 일구 지 시 피 무 유 혹화 급
泉壤 柳夢井學行高明 志操剛直 居家處朝 一心忠孝 莅官治民 動止
천양 유 몽 정 학행 고명 지조 강직 거가 처 조 일심 충효 이 관 치민 동지
嘉尙一居 憲府之職 抃折奸孼之輩 而爲澈所陷殞命杖下 李黃鍾天資
가상 일 거 헌부 지 직 변 절 간 얼 지 배 이 위 철 소 함 운명 장 하 이 황 종 천자
篤實 意見高邁 始與澈爲蔥竹之交 及其中年 見其奸怪之狀 斷然絶之
독실 의견 고 매 시 여 철 위 총 죽 지 교 급 기 중년 견 기 간 괴 지 상 단연 절 지
遂與崔永慶 托爲心契 而爲
수 여 최 영 경 탁 위 심계 이 위

【번역】

당시의 사람들은 정철의 거리낌 없는 행실을 본받는 것을 걱정하여 절의(節義)와 청담(淸談)으로 나타냈는데, 그 나무란 것을 정철은 (자신을)업신여긴다고 여겨 마침내 벼슬에서 쫓아내고 북방(朔北; 北方)에서 죽게 했습니다.568) 조대중(曺大中)은 타고난 품성이 매우 고결하고 학문이 진실 되고 올바르며, 뜻을 세움에 청빈하게 살면서 어려움을 견뎌내고, 논의를 할 때에는 강개(慷慨)하여 항상 악을 미워하는 마음을 지녀, 매번 정철의 음험하고 사악함을 볼 때마다 논의를 격렬하게 하였습니다. 비록 같은 도(道; 전라도)에 살면서도 끊고 보지 않았는데, 조정에 들어가서도 충직하여 사람들이 도(度)를 벗어나는 것을 보면 즉시 직설적으로 격렬하게 비난하면서 바로 잡아주었습니다. 그러다가 마침내 역적을 위해 눈물을

568) 竄死朔北(찬사삭북): 벼슬에서 쫓아내고 북방으로 보내 죽게 함. 1589년 정여립의 모역사건이 일어나고, 1590년 5월 정여립과 동모하였다는 죄목으로 체포되어 평안도 위안으로 유배되었다가 다시 같은 해 6월 함경도 경원 아산보(阿山堡)로 이배되고, 7월에 그곳에서 죽은 것을 말함.

흘렸다는 사악한 말을 하였다는 정철의 거짓 무고(無辜)에 빠져서, 끝내 옥중에서 원통하게 죽었습니다. 또 한 구절의 시로 무고를 당해 혹독한 화를 입고 저승에 갔습니다. 유몽정(柳夢井)은 학문과 행실이 높고 분명하였으며, 지조가 강직하여 집에 기거하거나 조정의 일을 처리할 때에도 한가지 마음으로 충성과 효도를 다 하였습니다. 벼슬에 임해서 백성을 다스릴 때에는 행동거지가 착하고 아름다웠으며, 한 번 사헌부(司憲府)에 있을 때에는 간사한 악당의 무리들을 때려 꺾었는데, 정철의 무함(誣陷)에 빠져 형장을 맞고 죽었습니다. 이황종(李黃鍾)은 타고난 자질이 독실하고 의견이 고매하였는데, 처음에는 정철과 더불어 푸른 대나무같이 사귀다가, 중년(中年)에 이르러 그(정철)의 간사하고 괴이한 모습을 보고 단연하여 끊어버렸습니다. 마침내 최영경(崔永慶)과 더불어 손을 내밀어 마음으로 사귀었는데,

[116쪽]

澈誣陷寃死獄中 噫權奸用事 忠良見戮 未有如己丑也 被誣寃死之狀 已
철 무함 원사 옥중 희 권간 용사 충량 견 륙 미 유 여 기축 야 피 무 원사 지 상 이

盡於鄭武瑞等疏中 而臣等今日追訟其冤枉 敢申重復之言者 非爲買價
진 어 정 무 서 등 소 중 이 신등 금일 추 송 기 원왕 감 신 중 복 지 언 자 비 위 매가

於泉下 亦非要利於國人也 伏乞□殿下俯察 芻蕘(요)之言 □贈秩冤魂
어 천하 역 비 요 이 어 국인 야 복걸 전하 부 찰 추 지 언 증 질 원혼

收用子孫 則可以合士林之興 可以雪九泉之冤枉 於其扶公奬忠之道 豈
수 용 자손 즉 가 이 합 사림 지 여 가 이 설 구천 지 원왕 어 기 부 공 장 충 지 도 기

曰無小補哉 嗚呼李潑李洁 一罹禍網 兄弟並戮 老母稚兒 一時夷殺 覆
왈 무 소 보 재 오호 이발 이 길 일 리 화 망 형제 병 륙 노모 치아 일시 이 살 복

宗絶祀 則雖蒙伸雪 而其寃不泯 雖有□贈職 而其祀無主 旣無承嗣之裔
종 절 사 즉 수 몽 신설 이 기 원 불 민 수 유 증직 이 기 사 무주 기 무 승사 지 예

又無期功之親 求其同姓 以立其後 則於禮於情得其宜矣 伏願□聖明 特
우 무 기 공 지 친 구 기 동성 이 입 기 후 즉 어 예 어 정 득 기 의 의 복 원 성명 특

下立後之 □命以慰無
하 입 후 지 명 이 위 무

【번역】

정철의 무고한 함정에 빠져 옥중에서 원통하게 죽었습니다. 슬프옵니다. 권세를 가진 간신들의 법에 따라 형(刑)을 집행함[569]에 충직하고 어진 사람들을 죽인 것이 기축년과 같은 때는 아직 없었사옵니다. 무고를 입어 억울하고 원통하게 죽어간 모습들은 이미 정무서(鄭武瑞) 등의 상소 중에 다 쓰고 있사옵니다. 신들이

569) 用事(용사): 어떤 일을 하는 바가 있음을 이르는 말로, 본문에서는 '법에 따라 형(刑)을 집행하는 것'을 말함.

금일 억울하고 원통하게 죽은 사람들을 더 보태어 하소연하고, 감히 거듭 밝혀 드리고자 하는 말씀은 저승에 있는 사람들의 (죽음의)댓가를 구하고자[570] 함이 아니옵고, 또한 나라 사람들에게 명예나 이로움을 요구하는 것[571]도 아니옵니다. 삼가 구하고자 하는 것은 □전하께옵서 몸을 구푸려 꼴을 베고 땔나무를 하는 사람[572]들의 말도 살피시어, □전하께옵서 원혼들의 관위(官位)를 추증하여 주시고, 차례대로 자손들을 거두어 쓰시면, 사림들의 여러 가지 기대하는 바에 합당한 것이며, 구천의 억울하고 원통하게 죽은 신하들을 깨끗이 씻어주시는 것이오며, 공정하게 충성을 도와 장려하는 길이옵니다. 어찌 '조그마한 보탬'이라고 일컫겠사옵니까? 슬프옵니다! 이발과 이길은 한 번 앙화(殃禍)의 그물에 걸려 형제가 함께 죽었으며 늙은 어머니와 어린 아이들을 까지 죽였으니,[573] 종족(宗族)이 멸망되고 자손이 없어 대가 끊겼으니, 비록 신원설치(의 은전)를 입더라도 그 원통함은 없어지지 않으며, 비록 □전하의 증직(贈職)이 있더라도 그 제사에는 주인이 없고 제사를 이을 후예(後裔; 後孫)가 없어진 것이옵니다. 또 어버이의 상복(喪服)[574]을 입을 사람이 없으니, 같은 동족(同族)을 찾아 그 후손을 세운다면 예법에나 뜻에도 그 마땅함을 얻는 것이옵니다. 삼가 바라건대, □성상의 밝으신 지혜로 그 후손을 세우라는 □어명(御命)을 내려주시어

[117쪽]

主之孤魂云云 □批曰 省疏具悉 應□旨盡言之 誠予用嘉尙 疏事令該曹稟處
주지 고혼 운운 비왈 성소구실 응 지진언지 성여용가상 소사영해조 품처

是歲太學通章 - 通文佚 **繼發本道士林 大發公議 營立院宇之際 金兵猝至議因中撤**
시세 태학 통장 통문 일 계발 본도 사림 대발 공의 영입 원우 지제 금병졸지 의인중철

570) 買價(매가): 댓가를 구함.

571) 要利(요리): 요리도명(要利盜名). 정당하지 못한 수단으로 명예나 이익을 추구함.

572) 芻蕘(추요): 꼴을 베고 땔나무를 하는 사람.

573) 夷殺(이살): 죽임.

574) 期功(기공): 기복(期服)과 공복(功服). 기(期)는 1년 동안 입는 상복이고, 공(功)은 9개월 동안 입는 대공(大功)과 5개월 동안 입는 소공(小功)으로 나뉜다. 또는 상복을 입는 친족을 말하는데, 본문에서는 어버이의 상을 당해 상복을 입는 친족으로 풀이함.

丁巳 - □肅宗元孝大王三年
정사 숙종 원효 대왕 삼 년

生員楊夢擧等陳疏 請追崇己丑寃死之臣 正鄭澈戕賢之罪 其略云云 奸
생원 양 몽 거 등 진소 청 추숭 기축 원사 지 신 정 정철 장 현 지 죄 기 략 운운 간
澈乘機 吻不自顧忌 廣置瓜牙 陰嗾鷹犬 人之有睚眦 士之有名稱者 無
철 승 기 문 부 자 고 기 광 치 과 아 음 주 응견 인 지 유 애 자 사 지 유명 칭 자 무
不羅織 必置死地 崔永慶以士林高踏 爲士所推 嘗以澈爲索性小人 但做
불 나직 필 치 사지 최 영 경 이 사림 고답 위 사 소 추 상 이 철 위 색 성 소인 단 주
好官 未有建明 則澈啣之思 所以構之百端羅織
호관 미 유 건 명 즉 철 함 지 사 소이 구 지 백 단 나직

【번역】

무주고혼(無主孤魂)[575]을 위로하여 주시옵소서."

라고 말했다. □성상께서 비답(批答)하시기를,

"상소문을 살펴 모든 것을 갖추어 응하라."

하시고, □전하께서 교지(敎旨)를 내리시기를, '참으로 내가 착하고 기특하게 여겨 쓸 것이니, 상소의 일은 해당 관아(官衙)에서 품의하여 처리하라.'고 하셨다.

이해에 태학(太學; 成均館)에서 통장(通章; 奏章)[576]을 - 통문(通文; 通章)은 잃음 계속해서 내고, 본도(本道; 全羅道)의 사림들도 원우(院宇)를 만들어 세울 때라고 공의(公議)를 크게 일으켰는데, 금(金)나라 병사들이 갑자기 쳐들어오니[577] 의론을 중간에 그만두었다.

정사년(丁巳年)[578] - □숙종(肅宗) 원효대왕(元孝大王) 3년[579](1677년)

생원 유몽거(柳夢擧) 등이 상소문을 써서 기축년에 원통하게 죽은 신하들을 추숭(追崇; 追尊)하여 주고 정철(鄭澈)이 어진 선비들을 죽인 죄를 바로잡아 줄 것을 청하니, 그 대략에서 말하기를,

"간사한 정철은 기회를 이용해 말재간을 부리며 자신의 뒷일을 염려하고 꺼리

---

575) 無主孤魂(무주고혼): 자손이나 보살필 사람이 없어 외로이 떠도는 사람의 혼령(魂靈).

576) 通章(통장): 주장(奏章). 신하가 임금에게 아뢰는 글. 본문에서는 보주(補注)에서 통문(通文; 여러 사람의 성명을 적어 돌려보는 통지문)의 뜻으로 풀이함.

577) 金兵猝至(금병졸지): 금(金)나라 병사들이 졸지에 쳐들어 옴. 곧 1636년에 일어난 병자호란(丙子胡亂)을 말함.

578) 丁巳(정사): 정사년(丁巳年). 해[年] 간지(干支)만 쓰고 중국 천자의 연호(年號)를 쓰지 않은 것은 중국에서 명(明)나라가 망하고 청(淸)나라가 세워졌으나, 아직 청나라의 연호를 인정하지 않고 있음을 볼 수 있는 기록임.

579) 3년: 기축옥사에 대한 앞 장의 기록이 1636년(병자년)이고, 다시 숙종 3년(丁巳年. 1677년)인 것으로 보아, 약 40여 년 동안은 논란이 끊겼음을 알 수 있음.

지 않고, 자기에게 필요한 사람580)들을 넓게 두고 앞잡이581)들을 은밀히 부추겨 선비들을 흘겨보면서 이름을 칭송받는 자들에게는 없는 죄를 꾸며 반드시 사지로 몰아넣었습니다. 최영경은 산림에서 세속을 떠나 선비가 되었는데, 일찍이 정철(자신)을 마음껏 하고 싶은 대로 하는582) 소인으로 여겼으며, 다만 벼슬을 좋아하지만 아직 국사(國事)에 대해서는 의견을 갖추지 않은 사람583)이라고 간주하였는데, 정철이 생각을 품고 있다가 온갖 단서로 없는 죄를 꾸며내고 얽어서

[118쪽]

竟致瘦死 此事顚末 備載□宣廟傳旨中 非假臣等縷縷也 鄭介淸以學問
경치수사 차사 전말 비재 선묘전지중 비가 신등 루루야 정개청 이 학문

莊敬 爲一時所重 而嘗以澈爲餙情僞行 非正人也 又患時輩效澈之放浪
장경 위 일시 소중 이상이철위희정위행 비 정인 야 우환시배효철지 방랑

爲著節義淸談說以規之 則澈啣之思 所以陷之 於節義論上 抑加排字 以
위저 절의 청담 설이규지 즉철함지사 소이 함지 어 절의 논상 억가배자 이

爲罪目 竟致邊死顚末 俱在故先正臣柳成龍□啓 及尹善道疏中 非假
위 죄목 경치변사 전말 구재고선정신 유성룡 계 급 윤선도 소중 비가

臣等之呶呶也 此外有曺大中之慷慨淸高 以爲賊流涕見誣 柳夢井之
신등 지노노야 차외 유조대중지 강개 청고 이위적 유체 견무 유몽정지

耿介剛直 以出穀與賊見誣 李潑李洁之孝友淸名 以逆賊親知見陷 李黃
경개 강직 이출곡여적견무 이발 이길지 효우 청명 이 역적 친지 견함 이황

鍾之嫉惡剛腸 又以李潑族黨抵死 至於白惟讓三父子 未免覆巢破卵
종지질악강장 우이 이발 족당 저사 지어백유양삼 부자 미면 복소파란

李潑之八十老母七歲穉
이발 지 팔십 노모 칠세치

【번역】

마침내 야위어 죽게 했으니,584) 이 사건의 전말은 비망기에 실려 있고, □선묘(宣廟; 宣祖)임금께서 전한 칙지(勅旨)585) 중에도 있사옵고, 신들이 일시적으로 정에 끌려서586) 하는 것이 아니옵니다. 정개청은 학문이 엄숙하고 공경스러워 일시에 소중한 사람으로 여겨졌는데, 일찍이 정철을 마음을 속이고 거짓된 행동을

---

580) 爪牙(조아): 손톱과 어금니. 자기에게 필요한 사람이나 물건을 비유.

581) 鷹犬(응견): 사냥을 위해 길들인 매와 개. 힘을 다해 충성을 바치는 사람이나 남의 사주를 받아 횡포한 짓을 일삼는 자를 비유하는 말.

582) 索性(색성): 마음껏. 충분히.

583) 建明(건명): 건백(建白). 건언(建言). 국사(國事)에 대하여 의견을 개진하는 일.

584) 최영경(崔永慶)은 조식(曹植)의 문인으로 당시 안민학(安敏學)이 자주 찾아와 정철(鄭澈)을 칭찬하고 만나볼 것을 권하였지만, 단호히 거절하고 만나지 않았다. 1590년 정여립역옥사건이 일어나자 유령의 인물 삼봉(三峯)으로 무고되어 옥사(獄死)하였다. 당시 정적 정철과 사이가 특히 좋지 않아 정철의 사주로 죽은 것으로 의심받은 내용을 말함.

585) 勅旨(칙지): 천자나 임금의 명령을 적은 문서.

586) 縷縷(누루): 정이나 그리움이 끝없음을 이르는 말.

하는 바르지 못한 사람으로 여겼사옵니다. 당시의 무리들이 정철의 마음대로 하는 방탕한 마음을 본받을 것을 걱정하여 절개와 의리를 속되지 않는 말로 나타내 모범을 보였는데, 정철이 생각을 품고 절의를 의논하는 함정 가운데 빠져 억지로 글자를 더하여[587] 죄목으로 삼고, 마침내 변방에서 죽었습니다. (정개청 죽음의) 전말은 고인이 된 선대의 올곧은 신하였던 유성룡(柳成龍)이 올린 □상계에 잘 갖추어져(기록되어) 있고, 또 윤선도(尹善道)의 상소문 중에도 있으니, 신들이 일시적으로 떠들어서 시끄럽게 하는 것[588]이 아니옵니다. 이 밖에 조대중(曺大中)은 성품이 강개하고 청고하였는데, 역적을 위하여 눈물을 흘렸다고 여겨 무고를 당했습니다. 유몽정(柳夢井)은 덕이 밝고 성대하며 강직하였는데, 곡식을 적에게 내어주었다고 무고를 당했으며, 이발(李潑)과 이길(李洁)은 효도하고 우애하여 맑은 명성이 있었는데, 역적과 친하게 알고 지냈다는 무고를 입었습니다. 이황종(李黃鍾)은 악을 미워하고 기질이 강직했는데, 또 이 이발의 족당(族黨; 族屬)이라고 하여 죽음에 이르렀으며, 백유양(白惟讓)의 세 부자(父子)에 있어서는 한 집안이 철저하게 괴멸 당함[589]을 면하지 못했습니다. 이발의 팔십 노모와 일곱 살 어린 아이들도

[119쪽]

兒 亦致壓死而並戮 如鄭彦信鄭彦智尹起莘柳宗智等 上自名卿 下至
아 역치압사이병륙 여정언신정언지윤기신유종지등 상자명경 하지

韋布 寃死而被毒者 凡幾十人矣 於是乎澈之凶謀 無所不至矣 澈雖至巧
위포 원사이피독자 범기십인의 어시호철지흉모 무소부지의 철수지교

安敢久眩 曾未二年 身被竄謫 又未二年 追有奪職 惡積禍盈 乃其常事
안감구현 증미이년 신피찬적 우미이년 추유탈직 악적화영 내기상사

而但□聖心悔悟 常以澈爲毒澈奸澈 指其子爲毒種 勿敍澈之罷黜 榜示
이단 성심회오 상이철위독철간철 지기자위독종 물서철지파출 방시

朝堂 昭示罪狀 於國人之耳目 以懲後世也 其竄謫之時 則曰澈賦性狡猾
조당 소시죄상 어국인지이목 이징후세야 기찬적지시 즉왈철부성교활

奸毒 旣到配所 未知作何等罪狀 嚴加圍籬可也 又曰 鄭澈事論之汚口
간독 기도배소 미지작하등죄상 엄가위리가야 우왈 정철사논지오구

置之可也 於此知澈之罪 爲窮天極地互萬世 而不可貰也 何圖澈之死後
치지가야 어차지철지죄 위궁천극지호만세 이불가세야 하도철지사후

587) 排字(배자): 원뜻은 원고에 따라 활자를 뽑아 판을 짜는 일을 말하나, 본문에서는 남의 글에서 임의로 글자를 더하거나 빼내어 문장을 바꾸는 것을 말함.

588) 呶呶(노노): 떠들썩하다. 시끄럽다.

589) 覆巢破卵(복소파란): 복소훼란(覆巢毁卵). 복소지하무완란(覆巢之下無完卵). 둥지를 뒤엎어 그 알을 깨뜨림. 엎어진 둥지에 성한 알이 하나도 없음. 한 집안이 멸문을 당함을 비유하는 말. 철저하게 괴멸시킴.

餘述未祛 始則澈子宗溟
여 술 미 거 시 즉 철 자 종 명

【번역】

압사(壓死)하여 함께 죽였습니다. 정언신(鄭彦信)·정언지(鄭彦智)·윤기신(尹起莘)·유종지(柳宗智) 같은 사람들로, 위로는 이름 있는 벼슬아치들로부터 아래로는 벼슬하지 않는 선비들에 이르기까지 원통함을 안고 해독을 입은 자들이 무릇 수십 명이옵니다. 이렇듯이 정철의 흉악한 음모가 이르지 못한 곳이 없었사옵니다. 그러나 정철이 비록 매우 교묘히 하였더라도 어찌 감히 오랫동안 사람들을 현혹(眩惑)시킬 수 있었겠습니까? 2년이 못되어 벼슬을 낮추어 쫓아냈고(유배 보냈고), 또 2년이 못되어 삭탈관직이 따랐으니, 악이 쌓이고 화가 가득 찬 것이옵니다. 이것은 예로 늘 있는 일상의 일이옵니다. 다만 □성상께서 마음으로 뉘우치시면서 늘 정철을 '악독한 정철', '간악한 정철'이라고 여기고 그의 자식들도 독종(毒種)이라고 가리키면서 말하지 말라 하시고, 정철을 파출(罷黜; 罷免)시키고 조정에 죄상을 적은 방문(榜文)을 붙여 나라 사람들의 눈과 귀에 환하게 보이시고, 후세를 응징하셨사옵니다. 그리고 정철을 쫓아낼 때 이르시기를,

"정철의 품성이 교활하고 간독하니, 이미 귀양지에 도착해서 무슨 일을 저지를지 모르니 죄상에 엄히 위리안치(圍籬安置)를 더하는 것이 옳다."

라고 하시고, 또 이르시기를,

"정철을 논하는 것은 내 입을 더럽게 하는 것이니 처치(處置)하는 것이 옳다."

라고 하셨습니다. 이에 정철의 죄는 하늘과 땅에 다했고 만세에 이르렀음을 알 수 있으니 용서하거나 사면(赦免)하는 것은 불가하옵니다. 어떻게 정철이 죽은 후에 (죄상의)나머지를 글로 써내고 떨쳐버리지도 못했는데, 비로소 정철의 아들 (정)종명(宗溟)이

[120쪽]

投進僞章 以伸其父 專沒眞跡 刱爲無根之累千言 終則右澈者 隨而和之
투진위장 이신기부 전몰진적 창위무근지누천언 종즉우철자 수이화지

以爲口實 以眩惑人聽 其言之無倫類 若是不足責也 宗溟又以李潑老母
이위구실 이현혹인청 기언지무륜류 약시부족책야 종명우이이발노모

穉子之死 澈適遞委官 而柳成龍李陽元 相繼爲之 欲以爲移罪之地 噫澈
치자지사 철적체위관 이유성룡이양원 상계위지 욕이위이죄지지 희철

之還爲委官 在庚寅二月 大中之死 在三月十三日 潑母之死 在五月十三
지환위위관 재경인이월 대중지사 재삼월십삼일 발모지사 재오월십삼

日 成龍之拜右相 在同月二十九日 而猶未爲委官 此日記所昭載 國人所
일 성룡지배우상 재동월이십구일 이유미위위관 차일기소소재 국인소
共知 而猶欲誣之若此云云 噫爲惡者 身無存沒時 無古今唐斲李林甫之
공지 이유욕무지약차운운 희위악자 신무존몰시 무고금당착이임보지
棺槨 □宣祖削南袞沈貞李芑鄭順明之官爵 皆在身死之後 則速置邦憲
관곽 선조삭남곤심정이기정순명지관작 개재신사지후 즉속치방헌
削鄭澈之官 以作
삭정철지관 이작

【번역】

거짓 글을 써 전하면서 그의 아버지를 신원(伸寃)하고, 오로지 진실한 행적을 없애고 사실무근이라고 하면서 많은 말을 엮어서 끝맺고 있으니, 정철을 숭상하는 자들이 따르고 화답하면서 사람들의 귀를 현혹시키는 구실로 삼으려하니, 그 말은 견줄만한 부류가 아님[590]이 이와 같으니 꾸짖기에도 부족하옵니다. 정종명은 또 이발의 늙은 어미와 어린 자식이 죽은 것은, 정철이 마침 그때 위관(委官; 옥사를 맡은 관리)에서 바뀌고, 유성룡(柳成龍)과 이양원(李陽元)이 서로 이어(옥사를)맡았을 때라고 하면서 죄를 없애려고 합니다. 슬프옵니다. 정철이 돌아와 위관이 되었을 때는 경인년(庚寅年; 1590년. 선조 23) 2월이고, 조대중이 죽은 것은 (경인년)3월 13일이었으며, 이발의 어머니가 죽은 것도 (경인년)5월 13일이었다. 유성룡이 우상(右相; 右議政)을 배수(拜受)한 것은 (경인년)같은 달(5월) 29일이었으니, 오히려 아직 위관이 되지 않았을 때입니다. 이것은 일기에도 뚜렷하게 싣고 있으며, 나라 사람들이 모두 알고 있는데도 오히려 거짓말을 함이 이와 같사옵니다."

라고 말했다. 슬프구나! 악을 행하는 자들은 살고 죽을 때가 따로 없으니 고금에도 당(唐)나라에서는 이임보(李林甫)[591]의 무덤은 깎아 버리고 없앴사옵니다. □선조(宣祖)께서는 남곤(南袞)[592] · 심정(沈貞)[593] · 이기(李芑)[594] · 정순붕(鄭順

590) 無倫(무륜): 견줄 만한 상대가 없음.

591) 李林甫(이임보): 당(唐)나라의 종실(宗室)로 고관을 지내면서 환관 · 비빈(妃嬪)들과 결탁하여 황제의 동정을 엿보아 주대(奏對)할 때마다 황제의 뜻을 맞추었다. 19년 동안 정치를 독점하면서 행실이 방자하고 중상모략을 일삼아 안사(安史)의 난을 발생시킴.

592) 南袞(남곤): 1471(성종 2)~1527(중종 22). 조선 전기의 문신. 자는 사화(士華). 호는 지정(止亭) · 지족당(止足堂). 1519년 심정(沈貞)등과 함께 기묘사화를 일으켜 조광조(趙光祖) · 김정(金淨) 등 신진 사림파를 숙청하고 영의정이 되었으나, 사림파의 탄핵을 받아 관작을 삭탈당하고 선조 초에는 다시 관작을 추삭(追削)당함.

593) 沈貞(심정): 1471(성종 2)~1531(중종 26). 조선 중기의 문신. 자는 정지(貞之). 호는 소요정(逍遙亭). 1506년 중종반정에 가담하여 정국공신(靖國功臣)이 되었으나, 1519년 기묘사화를 일으켜 사류를 일망타진하였다. 권력을 독점하다가 후에 경빈박씨의 동궁저주사건에 연루되어 귀양갔다가 사사

朋)595)의 관작을 삭탈하시었으니, 모두 몸이 이미 죽은 후였습니다만 속히 나라의 국법(國法)을 세운 것이고, 정철의 벼슬을 삭탈한 것은

[121쪽]

小人之戒云云
소인 지 계 운운

己未 - □肅宗大王五年
기 미 숙종 대왕 오 년

湖南儒生 洪沔等百餘人 又發通 - 通文佚 于本道議營立院宇 而未果
호남 유생 홍 면 등 백 여 인 우 발통 통문 일 우 본도 의 영 입 원우 이 미 과

壬人 - □景宗宣孝大王一年
임인 경종 선 효 대왕 일년

館學通文 - 佚 來于羅州 嶺南士林亦發通 - 佚 于本道將建六賢祠于南平元積洞 而未果
관 학 통문 일 래 우 나주 영남 사림 역 발통 일 우 본도 장 건 육 현 사 우 남 평 원 적 동 이 미 과

乙巳 - 正宗莊孝大王 六年
을사 정종 장 효 대왕 육 년

本道士林 配享先生 于恭僖公櫟亭書院 - 在和順
본도 사림 배향 선생 우 공 희 공 력 정 서원 재 화순

春秋丁享文
춘추 정 향 문

【번역】

소인들의 경계(警戒)로 삼은 것이옵니다."

라고 말했다.

기미년(己未年) - □숙종대왕(肅宗大王) 5년(1679년)

(賜死)되고 사람의 미움을 받아 신원되지 못하고 소인(小人)의 대표적 인물로 지목됨.

594) 李芑(이기): 1476(성종 7)~1552(명종 7). 조선 중기의 문신. 자는 문중(文仲). 호는 경재(敬齋). 명종이 즉위하여 문정왕후(文定王后)가 수렴첨정을 하자 윤원형(尹元衡)과 손을 잡고 을사사화(乙巳士禍)를 일으키고 그를 반대한 사람들을 모두 숙청시켰다. 그가 죽자 받은 훈록은 선조 초년에 모두 삭탈함. 윤원형과 이기를 2흉(凶)이라고 함.

595) 鄭順朋(정순붕): 1484(성종 15)~1548(명종 3). 조선 중기의 문신. 자는 이령(耳齡). 호는 성재(省齋). 윤원형(尹元衡)·이기(李芑) 등과 을사사화를 일으켜 음모를 꾸며 많은 사람들을 죽이고 귀양보냈다. 선조 때에 관직과 훈작이 모두 삭발됨.

호남 유생 홍면(洪沔) 등 백여 명이 또 통문을 내서 - 통문은 잊혀졌다. 본도(本道; 全羅道)에 원우(院宇)를 세울 것을 의논하였으나 미처 결과를 이루지 못했다.

임인년(壬寅年) - □경종(景宗) 선효대왕(宣孝大王) 1년(1722년)

관학(館學)에서 통문 - 잃음 을 냈고, 나주(羅州)로 찾아왔고, 영남(嶺南)의 사람들이 또 통문을 - 잃음 본도(本道)에 내서 장차 육현사(六賢祠)을 남평(南平)[596] 원적동(元積洞)에 세우려고 했으나 미처 결과를 이루지 못했다.

을사년(乙巳年) - □정종(正宗) 장효대왕(莊孝大王) 6년(1785년)[597]

본도(本道) 사림들이 선생(先生; 曺大中)을 공희공(恭僖公)[598]의 역(륵)정서원(櫟亭書院)[599]에 배향(配享)[600]했다. -화순(和順)에 있다.

---

596) 南平(남평): 현 전라남도 나주군 남평면.

597) 正宗莊孝大王六年(정종장효대왕육년): 정종(正宗; 正祖) 6년의 간지(干支) 해[年]는 임인년(壬寅年; 1782년)이고 을사년(乙巳年)은 정조(正祖) 9년(1785년)으로 차이가 있음. 『창녕조씨판윤공파보(昌寧曺氏判尹公派譜)』의 도판(圖版)의 지곡서원(芝谷書院) 해설에 의거하면 '정조(正祖) 9년(乙巳年; 1785년)에 화순군 화순읍 역정(櫟亭)에 복원(復元)하여 역정서원(櫟亭書院)'이라고 했다는 기록에 의하여 '정조 6년'은 '정조 9년'의 오기임을 확인할 수 있음.

598) 恭僖公(공희공): 1365-1370(추정)~1429(세종 11). 조흡(曺恰 또는 曺洽). 호는 퇴사헌(退思軒) 봉호는 옥천군(玉川君). 조대중 선생의 선조로 고려 말 문인 운곡(耘谷) 원천석(元天錫)의 문하에서 이방원(李芳遠; 太宗)과 동문 수학하고, 이방원을 도와 무신(武臣)으로서 많은 공을 세우면 관직과 훈작을 받음.

599) 櫟亭書院(륵정서원): 현 전라남도 화순군 화순읍 다지리(茶智里)에 있는 지곡서원(芝谷書院)의 옛 이름으로, 1584년(宣祖 17)에 전라북도 순창군 금과면 고례리(古禮里)에 예천서원(禮川書院)이라는 사액서원(賜額書院)으로 창건하여 퇴사헌(退思軒) 공희공(恭僖公) 조흡(曺恰) 향사하였는데, 임진왜란 때 병화로 소실되었다가, 1785년(정조 9)에 전라남도 화순군 화순읍 역정(櫟亭 또는 륵정)에 복원하여 륵정서원(櫟亭書院)이라는 이름으로 복원하였다. 1868년(高宗 5)에 서원철폐령에 의해 훼철되었다가, 1996년에 3차 복원하여 지곡서원이라고 함.

600) 配享(배향): 문묘나 서원에 학덕 있는 사람의 위패(位牌)를 모심.

[122쪽]

춘추정향문

春秋丁享文[601]
춘 추 정 향 문

書藏石室 玉焦崑炎 日月爭光 士林攸聸
서 장 석실 옥 초 곤 염 일월 쟁 광 사림 유 담

丁判書文憲公範祖製
정 판서 문 헌 공 범 조 제

【번역】

책은 석실(石室)에 감춰지고

옥(玉)은 곤륜산(崑崙山)의 불[602]에 탔네.

해와 달은 광채(光彩)를 다투는데

선비들은 멀리서 바라보고만 있네.[603]

판서(判書) 문헌공(文憲公) 정범조(丁範祖)[604] 짓다.

601) 春秋丁享文(춘추정향문): 봄과 가을에 문묘나 서원에서 제사를 올릴 때 짓는 제문(祭文)이나 축문(祝文).

602) 崑炎(곤염): 곤화(崑火). 곤강지화(崑岡之火). 곤륜산(崑崙山)의 불. 이 불로 곤륜산의 옥과 돌이 모두 탔기 때문에, 사람의 선악을 가리지 않고 죽이는 것을 비유. 본문에서는 조대중 선생이 정여립옥사에 무고(無辜)를 당해 억울하게 죽었음을 의미.

603) 攸聸(유담): '유첨(攸瞻)'의 오기인 듯.

604) 丁範祖(정범조): 1723(경종 3)~1801(순조 1). 조선 후기의 문신, 자는 법세(法世). 호는 해좌(海左). 시율과 문장에 뛰어나 사림의 모범으로 명성을 얻었고, 형조판서를 지냈으며 정조에 의해 당대문학의 제1인자로 평가받음. 문집으로 『해좌집(海左集)』 있고 시호는 문헌(文憲).

정곡집 3권
鼎谷集卷之三

[123쪽]

附錄 - 諸家文集參攷錄
부록 제가 문집 참고 록

己丑野史
기축 야사

己丑九月 曺大中以全羅都事 行到長興府之際 有□旨 據災傷看審事 行
기축 구월 조 대 중 이 전라 도사 행 도 장 흥 부 지 제 유 지 거 재상 간 심 사 행

到寶城郡 十月聞逆賊亡命之報 遽到巡相 住處長興府 而奸人鄭僑 -寶
도 보 성 군 십 월 문 역적 망명 지 보 거 도 순 상 주 처 장 흥 부 이 간인 정 교 보

城人 挾其舊憾 造作爲賊流涕之邪說 傳播於奇孝曾 -光州人 柳溵 -
성 인 협 기 구 감 조작 위 적 유체 지 사설 전파 어 기 효 증 광주 인 유 은

羅州人等 飛書於鄭澈白惟咸梁千頃梁千會 -昌平人等處 而澈黨陰嗾 其
나주 인 등 비서 어 정철 백 유 함 양 천 경 양 천 회 창 평 인 등 처 이 철 당 음 주 기

鷹犬丁巖壽 -同福人等 以爲賊流涕 入於陳疏中 -指斥李山海金穎男
응견 정 암 수 동 복 인 등 이 위 적 유체 입 어 진소 중 지척 이산해 김 영 남

以下二十五人 疏入 □天怒震動 以欺罔□君父 疏頭巖受等 名在上
이하 이 십 오 인 소 입 천 노 진동 이 기망 군부 소두 암 수 등 명 재 상

【번역】

기축야사(己丑野史)[1)]

기축년(己丑年; 1589년. 선조 22)에 조대중은 전라도 도사(都事)로서 장흥부(長興府)에 도착했을 때, □임금의 자연재해로 입은 피해를 살펴보라는 교지(敎旨)가 있었다. 순행(巡行)이 보성(寶城)에 도착한 10월에 역적이 도망쳤다는 소식을 들었다. 바쁘게 순행하며 살피고 있는데, 장흥부에 살고 있던 간사한 정교(鄭僑) - 보성(寶城) 사람. 가 옛날의 서운한 감정을 품고, '조대중이 역적을 위해 눈물을 흘렸다.'는 사악한 말을 조작하여 기효증(奇孝曾) - 광주(光州) 사람. 유은(柳溵) - 나주(羅州) 사람. 등에게 전파시키고, 정철(鄭澈)・백유함(白惟咸)・양천경(梁千頃)・양천회(梁千會) - 창평(昌平) 사람. 등이 살고 있는 곳에 신속하게 글을 써서 보내니, 정철의 무리들이 그들을 따르는 정암수(鄭巖壽) - 동복(同福) 사람. 등을 은밀히 부추겨 (조대중이)역적을 위해 눈물을 흘렸다고 상소문 중에 써 넣었다. - (함께)이산해(李山海)・김영남(金穎男) 등 25인도 지적함. 상소문이 (조정에)들어가자, □임금의 분노가 진동하니 □임금을 속인 것이다. 상소문의 맨 처음에 있는 정암수 등 이름이 위에

1) 野史(야사): 민간에서 사사로이 기록한 역사.

[124쪽]

列者十人拿鞫事 □傳旨下義禁府 時秋浦黃公 愼以正言語稠廣日 使曺
열 자 십 인 나국 사 전 지 하 의금부 시 추 포 황 공 신 이 정 언어 조 광 왈 사 조
大中爲正人也 必不爲賊流體 設奸人也 逆賊旣誅之後 寧有對人流涕之
대 중 위 정인 야 필 불 위 적 유체 설 간인 야 역적 기 주 지 후 영 유 대인 유체 지
理 此疏不成說 萬萬不近理 委官鄭澈使其黨 館儒李廷龜陳疏救解 又嗾
리 차 소 불성 설 만만 불 근 리 위관 정철 사 기 당 관 유 이정구 진소 구해 우 주
持平張雲翼 以爲賊流涕行素 入□啓 庚寅二月晦間 巡到萬頃縣 承□命
지평 장 운 익 이 위 적 유체 행소 입 계 경인 이 월 회 간 순 도 만 경 현 승 명
拿去 聞賊死之日 與潭陽府使金汝岉 靈光郡守金公喜及崔慶雲等 相語
나 거 문 적 사 지 일 여 담양 부사 김 여 물 영광 군수 김 공 희 급 최 경 운 등 상 어
日 國家有變 臣子不可宴樂 然罪人旣得 亦不可無賀 相與設酌以慶酒食
왈 국가 유 변 신자 불가 연락 연 죄인 기득 역 불가 무 하 상 여 설 작 이 경 주 식
終日 則非爲賊流體行素者 十目所視 而當其罹獄之初 證以此事 則金汝
종일 즉 비 위 적 유체 행소 자 십목 소 시 이 당 기 리 옥 지 초 증 이 차사 즉 김 여
岉亦以爲必問 待□命於□闕下者三日
물 역 이 위 필 문 대 명 어 궐하 자 삼일

【번역】

열거된 열 사람을 잡아들여 국문(鞫問)을 하니, □임금이 의금부(義禁府)에 전지(傳旨)를 내렸다. 그때에 추포(秋浦) 황신(黃愼)2) 공이 바른말로 빽빽하고 넓게 써서 말하기를,

"(都事로)부름을 받은 바 있는 조대중은 바른 사람이옵니다. 절대로 역적을 위하여 눈물을 흘리지 않았으며 간사한 사람들이 꾸민 것이옵니다. 역적이 이미 죽은 후인데 어찌 (죽은 사람을)대하여 눈물을 흘릴 까닭이 있겠사옵니까? 이 상소는 어불성설(語不成說)이오며 절대로 이치에도 가깝지 않사옵니다. 위관(委官) 정철(鄭澈)이 그(를 따르는) 무리들을 시킨 것이옵니다. 성균관 유생 이정구(李廷龜)도 상소문을 써서 구하려는 해명을 하였습니다. 또 지평(持平) 장운익(張雲翼)을 부추겨 (조대중이)역적을 위해 눈물을 흘리고 소반(素飯)을 먹었다고 □임금께 상계를 들여 넣었사옵니다. 경인년(庚寅年; 1590년. 선조 23) 2월 그믐께 (전라도사 조대중의)순행(巡行)이 만경현(萬頃縣)에 도착해서, □임금의 명을 받들어 잡혀갔는데, 역적이 죽었다는 소식을 들은 날에 담양부사(潭陽府使) 김여물(金汝岉)과 영광군수(靈光郡守) 김공희(金公喜) 및 최경운(崔慶雲) 등과 더불어 서로 말하기를, '나라에 변고가 있을 때 신하로서 잔치를 하는 것은 불가하나, 그러나

2) 黃愼(황신): 1560(명종 15)~1617(광해군 9). 조선 중기의 문신. 자는 사숙(思叔). 호는 추포(秋浦). 이이(李珥)와 성혼(成渾)의 문인으로 1589년 정여립을 김제 군수로 임명한 이산해(李山海)를 추론하고, 또 정여립의 옥사에 대해 바른 말을 하지 않는 대신을 논박하다가 이듬해 고산현감으로 좌천되기도 함. 문집으로 『추포집(秋浦集)』이 있음.

죄인이 이미 잡혔으니 축하하지 않는 것 또한 불가하다.'하고, 서로 더불어 술상을 차리고 경하(慶賀)의 술과 음식을 종일토록 마셨으니, 역적을 위해 눈물을 흘리고 소반을 먹지 않았다는 것은 열 사람이 본 바이고,[3] 옥사(獄事)에 걸렸던 초기에 이 일을 증명하기 위해 김여물 역시 반드시 (눈물을 흘렸다는 내용의 여부를)물으리라고 생각하고, □전하의 어명을 □대궐 앞에서 기다린 것이 3일 동안이었습니다.

[125쪽]

澈擁蔽之卒無問焉 原情草及獄中 裂服上疏草文集 諸卷入於沒財文書
철 옹폐 지 졸 무 문 언 원정 초 급 옥중 열 복 상소 초 문집 제 권 입 어 몰 재 문서
搜括 時上□闕只餘同 生兄敏中 裂服上疏草及永訣書一紙云
수 괄 시 상 궐 지 여 동 생 형 민 중 열 복 상소 초 급 영결 서 일 지 운

己丑錄 - 鄭東里世規
기축 록 정 동 리 세 규

曺大中字和宇號鼎谷 其先昌寧人也 世居和順 生于嘉靖己酉 萬曆丙子
조 대 중 자 화 우 호 정 곡 기 선 창 녕 인 야 세 거 화순 생 우 가정 기유 만력 병자
中司馬 壬午登第 歷翰注兵郎 出爲全羅都事 己丑冬巡到寶城 聞從妹訃
중 사 마 임오 등제 역 한 주 병 랑 출 위 전라 도사 기축 동 순 도 보 성 문 종매
涕泣悲傷 時汝立獄起 疾馳還營 路遇潭陽府使金汝岉 靈光郡守金公喜
체읍 비상 시 여 립 옥 기 질치 환 영 로 우 담양 부사 김 여 물 영광 군수 김 공 희
共說汝立凶謀狀 俄聞汝立自刎 酌酒相賀而罷矣 以爲賊流涕之說 見誣
공 설 여 립 흉모 상 아 문 여 립 자 문 작주 상 하 이 파 의 이 위 적 유체 지 설 견 무
於奸澈 庚寅二月被拿 三月殞於杖下 年四
어 간 철 경인 이월 피 나 삼월 운 어 장하 년 사

【번역】

(위관이었던)정철이 막고 가려서 끝내 (전하의)물음이 없으셨습니다. (억울한)사정을 호소한 글과 옥중에서 절박하게[4] 쓴 상소문과 문집(文集) 여러 권이 재산을 몰수하면서 샅샅이 찾아낸[5] 문서와 함께 그 당시□조정에 들어갔습니다. 다만 남은 것은 (조대중의)형님 (조)민중(敏中; 셋째 형님)이 절박하게 쓴 상소문과 영결서(永訣書) 한 장뿐이옵니다."

라고 말했다.

---

3) 十目所視(십목소시): 열 사람의 눈이 바라보는 바라 함이니, 여러 사람의 눈을 속일 수는 없다는 뜻.

4) 裂服(열복): 열상(裂裳). 열상과족(裂裳裹足). 옷을 찢어 발을 싸맴. 공수반(公輸般)이 초(楚)나라를 위하여 운제(雲梯)를 설치하여 송(宋)나라를 공격하려고 하자, 묵자(墨子)가 옷을 찢어 발을 싸매고 열흘 밤낮을 쉬지 않고 달려가 초왕(楚王)을 설득한 고사. 뒤에 몹시 분주하고 절박함을 뜻하는 전고(典故)로 쓰임.

5) 搜括(수괄): 샅샅이 찾음. 찾아서 모음. 여러 가지 구실로 재물을 수탈함.

기축록(己丑錄) - 동리(東里) 정세규(鄭世規)[6]

조대중(曺大中)의 자는 화우(和宇)이고 호는 정곡(鼎谷)이다. 그의 선조는 창녕(昌寧)인이고, 대대로 화순(和順)에서 살았다. 가정(嘉靖; 明나라 世宗의 연호) 기유년(己酉年; 1549년. 명종 4)에 출생했고, 만력(萬曆; 明 나라 神宗의 연호) 병자년(丙子年; 1576년. 선조 9. 28세)에 사마시(司馬試)에 합격하고, 임오년(壬午年; 1582년. 선조 15. 34세)에 과거에 급제하였다. 한림(翰林)[7]과 주서(注書),[8] 병랑(兵郞)[9]을 역임하였다. (外職으로)나가서 전라도사(全羅都事)가 되어 기축년 겨울에 순행하여 보성에 도착했는데, 종매(從妹; 사촌누이 동생)의 부음(訃音)을 듣고 울면서 슬퍼했다. 그때 정여립 옥사가 일어나자 말을 달려 영문(營門)으로 돌아가다가, 길에서 담양부사 김여물과 영광군수 김공희가 만나서 정여립의 흉모(凶謀)를 말했고, 잠시 후에 정여립이 스스로 자살했다는 소리를 듣고 술을 마시며 서로 축하하고 잔치를 끝냈다. 역적을 위하여 눈물을 흘렸다는 말은 간악한 정철의 모함을 입은 것이고, 경인년(庚寅年; 1590년) 2월에 잡혀서 3월에 형장을 맞고 죽었으니, 나이는 42세였다.

[126쪽]

十二 又以一絶詩 □呈鞫廳云云 判義禁崔滉 撤去上句以比干等語 上達
십이 우이일절시 정국청 운운 판의금최황 철거 상구이비간등어 상달
激怒 □天意 禍及天壤 籍其産業云云
격노 천의 화급 천양 적기 산업 운운

己丑記事 - 安牛山邦俊
기축 기사 안우산방준

金汝岉以討捕使 訪曺大中會 汝立自殺之報 適至大中曰 國賊已得 今日
김여물이 토포사 방조대중회 여립 자살 지보 적지대중왈 국적 이득 금일
設酌未爲不可 與汝岉大醉而散 及被拿引 汝岉爲證 汝岉欲明其寃 待□
설작미위 불가 여여물 대취 이산 급피나인 여물위증 여물욕명기원 대
命于禁府門外 而鞫廳終不問 遂加刑訊云 又曰 澈之按獄也 前後栲掠死
명우금부 문외 이국청종 불문 수가 형신 운 우왈 철지 안옥 야 전후 고략사

---

6) 鄭世規(정세규): 1583(선조 16)~1661(현종 2). 조선 후기의 문신. 자는 군칙(君則). 호는 동리(東里). 좌의정이자 정여립 모반 사건의 희생자인 정언신(鄭彦信)의 손자로 혜정(惠政을 베풀고 병자호란 때 근왕병을 이끌고 남한산성으로 진격하는 등 공을 세워 문음(門蔭) 출신으로 조선시대에 육경(六卿)에 오른 대표적 인물임.

7) 翰林(한림): 예문관(藝文館) 검열(檢閱)의 별칭.

8) 注書(주서): 승정원(承政院)에 두었던 정7품 벼슬. 당후관(堂後官)을 고친 이름.

9) 兵郞(병랑): 병조(兵曹)의 낭관(郎官)을 줄여서 이르는 말.

徙者 豈盡一一無怨 如曺大中鄭介淸柳夢井金憑尹起莘之徒 終不能
사자 기진일일무원 여조대중 정개청 유몽정김빙윤기신지도 종불능
原情 弊決引法力爭 故成渾以書責曰 安知公一朝臨事 反出沈公下云 -
원정 폐결인법역쟁 고 성혼 이서책왈 안지공 일조 임사 반출심공하운
盖沈守慶爲委官 於公之獄事 論執不移 故成渾以澈心
개심수경위 위관 어공지 옥사 논집 불이 고 성혼 이철심

【번역】

또 시 한 구절을 국청(鞫廳)의 □임금께 드렸다고 했는데, 판의금(判義禁)10) 최황(崔滉)이 앞 구절을 떼어버리고 비간(比干) 등의 시구만을 위에 드리니 □임금의 마음으로 격노하여 죽이게 되었고, 그의 산업(産業; 家産)도 몰수했다고 말했다.

기축기사(己丑記事) - 우산(牛山) 안방준(安邦俊)

김여물(金汝岉; 담양부사)이 토포사(討捕使)11)로서 조대중을 방문하여 만났는데, 정여립이 자살했다는 소식이 마침 이르자, 조대중이 말하기를,

"나라의 역적이 이미 잡혔으니, 금일 술자리를 차리지 않을 수 없다."

라고 하고 김여물과 흠씬 마셔 취한 후 헤어졌는데, 잡혀가자 김여물이 증명하여 그 원통함을 밝히고자 □전하의 명령을 의금부 문밖에서 기다렸는데, 끝내 물지도 않했고 마침내 형신(刑訊; 刑問)이 가해졌다고 했다. 또 말하기를,

"정철의 옥사를 다스리면서 고문(栲掠; 拷問)하여 죽은 무리들로 어찌 한 사람 한 사람이 원통함이 없었겠는가? 조대중・정개청・유몽정・김빙・윤기신 같은 무리들은 끝내 하소연도 못하고 법에 끌려들어 힘들게 다투다가 죽어갔다."

라고 말했다. 고인이 된 성혼(成渾)은 글에 꾸짖어 말하기를,

"어찌 공(조대중)이 한 조정에서 일에 임함에 도리어 심공(沈公; 沈守慶)12)의 아래서 나왔는가?"

라고 했다. -대개 심수경(沈守慶)이 공(조대중)의 옥사를 다스리는 위관(委官)이 되어 의논하여 고집하면서 바꾸지 않았으므로, 성혼(成渾)이 (심수경과)정철이 마

10) 判義禁(판의금): 판의금부사(判義禁府事)의 준말. 의금부의 으뜸 벼슬. 품계는 종1품.

11) 討捕使(토포사): 조선시대 지방의 도적을 잡기 위하여 두었던 벼슬. 명종(明宗) 16년에 임꺽정의 무리를 토벌하기 위하여 이를 두었고, 선조(宣祖) 때에 도적이 극심한 고을의 수령을 토포사에 임명하였으며, 인조(仁祖) 16년(1638)에 전국 내륙 지방의 수령들을 토포사로 임명하였다가, 현종(顯宗) 때 제도화하여 각 지방의 진영장(鎭影將)이 겸임하도록 하였음.

12) 沈公(심공): 심수경(沈守慶). 1516(중종 11)~1599(선조 32). 조선 전기의 문신. 자는 희안(希安). 호는 청천당(聽天堂). 문집으로 『청천당시집(聽天堂詩集)』, 『청천당유한록(聽天堂遺閑錄)』이 있음.

음으로 사귄 것 때문이라고

[127쪽]

交 猶有所歎咄者 以規澈云 ○安邦俊澈黨也 作己丑記事 誣己丑名賢 無所不至 而於此乃爲
교 유유소탄돌자 이규철운 안방준 철당야 작 기축 기사 무 기축 명현 무소부지 이어차내위
之發明如此 盖公論之不可誣者也
지 발명 여차 개공논지 불가 무자야

己丑錄 - 羅斗冬
기축 록 나두동

曺大中字和宇號鼎谷 其先昌寧人也 世居和順 生于嘉靖己酉 萬曆丙子
조대중자화우호정곡 기선창녕인야 세거 화순 생우 가정 기유 만력 병자
中司馬 壬午登第 歷翰注以鵝溪李相公之薦 入爲弘文應教 尋出爲全羅
중사마 임오 등제 역한주이 아계 이 상공 지천 입위홍문 응교 심출위 전라
都事 己丑冬巡到寶城 聞從妹訃 涕泣悲傷 時汝立獄起 即疾馳還營 路
도사 기축 동순도보성 문 종매 부 체읍 비상 시여립옥기 즉 질치 환영 노
遇潭陽府使金汝岉 靈光郡守金公喜共說 汝立凶狀 俄聞汝立自刎 酌酒
우 담양 부사 김여물 영광 군수 김공희공설 여립 흉상 아문여립 자문 작주
相賀而罷 鄭巖壽等承澈旨 投誣疏 以爲公爲賊流涕 庚寅三月 以此被逮
상하이파 정암수등승철지 투무소 이위공위적 유체 경인 삼월 이차 피체
供辭所證鞫聽終不問 致殞
공사 소증 국청종 불문 치운

【번역】

한탄하며 꾸짖은 것으로 정철을 충고한 것이다. ○안방준(安邦俊)은 정철의 무리였는데, 〈기축기사(己丑記事)〉를 써서 기축년에 명현(名賢)들을 무고함에 못할 바가 없었다고 밝히는 것은 대개 공론이 무고를 못하게 하지 않았다는 것이다.

기축록(己丑錄) - 나두동(羅斗冬)

조대중(曺大中)의 자는 화우(和宇)이고 호는 정곡(鼎谷)이다. 그의 선조는 창녕(昌寧)인이고, 대대로 화순(和順)에서 살았다. 가정(嘉靖; 明나라 世宗의 연호) 기유년(己酉年; 1549년. 명종 4)에 출생했고, 만력(萬曆; 明나라 神宗의 연호) 병자년(丙子年; 1576년. 선조 9. 28세)에 사마시(司馬試)에 합격하고, 임오년(壬午年; 1582년. 선조 15. 34세)에 과거에 급제하였다. 한림(翰林)[13]과 주서(注書),[14] 병랑(兵郎)[15]을 역임하였다. 아계(鵝溪) 이상공(李相公; 李山海)의 추천으로 들어와

13) 翰林(한림): 예문관(藝文館) 검열(檢閱)의 별칭.
14) 注書(주서): 승정원(承政院)에 두었던 정7품 벼슬. 당후관(堂後官)을 고친 이름.
15) 兵郎(병랑): 병조(兵曹)의 낭관(郎官)을 줄여서 이르는 말.

홍문관(弘文館) 응교(應敎)가 되었다가 마침내 전라도사(全羅都事)가 되어 나갔다. 기축년 겨울에 순행하여 보성에 이르렀는데 종매가 죽었다는 부음(訃音)을 듣고 눈물을 흘리면서 슬퍼했다. 그때 정여립 옥사가 일어나자 즉시 말을 달려 영문(營門)으로 돌아가다가, 길에서 담양부사 김여물과 영광군수 김공희를 만나서 정여립의 흉모(凶謀)의 실상을 함께 말했고, 잠시 후에 정여립이 스스로 자살했다는 소리를 듣고 술을 마시며 서로 축하하고 잔치를 끝냈다. 정암수(鄭巖壽) 등이 정철의 뜻을 이어받아 무고하는 상소를 올렸고, 공(조대중)이 역적을 위하여 눈물을 흘렸다는 여겨져, 경인년(庚寅年) 3월에 이것이 국청(鞫廳)에서 공사(供辭)[16]의 증거가 되어 끝내 (사실여부를)묻지도 않고,

[128쪽]

於杖下 年四十二 在獄時作詩一絶曰云云 - 見上 判義禁崔滉等 對時去
어 장하 연 사십 이 재 옥 시 작시 일 절 왈 운운 견상 판 의 금 최 황 등 대 시 거
丹心一片等語 而單擧若從比干之句以達之 □上震怒 □命剖棺 且籍其
단심 일편 등 어 이 단거 약 종 비 간 지 구 이 달 지 상 진노 명 부관 차 적 기
財 後嶺南多士 連上章訟冤 □仁祖朝甲子復官
재 후 영남 다사 연 상 장 송 원 인조 조 갑자 복관

上鄭知事世規別幅己亥正月 - 尹孤山善道
상 정 지 사 세 규 별 폭 기해 정월 윤 고산 선 도

近聞湖南故參議安公邦俊 曾作五臣傳 所謂五臣是鄭困齋及李東巖昆季
근 문 호남 고 참의 안 공 방 준 증 작 오 신 전 소위 오 신 시 정 곤 재 급 이 동 암 곤 계
柳淸溪曺鼎谷也 五臣冤死之後 湖南士林屢叫□閶闔 而辨其誣 安也反
유 청 계 조 정 곡 야 오 신 원사 지 후 호남 사림 누 규 창합 이 변 기 무 안 야 반
其說 而爲之傳 至於困齋誣詆尤多云 其意盖欲爲鄭澈 掩蔽戕殺 善類之
기 설 이 위 지 전 지 어 곤 재 무 저 우 다 운 기 의 개 욕 위 정철 엄폐 장 살 선 류 지
罪也 五臣之入於此傳 何異於宋臣之入於奸黨碑也 重
죄 야 오 신 지 입 어 차 전 하 이 어 송 신 지 입 어 간당 비 야 중

【번역】

형장(刑杖) 아래서 죽었다. 나이는 42세였고, 옥중에 있을 때 시 한 수를 지었다고 말했다. - 위에서 보였다. 판의금부사(判義禁府使) 최황(崔滉)이 등대(登對)[17] 할 때에 '단심일편(丹心一片; 충성하는 한 조각 마음)'등의 말은 떼어버리고 단지 '약종비간(若從比干; 만약 比干을 따른다면)'이라는 시구만 들어 (임금께)드리니, □전하께서 진노하시고 □어명(御命)을 내리시기를, '부관참시(剖棺斬屍)하고 또

16) 공사(供辭): 공초(供招). 범인이 범죄 사실을 말하는 진술.
17) 登對(등대): 조정에 나아가서 임금의 질문에 대답함.

그 재산을 몰수하라.'고 하셨다. 훗날에 영남(嶺南)의 많은 선비들이 연달아 글을 올려 원통함을 하소연하니, □인조(仁祖) 갑자년(甲子年; 1624년. 인조 2)에 복관(復官)되었다.

지사(知事)[18] 정세규(鄭世規)께 올리는 별폭(別幅)[19] - 기해년(己亥 年; 1659년. 효종 10) 정월(正月) - **고산(孤山) 윤선도(尹善道)**

근간에 듣자하니, 호남의 고 참의(參議)[20] 안방준(安邦俊) 공이 일찍이 〈오신전(五臣傳)〉을 지었다 하니, 소위 다섯 신하는 곤재(困齋) 정개청(鄭介淸) 및 동암(東巖) 이발(李潑)과 그의 동생(昆季; 李洁)과 청계(淸溪) 유몽정(柳夢井)·정곡(鼎谷) 조대중(曺大中)이라. 다섯 신하들이 원통하게 죽은 후에 호남의 많은 사림들이 □창합(閶闔; 宮門)에서 여러 차례 부르짖으며 그들의 무고(無辜)을 분명히 하여 안정시키고자 함이었고, 도리어 말들로 전(傳; 五臣傳)을 지은 것이다. 곤재(困齋) 정개청(鄭介淸)에 있어서는 없는 사실을 거짓으로 꾸며 헐뜯음이 더욱 많았다고 한 것은, 그 뜻은 대개 정철이 선량한 사람들을 죽인 죄를 숨기고 가리려는 것이니, 다섯 신하들이 이 (五臣)전(傳)에 들어간 것은 송신(宋臣)[21]이 간사한 무리들을 비석에 새긴 것과 무엇이 다르겠는가?

[129쪽]

泉冤骨 又彼此誣令人氣塞 然東野之語 豈能傳信於千秋 蓋不自覺其徒
천원골 우피차무령인기색 연동야지어 기능전신어천추 개부자각기도
累於已而 無益於澈也 其爲術亦疎矣 還可笑也 吉注書有伯夷之淸節 兼
루어이이 무익어철야 기위술역소의 환가소야 길주서유백이지청절 겸
箕子之中 道可謂伯夷而無其隘者也 安也利吉注書陳疏 及辭職爲不及
기자지중 도가위백이이무기애자야 안야이길주서진소 급사직위불급
於伯夷以暴易 暴之歌而非之云 學未至於知之 至而輕爲言論故歟 抑欲
어백이이폭역 폭지가이비지운 학미지어지지 지이경위언론고여 억욕
歸却嶺南先賢之論 而自立門戶歟 其言類如此 不足辨也
귀각영남선현지론 이자립문호여 기언유여차 부족변야

愚得錄 - 鄭困齋介淸文集 序 - 許眉叟 穆
우득록 정곤재개청문집 서 허미수 목

18) 知事(지사): 조선 말기. 의금사(義禁司)의 버금벼슬. 판사(判事) 다음으로 칙임벼슬.
19) 別幅(별폭): 딴 종이나 조각.
20) 參議(참의): 조선 시대 육조(六曹)의 정3품 벼슬.
21) 宋臣(송신): 명(明)나라 말릉(秣陵) 사람. 자는 자충(子忠). 호는 이수(二水). 그림을 잘 그렸음.

有曰白沙李相國 作己丑錄 言冤獄事詳矣 被病之晉州 本改刊白沙文集
유 왈 백사 이 상국 작 기축 록 언 원옥 사 상 의 피 병 지 진 주 본 개간 백사 문집
去己丑錄補 僞作以沒其跡 其心以爲
거 기축 록 보 위작 이 몰 기 적 기 심 이 위

【번역】

저승의 원한에 사무친 유골(遺骨)들은 또 이러한 무고(無辜)를 입는 것이고, 사람의 기운을 막히게 하는 것이다. 그러나 근거 없이 허튼소리로 떠들어 대는 말[22]이 어찌 먼 앞날까지 믿고 전해질 것인가? 대개 그 무리들의 잘못을 깨닫지 못했을 뿐이며, 정철에게도 무익(無益)한 것이다. 그렇게 쓴 것들도 또한 드문 일이니 도리어 가소롭도다. 『길주서(吉注書)』[23]에는 백이(伯夷)[24]의 맑고 깨끗한 절개와 기자(箕子)[25]의 중도(中道)를 아우르고 있는데, 백이를 일컬을 수 있는 것은 그것이 편협한 것이 없다는 것을 확고히 한 것이고, 『길주서(吉注書)』의 (백이의)상소문과 사직(辭職)은 백이가 폭정(暴政)을 바꾸고 드러내는 노래가 아니라는 것이라고 일컫겠다. 배우면서 앎이 지극함에 이르지 못하고서는 가벼이 언론에 말미암는 것이 아니겠는가? 또한 영남의 선현들의 논의는 문호(門戶)에서 자립한 것이겠는가? 그 말들이 이와 같은 것은 옳고 그름을 가리기에 부족한 것이다.

『우득록(愚得錄)』 - 곤재(困齋) 정개청(鄭介淸)의 문집(文集) 서문(序文)

- 미수(眉叟) 허목(許穆)[26]

또 말하기를,

"백사(白沙) 이상국(李相國; 李恒福)이 〈기축록(己丑錄)〉을 지었는데, 원통한 옥사를 자세하게 말하고 있다. 그것의 흠은 진주본(晉州本)[27]을 개간(改刊)한 『

---

22) 東野之語(동야지어): 동야(東野). 제동야어(齊東野語). 허튼소리로 떠들어대는 사람의 말.

23) 吉注(길주): '길주(吉主)'의 오기인 듯. 길주는 훌륭한 군주[明君]들을 기록한 책.

24) 伯夷(백이): 백이(伯夷)와 숙제(叔齊). 상(商)나라 말기 고죽군(孤竹君)의 두 아들로, 아버지가 숙제에게 양위할 뜻이 있음을 알고 백이가 도망가자, 숙제 또한 도망쳤다. 주(周) 무왕(武王)이 상(商)나라를 치려고 하자, 신하된 도리가 아님을 주장하고 말머리를 두드리며 간(諫)하였으나 받아들여지지 않았다. 상나라가 멸망한 뒤 주나라의 곡식을 먹을 수 없다고 하여 수양산(首陽山)에 들어가 고사리만 먹다가 죽었음.

25) 箕子(기자): 은(殷; 商)나라 말기 미자(微子)와 비간(比干)과 더불어 3인의 현인 중 한 사람으로 폭군 주왕(紂王)을 간언하다가 받아 드려지지 않자 미친척하며 종[奴]이 되었다고 함.

26) 許穆(허목): 1595(선조 28)～1682(숙종 8). 조선 후기의 문신. 자는 문보(文甫). 호는 미수(眉叟). 정구(鄭逑)의 문인으로 광주(廣州)에 은거하면서 많은 벼슬을 사직하고 예와 이기론에 침중하였다. 그림·글씨·문장에 능했으며, 전서(篆書)에 뛰어나 동방 제1인자라는 찬사를 받음. 많은 저술이 있으며 문집으로 『미수기언(眉叟記言)』이 있음.

백사문집(白沙文集)』에는 〈기축록(己丑錄)〉을 빼버리고 모방하여 보충하면서 그 (기축옥사의)자취를 없앴으니, 그 마음은

[130쪽]

鬼神可誣也 百代可欺也 然無此理人心不可誣 而況鬼神乎 匹夫不可欺
귀신 가 무 야 백대 가 기 야 연 무 차 리 인심 불가 무 이 황 귀신 호 필부 불가 기
而況百代乎云云
이 황 백대 호 운운

東里己丑錄
동 리 기축 록

有曰李白沙恒福 於己丑爲問事郞 詳知寃獄委折 挽鄭相國彦信詩曰
유 왈 이 백사 항 복 어 기축 위 문 사 랑 상 지 원옥 위 절 만 정 상국 언 신 시 왈
大抵本如寄 誰將論久速 其來卽是歸 玆理吾先燭 然且爲君哀 所不能免
대저 본 여 기 수 장 론 구 속 기 래 즉 시 귀 자 리 오 선 촉 연 차 위 군 애 소 불능 면
俗 有口豈復言 有疾 不敢哭 撫枕畏人窺 呑聲潛飮泣 誰將快剪刀 痛割
속 유 구 기 복 언 유 질 불감 곡 무 침 외 인 규 탄 성 잠 음 읍 수 장 쾌 전 도 통 할
吾心曲 其後李顯英 爲江原監司 刊白沙集于江陵 而此詩載於其中 未久
오 심 곡 기 후 이 현 영 위 강원 감사 간 백사 집 우 강릉 이 차 시 재 어 기 중 미구
有晋州改刊事 拔去舊本及此詩 追入己丑記事一篇宗旨 則以不救寃
유 진 주 개간 사 발 거 구본 급 차 시 추 입 기축 기사 일 편 종 지 즉 이 불 구 원
獄事 歸之於柳西厓 而澈則爲
옥사 귀 지 어 유 서애 이 철 즉 위

【번역】

가히 귀신도 속일 수 있다고 여긴 것이다. 백대(百代)는 속일 수 있다. 그러나 이 이치로 인심을 속일 수는 없는 것이며, 하물며 귀신을 속이겠는가? 필부(匹夫)도 속일 수 없는데 하물며 백대를 속이겠는가?"

동리(東里; 鄭世規)의 기축록(己丑錄)

(동리의 기축록에)또 말하기를,

"백사(白沙) 이항복(李恒福)은 기축년의 일에 대해서 물으면 자세하게 알고 있었으며, 원통한 옥사의 자상한 일을 상국(相國) 정언신(鄭彦信)의 만시(挽詩)[28]에

27) 晋州本(진주본): 백사(白沙) 이항복(李恒福)의 문집『백사집(白沙集)』은 조선 시대에 네 번 간행되는데, 초간본은 1629년(인조 9)에 이현영(李顯英)이 강원도관찰사로 있을 때 강원부사 이명준(李命俊)과 함께 간행한 것으로 강릉본(江陵本)이라 하고, 그 뒤 정충신(鄭忠臣)이 진주에서 간행한 것을 진주본(晋州本) 또는 진양본이라 한다. 그 후 세 번째로는 장유(張維)에 의해 중간되고, 다시 5세손 종성(宗城)에 의해 1726년 영영소(嶺營所)에서 간행된다. 본문에서는 강릉본과 진양본의 차이점으로, 정여립의 반역에 의한 기축옥사에 관한 기록이 강릉본에는 누락된 점을 말하고 있음.

28) 挽詩(만시): 죽은 사람을 애도(哀悼)하는 시. 본 만시(挽詩)는『백사집(白沙集)』강릉본(江陵本; 초간

이르기를,

「大抵本如寄 대저 본래 (우주는)잠시 머물렀다 가는 것인데[29]
대저 본 여 기
誰將論久速 어느 누가 오래 머무르고 빨리 감을 논할 수 있으리오.
수 장 론 구 속
其來卽是歸 오는 것은 곧 돌아가는 것이니
기 래 즉 시 귀
玆理吾先燭 이 이치를 그대가 먼저 깨달은 것이라.
자 리 오 선 촉
然且爲君哀 그러나 또 그대를 위해 슬퍼하는 것은
연 차 위 군 애
所不能免俗 세속(世俗)을 면할 수 없었음이라네.
소 불능 면 속
有口豈復言 입이 있다한들 어찌 다시 말하겠으며
유 구 기 복 언
有淚不敢哭 눈물은 흘려도 감히 소리 내어 통곡하지 못하겠네.
유 루 불감 곡
撫枕畏人窺 베개를 어루만지며 남이 엿볼까 두려워하며
무 침 외 인 규
呑聲潛飮泣 울음을 삼키며 잠잠히 눈물만 마시네.
탄 성 잠 음 읍
誰將(持)快剪刀 누가 잘 드는 가위로 가지고
수 장 지 쾌 전 도
痛割吾心曲」 마음 속 깊은 곳을 아프게 자르는가.
통 할 오 심 곡

그 후 이현영(李顯英)이 강원감사(江原監司)가 되어 『백사집(白沙集)』을 강릉(江陵)에서 간행하였는데, 이 시를 문집에 실었다. 얼마 있지 않아 진주(晉州)에서 개간(改刊)하면서 구본(舊本; 江陵本)의 옥사(獄事)를 빼버리고 이 시를 추가로 넣었다. 기축옥사 일편의 주요한 의도는 원통한 옥사를 서애(西厓) 유성룡(柳成龍)에게서 돌려 구원하고자 않고, 정철의

[131쪽]

有意伸救者 然人皆疑之 江陵舊本冊子 間或在於人家 果有挽鄭詩 而載
유 의 신구 자 연 인 개 의 지 강릉 구본 책자 간혹 재 어 인가 과 유 만 정 시 이 재
於初卷第九章 而無己丑記事矣
어 초 권 제 구 장 이 무 기축 기사 의

본, 1629년. 인조 7. 한국문집총간 62권. 『백사집』 영인본 제1권)에는 〈정율만(鄭慄挽)〉이라는 제목으로 실려 있으며, 형식은 오언 고시다. 내용상 차이점은 제11구 둘째 시어가 본서의 '장(將)'이 강릉본에는 '지(持)'로 표기된 점이 다르다. 번역은 내용상 강릉본을 따르기로 하고, 한국고전번역원의 『국역 백사집』을 참고로 함.

29) 寄(기): 기(寄)는 기우(寄寓; 임시로 남의 집에 몸을 의지하고 지냄). 이 세상은 잠시 머물다 가는 곳이라는 의미. 이백(李白)의 〈춘야연도리원서(春夜宴桃李園序)〉의 「夫天地者萬物之逆旅, 光陰者百代之過客」이라 한 것에서 연유한 표현.

滄浪集 - 成滄浪文濬
창랑 집 성 창랑 문준

澈之爲相也 浮薄之徒 出入門庭 而不能鎭定 其爲委官也 治獄之際 有
철 지 위 상 야 부박 지 도 출입 문정 이 불능 진정 기 위 위관 야 치옥 지 제 유
未厭人心者 此所以使彼輩藉口云
미 염 인심 자 차 소이 사 피 배 자 구 운

大司憲避嫌疏 - 甲午十一月初六日 - 金東岡宇顒
대사헌 피 협 소 갑오 십 일 월 초 육 일 김 동 강 우 옹

略曰 頃年逆變之起 不幸而有奸臣 出於其間 乘時逞憾 敢行射影之計
약 왈 경년 역변 지 기 불행 이 유 간신 출 어 기간 승시 령 감 감행 사 영 지 계
構殺善士 傷害平人 以致寃歸朝廷 國言日甚 今當改紀之時 宜正奸臣之
구 살 선 사 상해 평인 이 치 원 귀 조정 국 언 일 심 금 당 개 기 지 시 의 정 간신 지
罪 且伸濫逮之寃允 副人望以答天心 乃今日急先之務 固亦一國共公之
죄 차 신 람 체 지 원 윤 부 인망 이 답 천심 내 금일 급 선 지 무 고 역 일국 공 공 지
議也
의 야

【번역】

죄가 없음을 밝혀 구원하고자 하는 뜻이 있다. 그러나 사람들은 의심하였다. 강릉구본(江陵舊本)의 책자는 간혹 인가(人家)에 있으니, 과연 〈만정시(挽鄭詩)〉는 (강릉구본)초권(初卷) 제9장에 실려 있고, 〈기축기사(己丑記事)〉는 없다.

창랑집(滄浪集) - 창랑(滄浪) 성문준(成文濬)[30]

정철이 재상이 되자, 실없고 경박한 무리들이 집안을 들락거렸으나 억눌러 안정시키지 못하더니, 그가 위관(委官)이 되어 옥사를 다스릴 즈음에, 미처 마음으로 제압하지 못한 사람이 있으면, 그들을 시켜 무고(無辜)하도록 했다.[31]

대사헌(大司憲)이 혐의(嫌疑)를 피한 것에 대한 상소 - 갑오년(甲 午年; 1594년. 선조 27) 11월 초6일 - 동강(東岡) 김우옹(金宇顒)[32]

---

30) 成文濬(성문준): 1559(명종 14)~1626(인조 4). 조선 중기의 문신. 자는 중심(仲深). 호는 영동(永同)·창랑(滄浪). 아버지가 무욕(誣辱)을 당하자 벼슬을 버리고 은거함. 문집으로 『창랑집(滄浪集)』이 있음.

31) 藉口(자구): 남의 말을 빌려서 근거로 삼음. 또는 핑계나 구실. 본문에서는 무고(無辜)하도록 시킴의 듯.

32) 金宇顒(김우옹): 1540(중종 35)~1603(선조 36). 조선 중기의 문신. 자는 숙부(肅夫). 호는 동강(東岡). 조식(曺植)의 문인으로 1589년 기축옥사가 일어나자 정여립(鄭汝立)과 조식의 문하에서 함께 수학하였다는 이유로 회령에 유배되고 임진왜란이 일어나자 사면됨. 시호는 문정(文貞). 문집으로 『동강집(東岡集)』이 있음.

대략에 말하기를,

“근년에 역적의 변고가 일어나 불행이도 간신들이 나타났다. 그 사이 때를 이용해 서운한 느낌을 가졌던 사람들에게 감정을 거세게 드러내면서, 중상모략의 계책을 감행하여 착한 선비들을 얽어서 죽이고 평인들을 다치고 해를 입혀 죽게 하니 원한을 가졌다. 조정과 나라에 원한 맺힌 말들이 날로 심해졌다. 지금 기강(紀綱)을 고칠 때를 당해서, 마땅히 가신들의 죄를 바로잡고 또 함부로 잡아들인 원통함을 풀어주기를 윤허하셨으니, 인심을 도와 천심에 답하셨습니다. 이것은 금일 급하게 먼저 해야 할 일이옵고 또한 한 나라 모두의 의론이옵니다.

[132쪽]

第於此時 臣之無狀 乃忝臺諫之長 欲隨衆抗論 則以其時罪人 有可避之
제어차시 신지무상 내첨대간지장 욕수중항론 즉이기시죄인 유가피지
嫌 妬婦之言 人雖信歟云云 又曰 伏乞□聖明亟賜黜免 更選方直之士
혐 투부지언 인수신여운운 우왈 복걸 성명극사출면 경선방직지사
以肅朝議 以全愚分 公私幸甚 □答曰 公論非一人之私事 亦何嫌可勿辭
이숙조의 이전우분 공사행심 답왈 공론비일인지사사 역하혐가물사
-見東岡集
견동강집

答正言朴東說□啓
답정언박동열 계

- 甲午五月二十七日 朴東說伸救鄭澈 故有此□批答
갑오오월이십칠일 박동열신구정철 고유차 비답

答曰 予未知此間事 亦未知某人所爲 但崔永慶爲毒物所害則明矣 □予
답왈 여미지차간사 역미지모인소위 단최영경위독물소해즉명의 여
命放之 而竟不得免 終死獄中 加以自死之名 天地間其寃極矣 噫□予
명방지 이경부득면 종사옥중 가이자사지명 천지간기원극의 희 여
朝夕當退之人也 故欲伸其寃 於□予在之時 百年後雖歸 見無慚色矣 □
조석당퇴지인야 고욕신기원 어 여재지시 백년후수귀 견무참색의
予意只在於此 若其是非 則自有公論 難將一人手掩得天下
여의지재어차 약기시비 즉자유공론 난장일인수엄득천하

【번역】

이때를 맞이해서 신은 아무런 공적도 없었으니,[33] 대간(臺諫)으로서 직책이 부끄럽게 오랫동안 뭇사람들을 따라 논쟁만 하려고 하였사옵니다. 그런즉 그때의 죄인들이 혐의(嫌疑)를 피할 수 있었다고 하는 질투 많은 아낙네들의 말이라 하더라도 비록 믿을 수 있겠사옵니까?”

33) 無狀(무상): 공적(功績)이 없음.

라고 말했다. 또 말하기를,

"엎드려 바라옵건대, □전하의 밝으신 지혜로 (기축옥사 때의 대간들을)빨리 벼슬을 강등하거나 면직하시고,[34] 다시 인품이 단정하고 정직한 신하들을 뽑으시어 조정의 의론을 엄정하게 이끄시고, 공사(公私)를 분별하며 우매한 신하들을 온전하게 하시면 매우 다행이옵니다."

라고 아뢰니, □전하께서 답하시기를,

"공론은 한 사람의 사사로운 일이 아니니, 또한 어떻게 싫어할 수 있겠는가? 말하지 말라."

라고 하셨다. -『동강집(東岡集』에 보인다.

정언(正言) 박동열(朴東說)[35]의 상계(上啓)에 답하다.

- 갑오년(甲午年; 1594년. 선조 27) 5월 27일 박동열(朴東說)이 정철 (鄭澈)을 신원설치를 구했으므로, 이 □전하의 비답(批答)이 있었다. 답하시기를,

"나는 그 사이의 일을 아직 모른다. 또한 어떤 사람이 한 일인지도 모른다. 다만 최영경이 독물로 해침을 받았다는 것은 분명하였다. 그래서 □내가 풀어주라고 명령하였다. 그러나 마침내 옥중에서 죽음을 면할 수 없었고, 스스로 죽었다는 이름이 덧붙여졌다. 천지간에 그의 원통함은 극에 이르렀다. 슬프도다! □나는 얼마 있지 않아[36] 물러나야 할 사람이다. 그러므로 □내가 (임금의 자리에)있을 때에 그의 원통함을 풀어주려 한다. 백년 후에 비록 돌아가더라도 부끄러워하는 얼굴빛을 없애고자 한다. □내 뜻은 다만 여기에 있을 뿐이다. 만약 그의 옳고 그름은 공론으로부터 있을 것이니, 한 사람의 손으로 천하의 눈을 가리기는 어려울 것이다.

[133쪽]

目 如□予昏迷之人 如坐針氈上 何能知之 可勿辭退 待物議 -見時政記
목 여 여 혼미 지 인 여 좌 침 전 상 하 능 지 지 가 물 사퇴 대 물 의 견 시 정 기

34) 黜免(출면): 벼슬을 강등하거나 면직함.

35) 朴東說(박동열): 1564(명종 19)~1622(광해군 14). 조선 중기의 문신. 자는 열지(說之). 호는 봉촌(鳳村). 중앙벼슬을 거쳐 지방 관리로서도 칭송을 받았음. 말년에 이항복과 자주 내왕하였음. 문집으로 『봉촌집(鳳村集)』이 있음.

36) 朝夕(조석): 하루 아침이나 하루 저녁. 짧은 시간을 형용하는 말.

司諫院避嫌□啓 -大司諫李概 司諫李尙毅 獻納崔瓘 - 甲午
사간 원 피 혐 계 대 사간 이 개 사간 이 상 의 헌납 최 관 갑오

啓略曰 故寅城府院君鄭澈 媢疾是事 排陷異己睚眦必報 常恨崔永慶
계 략 왈 고 인 성 부원군 정철 미 질 시 사 배 함 이 기 애 자 필 보 상 한 최 영 경

斥言其奸狀 挾憾懷憤 欲逞其毒者久矣 適乘逆變 做出無形之說 遂成其
척언 기 간 상 협 감 회 분 욕 령 기 독 자 구 의 적 승 역변 주 출 무 형 지 설 수 성 기

獄 及其推究無狀 自□上特□命放釋 則陰嗾言官 更生罪目 竟使瘦死
옥 급 기 추구 무 상 자 상 특 명 방석 즉 음 주 언관 경 생 죄목 경 사 수사

獄中 一國之人 莫不稱寃云云 請□命罷斥 □答曰 予只自流涕 卿等
옥중 일국 지 인 막 불 칭원 운운 청 명 파척 답 왈 여 지 자 유체 경 등

何必辭退 待物論 - 見時政記
하필 사퇴 대 물 론 견 시 정 기

兩司合□啓 - 大司憲金宇顒 大司諫李概 -甲午
양 사 합 계 대사헌 김 우 옹 대 사간 이 개 갑오

【번역】

□내가 정신이 헛갈리고 흐리멍덩한 사람 같아서 바늘방석37)에 앉아 있는 것과 같으니 무엇을 알 수 있겠는가? 사퇴(辭退)하지 말고 여러 사람의 의론을 기다려라."

라고 하셨다. - 시정기(時政記)에 보인다.

사간원(司諫院)이 협의(嫌疑)를 피하고자 □전하께 올린 상계(上啓)

- 대사간 이개(大司諫李槩) · 사간 이상의(司諫李尙毅) · 헌납 최관(獻納崔瓘)38)

- 갑오년(甲午年; 1594년. 선조 27)

상계의 대략에 말하기를,

"고(故) 인성부원군(寅城府院君) 정철(鄭澈)은 모든 일을 시기하고 질투하였는데, 자기와 (뜻이)다른 사람들은 함정을 늘어놓고 흘겨보다가 반드시 앙갚음을 하였습니다. 평상시에 원한을 가졌던 최영경을 배척하는 말을 하였는데, 그 간사스러운 모습에 서운한 감정으로 분함을 품고 있으면서 그 악독함을 펼치려고 한 지가 오래되었습니다. 마침 반역의 변고가 있음을 이용해 형체 없는 말을 하기가 좋다고 간주하고, 마침내 옥사를 일으키고 무고하는 문서를 생각해 내고, □주상(主上)이 (최영경을)풀어주라는 특명이 있자 은밀히 언관(言官; 諫官)을 부추겨

---

37) 針氈(침전): 바늘방석. 매우 불안한 자리를 비유하는 말.

38) 獻納(헌납): 조선시대 사간원(司諫院)의 정5품 벼슬. 태종 때 보궐(補闕)을 고친 이름으로, 좌헌납(左獻納)과 우헌납(右獻納)이 있었는데, 뒤에 한 사람으로 줄였음.

죄목을 만들어 냈습니다. 그러다가 마침내 옥중에서 야위어 죽게 하니, 온 나라 사람들이 그의 원통함을 호소하지 않는 사람이 없었습니다."

라고 말하면서, □전하께 파면하여 물리쳐달라고 청하니, □전하께서 대답하시기를,

"나는 다만 스스로 (최영경을 살리지 못한 슬픔의)눈물을 흘릴 뿐인데, 그대들은 하필 사퇴하려고 하는가? 여러 사람의 의론을 기다려라!"

라고 하셨다. - 시정기(時政記)에 보인다.

양사(兩司)에서 합동으로 □전하께 올린 상계(上啓)

- 대사헌 김우옹(大司憲金宇顒)・대사간 이개(大司諫李槩)

- 갑오년(甲午年; 1594년. 선조 27)

[134쪽]

故領敦寧鄭澈 質非端良 性本陰薄 遭値國運不幸 逆變起於縉紳 潛懷樂

고 영돈녕 정철 질 비 단량 성 본 음 박 조 치 국운 불행 역변 기 어 진 신 잠 회 악

禍之心 輒肆逞憾之計 乘時伺隙擠陷 無辜儒林 喪氣行路 咨嗟其用心之

화 지 심 첩 사 령 감 지 계 승시 사 극 제 함 무고 유림 상 기 행로 자 차 기 용심 지

慘毒極矣云云 請□命追削官爵 以爲人臣懷奸 害物者之戒 □答曰 當今

참 독 극 의 운운 청 명 추삭 관작 이 위 인신 회 간 해 물 자 지 계 답 왈 당 금

君臣但當枕戈日夜 鍊兵討賊 爲事而已 自餘他事 置之度外 騷擾不可

군신 단 당 침 과 일야 련 병 토적 위 사 이 이 자 여 타사 치 지 도외 소요 불가

斟酌勿論可矣 -見時政記

짐작 물론 가 의 견 시 정 기

禁府□啓 - 甲午八月初九日 請伸崔永慶

금 부 계 갑오 팔월 초 구일 청 신 최 영 경

略曰 臣等每念崔永慶之寃 直欲籲天 而無從也 盖永慶平日常以鄭澈爲

약 왈 신등 매 념 최 영 경 지 원 직 욕 유 천 이 무 종 야 개 영 경 평일 상 이 정철 위

索性小人 澈心常啣之 適遭逆變 陰嗾其黨之無賴者 做出無形之言 百般

색 성 소인 철 심 상 함 지 적 조 역변 음 주 기 당 지 무 뢰 자 주 출 무형 지 언 백반

羅織 竟致其死 又曰

라 직 경 치 기 사 우 왈

【번역】

"고(故) 영돈녕(領敦寧) 정철(鄭澈)은 자질이 정직하고 어진 사람이 아니고, 품성이 본래 음험하고 경박하였습니다. 국운이 불행한 때를 당해 역적의 변고가 사대부 사이에서 일어나니 재앙을 즐기는[39] 마음을 품고 있었습니다. 문득 방자하

39) 樂禍(낙화): 낙화부전(樂禍不悛). 재앙을 즐김. 화를 자초함을 즐기고 고치지 않음.

게 한하는 감정을 나타낼 계책을 가지고 틈을 엿보아 함정으로 밀어뜨리고, 유림들을 무고하여 행로에 기운을 없앴사옵니다. 애석하고 한스럽습니다. 그의 마음씀의 참혹하고 표독스러움이 극에 이르렀사옵니다."

라고 말하고, □전하께서 관작을 추삭(追削)하여 신하들이 간사하고 물건을 해치는 자들에게 경계로 삼아 주기를 청했다. □전하께서 답하시기를,

"오늘날(임진왜란의 전란 시기)을 당해서 군주와 신하들은 마땅히 무기를 가지고[40] 밤낮으로 병사들을 훈련시켜 왜적(倭賊) 토벌할 것을 일로 삼을 뿐이요, 그 밖의 남은 일들은 범위 밖의 일로 두어야 것이다. 떠들썩하는 것도 불가하고 짐작하여 의론하는 것도 불가하다."

라고 말씀하셨다. -시정기(時政記)에 보인다.

금부(禁府)에서 □전하께 상계를 올려 최영경을 신원(伸寃)해 줄 것 을 청하다.

- 갑오년(甲午年; 1594년. 선조 27) 8월 초 9일,

상계의 대략에 말하기를,

"신들은 언제나 최영경의 원통함을 생각하고 곧바로 하늘에 원통함을 호소[41]하고자 했으나 그러나 따르는 사람이 없었사옵니다. 대개 최영경은 평일에 늘 정철을 마음대로 하는 소인(小人)이라고 여겼습니다. 정철이 항상 마음에 품고 있다가 마침 역적의 변고가 일어나자, 은밀히 그 무리들을 부추겼으나

의뢰할 사람이 없자 근거 없는 말로 온갖 죄를 꾸며내 마침내 그를 죽게 했습니다."

라고 말하고, 또 말하기를,

[135쪽]

況其嗾之事 顯出於千頃等之招乎 其情狀之昭著如是 故申欽避嫌之辭
황기주지사 현출어천경등지초호 기정상지소저여시 고신흠피혐지사

亦曰 落於一邊云云 又曰 若謂澈不死永慶 而欲爲營護 則非但得罪於
역왈 낙어일변운운 우왈 약위철불사영경 이욕위영호 즉비단득죄어

萬世公論 亦必得罪於天地鬼神矣 頃者兩司論澈之時 玉堂亦欲上箚 而
만세공론 역필득죄어천지귀신의 경자양사론철지시 옥당역욕상차 이

40) 枕戈(침과): 무기를 베고 잠. 무기를 항상 휴대하고 있음. 곧 적을 죽여서 나라의 은혜에 보답하려는 뜻을 항상 가지고 있어야 함을 이르는 말.

41) 籲大(유전): 하늘에 원통함을 호소함.

前修撰鄭曄 沮遏公論 使不得發 敢逞私說 抑止公論 而無所忌憚 請□命罷職 □答曰 鄭澈事論之 恐汚口也 置之可也 永慶之事 □予願當之 □啓辭 依□啓 - 見守愚集後 辛丑儒生金暈等上疏 請伸崔永慶寃死 狀□啓曰 夫崔永慶之枉死 天下之至冤 鄭澈之邪毒 千古之奸兇也云云

전 수찬 정 엽 저알 공론 사 부 득 발 감 령 사설 억지 공론 이 무 소 기탄 청 명 파직 답 왈 정철 사 론 지 공 오 구 야 치 지 가 야 영 경 지 사 여 원 당 지 계사 의 계 견 수 우 집 후 신축 유생 김 훈 등 상소 청 신 최 영 경 원사 상 계 왈 부 최 영 경 지 왕 사 천하 지 지원 정철 지 사 독 천고 지 간 흉 야 운운

政院□啓 - 甲午十月初七日

정 원 계 갑오 십월 초 칠일

略曰 鄭澈之行胸臆殺無辜 得罪於萬世公論 □聖鑑洞

약 왈 정철 지 행 흉억 살 무고 득죄 어 만세 공론 성 감 통

【번역】

"더구나 꾀어서 부추긴 일들은 양천경 등을 부른 것에서 나타났으니, 그 정상(情狀)이 뚜렷하게 나타난 것이옵니다. 이러하니, 고인(故人) 때문에 신흠(申欽)이 혐의를 피하고자 사퇴하면서 하는 말이 '한 변방에 가서 죽을 것이로다.'라고 했다고 하옵니다."

라고 하고, 또 말하기를,

"만약 정철이 최영경을 죽이지 않고 보호했다고 말한다면, 비단 만세(萬世)의 공론(公論)에 죄를 얻는 것일 뿐만 아니라, 반드시 천지간의 귀신들에게도 죄를 얻는 것이옵니다. 근래에 양사(兩司)에서 정철의 옥사(獄事)를 의논할 때에, 옥당(玉堂; 弘文館)에서도 역시 차자(箚子; 간단한 상소문)를 올리려고 했는데, 전 수찬(修撰) 정엽(鄭曄)[42]이 공론을 저지하고 막아서 드리지 못하게 하면서, 사적(私的)일 말로 공론을 누르고 억지하기를 거리낌 없는 듯이 하였사옵니다. □전하께서 파직을 명하시기를 청하옵니다."

라고 하니, □전하께서 답하시기를,

"정철의 일을 의론하는 것은 입을 더럽힐까 두렵다. (더 이상 의론하지 말고)버려두는 것이 옳다. 최영경의 일은 □내가 마땅히 할 것을 원하니 □상계의 말대로 하라."

라고 하셨다. -『수우집후(守愚集後)』에 보이고, 신축년(辛丑年)에 유생 김훈(金暈)등이 상소하여 최영경의 원통한 죽음의 실상을 신원하여 줄 것을 청하니, □전하께서 답하시기를,

42) 鄭曄(정엽): 1563(명종 18)~1625(인조 3). 조선 중기의 문신. 자는 시회(時晦). 호는 수몽(守夢). 성혼(成渾)의 문인으로 많은 치적을 쌓았다. 문집으로 『수몽집(守夢集)』이 있음.

'최영경의 억울한 죽음은 천하의 지극히 원통한 일이고, 정철의 사악하고 혹독함은 천고의 간흉이다,'라고 말씀하셨다.

정원(政院; 承政院)에서 □전하께 올린 상계

- 갑오년(甲午年; 1594년. 선조 27) 10월 초 7일

대략에 말하기를,

"정철이 마음에 품은 생각을 행하면서 무고한 사람들을 죽여 만세의 공론에 얻은 죄는 □전하께옵서도 통촉하시었고,

[136쪽]

燭 國人昭知 特其罪名未加耳 護澈者求說不得 或稱時非可論 或謂非所
촉 국인 소지 특기 죄명 미가이 호철자 구설부득 혹칭 시비가론 혹위비소
可爲不恤 國是一何紛紛至此也 又曰 前日院所□啓非必的知某某人也
가위불휼 국시 일하 분분 지차야 우왈 전일 원소 계비필적지 모모인 야
物議咸以爲其時爲澈所忤者 雖不知逆謀 而多爲澈所陷 故如是□啓之
물의함이위기시위철소오자 수부지 역모 이다위철소함 고여시 계지
前日 □聖教所謂以逆黨 爲陷穽是也 □答曰知道 - 見時政記
전일 성교 소위 이 역당 위 함정 시 야 답왈 지도 견시정기

政宗溟弘溟等 爲其父伸救疏 - 甲子
정종명홍명등 위기부신구소 갑자

疏略云云 曺大中 訊鞫之際 以其所作一絶 呈于省坐 有曰 地下若從逢
소략 운운 조대중 신국지제 이기소작일절 정우성좌 유왈 지하 약종봉
比 去孤魂含笑不須悲云云 委官沈守慶見而不達 判府事崔滉 以其詩涉
비 거 고혼 함소 불수비 운운 위관 심수경 견이부달 판부사 최황 이기시섭
於怨 □上達於□筵中 自□上取覽其詩 特□命並拿其妻子 守慶因此 遞
어원 상달어 연중 자 상취람기시 특 명병나기 처자 수경인차 체
免若
면약

【번역】

나라 사람들도 훤히 알고 있사오니, 특별히 그 죄명(罪名)을 미처 더하지 못한 것이 있을 뿐이옵니다. 정철을 지키려는 자들이 말을 요구할 수 없도록 하시고, 혹 (역적의 변고라는)시기를 호소하여 의론을 할 수 없도록 하시며, 혹 긍휼(矜恤)이 여기지 못하도록 하시옵소서. 나라의 방침은 하나이오니 어찌 분분함이 여기에 이르겠사옵니까."

라고 하고, 또 말하기를,

"전일 승정원(承政院)에서 □전하께 상계를 올린 바, 반드시 누구누구라고 알고

있는 것은 아니오나, 여러 사람의 의론은 모두 그때 정철이 거만한 사람이라고 여기고 있사옵니다. 비록 역적 모의를 몰랐던 사람들이라도 정철의 함정에 빠진 사람들이 많사옵니다. 그러므로 이와 같이 □전하께 전일에 상계를 올린 것이었고, □전하께서 교명(敎命)하시기를, '소위 반역의 무리들이 함정을 만든 것이 이것이다.'라고 하셨습니다."

라고 하니, □전하께서 대답하시기를,

"알았다."[43]

라고 말씀하셨다. -시정기(時政記)에 보인다.

정종명(鄭宗溟) · 정홍명(鄭弘溟) 등이 그들의 아버지(정철)를 위하여 신원(伸冤)를 구한 상소[44] – 갑자년(甲子年; 1624년. 인조 2)

상소의 대략에 말하기를,

"조대중을 국문하며 물을 때, 그가 지은 시 한 구절을 성좌(省坐)[45]에게 드렸는데, (그 시에)말하기를, '지하에서 만약 용봉(龍逢)과 비간(比干)을 따라간다면, 외로운 혼이 웃음을 머금어 자못 슬퍼하지 않으리.'라고 했습니다. 위관 심수경이 보고 판부사(判府事) 최황(崔滉)에게 주지 않고, 그 시를 □임금님께 드리니, □경연(經筵) 중이시던 □주상께서 취하여 보시고, □전하께서 특별히 명하시어 그의 처자를 함께 잡아들이라고 하셨습니다. 심수경은 이로 인하여 벼슬이 바뀌었다가 물러났습니다.

[137쪽]

此類被罪 皆有曲折 有非臣父所知云云 – 宗溟欲脫 其父殺賢之名 故爲此遁說
차류피죄 개유 곡절 유비신부소지 운운 종명욕탈 기부살현지명 고위차둔설

43) 知道(지도): 알았음. 주로 신하의 보고에 대한 답변으로 씀.

44) 정철의 아들 정종명은 1623년(인조 1) 3월 인조의 즉위에 따른 서인의 집권과 함께 성균관직강으로 복직되고, 5월 장악원정으로 재직할 때 동생 홍명(弘溟) · 궁명(弓溟) 등과 함께 아버지가 죄를 입게 된 것은 정여립옥사를 다스리면서 동인을 배척하였기 때문이니 관작을 복구하여 달라고 간청하여 아버지 정철의 관작을 복구시켰음.(『민족문화대백과사전』 참조).

45) 省坐(성좌): 국청(鞫聽)을 담당한 형조(刑曹) 판서나 의금부(義禁府) 도사. 성(省)은 성조(省曹) 곧 형조(刑曹)의 별칭이고, 좌(坐)는 특정한 지위에 취임하여 그 일을 주관하거나 관장하는 것을 말함.

柳景瑞等疏
유 경 서 등 소

疏略云云 曺大中爲全羅都事 爲賊流涕之說 傳播遠近 監司洪汝諄 查問
소 략 운운 조 대 중 위 전라 도사 위 적 유체 지 설 전파 원근 감사 홍 여 순 사 문
本郡鄉所色吏 則納招以爲扶安邑婢 相別時涕泣 諫院欲以爲賊流涕 論
본군 향소 색리 즉 납 초 이 위 부 안 읍 비 상별 시 체읍 간 원 욕 이 위 적 유체 논
□啓正言黃愼 以爲此於事理萬萬不近 僚議遂止 及愼遞後 他臺諫以
계 정언 황 신 이 위 차 어 사리 만만 불근 료 의 수 지 급 신 체 후 타 대간 이
涕泣行素論□啓 大中拿因加刑 大中以詩一絕 呈于省坐 有地下若從逢
체읍 행소 론 계 대 중 나 인 가 형 대 중 이 시 일 절 정 우 성 좌 유 지하 약 종 봉
比去 孤魂含笑不須悲之句 是時沈守慶 代澈委官 判府事崔滉欲進達 守
비 거 고혼 함소 불 수 비 지 구 시 시 심 수 경 대 철 위관 판부사 최 황 욕 진달 수
慶曰 臨死亂言 何足取
경 왈 임사 난언 하 족 취

【번역】

이와 같은 종류로 죄를 입은 자들로 모두 사정과 이유는 있겠사옵니다만 신의 아버지는 아는 바가 아니었사옵니다."

라고 말했다. - 정종명(鄭宗溟)은 그 아버지가 현사(賢士)를 죽였다는 죄명을 벗기고자 이와 같이 숨기고 말한 것이었다.

유경서(柳景瑞) 등의 상소

상소의 대략에 말하기를,

"조대중이 전라도 도사(都事)가 되어 역적을 위해 눈물을 흘렸다는 말이 원근에 전파되니, 감사(監司; 觀察使) 홍여순(洪汝諄)[46]이 소재지 고을 유향소(留鄕所)[47] 관리를 찾아 물은즉, 자세히 말하기를,[48] '부안읍(扶安邑)의 계집종과 서로 헤어질 때 눈물을 흘린 것이라'고 하였는데, 간원(諫院; 司諫院)에서 역적을 위해 눈물을 흘린 것이라고 여기고자 하였다. 의론하여 □전하께 상계를 올렸는데, 정언(正言) 황신(黃愼)[49]이 이 일은 이치에 만만부당 가깝지 않다고 동료들과 의논하다가 마침내 벼슬이 바뀌고, 후에 다른 대간이 눈물을 흘리고 소찬을 먹었다고 의

46) 洪汝諄(홍여순): 1547(명종 2)~1609(광해군 1). 조선 중기의 문신. 자는 사신(士信). 임진왜란 때 선조를 호종하는 등 고을 세웠으나, 성품이 간악하다는 대간의 탄핵을 받는 등 순탄치 못한 벼슬살이를 함.

47) 留鄕所(유향소): 조선시대, 향리의 비행을 규찰하고 풍속을 바로잡으며 수령을 보좌하는 등의 임무를 맡은 지방 자치 기관.

48) 納招(납초): 납사(納辭). 죄인이 심문에 응하여 자기의 범죄 사실을 자세히 말함.

49) 黃愼(황신): 1560(명종 15)~1617(광해군 9). 자는 사숙(思叔). 호는 추포(秋浦). 이이(李珥)와 성혼(成渾)의 문인으로 정여립모반 사건에 내해 직언을 하시 않는 대신들을 논박하다가 고산현감으로 좌천됨.

론하여 □전하께 상계를 올리니, 조대중을 잡아들여 가두고 형벌을 가하며, 조대중의 시 한 구절을 성자(省坐)에게 바치니, 쓰여 있기를, '지하에서 만약 용봉(龍逄)과 비간(比干)을 따라간다면, 외로운 혼이 웃음을 머금어 자못 슬퍼하지 않으리.'라는 구절이었습니다. 그때 심수경(沈守慶)이 정철을 대신하여 위관(委官)이 되어 판부사(判府事) 최황(崔滉)이 글(조대중이 지은 永訣詩)을 올리려 하니, 심수경이 말하기를,

"죽음에 임해서 난삽한 말을 한 것이니 어찌 믿음을 얻을 수 있으리오?"

[138쪽]

信見而不進 大中因斃 杖下其死 滉竟達於□筵中上震怒 特□命盡拿其
신 견 이 부 진 대 중 인 폐 장하 기 사 황 경 달 어 연중 상 진노 특 명 진 나 기

子婿弟侄 論以逆律 守慶因此遞免 澈請用次律 子婿弟侄 僅得免焉 此
자 서 제 질 론 이 역 율 수 경 인 차 체 면 철 청 용 차율 자 서 제 질 근 득 면 언 차

在故參議臣安邦俊 己丑記事可見 澈於此有德 而無怨云云 - 邦俊己丑記事
재 고 참의 신 안방준 기축 기사 가 견 철 어 차 유덕 이 무 원 운운 방 준 기축 기사

一篇 專爲誣陷鄭困齋 以其所無之事 欲脫澈殺士之名 曲爲之說如此 而景瑞澈黨也 故引以
일 편 전 위 무함 정 곤 재 이 기 소 무 지 사 욕 탈 철 살 사 지 명 곡 위 지 설 여차 이 경 서 철 당 야 고 인 이

用之
용 지

鼎谷集卷之三
정 곡 집 권 지 삼

【번역】

하고 올리지 않았으니, 이로 인해서 조대중은 형장을 맞고 죽은 것이다. 그가 죽은 것은 최황이 필경 □전하께서 경연 중에 계실 때 올려서 진노(震怒)하시어 □전하께서 특별히 명하시어 그(조대중)의 자식과 사위와 아우들과 조카들을 모두 잡아들여 역적을 처벌하는 형률로 다스리라 한 것이옵니다. 심수경은 이로 인해 벼슬이 바뀌고 면직되었으며, 정철이 차율(次律[50])을 써서 자식과 사위와 아우와 조카들이 겨우 면할 수 있었사옵니다. 이것은 고 참의(參議) 안방준(安邦俊)의 〈기축기사(己丑記事)〉에 있는 것으로, 정철이 이에 덕이 있고 원한이 없다는 것을 볼 수 있는 것이옵니다."

라고 말했다. -안방준(安邦俊)의 〈기축기사(己丑記事)〉 일편은 오로지 곤재(困齋) 정개청(鄭介淸)을 무고하여 함정에 빠뜨린 것은 없었던 일이라고 하여, 정철이 선비들을 죽인 것이라는 죄명을 벗어나게 하고자 하여 왜곡(歪曲)한 말이 이

50) 次律(차율): 교형(絞刑)에 해당하는 죄를 이르는 말. 또는 사형 다음 가는 형벌.

와 같으며, 유경서(柳景瑞)도 정철의 무리인 까닭으로 (안방준의 〈기축기사〉를)인용하여 쓴 것이다.

정곡집(鼎谷集) 제3권

정곡집 4권
鼎谷集卷之四

附錄
부록

[139쪽]

通訓大夫行全羅都事兼春秋館記注官鼎谷曺公行狀
통훈 대부 행 전라 도사 겸 춘추관 기주 관 정 곡 조 공 행장

公諱大中 字和宇 其先昌寧人 嘗自號鼎谷 高麗府院君謙之後 入□本朝
공 휘 대 중 자 화 우 기 선 창 녕 인 상 자호 정 곡 고려 부원군 겸 지 후 입 본조
有諱璘 除漢城判尹不就 於公間六世五世祖 諱恰以□太宗朝 佐命功臣
유 휘 린 제 한성 판윤 불 취 어 공 간 육 세 오 세 조 휘 흡 이 태종 조 좌명 공신
官至兵曹判書 封玉川君 □贈諡恭僖公 四代祖諱衍 以世蔭拜司憲府
관 지 병조판서 봉 옥 천 군 증시 공 희 공 사 대 조 휘 연 이 세 음 배 사헌부
鑑察 曾祖諱穩 進士拜掌隸院司議 祖諱健 宣教郎定平教授 考諱世明
감찰 증조 휘 온 진사 배 장 예 원 사의 조 휘 건 선교 랑 정 평 교수 고 휘 세 명
進士□厚陵參奉 娶羅州鄭氏兵曹判書軾之
진사 후 릉 참봉 취 나주 정 씨 병조판서 식 지

【번역】

통훈대부(通訓大夫)[1] **행**(行)[2]**전라도사**(全羅都事)**겸**(兼)[3]**춘추관**(春 秋館) **기주관**(記注官) **정곡**(鼎谷) **조대중**(曺大中)**공**(公) **행장**(行狀)

공의 휘(諱)[4]는 대중(大中)이고, 자는 화우(和宇)다. 선조는 창녕(昌寧) 사람이다. 자호(自號)는 정곡(鼎谷)이다. 고려시대에 부원군(府院君)인 겸(謙)의 후손이다. □본조(本朝; 조선왕조)에 들어와 휘 린(璘)이 계셨는데 한성판윤(漢城判尹)을 제수(除授) 받으셨으나 공무(公務)에 나아가지 않았는데 공에게는 육세(六世)이시다. 5세조(世祖)이신 휘 흡(恰)은 □태종(太宗; 조선 3대왕) 조에 좌명공신(佐命功臣)[5]으로 벼슬은 병조판서(兵曹判書)였고 옥천군(玉川君)에 봉해졌고, □왕

1) 通訓大夫(통훈대부): 조선시대, 종친(宗親)·의빈(儀賓)·문관(文官)의 정3품 당하관(堂下官)의 관계(官階).
2) 行(행): 품계는 높고 벼슬이 낮을 경우에, 직함(職銜; 벼슬이름) 앞에 붙이어 쓰는 말. 이와 반대로 품계가 낮고 벼슬이 높을 경우에는 직함(職銜) 앞에 '수(守)'자를 붙이어 씀.
3) 兼(겸): 조선시대 직함 표기의 한 방법으로, 품계보다 두 등급 낮은 벼슬을 시킬 경우에 그 벼슬 이름 앞에 '겸(兼)'자를 붙여 씀.
4) 諱(휘): 죽은 임금이나 웃어른의 이름 앞에 써서 죽음을 완곡하게 이르는 말. 뒤에는 살아 있는 사람의 이름을 높여 부르는데 쓰기도 함.
5) 佐命功臣(좌명공신): 조선 정종(定宗) 2년(1400)에 일어난 제2차 왕자(王子)의 난(亂) 때 박포(朴苞) 등의 무리를 평정하고 태종(太宗)을 왕위에 오르게 한 공으로 태종 원년(1401)에 46명에게 내려 준 공신의 칭호.

(태종)이 내려준 시호(諡號)는 공희공(恭僖公)이었다. 4대조 휘는 연(衍)이시니, 세음(世蔭)[6]으로 사헌부(司憲府) 감찰(監察)을 배수(拜受)하셨다. 증조(曾祖)는 휘 온(穩)이시니, 진사(進士)로 장례원(掌隷院)[7] 사의(司議)[8]를 배수하셨으며, 조부(祖父)께서는 휘 건(健)이시니 선교랑(宣敎郎)[9] 정평교수(定平敎授)이셨다. 아버지는 휘 세명(世明)이시니, 진사(進士)로 □후릉(厚陵)[10] 참봉(參奉)이시니, 나주(羅州) 정씨(鄭氏) 병조판서(兵曹判書) 식(軾)의

[140쪽]

曾孫 直長覿之女 以嘉靖己酉 正月初二日生 公于和順縣祿邱里 公生某
증손 직장 도 지 여 이 가정 기유 정월 초 이 일 생 공 우 화순 현 녹 구 리 공 생 모
歲而孤 奉母夫人 極其誠孝 處兄弟篤於友愛至 鄕里共稱之 □萬曆四年
세 이 고 봉 모부인 극 기 성효 처 형제 독 어 우애 지 향리 공 칭 지 만력 사 년
丙子入太學補上舍 生十年壬午始釋褐 公潛心經訓 無意仕進 雖登科第
병자 입 태학 보 상사 생 십년 임오 시 석 갈 공 잠심 경훈 무 의 사진 수 등과 제
常放閒于外 若將終身 朴相公淳 愛其才能 爲都堂別薦公 於是始調
상 방 한 우 외 약 장 종신 박 상공 순 애 기 재능 위 도당 별 천 공 어 시 시 조
承政院注書及禮文館奉敎 秉筆入□侍記注詳悉 自□上每加嘉奬 同列
승정원 주서 급 예문 관 봉교 병 필 입 시 기주 상실 자 상 매 가 가 장 동 열
讓其能 戊子冬拜兵曹佐郎 俄出爲平安道都事 以邱壟之寄於湖南也 爲
양 기 능 무자 동 배 병 조 좌랑 아 출 위 평안 도 도사 이 구 롱 지 기 어 호남 야 위
瞻掃展謁計 遂請換南幕 而歸始 公鄙鄭相澈之爲人 屛跡謹避 若將浼焉
첨 소 전 알 계 수 청 환 남 막 이 귀 시 공 비 정 상 철 지 위인 병 적 근 피 약 장 매 언
至過門不入 其素與交 乃李副學潑 潑第舍人洁
지 과 문 불 입 기 소 여 교 내 이 부학 발 발 제 사인 길

【번역】

증손(曾孫)이시고, 직장(直長)[11] 도(覿)의 따님이시니, 가정(嘉靖) 기유년(己酉年; 1549년. 명종 4) 정월 초2일에 공을 화순현(和順縣) 녹구리(祿邱里)에서 공을 낳으시다. 공이 태어난 지 ○살[12]에 돌아가시니, 어머니를 봉양하기를 참된 효성으로 지극히 하셨고, 형제들과 살면서 우애가 지극히 두터워 향리 사람들이 모두 그들을 칭송하였다. □만력(萬曆) 4년 병자년(丙子年; 1576년. 선조 9. 공 28세)

6) 世蔭(세음): 조상의 공훈이나 문벌의 영향력으로 특별대우를 받아 벼슬을 함.
7) 掌隷院(장례원): 조선시대 노예(奴隷)와 부적(簿籍)과 결송(決訟)에 관한 일을 맡아보던 관아.
8) 司議(사의): 조선시대, 변정원(辨定院)·장례원(掌隷院)의 정5품 벼슬.
9) 宣敎郎(선교랑): 조선시대, 문관(文官) 종6품의 관계(官階).
10) 厚陵(후릉): 능(陵) 이름. 조선 정종(定宗)의 능. 경기도 개풍군(開豊郡) 흥교면(興敎面)에 흥교리(興敎里)에 있음.
11) 直長(직장): 조선시대, 종7품 벼슬.
12) 某歲(모세): 아무 살. 『창녕조씨판윤공파보(昌寧曺氏判尹公派譜)』제1권에 의하면 조대중 선생의 아버지 휘 세명(世明) 공은 1570년(庚午) 11월 13일에 돌아가셨으니, 조대중 선생 22세 때임.

에 태학(太學; 成均館)에 들어가 상사(上舍)[13]가 되었으며, (萬曆)10년 임오년(壬午年; 1582년. 선조 15. 공 34세)에 비로소 벼슬을 제수받았다.[14] 경서(經書)의 뜻을 마음속으로 풀이하면서 벼슬에 나갈 뜻이 없었고, 비록 과거에 급제하였더라도 항상 밖에서 한가로이 하기를 마치 평생토록 할 것 같았다. 상공(相公; 宰相) 박순(朴淳)[15]이 그의 재능을 아끼어, 도당(都堂)이 되자 공을 특별히 추천하니, 이에 비로소 승정원(承政院) 주서(注書) 및 예문관(藝文館) 봉교(奉敎)에 발탁되어, 붓을 잡고 □대궐에 입시(入侍)하여 기주(記注)[16] 하기를 모두 상세하게 하니, □전하께서 늘 칭찬하시고 장려하셨으나 같은 반열들에게 그의 재능을 사양하였다. 무자년(戊子年; 1588년. 선조 21. 공 40세) 겨울에 병조좌랑(兵曺佐郞)[17]을 배수(拜受)하셨다가 얼마 후에 평안도(平安道) 도사(都事)로 내보셨다. 그러나 호남으로 보내 고향[18]을 맡겨달라는 계획으로써 임금을 배알(拜謁)하고 남쪽 관아(官衙)로 바꾸어 주십사 하고 청하고 돌아갔다. 처음부터 공(조대중)은 재상 정철의 사람됨을 다랍다고 여기고 자취를 가리어 막고 장차 섞이기라도 할 것처럼 삼가며 피했다. 문 앞을 지나갈 때에는 들어가지 않았다. 평소에 부학(副學)[19] 이발(李潑)과 이발의 집에 머물던 아우 이길(李洁),

[141쪽]

柳持憲夢井數人而已　以故澈深啣之　其黨嫉惡之已甚　己丑冬以湖南
유 지헌 몽 정 수인 이 이　이 고 철 심 함 지　기 당 질 악 지 이 심　기축 동 이 호남

亞使 巡行列邑 到寶城郡 聞從妹訃 涕泣悲傷 適逆賊鄭汝立亡命之報至
아사 순행 열읍 도 보 성 군 문 종매 부 체읍 비상 적 역적 정여립 망명 지 보 지

公 以爲□國有大變 不可例作巡宣節度 疾馳還營 道遇潭陽府使金汝岉
공 이 위 국 유 대변 불가 예 작 순 선 절도 질치 환 영 도 우 담양 부사 김 여 물

13) 上舍(상사): 조선시대, 성균관 유생으로서 생원(生員)·진사(進士) 시험에 합격한 사람.

14) 釋褐(석갈): 평민의 옷(갈포 옷)을 벗음. 처음으로 관직에 임명됨을 비유. 본문에서는 진사(進士) 급제자에게 관직을 제수함을 이르는 말.

15) 朴淳(박순): 1523(중종 18)~1589(선조 22). 조선 중기의 문신·학자. 자는 화숙(和叔). 호는 사암(思菴). 서경덕(徐敬德)의 문인이며 이황(李滉)을 사사하였고, 이이(李珥)·성혼(成渾)과 깊이 사귀었다. 1565년 대사간이 되어 윤원형을 탄핵하였고, 영의정에 올라 15년간 재직함. 문집으로 『사암직(思菴集)』이 있음.

16) 記注(기주): 말과 행동을 기록함.

17) 兵曺佐郞(병조좌랑): '병조좌랑(兵曹佐郎)'의 오기.

18) 邱壟(구롱): 시골. 고향. 또는 무덤. 본문에서는 평안도도사(平安道都事)에서 전라도도사(全羅道都事)로 내보낸 것을 말함.

19) 副學(부학): 부제학(副提學)의 준말. 조선 시대, 집현전(集賢殿)·홍문관(弘文館)의 정3품 벼슬.

靈光郡守金公喜 共說汝立凶邪姦妄之狀 俄保汝立窮蹙自刎 乃相謂曰
영광 군수 김공희 공설여립 흉사 간망지상 아보여립궁축 자문 내상위왈
逆賊已死 不可不酌酒相賀 因杯酒 團欒而罷 湖中無賴輩 承望時宰風旨
역적 이사 불가불 작주 상하 인배주 단란 이파 호중무뢰배 승망시재풍지
做出情外之 訪互相傳說流聞遠邇 以位公聞汝立之死 涕泣行素 至使其
주출정외지 방 호상 전설 유문원이 이위공문여립지사 체읍 행소 지사기
黨陳疏上 變兼指一時名卿 盡爲逆黨□宣祖大王 始以其疏爲無狀 構捏
당진소상 변겸지 일시 명경 진위 역당 선조 대왕 시이기소위무상 구열
無辜 欺罔□君父 將拿問窮治 澈旣百般救
무고 기망 군부 장나문궁치 철기 백반 구

【번역】

지헌(持憲; 持平) 유몽정(柳夢井) 등 몇 사람과 사귈 뿐이었다. 이런 까닭으로 정철은 그 무리들을 매우 미워하는 마음을 품은 지가 이미 오래되었다. 기축년(己丑年; 1589년. 선조 22. 공 41세) 겨울에 호남의 아사(亞使)[20]로서 여러 읍을 순행하고 보성군에 도착하였는데, 종매(從妹)가 죽었다는 부음(訃音)을 듣고 눈물을 흘리면서 슬퍼했다. 그때 마침 역적 정여립이 망명(亡命)[21]했다는 소식이 오자, □나라에 큰 변고가 있으니 여러 읍을 순행하는 것은 불가하다고 여기고, 절도사(節度使)가 있는 진영(鎭營)으로 말을 달려갔다. 가는 길에서 담양부사 김여물(金汝岉)과 영광군수 김공희(金公喜)를 만나서, 정여립의 흉악하고 사악한 모습을 함께 이야기하고 있는데, 잠시 후에 정여립이 곤궁하여 스스로 자살하여 죽었다는 소식이 들렸다. 이에 서로 말하기를,

"역적이 이미 죽었으니 술을 마셔 서로 경하하지 않을 수 없다."

고 하면서 잔에 술을 따르며 단란하게 마시고 끝냈다. 호남 사람 가운데 무뢰배들이 벼슬아치들의 뜻[22]에 비위를 맞추며[23] 뜻밖의 비방(誹謗)하는 말을 만들어 서로 말을 전하고 멀고 가까이 소문을 퍼뜨리기를, 공이 정여립이 죽었다는 말을 듣고 눈물을 흘리면서 소찬(素饌)까지 먹었다고 하였다. 그리고 그 무리들이 상소문을 써서 올려 변고를 일으키고, 겸하여 한 때의 이름난 재상들 모두를 역적의 무리들이라고 지적하니, □선조대왕이 처음에는 그 상소문을 실상 없는 함정을 얽어내고 무고하여 □임금을 속이는 것이라고 여기고, 장차 잡아들여 묻고 다스리기를 다하였는데, 정철이 이미 온갖 방법으로 (무뢰배들을)구해내고,

---

20) 亞使(아사): 조선시대, 감영(監營)과 유수부(留守府)의 경력(經歷)·도사(都事)를 이르던 말.
21) 亡命(망명): 혁명의 실패 등으로 몸을 피함. 본문에서는 모반(謀叛)을 의미.
22) 風旨(풍지): 뜻이나 의도.
23) 承望(승망): 영합(迎合)함. 비위를 맞춤.

[142쪽]

解 又嗾臺諫無辜□啓 公聞汝立之死 至流涕行素 卽□命拿鞫公 以庚寅
해 우 주 대간 무고 계 공 문 여 립 지 사 지 유체 행소 즉 명 나 국 공 이 경인
二月 逮繫錦衣獄 其援書引金汝岉金公喜兩人爲證 欲明其被誣狀 汝岉
이월 체 계 금의 옥 기 원 서 인 김 여 물 김 공 희 양인 위 증 욕 명 기 피 무 상 여 물
等亦將置對明其寃 待□命闕下 澈黨曲爲周遮 竟不進問 卒使至冤 莫伸
등 역 장 치 대 명 기 원 대 명 궐하 철 당 곡 위 주 차 경 부 진 문 졸 사 지원 막 신
栲死獄中 三月十三日也 其在獄也 作七言詩一絶 有丹心一片鬼神知 未
고 사 옥중 삼월 십 삼일 야 기 재 옥 야 작 칠언 시 일 절 유 단심 일편 귀신 지 미
吐深寃恨死遲 地下若從比干去 孤魂含笑不須悲之語 臨命之日 與其兄
토 심 원 한 사 지 지하 약 종 비 간 거 고혼 함소 불 수 비 지 어 임명 지 일 여 기 형
進士敏中書曰 弟今抱寃而死 雖曖昧極天實是命也 □主上聖明 天亦有
진사 민 중 서 왈 제 금 포원 이 사 수 애매 극 천 실 시 명 야 주상 성명 천 역 유
知 死後必有公論 然晩矣 可笑奈何 有子順男 方志學 死亦亦有慰 須加
지 사후 필 유 공론 연 만 의 가소 내하 유 자 순 남 방 지 학 사 역 역 유 위 수 가
勸勉 終做好人 勿以我死而少弛 我死命也 是豈造
권면 종 주 호인 물 이 아 사 이 소 이 아 사 명 야 시 기 조

【번역】

또 대간(臺諫)을 부추겨 무고(無辜)하는 상계를 □전하께 올리면서 정여립이 죽자 눈물을 흘리고 소찬을 먹었다는 것에 이르자, 즉시 □임금이 잡아들여 국문(鞫問)을 명하셨다. 경인년(庚寅年; 1590년. 선조 23. 공 42세) 2월에 붙잡아서 금의옥(錦衣獄)[24]에 가두었다. 그를 구원(救援)하는 글로 김여물과 김공희 두 사람이 증거로 삼고, 그가 무고를 입은 문서를 밝히고자 하고, 김여물 등이 역시 장차 대면하여 그의 원통함을 밝히려고 □전하의 명을 대궐 아래서 기다렸다. 그러나 정철의 무리들이 사악하게 온갖 방법으로 막고 가려서[25] 끝내 국문(鞫問)에 나갈 수 없었다. 마침내 원통하게도 (결백을)펴지 못하고 고문을 당해 옥중에서 죽었으니 3월 13일이었다. 그가 옥중에서 칠언시 한 수를 지었는데, '일편단심은 귀신도 아는데, 깊은 원통함을 미처 토해내지 못했는데 한스러운 죽음은 더디기만 하구나. 저승에서 만약 비간(比干)을 따라간다면, 외로운 혼이 웃음을 머금고 슬프지만은 않으리.'라는 말이었다. 운명(殞命)하던 날 그의 형 진사 민중(敏中)에게 준 글에 이르기를,

"아우는 지금 원통함을 안고 죽습니다. 비록 애매하기가 지극하더라도 하늘이 실제 준 운명입니다 □주상께옵서 지혜가 밝으시고 하늘도 또한 알고 있으니, 죽은 후에 반드시 공론(공론)이 있을 것입니다. 그러나 이미 늦은 것이니, 가소롭지

24) 錦衣獄(금의옥): 금의위(錦衣衛)의 옥(獄). 금의위는 대궐의 경호와 임금의 호위를 맡으면서 형옥(刑獄)도 관장함.

25) 周遮(주차): 덮고 가림. 온갖 방법으로 비호함.

만 어찌합니까? 아들은 순한 남자로서 바야흐로 배움에 뜻이 있으니 죽더라도 또한 위로가 됩니다. 모름지기 권하고 격려해주셔서 마침내 좋은 사람이 되라고 하시고, 나의 죽음으로 조금이라도 해이(解弛)해하지 말아야 할 것입니다. 나의 죽음은 운명입니다. 이것이 어찌

[143쪽]

言者之所爲乎 其達命順受 終無尤怨切蹙之意乃如此 己丑獄事後 全州
언 자 지 소 위 호 기 달 명 순 수 종 무 우 원 절 축 지 의 내 여차 기축 옥사 후 전주

士林 以鄕校上樑文 乃汝立所製 則改構而新之 及□聖廟移安 公作告由
사림 이 향교 상량 문 내 여 립 소 제 즉 개 구 이 신 지 급 성묘 이 안 공 작 고유

文 有曰 往在癸未改建 廟楹上樑文 逆竪所成 操范曄筆逞 李斯情日月
문 유 왈 왕 재 계미 개건 묘 영 상량 문 역 수 소 성 조 범 엽 필 령 이사 정 일월

幾何 幸賴□聖鉞陰討凶獰 敦賊跽莽惡留甍 是用卜吉 撤舊再營 敢先昭
기하 행 뢰 성 월 음 토 흉 영 돈 적 기 망 악 유 맹 시 용 복길 철 구 재 영 감 선 소

告 庶無震驚云 其嫉惡憤邪之意 溢於言表亦足明 其讒人罔極之情也 後
고 서 무 진경 운 기 질 악 분 사 지 의 일 어 언표 역 족 명 기 참인 망극 지 정 야 후

判金吾崔滉 擧公之獄中所作詩 欲更起禍端 去上句丹心一片等語 單擧
판금오 최 황 거 공 지 옥중 소 작 시 욕 경 기 화 단 거 상 구 단심 일편 등 어 단 거

下句下 從比干孤魂含笑之語 誦言于□榻前激怒 □上意構成怨 □上不
하 구 하 종 비 간 고혼 함소 지 어 송 언 우 탑전 격노 상 의 구성 원 상 부

道之罪 至禍及泉壤籍沒家産 並逮其兄
도 지 죄 지 화 급 천양 적몰 가산 병 체 기 형

【번역】

말을 만들어낸 사람들이 한 일입니까?"

라고 했다. 그의 천명(天命)을 알고[26] 순순히 받아들이면서도 끝내 남을 탓하고 원망함이 없었고, 움츠리지 않는 뜻이 이와 같았다. 기축옥사 후에 전주의 사림들이 향교 상량문이 정여립이 지은 것이어서 고쳐서 새롭게 하려는데, □성묘(聖廟; 大成殿)의 위패를 이안(移安)하면서 공이 고유문(告由文)을 지었는데, 말하기를,

"지난 계미년(癸未年)에 성묘(聖廟)를 고쳐지으면서, 상량문을 역수(逆竪)[27]가 지었는데, 범엽(范曄)의 붓을 잡고(필체로) 이사(李斯)의 뜻을 썼으니, 세월이 그 얼마였습니까? 다행히도 □성월(聖鉞)로 은밀히 흉악하고 모질고 굳센 역적을 토벌하심에 힘입어 이미 무릎을 꿇었으나, 죄악이 아직 용마루에 남아 있사옵니다. 이에 길한 날을 점쳐서 옛날의 것을 철거하고 다시 지으려하옵니다. 감히 먼저

26) 達命(달명): 천명(天命)을 앎.
27) 逆竪(역수): 반역자를 증오하여 일컫는 말.

밝혀 고하오니 바라건대 놀라지 마옵소서.”

라고 썼다. 그가 악을 미워하고 사악함에 분노하는 뜻을 말로 나타냄이 가득하였으니, 또한 그를 참언(讒言)한 사람들의 망극한 뜻을 밝히기에 족하다 할 것입니다. 그 후 판금오(判金吾) 최황(崔滉)이 옥중에서 쓴 시를 들어 다시 화의 단서로 일으키려고 앞 구절의 ‘단심일편(丹心一片)’등의 말을 떼어버리고 단지 아래 구절의 ‘지하에서 비간(比干)을 따른다면, 외로혼이 웃음을 머금으리라.’라는 말을 □임금이 계신 자리 앞에서 외우니, □임금께서 진노하시니 □임금의 미워하는 마음을 만들어낸 것었다. 그러나 □임금께서는 죄가 지극하니 죽이고 가산을 몰수하며, 아울러 그의 형 민중(敏中)과

[144쪽]

敏中 及兄子守訓等 皆將論死 敏中獄中援書 備陳公詩首尾 及與其兄永訣書 全州鄉學奉安文辭意 □上感悟 事得已 及後□上知鄭相國彥信及守愚堂崔永慶之被誣寃死 卽□命雪冤 □贈職 又將昭雪湖南五臣之寃 給其籍沒 而遷筵未及擧行 筵臣臺閣前後交章 及有湖儒訟寃之擧 爲一國公論者久矣 □仁祖改玉五臣 並蒙伸寃復職之□恩 五臣卽公及鄭困齋介淸李東巖兄弟潑洁柳淸溪夢井也 公生于□嘉靖己酉 以□萬曆庚寅被禍 春秋四十二 以某年月日 葬于和順縣智谷原後 某年月日 遷窆于同縣細楊洞銅鐵店後麓 辛向之原 公娶慶

【번역】

형의 아들 수훈(守訓)[28] 등을 잡아들이라고는 말씀하지 않으셨으나, 모두들 장차 죽일 것을 의논하였다. (셋째형)민중이 옥중에서 구원하는 글을 쓰고, 공(조대중)의 시 전부를 구비하여 갖추고, 아울러 그 형에게 주었던 영결서(永訣書), 전주 향학(鄉學; 鄉校)의 봉안문(奉安文) 글을 드리니 □주상께서 느껴 깨달으셨으나 일은 이미 끝난 후였다. □주상께서 상국(相國) 정언신(鄭彦信)과 수우당(守愚堂) 최영경(崔永慶)이 무고를 입어 원통하게 죽은 것을 알고, 즉시 □하명(下命)하시어 설원(雪冤)하게 하시고, □증직(贈職)하셨다. 또 장차 호남의 다섯 신하들

28) 守訓(수훈): 소내중 선생의 중형(仲兄) 소경중(曺景中)의 큰아들.

의 원통함을 밝혀 풀어주고, 몰수한 재산을 돌려주려 했는데 미처 실행하지 못하고 연기되었다. 연신(筵臣)[29]과 대각(臺閣)[30]의 신하들이 앞서고 뒤서면서 상소문을 올리고, 호남의 선비들이 원통한 일을 호소하였으니, 한 나라의 공론이 일어난 지 오래되었었다. □인조(仁祖) 대왕께서 개옥(改玉)[31]하시어, 다섯 신하들과 아울러 신원설치와 복직의 □성은(聖恩)을 입게 하시니, 다섯 신하는 곧 공(조대중)과 곤재(困齋) 정개청(鄭介淸)·동암(東巖) 형제의 이발(李潑)과 이길(李洁)·청계(淸溪) 유몽정(柳夢井)이다. 공은 □가정(嘉靖) 기유년(己酉年; 1549년. 명종 4)에 태어나시고 □만력(萬曆) 경인년(庚寅年; 1590년. 선조 23)에 화를 입으시니, 춘추는 42세이셨다. 모년(某年) 모월(某月) 모일(某日)에 화순현(和順縣) 지곡(智谷) 들녘 뒤에 장사 지냈다가, 모년(某年) 모월(某月) 모일(某日)에 화순현(和順縣) 세양동(細楊洞) 동철점(銅鐵店) 뒤 산록 신향(辛向)의 들에 천폄(遷窆)[32]하였다.

[145쪽]

州金氏 參奉應星之女也 有子二人 長曰守正 次曰守憲 有女三人 長適
주김씨 참봉응성지녀야 유자이인 장왈수정 차왈수헌 유여삼인 장적
士人李亨養 次適士人柳涵 次適府尹李廷楗 公天性剛毅正直 不撓持身
사인이형양 차적사인유함 차적부윤이정건 공천성강의정직 불요지신
淸高 論議慷慨 見人姦邪 側媚之態 未嘗不避而遠之 或不忍正視其面
청고 논의강개 견인간사 측미지태 미상불피이원지 혹불인정시기면
卒以此橫罹奇禍 幾不免赤族沈宗 嗚呼悕矣 憸邪媢疾之徒 始以睚眦悁
졸이차횡리기화 기불면적족심종 오호희의 섬사모질지도 시이애자연
忿之私 馴致戕賢病國之禍 卒至魚爛河決而後已 吁可畏也 古語有之曰
분지사 순치장현병국지화 졸지어란하결이후이 우가외야 고어유지왈
大獄之後 必有大兵 余每觀宋朝諸賢痛傷熙豊 政宣之間 凶邪誤國 馴致
대옥지후 필유대병 여매관송조제현통상희풍 정선지간 흉사오국 순치
靖康之禍 未嘗不三復興 歎今於己丑庚寅 陰邪表裡 欺天罔人 釀成龍蛇
정강지화 미상불삼부흥 탄금어기축경인 음사표리 기천망인 양성룡사
之變又重歎 吾東國運之大不幸也 歲癸酉公之
지변우중탄 오동국운지대불행야 세계유공지

【번역】

공은 경주 김씨(慶州金氏) 참봉(參奉) 응성(應星)의 따님에게 장가들어 아들 둘

29) 筵臣(연신): 임금에게 경전(經典)을 강하는 신하.
30) 臺閣(대각): 대간(臺諫). 사헌부(司憲府)와 사간원(司諫院)의 관원을 아울러 이르는 말.
31) 改玉(개옥): 개보개옥(改步改玉). 걸음걸이[步武]와 패옥(佩玉)을 바꿈. 본래는 걸음걸이를 바꾸고 패옥을 바꾸어, 신하로서의 법도에 부합하도록 함을 이르는 말이었는데, 뒤에 제도·왕조·임금 등의 바뀜을 이르는 말로 쓰임. 본문에서는 1623년 인조반정(仁祖反正)으로 광해군(光海君)에서 인조(仁祖)로 바뀌었음을 의미.
32) 遷窆(천폄): 천장(遷葬). 이장(移葬). 무덤을 옮겨 씀.

이 있으니, 장남은 수정(守正)이고, 차남은 수헌(守憲)이시다. 따님은 셋이 있으니, 장녀는 선비 이형양(李亨養)에게 출가하고, 차녀는 선비 유함(柳涵)에게 출가하고, 계녀(季女)는 부윤(府尹) 이정건(李廷楗)에게 출가하였다. 공은 천성이 강직하고 정직하여 몸가짐에 흔들림이 없었으며, 의논이 맑고 거룩하여 간사한 사람들의 아첨하는 태도[33]를 보면 피하거나 멀리하였고, 혹은 그 얼굴을

바로 보지 않았으니, 이런 이유로 뜻밖의 재앙에 걸려 기괴한 화를 당했고, 가족과 종족의 멸함[34]을 면하지 못한 것이 얼마였던가? 오호라, 슬프구나! 교활하고 사악하며 시기하고 미워하는 무리들이 눈을 흘겨보고 원망하고 분노한 사사로움으로 어진 이들을 길들여 죽이고 나라에 화를 끼쳤으니, 끝내는 썩고 무너져 돌이킬 수 없게 되었다.[35] 아! 두렵도다. 옛말에 이르기를,

"대옥(大獄)이 있은 후에는 반드시 큰 병화(兵火; 戰爭)가 있다."

고 하였다. 송(宋)나라 여러 현인들이 아파하고 상심했던 것은, 백성들이 화목하고 풍년이 든 사이에 흉악하고 간사한 사람들이 나라를 그르쳐 정강(靖康)[36]의 재앙을 과연 세 번이나 되풀이해서 일어나게 한 것이 아니었던가? 지금 기축년(己丑年; 1589년)과 경인년(庚寅年; 1590년)에 음험하고 사악한 사람들이 표리부동(表裏不同)하게 하늘과 사람을 속이니[37] 흉악한 변고가 섞여서 일어났으니[38] 거듭 한탄하는 것이다. 우리 동국(東國)의 큰 불행이었다.

계유년(癸酉年; 1693년. 숙종 19)에 공의

[146쪽]

曾孫宣傳官挺華 訪余於京邸 似若有所云云而未暇 及屬此罪廢 南來挺
증손 선전관 정화 방여어경저 사약유소 운운 이미가 급속차죄폐 남래정

華之從弟 士人挺國累累焉 方在衰絰中 抱其曾王父行實一通 辱以顧余
화지종제 사인 정국누루언 방재쇠질중 포기증왕부 행실 일통 욕이고여

於晞陽瘴海之濱 泣拜以請曰 吾先祖受誣 寃死之狀 固執事之 所前聞
어희양장해지빈 읍배이청왈 오 선조 수무 원사 지상 고집 사지 소전문

33) 側媚(측미): 정당하지 못한 수단으로 아첨함. 괴벽한 문투(文套)로 세상의 찬사를 모으는 일.

34) 赤族沈宗(적족심종): 온가족이나 종족을 없앰. 멸족. 형벌의 일종.

35) 魚爛河決(어란하결): 생선이 썩고 황하(黃河)가 터짐. 내부의 부패로 멸망하여 돌이킬 수 없음을 비유. 어란토붕(魚爛土崩).

36) 靖康(정강): 송(宋)나라 흠종(欽宗)의 연호. 재위 1126~1127.

37) 欺天罔人(기천망인): 하늘을 속이고 사람을 속임. 속이는 행위가 극심함을 이름.

38) 釀成(양성): 섞여서 일어남. 본문에서는 정여립 모역 사건과 이에 이은 옥사, 그리고 1592년의 임진왜란 등이 잇달아 일어났음을 의미.

雖蒙異日 昭天漏泉之澤 得有雪冤復職之榮 而獨未有揚闡幽光 以明其
수 몽 이 일 소 천 누 천 지 택 득 유 설원 복직 지 영 이 독 미 유 양 천 유 광 이 명 기
志 行之不可泯沒者 惟公幸哀 而賜之一言 言訖又拜余 以名在罪籍
지 행 지 불가 민몰 자 유 공 행 애 이 사 지 일 언 언 흘 우 배 여 이 명 재 죄 적
不敢治筆硯作文辭辭 其請益堅 余不得堅拒 姑受而置諸巾衍 今者幸蒙
불감 치 필연 작문 사 사 기 청 익 견 여 부 득 견 거 고 수 이 치 제 건 연 금 자 행 몽
□天澤餘潤 得齒平人 茲敢据其家傳 刪繁就簡 第錄如右 若其鋪張稱述
천 택 여 윤 득 치 평인 자 감 거 기 가전 산 번 취 간 제 록 여 우 약 기 포 장 칭술
以覆(부)露其遺胤 則唯在當世 立言之君子焉 謹狀□
이 로 기 유 윤 즉 유 재 당세 입언 지 군자 언 근 장

【번역】

증손 선전관(宣傳官) (조)정화(曺挺華)[39]가 한양에 있는 나[40]의 집을 방문하여 무슨 할 말이 있는 듯 하였으나 (내가)겨를이 없었다. (증조 조대중 선생의 기축옥사에 무고와 화를 입은)죄가 구실이 되어 과거를 보지 못하고 있다가 남쪽(화순)에서 온 것이었다. 정화(挺華)의 사촌 아우인 사인(士人) (조)정국(挺國)[41]도 여러 차례 왔었는데, 바야흐로 그때 (나는)상중(喪中)[42]에 있었다. 그의 증왕부(曾王父; 曾祖父, 曺大中)의 행실 한 통을 안고 나를 찾아온 것이었다. 나는 은덕을 입고 남쪽 바닷가[43]에 있었다. (조정국이)울면서 절하고 청하기를,

"내 선조(先祖; 조대중)께서는 무고를 입어 원통하고 억울하게 죽었다는 실상이 확실하게 있습니다. 일전에 들은 바, 비록 그 이후에 밝은 하늘의 은택(恩澤)을 입어 신원설치와 복직의 영예는 있었습니다마는, 다만 아직도 가려진 인품(人品)과 덕성(德性)은 떨쳐 펴지 못하고 있습니다. 그 분의 뜻과 행실을 밝혀서 잊혀지고 없어지게 할 수는 없사옵니다. 공(이현일)께서 불쌍히 여기시어[44] 한 말씀이라도 주십시오."

라고 말이 끝나자, 또 절을 하였다. 나는 (조대중의)이름이 아직 죄적(罪籍)[45]

39) 挺華(정화): 조정화(曺挺華). 1646(인조 24)~1707(숙종 33). 조대중 선생의 증손(曾孫). 『창녕조씨판윤공파보(昌寧曺氏判尹公派譜)』에 의하면 「경사(經史)에 박통(博通)했으나 증조(曾祖; 曺大中)가 기축년의 화를 입은 후 과거 공부를 폐했다.」 라고 기록되어 있음.

40) 余(여): '나'는 이 글 조대중 선생의 행장(行狀)을 쓴 갈암(葛庵) 이현일(李玄逸) 자신을 말함.

41) 挺國(정국): 조정국(曺挺國). 1660(현종 1)~1699(숙종 25).

42) 衰絰(최질): 상중(喪中)에 입는 최복(衰服)과 수질(首絰)·요질(腰絰)을 말함. 곧 상중에 있음. 거상(居喪)하고 있음 말함.

43) 晞陽瘴海之濱(희양장해지빈): 전남 광양현의 바닷가(?). '희양(晞陽)'은 햇빛을 쬠. 은덕을 입음. '장해(瘴海)'는 중국 남쪽 지방의 해변을 이르는 말로, 본문에서는 이 글을 쓴 이현일(李玄逸) 선생이 1694년 인현왕후가 복위된 뒤 갑술환국 때 조사기(趙嗣基)를 신구하다가 함경도 홍원과 종성 등지로 유배되었다가, 임금의 은덕으로 1697년 호남의 광양현 바닷가로 이배된 것을 말함.

44) 幸哀(행애): 불쌍히 여김. 동정함.

45) 罪籍(죄적): 죄인의 죄상을 적은 도류안(徒流案; 도형과 유형에 처할 사람들의 죄상을 적은 책)이나 형

에 있으므로 마련해 온 붓과 벼루로 글을 지을 수 없다고 그(曺挺國)의 청을 사양하였다. 그러자 그가 청을 더욱 굳게 하였으므로, 부득이 거절하지 못하고, 임시로 (붓과 벼루를)받아들여 작은 상자[46]에 넣어 두었다. 지금에 다행히 □전하의 은택을 입어 윤택(潤澤)하고 나이가 들어 벼슬에서도 물러났다. 이에 감히 그(조대중)의 집에서 전해 내려오는 여러 기록들의 번잡한 부분을 삭제하여 간결하게 다듬어[47] 위와 같이 배열하며 칭송하고 진술한다. 그리하여 그의 후손[48]들을 감싸 비호(庇護)하고자[49] 하며, (정곡선생이)오직 당대의 군자(君子)였음을 글로 삼가 진술한다.[50]

[147쪽]

上之二十六年 庚辰三月丙申 載寧李玄逸謹撰
상 지 이십 육 년 경진 삼월 병신 재 령 이 현 일 근찬

事實
사실

先生姓曺氏諱大中 字和宇號鼎谷 麗朝昌寧府院君 諱謙之後也 六代祖
선생 성 조 씨 휘 대 중 자 화 우 호 정 곡 려 조 창 녕 부원군 휘 겸 지 후 야 육 대 조
諱璘 入我□朝除漢城判尹不就 五代祖諱恰 以安岳郡守 參□太宗朝
휘 린 입 아 조 제 한성 판윤 불취 오 대 조 휘 흡 이 안 악 군수 참 태종 조
靖亂一等功臣 官至兵曹判書 封玉川君 謚恭僖公 四代祖諱衍以世蔭 拜
정란 일등공신 관 지 병조판서 봉 옥 천 군 시 공 희 공 사 대 조 휘 연 이 세 음 배
司憲府監察 考諱世明以生員參奉早卒 母鄭氏監察承賢之孫 兵曹判書
사헌부 감찰 고 휘 세 명 이 생원 참봉 조졸 모 정 씨 감찰 승 현 지 손 병조판서
軾之曾孫 以□明宗四年己酉 先生于祿邱里第 先生之孝誠 出於天賦 而
식 지 증손 이 명종 사 년 기유 선생 우 록 구 리 제 선생 지 효성 출 어 천부 이
早喪嚴 侍未及奉養 承順慈闈 一遵古禮左右就養 無所不備 上有三兄
조 상 엄 시 미 급 봉양 승 순 자 위 일 준 고 례 좌우 취양 무 소 불 비 상 유 삼 형
長曰諱
장 왈 휘

【번역】

□주상 전하(肅宗) 26년 경진년(庚辰年; 1700년. 숙종 26) 3월 병신(丙申). 재령(載寧) 이현일(李玄逸)[51] 삼가 지음.

명부(刑名簿)를 이름.

46) 巾衍(건연): 두건과 책 따위를 넣어두는 작은 상자.

47) 刪繁就簡(산번취간): 번잡한 부분을 삭제하여 간결하게 다듬음.

48) 遺胤(유윤) 후사(後嗣). 자손.

49) 覆露(부로): 비호(庇護)함. 양육함.

50) 謹狀(근장): 삼가 진술한다는 뜻으로, 행장(行狀)이나 편지의 끝에 쓰는 말.

51) 李玄逸(이현일): 1627(인조 5)~1704(숙종 30). 자는 익승(翼昇). 호는 갈암(葛庵). 이휘일(李徽逸)의

사실(事實)

선생은 조씨(曺氏)요 휘는 대중(大中)이시다. 자는 화우(和宇)요 호는 정곡(鼎谷)이시다. 고려조 창녕부원군(昌寧府院君) 휘 겸(謙)의 후손이시다. 6대조 휘 인(璘)께서 우리 □조선조에 들어 한성 판윤(漢城判尹)을 제수받았으나 나가지 않았고, 5대조 휘 흡(恰)께서 안악군수(安岳郡守)를 하시다가 □태종(太宗) 왕조의 정란(靖亂) 일등공신(一等功臣)이 되시어 벼슬이 병조판서(兵曹判書)를 하시며 옥천군(玉川君)에 봉해지시니, 시호는 공희공(恭僖公)이시다. 4대조 휘 연(衍)께서는 세음(世蔭)[52]으로 사헌부 감찰(司憲府監察)을 배수하시고, 아버지 휘 세명(世明)께서는 생원으로 참봉 하시다가 일찍 돌아가셨다. 어머니 정씨(鄭氏)는 승현(承賢)의 손녀이시고, 병조판서(兵曹判書) 식(軾)의 증손녀이시다. □명종(明宗) 4년 기유년(己酉年; 1549년)에 선생을 녹구리(祿邱里) 집에서 낳으시니, 선생께서는 하늘이 낸 효성으로 아버님을 일찍 잃고 봉양을 미처 다하지 못할 것처럼 어머니를 공손히 모시고, 옛날의 예법을 따라 좌우에서 봉양하는데 갖추지 못한 것이 없었다. 위로 형님 세 분이 계시니, 큰 형님은 휘

[148쪽]

閎中 以丁卯司馬擧孝廉 官至尼山縣監 次曰諱景中 以辛酉司馬 丁卯得
굉 중 이 정묘 사 마 거 효렴 관 지 니 산 현감 차 왈 휘 경 중 이 신유 사 마 정묘 득

乙科 歷兩銓郎典 三郡事淸白聞于世 次曰諱敏中 以癸酉司馬 律身以禮
을과 력 양 전랑 전 삼 군 사 청백 문 우 세 차 왈 휘 민 중 이 계유 사 마 율신 이 례

人皆敬慕 己丑後閉門歛跡 先生於伯仲間 盡其友于之道 怡怡洽好 少無
인 개 경모 기축 후 폐문 감 적 선생 어 백중 간 진 기 우 우 지 도 이 이 흡 호 소 무

違戾 爲鄕黨之所欽服焉 早遊眉巖柳文節公門 論人心道心之分 辨析甚
위 려 위 향당 지 소 흠복 언 조 유 미 암 유 문 절 공 문 논 인심 도심 지 분 변 석 심

明 文節曰 吾之師表 嘗謁退溪李先生講論 顔子克復博約之旨 及不遷怒
명 문 절 왈 오 지 사표 상 알 퇴계 이 선생 강론 안자 극복 박 약 지 지 급 불 천 노

不貳過 又及周濂溪太極圖說 李先生稱以通儒 □萬曆丙子中司馬 與林
불 이 과 우 급 주 렴 계 태극 도설 이 선생 칭 이 통유 만력 병자 중 사 마 여 임

白湖悌同榜 所製木馬賦武溪深詩 膾炙一世 以明經 登□萬曆十年壬午
백 호 제 동방 소 제 목마 부 무 계 심 시 회자 일세 이 명 경 등 만력 십년 임오

아우로 초시(初試)에는 합격하였으나 벼슬에 나아갈 뜻이 없어 복시(覆試)를 단념하고, 이후 수 차례에 걸쳐 낮고 높은 벼슬을 모두 사직한다. 다만 인현왕후(仁顯王后) 폐비 문제, 임술무옥의 신설(伸雪) 등 간신들의 횡포에는 적극 상소하여 바로잡으려 한다. 학문으로는 영남학파의 거두로 이황(李滉)의 학통을 계승하여 이기호발설(理氣互發說)을 지지하고, 이이(李珥)의 학설을 반대함. 시호는 문경(文敬). 문집으로 『갈암집(葛庵集)』이 있음. 이 글 〈통훈대부행전라도사겸춘추관기주관조공(대중)행장(通訓大夫行全羅都事兼春秋館記注官曺公(大中)行狀)〉은 그의 문집 『갈암집』 별집(別集) 제6권 행장(行狀) 조에도 실려 있음. (『한국문집총간』 128권) 참조.

52) 世蔭(세음): 조성의 공훈이나 문벌의 영향력으로 특별대우를 받아 벼슬을 함.

文科 卽我□宣廟十六年也 先生以承文博
문과 즉아 선묘십육년야 선생 이승문박

【번역】

굉중(閎中)이니, 정묘년(丁卯년; 1567년. 명종 22)에 사마시(司馬試)에 합격하시고 효도하고 청렴하셨으니 벼슬은 이산현감(尼山縣監)을 지내셨다. 둘째 형님은 휘 경중(景中)이니, 신유년(辛酉年; 1561년. 명종 16)에 사마시에 합격하시고, 정묘년(丁卯年; 1567년. 명종 22)에 을과(乙科)에 급제하시어, 양전(兩銓; 吏曹와 兵曹)의 정랑(正郞)과 좌랑(佐郞)과 세 개 군의 군수를 연임하시니 청렴결백하다고 세상에 알려졌다. 셋째 형님은 휘 민중(敏中)이니, 계유년(癸酉年; 1573년. 선조 6)에 사마시에 합격하시고, 몸가짐을 예로써 하시니, 모든 사람들이 존경하고 사모하였는데, 기축년(己丑年) 이후 문을 닫고 발자취를 은거하였다.[53] 선생(대중)은 큰 형님과 작은 형님들 사이에서 우애(友愛)의 도를 다하면서 화목하고[54] 두루 좋게 하니 조금도 어그러짐이 없었으니, 마을 사람들이 탄복하였다. 일찍이 미암(眉巖) 문절공(文節公) 유희춘(柳希春)[55] 문하에서 유학하면서 인심도심(人心道心)의 분변(分辨)과 변석(辨析)에 밝아 문절공(文節公; 柳希春)이 말하기를, "나의 사표(師表)다. 일찍이 퇴계(退溪) 이황(李滉)선생을 찾아뵙고 안자(顔子)[56]의 극기복례(克己復禮)[57]와 박문약례(博文約禮)[58]의 뜻을 강론하고, 불천노불이과(不遷怒不貳過)[59]를 강론하였으며, 또 주염계(周濂溪)[60]의 태극도설(太極圖說)[61]

53) 斂跡(감적): '염적(斂跡)'의 오기. 행동을 조심함. 숨거나 몸을 피함. 본문에서는 속세를 떠남 곧 은거함을 의미.

54) 怡怡(이이): 형제끼리의 화목한 모양.

55) 柳希春(유희춘): 1513(중종 8)~1577(선조 10). 조선 중기의 문신. 자는 계린(桂麟). 호는 미암(眉巖). 부인은 여류 문인 송덕봉(宋德奉)이다. 1547년 양재역(良才驛)의 벽서사건에 연루되어 함경도 종성에 안치되어 19년간을 지내고 해배되어 선조 초에 경연관으로 참여하여, 선조가 '내가 공부를 하게 된 것은 희춘에게 힘입은 바가 컸다.'고 하였다. 독서와 저술에 몰두하여 많은 저술을 남겼다. 문집으로 『미암집(眉巖集)』등이 있음.

56) 顔子(안자): 공자의 제자 안회(顔回)를 이르는 말. 가난하여도 즐거움을 잃지 않은 데서 안빈낙도(安貧樂道)하는 선비를 이르는 말로 쓰임.

57) 克己復禮(극기복례): 사욕(私慾)을 이기고 천리(天理)로 돌아감.

58) 博文約禮(박문약례): 고금의 전적(典籍)을 널리 보고 예(禮)로써 자신을 검속(檢束)함.

59) 不遷怒不貳過(불천노불이과): 이쪽에서 성낸 마음을 저쪽에 옮겨 성내지 않으며, 한 번 저지른 잘못을 거듭 범하지 아니함.

60) 周濂溪(주염계): 주돈이(周敦頤). 송(宋) 도주(道州) 사람. 자는 무숙(茂叔). 시호는 원공(元公). 세칭 염계선생(濂溪先生)·주자(周子). 송대 이학(理學)의 개조(開祖). 저술로 『태극도설(太極圖說)』·『통서(通書)』 등이 있음.

61) 太極圖說(태극도설): 송(宋)나라 주돈이(周敦頤)이가 태극도(太極圖)를 그리고 그것을 해설한 책.

을 강론했는데, 이 선생(李先生; 李滉)께서 (조대중을)통유(通儒)[62]라 칭찬하셨다."

라고 했다. □만력(萬曆) 병자년(丙子年; 1576년. 선조 9)에 사마시에 백호(白湖) 임제(林悌)[63]와 함께 동방급제(同榜及第)[64]하였는데, 〈목마부(木馬賦)〉와 〈무계심(武溪深)〉의 시는 일세에 널리 입에 오르내렸는데, 명경과(明經科)에 등과한 것이었다. □만력 10년 임오년(壬午年; 1582년)에 문과(文科)에 급제하니, 우리나라 □선묘(宣廟) 16년이다.[65] 선생은 승문원(承文院)[66]

[149쪽]

士 長帶翰注 出入□禁闥 筆翰敏洽 記注詳悉 同列讓能 □上亦眷顧
사 장 대 한 주 출입 금달 필 한 민 흡 기주 상 실 동 열 양 능 상 역 권고
西厓柳先生鵝溪李相公 更相推重 于儕流中 奸人鄭澈 因以指目嫌隙 始
서애 유 선생 아계 이 상공 경 상 추 중 우 제 류 중 간인 정철 인 이 지목 혐 극 시
祟於此 初先生 雖當仕路 而常多退閒 沈潛經訓 及至諸公之推薦 尤恐
수 어 차 초 선생 수 당 사 로 이 상 다 퇴 한 심 잠 경훈 급 지 제공 지 추천 우 공
其驟進 而拜官輒辭 未蒙□允許 戊子冬以騎曺佐郎 出補全羅都事 到任
기 취 진 이 배 관 첩 사 미 몽 윤허 무자 동 이 기 조 좌랑 출 보 전라 도사 도 임
未久 汝立之變作焉 先生天性伉直 疾惡如讎 自布衣時見澈 籠絡一世
미구 여 립 지 변작 언 선생 천성 항 직 질 악 여 수 자 포의 시 견 철 롱 락 일세
以誤兩湖士習 心常憤疾 不欲染跡其門登第初 以事往還淳昌地路 出其
이 오 양 호 사 습 심 상 분 질 불 욕 염 적 기 문 등제 초 이 사 왕 환 순 창 지 로 출 기
門外職過不見 又於錦江同舟不語 澈之心啣久矣 而先生與李副學潑 柳
문 외직 과 불 견 우 어 금강 동주 불 어 철 지 심 함 구 의 이 선생 여 이 부학 발 유
南原夢井 諸賢最相親厚 而澈以偏愎消印 清議所不
남 원 몽 정 제현 최 상친 후 이 철 이 편 소인 청 의 소 불

【번역】

박사(博士)와 한림원(翰林院) 주서(注書)로서 □금달(禁闥)[67]을 출입하면서 글이 빠르고 넉넉하게 말과 동작을 기록함이 자세하고 다 하였으나, 늘 같은 반열들에게 재능을 사양하니, □전하께서도 돌보아주셨다. 서애(西厓) 유성룡(柳成龍)과 아계(鵝溪) 이산해(李山海)가 동년배(同年輩) 중에서 번갈아가며 거듭 추천하

62) 通儒(통유): 고금의 학문에 통달하여 학식이 깊고 넓은 학자.

63) 林悌(임제): 1549(명종 4)~1587(선조 20). 조선 중기의 시인. 자는 자순(子順). 호는 백호(白湖). 성격이 호방하여 얽매이는 것을 싫어하였는데, 성운(成運)의 문인이 되어 과거에 합격하여 10여 년간 벼슬을 하였으나 염증을 느껴 그만두고 숫한 일화를 남긴다. 그가 지은 한문소설로는 『화사(花史)』, 『원생몽유록(元生夢遊錄)』, 『수성지(愁城誌)』 등이 있음.

64) 同榜(동방): 동방급제(同榜及第). 대과(大科)에 함께 급제한 것을 말함.

65) 十六年(십육년): 선조 16년은 간지로 계미년(癸未年)이니, 십오년(十五年)의 오기인 듯.

66) 承文(승문): 승문원(承文院). 조선시대 사대(事大)·교린(交隣)에 관계되는 문서를 맡아 보던 관아.

67) 禁闥(금달): 궁궐의 문. 또는 궁궐이나 조정.

였다. 간사한 정철이 이로 인해 지목을 하고 싫어하였으니, 간극은 여기에서 빌미가 된 것이었다. 처음 선생이 비록 벼슬길에 있을 때에도 늘 물러나 한가하게 경서의 뜻을 마음속으로 깊이 생각하고 있었다. 여러 상공들의 추천하여 갑자기 벼슬이 뛰어오르는 것[68]을 더욱 두려워하며 문득 □전하의 윤허하심을 입지 않고 사양하였다. 무자년(戊子年; 1588년. 선조 21. 공 40세) 겨울에 기조좌랑(騎曺佐郎)[69]으로서 전라도사(全羅都事)의 외직(外職)에 보임(補任)되니, 임직(任職)하고 오래되지 않아서 정여립의 변고가 일어났다. 선생은 천성이 굳세고 곧아서 악을 미워하기를 원수같이 하였으니, 벼슬하지 않을 때부터 정철은 일세를 농락(籠絡)[70]하여 호남(湖南; 전라도)과 호서(湖西; 충청도)의 선비들의 기풍을 그릇되게 하는 사람으로 여겨, 마음속으로 늘 분노하며 미워했고 그의 문에 출입으로 더럽히려 하지 않았다. 과거에 등과했던 초기에도 일 때문에 순창(淳昌) 땅을 가고 오는 길에도 그의 문밖을 곧바로 지나치고 찾아보지 않았으며, 또 금강(錦江)에서 같은 배를 탔을 때도 함께 말을 하지 않았으니, 정철이 마음속으로 품은 것이 오래되었다. 선생은 부제학(副提學) 이발(李潑) 남원(南原)의 유몽정(柳夢井) 등 여러 현사(賢士)들과 가장 친하고 두터이 하였으며 정철을 편퍅(偏愎)[71]한 소인으로 여기고, 세상에 대해서 고상하고 공정하게 의론할 사람으로 받아들이지 않았다.

[150쪽]

容於世 見擯於朝 妬嫉諸賢 罔有紀極 而於李副學兄弟 構怨尤甚 則澈
용어세 견빈어조 투질제현 망유기극 이어이부학형제 구원우심 즉철

之含沙伺影 謀欲網打者 固非一夕之計 而至己丑九月 陪巡相行 到長興
지함사사영 모욕망타자 고비일석지계 이지기축구월 배순상행 도장흥

府之際 有□旨據灾傷看審 次行到寶城郡 逆賊討平之報 適至寶城人鄭
부지제 유 지거재상간심 차행도보성군 역적토평지보 적지보성인정

僑挾 其舊憾造作爲賊流涕之語 傳播於奸黨 羅州鄕所柳溵光州人奇孝
교협 기구감조작위적유체지어 전파어간당 나주향소유은광주인기효

曾等 飛書於鄭澈白惟咸梁千頃千會等 陰嗾其黨 丁巖壽等 爲賊流涕之
증등 비서어정철백유함양천경천회등 음주기당 정암수등 위적유체지

下 又加行素二字 會于光州 遂爲陳疏 其時宋祀連之子翼弼 亡命到光州
하 우가행소이자 회우광주 수위진소 기시송사련지자익필 망명도광주

---

68) 驟進(취진): 계급이나 벼슬이 갑자기 뛰어오름.

69) 騎曺佐郎(기조좌랑): '기조(騎曺)'는 '기조(騎曹)'. 병조(兵曹)의 별칭.

70) 籠絡(농락): 남을 교묘한 꾀로 속여 제 마음대로 놀리거나 이용함.

71) 偏愎(편퍅): 괴격하고 집요함.

澈隱慝其家 與翼弼豫構凶疏 自鵝溪二下三十六人 指以爲逆賊黨 先生
철은특기가 여익필예구흉소 자 아계 이하 삼십 육 인 지이위 역적 당 선생

亦與焉 及至疏上 □天威震怒 以欺罔□君父疏
역여언 급지소상 천위 진노 이 기망 군부 소

【번역】

조정에 나아갔을 때도 여러 현사들을 질투하고 미워하기를 끝이 없었고, 부제학(副提學) 이발(李潑) 형제들에게는 서로 더욱 원수가 되어 암암리에 헐뜯고 일망타진(一網打盡)하고자 모략한 것은 참으로 하루 저녁의 계획이 아니었다. 기축년 9월에 이르러 순행하는 행렬이 장흥부(長興府)에 이르렀을 즈음에, □전하의 교지가 있어 자연재해를 입은 것을 잘 살피라는 것이었다. 다음 순행이 보성군(寶城郡)에 도착했을 때 역적을 평정했다는 소식이 마침 이르렀다. 보성사람 정교협(鄭僑挾)이 옛날의 나쁜 감정으로 (선생이)역적을 위해 눈물을 흘렸다는 말을 지어내어 간사한 무리들에게 전파시키니, 나주의 유은(柳溵)과 광주사람 기효증(奇孝曾) 등이 정철(鄭澈)·백유함(白惟咸)·양천경(梁千頃)·양천회(梁千會) 등에게 신속하게 글을 쓰니, 그들의 무리였던 정암수(丁巖壽)를 은밀히 부추겨서, '(선생이) 역적(정여립의 죽음)을 위하여 눈물을 흘렸다[流涕].'라는 글 아래에 '(역적 정여립의 죽음을 슬퍼하며 喪中이므로) 소찬(素饌)을 먹었다[行素]'라는 두 글자를 더하고, 광주에 모여서 마침내 상소문을 썼다. 그 때 송사련(宋祀連)[72]의 아들 송익필(宋翼弼)[73]이 도망쳐와 광주에 이르렀는데, 정철이 그의 집에 숨겨주고, 송익필에게 미리 짜놓은 흉악한 상소문에 아계(鵝溪; 李山海)로부터 이하 36명을 역적의 당으로 지목한 상소문을 쓰게 해니, 선생도 역시 함께 들어가 있었다. 상소문을 올리니 □전하께서 매우 진노하시며, 이렇게 □임금을 속이는 상소문을 쓴

[151쪽]

頭十人 拿去之際 澈教諉其黨陳疏救解後 又嗾持平張雲翼 以爲賊流涕
두십인 나거지제 철교위기당 진소 구해 후 우주 지평 장운익 이위적 유체

72) 宋祀連(송사련): 1496(연산군 2)~1575(선조 8). 조선중기 신사무옥의 밀고자. 안처겸(安處謙)을 무고로 밀고하여 옥사를 일으키고 30여 년간 권세를 잡았으나, 그 후에 무고가 밝혀져 관작이 삭탈됨.

73) 宋翼弼(송익필): 1534(중종 29)~1599(선조 32). 자는 운장(雲長). 호는 구봉(龜峯). 조선 중기의 학자. 관관 사련(祀連)의 아들. 재능이 비상하고 문장이 뛰어났으나, 아버지의 무고죄가 밝혀져 성명을 갈고 도피생활을 하다가, 기축옥사로 동인들이 제거되고 신분이 회복되었다. 기축옥사의 막후 조종자로 지목되기도 함. 문집으로 『구봉집(龜峯集)』이 있음.

行素 入□啓 庚寅二月晦間 巡到萬頃縣 承□命拿去 先生聞賊死之日
행소 입 계 경인 이월 회간 순도만경현 승 명나거 선생 문적사지일

與潭陽府使金汝岉靈光郡守金公喜等 相語曰 國家有變 臣子不可宴樂
여 담양 부사 김여물 영광 군수 김공희등 상어왈 국가 유변 신자 불가 연락

然罪人旣得 巨猾伏誅 亦不可無相賀云云 遂同杯共席 醉歡終日 則非爲
연 죄인 기득 거활 복주 역 불가 무상하 운운 수동배공석 취환 종일 즉비위

賊流涕行素者 十目所視 而及其罹獄之初 金汝岉以爲必問 待□命闕下
적 유체 행소 자 십목 소시 이급기리옥지초 김여물이위필문 대 명 궐하

者三(日) 爲奸人所蔽卒無問焉 遂使先生抱寃而死 推鞫黃亂之中 遂製
자 삼 일 위 간인 소폐졸무문언 수사 선생 포원 이사 추국 황란지중 수제

一小詩 以伸其至冤 其詩曰 丹心一片鬼神知 未吐深寃恨死遲 地下若從
일소시 이신기 지원 기시왈 단심 일편 귀신 지 미토심원한사지 지하 약종

比干去 孤魂含笑不須悲 又於臨死之日 與其
비간거 고혼 함소 불수비 우어 임사 지일 여기

【번역】

우두머리 10여 사람을 잡아드리라고 할 때에, 정철이 그의 무리들의 다른 탓으로 돌리며 구해내고, 또 다시 지평(持平) 장운익(張雲翼)[74]을 부추겨 (선생이)역적을 위해 눈물을 흘리고 소찬을 먹었다고 □전하께 상계를 드리게 하였다. 경인년(庚寅年; 1590년. 선조 23. 공 42세) 2월 그믐께 순행(巡行)이 만경현(萬頃縣)에 도착했는데, □왕명을 받고 잡혀갔다. 선생은 역적이 죽은 날에 담양부사 김여물과 영암군수 김공희 등과 서로 말하기를,

"나라에 변고가 있을 때 신하로서 잔치를 할 수 없지만, 그러나 매우 교활한 죄인이 이미 잡혀 죽었으니 또한 서로 경하하지 않을 수 없다."

라고 말하고, 마침내 한 자리에서 함께 술잔을 들어 취하고 종일토록 기뻐했으니, 역적을 위해 눈물을 흘리고 소찬을 먹지 않았다는 것은 모든 사람들이 본 바이다. 누명에 걸려 처음 옥에 있을 때, 김여물이 반드시 (鞠問의)물음이 있을 것으로 여기고 □전하의 명을 대궐 아래서 기다린 것이 3일 동안이었는데, 간사한 사람들이 막았으므로 끝내 물음이 없었다. 마침내 선생이 원통함을 안고 죽었는데, 추국하던 혼란한 가운데, 마지막으로 한 편의 짧은 시를 지어 그의 지극한 원통함을 펴냈다. 그 시에 이르기를,

「충성하는 한 조각 마음은 귀신도 아는데,

깊은 원한은 토해내지도 못했는데 죽은 더디구나.

저승에서 만약 비간(比干)을 따라간다면

74) 張雲翼(장운익): 1561(명종 16)~1599(선조 32). 조선 중기의 문신. 자는 만리(萬里). 호는 서촌(西村). 목민관으로 치적을 남기기도 하였으나, 1591년 정철의 일당이라 하여 온성으로 귀양 감. 임진왜란 중 풀려나 임금을 호종하고 중국이에 능통하여 왕의 총애를 받음.

외로운 영혼은 웃음을 머금고 슬퍼하지 만은 않으리.」

라고 했다. 또 죽음에 임하던 날에,

[152쪽]

兄永訣書云 □主上聖明 天亦有知 而弟今以自外至者 抱寃而死 雖曖昧
형 영결 서 운 주상 성명 천 역 유 지 이 제 금 이 자 외 지 자 포원 이 사 수 애매
極天 實是命也奈何 死後則必有公論 然晩矣可笑 順南多有學氣云 死亦
극 천 실 시 명 야 내하 사후 즉 필 유 공론 연 만 의 가소 순 남 다 유 학 기 운 사 역
有慰 須十分勸讀 終好作人 勿以我死而少弛 我死眞所謂命也 愼勿歸咎
유 위 수 십분 권 독 종 호 작인 물 이 아 사 이 소 이 아 사 진 소위 명 야 신 물 귀 구
於造言之人也 一門之人 恃我如十盲一杖 終至於呑恨 奈如之何云云
어 조언 지 인 야 일 문 지 인 시 아 여 십 맹 일 장 종 지 어 탄 한 내 여 지 하 운운
全州□大成殿上樑文 汝立所作 而汝立就捕之後 卽爲重修者 以其汝立
전주 대성 전 상량 문 여 립 소 작 이 여 립 취 포 지 후 즉 위 중수 자 이 기 여 립
之筆迹 曾爲□聖廟之溷辱也 先生時以都事 受由還家時 位牌移安告
지 필 적 증 위 성묘 지 혼 욕 야 선생 시 이 도사 수 유 환 가 시 위패 이 안 고
祭文 使先生製送事刻期來關 先生云 亂臣賊子 何代無之 而此賊獨出於
제문 사 선생 제 송 사 각 기 래 관 선생 운 난신적자 하 대 무 지 이 차 적 독 출 어
縉紳之間 痛憎之心 倍切於他賊 卽成其文曰 慟
진 신 지 간 통 증 지 심 배 절 어 타 적 즉 성 기 문 왈 통

【번역】

그의 형님(셋째 형님 靑敏中)에게 영결서를 드려 이르기를,

「□주상 전하께서도 지혜가 밝으시고 하늘도 또한 알고 있듯이, 이 아우는 외임(外任; 전라도사)에서 와서 원통함을 안고 죽습니다. 비록 애매함이 하늘에 이르더라도 이 또한 실재의 운명이니 어찌하겠습니까? 죽은 후에 반드시 공론이 있을 것입니다만 때가 너무 늦은 것이니 가소롭습니다. 온순한 아들은 배움에 대한 기질이 많다고 말할 수 있을 것 같으니 또한 위로해주시고, 모름지기 독서에 힘써서 끝내 좋은 사람이 되어야 할 것입니다. 절대로 나의 죽음으로 조금이라도 해이해 하지 말아야 할 것입니다. 내 죽음은 참으로 운명이라 말할 것입니다. 말을 만들어 낸 사람의 탓으로 돌리지 마십시오. 우리 한 집안이 나를 믿기를 매우 소중하게 여겼는데, 끝내 한을 삼키고 죽어가야 하니 어찌하겠습니까?」

라고 했다. 전주□대성전의 상량문은 정여립이 지은 것으로, 정여립이 잡힌 후에 곧 중수하려고 했는데, 정여립 (역적의)필적이 아직 남아 있어 □성묘(聖廟; 文廟)가 더럽혀진 것이다. 선생이 그때 전라도사로서 집으로 돌아가려 하는 때였는데, 위패(位牌)의 이안고유제문(移安告由祭文)을 선생에게 지어 보내라고 기한을 정해서 왔으므로, 선생께서 이르기를,

"난신적자(亂臣賊子)가 어느 때이건 없었겠습니까마는, 이 역적은 오직 사대부 사이에서 나왔으니 비통하고 미워하는 마음이 다른 역적보다 갑절이나 더합니다."

라고 하고, 즉시 제문을 이루어 말하기를,

[153쪽]

哉 巨猾早盜盛名 剽竊經史 欺惑俊英 往在癸未改建 廟楹上樑文 逆豎
재 거 활 조 도 성명 표절 경사 기혹 준영 왕 재 계미 개건 묘 영 상량 문 역수
所成 操范曄筆 逞李斯情 日月幾何 溷辱神明 幸賴□聖鉞 陰討凶獰 敦
소 성 조 범 엽 필 령 이사 정 일월 기하 혼 욕 신명 행 뢰 성 월 음 토 흉 영 돈
賊已跽 莽惡留甍 多士叫憤 一國顏赬 擧木可焚 削墨則輕 是用卜吉 撤
적 이 기 망 악 유 맹 다사 규 분 일국 안 거 목 가 분 삭 묵 즉 경 시 용 복길 철
舊再營 敢先昭告 庶無震驚云 庚寅夏 先生之喪 自洛歸鄕時 忠武李公
구 재 영 감 선 소 고 서 무 진경 운 경인 하 선생 지 상 자 락 귀향 시 충 무 이 공
純臣宰井邑 聞先生喪之過界 卽齎奠迎哭之 且金吾郞搜先生家 得先生
순신 재 정읍 문 선생 상 지 과 계 즉 재 전 영 곡 지 차 김 오 랑 수 선생 가 득 선생
與忠武 所嘗往來書札 欲示隱諱之意 忠武不可曰 吾與曺公 主客間也
여 충 무 소 상 왕래 서찰 욕 시 은 휘 지 의 충 무 불가 왈 오 여 조 공 주객 간 야
且不知其罪名 今已搜去 則不可隱諱 以負欺國之罪云云 出忠武行狀中
차 부지 기 죄명 금 이 수 거 즉 불가 은휘 이 부 기 국 지 죄 운운 출 충 무 행장 중
其後自□上筵對時 語及寃死臣 波及之事 澈黨崔滉
기후 자 상 연 대 시 어 급 원사 신 파급 지 사 철 당 최 황

【번역】

「서럽습니다! 교활한 도적이 일찍이 아름다운 이름을 훔치고 경전(經典)과 사서(史書)를 표절하여 뛰어나고 빼어난 사람들을 속였사옵니다. 지난 계미년(癸未年; 1583년. 선조 16)에 문묘의 기둥을 고쳐 세우면서 상량문을 역적이 지었으니, 범엽(范曄)의 필체로 이사(李斯)의 뜻을 쓴 것이니, 신명(神明)을 더럽힌 세월이 그 얼마였습니까? 다행스럽게 □성상의 정벌에 힘입어 은밀히 흉악하고 교활하며 굳센 역적은 이미 무릎을 꿇었으나, 악적의 용마루가 남아있어 많은 선비들이 분노하여 부르짖고 한 나라의 얼굴이 부끄러운 것입니다. 나무는 불에 태울 수 있는 것이며, 먹으로 쓴 글씨(상량문)는 깎아낼 수 있는 것이옵니다. 이에 길한 날을 점쳐서 옛 것을 철거하고 다시 지으려 하옵니다. 먼저 아뢰오니 놀라지 마십시오.」

라고 썼다. 경인년(庚寅年; 1590년. 선조 23. 공 42세) 여름에 선생의 상여가 한양에서 고향으로 돌아갈 때, 충무공(忠武公) 이순신(李舜臣)이 정읍(井邑)을 맡아 다스리다가[75] 선생의 상여가 정읍의 경계를 지나간다는 소식을 듣고, 제물(祭物)

을 가지고 가서 곡을 하며 맞이했다. 또 금오랑(金吾郞)이 선생의 집을 찾아 선생과 충무공이 일찍이 주고받았던 서찰을 찾아내어 숨겨서 감추려는 뜻을 보이자, 충무공이 그럴 수 없다고 하면서 말하기를,

"나와 조공(曺公; 조대중)은 (나는 정읍을 다스리는)주인과 (조공의 상여는 정읍을 지나가는)손님 사이이다. 또 그의 죄명을 알지 못하는데, 지금 찾아서 버리는 것은 곧 숨기는 것이니 불가하고, 나라를 속이는 죄를 지는 것이다."

라고 말했다. 충무공 행장 중에서 나온 것이다. 그 후 □주상이 경연(經筵)을 하실 때, 말씀이 원통하게 죽은 신하들로 파급된 일들에 대해서 미치자, 정철의 무리였던 최황(崔滉)이

[154쪽]

誦 先生所作詩 去上句丹心一片未吐深冤等語 只以比干含笑等語 達于
송 선생 소 작 시 거 상 구 단심 일편 미 토 심 원 등 어 지 이 비 간 함소 등 어 달 우

□上前曰 以比干自許怨□上不道 以激□天怒 禍及泉壤 籍沒家財 追捕
상 전 왈 이 비 간 자 허 원 상 부 도 이 격 천노 화 급 천양 적몰 가재 추포

子孫滅族之禍 迫在俄傾 而先生之兄 生員公敏中 及侄子守訓守弘守誠
자손 멸족 지 화 박 재 아 경 이 선생 지 형 생원 공 민 중 급 질 자 수 훈 수 홍 수 성

守欽 獄中原情 及先生與兄永訣私書 及□大成殿移安告祭文等書 自□
수 흠 옥중 원정 급 선생 여 형 영결 사서 급 대성 전 이 안 고 제문 등 서 자

上下覽後 特起測鉛之感 於丹心一片之句 □主上聖明之語 卽□命放釋
상 하 람 후 특 기 측연 지 감 어 단심 일편 지 구 주상 성명 지 어 즉 명 방석

得免刑戮 牛溪成文簡公 與澈別紙有曰 曺詩本非大段 至於兩司罷遞 何
득 면 형륙 우계 성 문 간 공 여 철 별지 유 왈 조 시 본 비 대 단 지 어 양 사 파 체 하

不調劑耶 此非稱念獄云云 出牛溪集中 至乙未年 進士羅德潤等 血疏訟
부 조 제 야 차 비 칭 념 옥 운운 출 우계 집 중 지 을미 년 진사 나 덕 윤 등 혈 소 송

冤 丙申年間 都事羅德明等又陳疏 自此湖
원 병신 년간 도사 나 덕 명 등 우 진소 자 차 호

【번역】

선생이 지은 시를 외우면서, 앞 구절의 '단심일편미토심원(丹心一片未吐深冤)' 등의 말은 빼버리고, 다만 '비간함소(比干含笑)' 등의 말만 □전하께 말씀하여 전해드렸는데, 이전에 말씀하시기를,

"비간(比干)은 스스로 (주상의)미움을 받아들이는 것이다."

라고 □주상께서는 급격하게 □분노하셨다고 말씀하지 않으셨는데, 화가 (선생의)죽음과 가산을 몰수하고, 자손을 추포하여 멸족의 화가 잠간 사이에 닥칠 것이었다. 선생의 (셋째)형님 생원공(生員公) 민중(敏中)과 조카 수훈(守訓)·수홍(守

---

75) 宰井邑(재정읍): 기축년 12월부터 충무공 이순신은 정읍현감(井邑縣監)이었음.

弘)・수성(守誠)・수흠(守欽)이 옥중에서 원통함을 하소연하고, 또 선생이 형님에게 준 영결서의 개인적인 글과 □(전주)대성전(大成殿) 이안고제문(移安告祭文) 등의 글을 □전하께 올리니, 읽으신 후 특별히 '단심일편(丹心一片)'이라는 구절을 측은하게 여기시는 마음이 일어 □전하께서 밝으신 지혜로 말씀하시고, 즉시□석방하라고 명령하시니 죽는 형벌을 면할 수 있었다. 우계(牛溪) 문간공(文簡公) 성혼(成渾)이 정철에게 준 편지에 쓰여 있기를,

「조대중의 시는 본래 대단한 것이 아닌데, 사헌부와 사간원에서 파직시키고 잡아들이기에 이른 것은 어떻게 처리한 것이냐? 이 일은 옥사를 잘 생각한 것이 아니다.」

라고 하였다. 이 글은 『우계집(牛溪集)』[76]에서 나온 것이다. 을미년(乙未年; 1595년. 선조 28)에 진사 나덕윤(羅德潤) 등이 피로써 상소문을 써서 원통함을 호소하였고, 병신년(丙申年) 간에는 도사 나덕명(羅德明) 등이 또 상소문을 썼으니, 이로부터

[155쪽]

南之人 以伸五臣之寃 爲士林公議 察訪吳益昌 參奉崔弘宇等 前後伸寃
남 지 인 이 신 오 신 지 원 위 사림 공의 찰방 오 익 창 참봉 최 홍 우 등 전후 신원

疏 並載於己丑野史 至癸亥□改玉初 引見諸大臣 親問初政急務 延平李
소 병 재 어 기축 야사 지 계해 개 옥 초 인견 제 대신 친문 초정 급무 연 평 이

貴常 欲免鄭澈殺士之罪 對曰當今急務 無過於鄭澈之伸寃 輔德尹知敬
귀 상 욕 면 정철 살 사 지 죄 대 왈 당금 급무 무 과 어 정철 지 신원 보덕 윤 지 경

以近侍前在 出次獨對曰 臣意則澈之伸寃 似非今日急務 諸大臣相顧 側
이 근 시 전 재 출 차 독대 왈 신 의 즉 철 지 신원 사 비 금일 급무 제 대신 상고 측

侍白江李敬輿 爲知敬繼陳曰 知敬之言是也 大臣知其公議之 不可沮發
시 백 강 이 경 여 위 지 경 계 진 왈 지 경 지 언 시 야 대신 지 기 공의 지 불가 저 발

雪五臣之論 然後始及救澈之議 若非白江之公議 則五臣之寃 幾不得伸
설 오 신 지 론 연후 시 급 구 철 지 의 약 비 백 강 지 공의 즉 오 신 지 원 기 부 득 신

矣 五臣李潑李洁鄭介淸柳夢井及先生也 其後寶城人安邦俊 欲奪鄭澈
의 오 신 이발 이 길 정개청 유 몽 정 급 선생 야 기후 보 성 인 안방준 욕 탈 정철

殺士之名 托以公言 別爲己丑記事 混正等
살 사 지 명 탁 이 공 언 별 위 기축 기사 혼 정 등

【번역】

호남 사람들이 다섯 신하들의 신원설치가 시작되었고, 사림들이 공의(公議)하

76) 『우계집(牛溪集)』 4권 간독 1(簡牘一)에 실린 이 글의 원제는 〈與鄭左相澈別紙-庚寅〉으로, 전문은 다음과 같다. 「稱念是今俗至輕之事 至於拿鞫逮捕 蔽及於民 爲大臣似當力陳輕重之倫 不使宰相朝官 駢首就獄 有如大獄可矣 <u>然曺詩本非大段 而至於盡遞兩司 相臣罷免 老兄亦無一言以正之 何敢望獨言稱念獄乎</u>」. (『한국문집총간』 43권. 『우계집』)

였다. 찰방 오익창(吳益昌)·참봉 최홍우(崔弘宇) 등이 전후에서 신원설치 상소를 올렸으며 아울러 기축야사(己丑野史)에 실었다. 계해년(癸亥年; 1623년. 仁祖 1)에 □인조(仁祖)로 바뀐 초기에 (왕이)여러 대신들을 불러 보시고 친히 묻기를, 처음으로 해야 할 급한 정무(政務)가 무엇이냐고 하시자, 연평군(延平君) 이귀(李貴)는 항상 정철이 선비들을 죽였다는 죄를 면하게 해주려고 하면서 대답하기를,

"지금 당장 급한 정무는 과오가 없는 정철을 신원하여 주는 것이 덕행(德行)에 도움이 되옵니다."

라고 하니, 윤지경(尹知敬)이 앞에서 가까이 모시고 있다가 나와서 홀로 대하여 대답하기를,

"신의 뜻으로는 정철을 신원하는 것이 오늘 할 급한 일은 아닌 듯하옵니다."

라고 하니, 여러 대신들이 서로 돌아보는데, 곁에 모시던 백강(白江) 이경여(李敬輿)가 윤지경에 이어 말씀 드리기를,

"윤지경의 말은 옳습니다. 대신이 알기로는 그 공의는 불가한 것은 다섯 신하들의 신원설치에 방해가 되기 때문입니다. 그런 후에 정철을 구원하는 것을 시작해야 합니다."

라고 했다. 만약 백강(이경여)의 공론이 아니었다면 다섯 신하들의 원통함을 어찌 신원설치할 수 있었겠는가? 다섯 신하는 이발·이길·정개청·유몽정과 선생(조대중)이다. 그 후로 보성사람 안방준(安邦俊)이 정철이 선비들을 죽였다는 죄명을 벗기고자 공론에 의탁했는데, 특별히 기축기사(己丑記事)를 써서 바른 것을

[156쪽]

書 眩亂是非 盖其意大惡 於鄭困齋所著 東漢節義之說 有指發故也 噫
서 현란 시비 개기의 대악 어정곤재소저 동한 절의 지설 유지발고야 희

凶人羅織 謀害賢類 前後接武 而先生以數字語 旣受刑戮之禍 可勝痛哉
흉인 나직 모해 현류 전후 접무 이선생 이수자어 기수 형륙 지화 가승 통재

先生卒於庚寅三月十三日 享年四十有二 配慶州金氏 □靖陵參奉應星
선생 졸어 경인 삼월 십삼일 향년 사십유이 배 경주 김씨 정릉 참봉 응성

之女也 有二男 長曰守正 次曰守憲 有三女 長適士人李亨養 次適柳涵
지녀야 유이남 장왈수정 차왈수헌 유삼녀 장적 사인 이형양 차적유함

次適義州府尹李廷楗 有文集二卷 爲金吾郎搜去永失之 其所傳木馬賦
차적 의주 부윤 이정건 유 문집 이권 위김오랑수거영실지 기소전 목마 부

武溪深詩 或得於他人巾衍 或得於當世樂府箴銘疏 對諸條出於子孫之
무계심시 혹득어 타인 건연 혹득어 당세 악부 잠명소 대제조출어 자손 지

誦傳 其餘被誣受禍 澡寃復官等 實蹟詳見野史 及鄭困齋集中 守正有四
송전 기여 피무수화 조원 복관 등 실적상견 야사 급정곤재집중 수정유사

男 長曰煒 次曰爀 次曰燁 次曰炯 守憲有二男 長
남 장왈위 차왈혁 차왈엽 차왈형 수헌유이남 장

【번역】

섞어 써서 옳고 그름을 현혹시켰는데, 그의 뜻은 곤재 정개청이 지은 〈동한절의지설(東漢節義之說)〉[77]을 크게 싫어하여 지적하여 밝혀내고자 한 때문이었다. 슬프도다! 흉악한 사람이 없는 죄를 꾸며 만들어 어진 사람들을 모해하기를 앞뒤에서 이어지니, 선생은 몇 글자의 시어(詩語)로 이미 죽임의 화를 받았으니 비통함을 이기기 어렵도다. 경인년(庚寅年) 3월 13일 향년 42세에 돌아가셨다. 부인은 경주 김씨이시고, □정릉(靖陵) 참봉 응성(應星)의 따님이시다. 아들 둘을 두셨으니, 장남은 수정(守正)이고, 차남은 수헌(守憲)이다. 딸은 셋을 두셨으니, 큰 따님은 사인(士人) 이형양(李亨養)에게 출가하고, 둘째 따님은 유함(柳涵)에게 출가하시고, 셋째 따님은 의주부윤(義州府尹) 이정건(李廷楗)에게 출가하셨다. 문집 2권이 있었는데 금오랑(金吾郞)이 수거하여 가서 영원히 잊혀졌다. 그 중에 전하는 〈목마부(木馬賦)〉와 〈무계심(武溪深)〉 시는 혹 다른 사람의 상자에서 얻을 수 있어서, 간혹 당세의 악부(樂府)와 잠명소(箴銘疏) 등에서 그것들의 조목을 대할 수 있어 자손들이 암송하여 전해지고, 그 나머지는 무고를 당해 화를 입었다가, 원통함을 씻어지고 관직 등이 회복되는 실적은 야사(野史)와 정곤재집(鄭困齋集; 『愚得錄』)에서 자세히 볼 수 있다. 장남 수정(守正)은 아들 넷을 두었으니, 큰 아들은 위(煒)이고, 둘째 아들은 혁(爀)이며, 셋째 아들은 엽(燁)이고, 넷째 아들은 형(炯)이다. 수헌(守憲)은 두 아들을 두었으니,

[157쪽]

曰熩 次曰적(火+適) 煒有三男 挺華挺海挺夏 爀有二男挺泰挺恒 燁有一
왈호 차왈 위유삼남 정화정해정하 혁유이남정태정항 엽유일

男挺履 炯有二男 挺賓挺國 熩有二男 挺老挺萬 적(火+適) 有一男挺會
남정리 형유이남 정빈정국 호유이남 정로정만 유일남정회

後孫進士翊鉉謹撰
후손 진사 익현 근찬

---

77) 東漢節義之說(동한절의지설): 곤재(困齋) 정개청(鄭介淸)의 문집 『우득록(愚得錄)』 1권(一卷)에 〈동한진송소상부동설(東漢晉宋所尙不同說)〉이라는 제목으로 실려 있고, 지은 연도는 갑신년(甲申年; 1584년) 3월로 부기되어 있음.

通訓大夫行全羅都事兼春秋館記注官鼎谷曺先生實記
통훈 대부 행 전라 도사 겸 춘추관 기주 관 정 곡 조 선생 실기

先生姓曺氏　諱大中字和宇　學者稱鼎谷先生　其先昌寧人　高麗昌寧
선생 성 조 씨 휘 대 중 자 화 우 학 자 칭 정 곡 선생 기 선 창 녕 인 고려 창 녕
府院君　諱謙之後也　世有偉人連八世　爲平章事　入□聖祖　有諱璘　□除
부원군 휘 겸 지 후 야 세 유 위인 연 팔 세 위 평장사 입 성조 유 휘 린 제
漢城判尹不起　生諱恰　官正憲兵曹判書　封玉川府院君　謚恭僖公　是爲
한성 판윤 불 기 생 휘 흡 관 정 헌 병조판서 봉 옥 천 부원군 시 공 희 공 시 위
先生五世六
선생 오 세 육

【번역】

장남은 호(熩)이고, 차남은 적(火+適)이다. 위(煒)는 아들 셋을 두었으니, 정화(挺華)・정해(挺海)・정하(挺夏)이다. 혁(爀)은 두 아들을 두었으니, 정태(挺泰)・정항(挺恒)이다. 엽(燁)은 아들 하나를 두었으니 정이(挺履)이다. 형(炯)은 두 아들을 두었으니 정빈(挺賓)・정국(挺國)이다. 호(熩)는 두 아들을 두었으니 정로(挺老)・정만(挺萬)이다. 적(火+適)은 아들 한명을 두었으니 정회(挺會)이다.

후손(後孫) 진사(進士) 익현(翊鉉) 삼가 짓다.

통훈대부(通訓大夫) 행전라도사(行全羅都事) 겸춘추관기주관(兼春秋館記 注官) 정곡조선생(鼎谷曺先生) 실기(實記)

선생의 성은 조씨이고 휘는 대중이다. 학자들이 정곡선생이라 불렀다. 그의 선조는 창녕사람으로, 고려의 창녕부원군 휘 겸(謙)의 후손이다. 대대로 위인이 있었으니, 8대에 연이어 평장사(平章事)[78]를 했다. □성조(聖祖; 朝鮮朝)에 들어와서 휘 인(璘)이 있었는데 한성 판윤(漢城判尹)을 제수 받았으나 나아가지 않았다. 휘 흡(恰)을 낳으니, 벼슬이 정헌(正憲)[79] 병조판서(兵曹判書)였고 옥천부원군(玉川府院君)에 봉해졌으며, 시호(謚號)는 공희공(恭僖公)이다. 공이 선생의 5세조(世祖)와 6세조(世祖)이다.

[158쪽]

世祖也　高祖諱衍　殿中侍御史　曾祖諱穩　掌隷院司議　祖諱健南學交手
세조 야 고조 휘 연 전중 시 어 사 증조 휘 온 장 예 원 사 의 조 휘 건 남 학 교수

78) 平章事(평장사): 고려 시대, 중서성(中書省)・문하성(門下省)의 정2품 벼슬.
79) 正憲(정헌): 정헌대부(正憲大夫)의 준말. 조선시대, 종친(宗親)・의빈(儀賓)・문무관(文武官)의 정2품 관계(官階).

皇考諱世明 擧孝廉□除厚陵參奉 妣羅州鄭氏 直長覩之女 判書軾之
황고 휘 세 명 거 효렴 제 후 릉 참봉 비 나주 정 씨 직장 도 지 녀 판서 식 지
曾孫 先生天資甚高端粹剛直 俊潔精敏 承家以孝友 家道正存心以誠敬
증손 선생 천자 심 고 단 수 강직 준 결 정민 승 가 이 효우 가도 정 존심 이 성경
心學實見人之善 若薰蘭蕙 聞人之惡 若浼泥塗 生甫成童 遊眉巖柳文節
심학 실 견 인 지 선 약 훈 란 혜 문 인 지 악 약 매 니 도 생 보 성 동 유 미 암 유 문 절
公門 論及人心道心之旨 辨釋甚明 文節歛容稱善 及長勵志劬學 操守旣
공 문 논급 인심 도심 지 지 변석 심 명 문 절 감 용 칭선 급 장 려 지 구 학 조수 기
確 踐履克篤 □萬曆丙子 中進士所製詩一出 士皆傳誦 西平韓公浚謙語
확 천리 극 독 만력 병자 중 진사 소 제 시 일 출 사 개 전송 서 평 한 공 준 겸 어
人曰 此唐人語也 壬午闡文科 卽選槐院 調承政院注書 思菴朴公淳西厓
인 왈 차 당 인 어 야 임오 천 문과 즉 선 괴 원 조 승 정 원 주서 사 암 박 공 순 서애
柳公成龍 交薦于都堂 擢禮文館奉教 及翰林上
유 공 성 룡 교 천 우 도당 탁 예문 관 봉교 급 한림 상

【번역】

고조(高祖)는 휘 연(衍)이니, 전중시어사(殿中侍御史)[80]이였다. 증조(曾祖)는 휘 온(穩)이고 장예원 사의(掌隷院司議)이였다. 할아버지는 휘 건(健)이니 남학교수(南學敎授)이였다. 아버지[81]는 휘 세명(世明)이니 효렴(孝廉)으로 천거되어 □후릉(厚陵) 참봉(參奉)이였다. 어머니는 나주 정씨 직장(直長) 도(覩)의 따님이자 판서(判書) 식(軾)의 증손이다. 선생은 천품의 자질이 매우 고결하고 단아하며 순수하고 강직하며, 문장은 빼어나고 간결하며 자세하고 빨랐다. 집안의 효도하고 우애하는 법도를 이어받고, 성심(誠心)과 공경(恭敬)을 바르게 잊지 않고 마음에 새기면서 심성(心性)을 수양하는 학문에 실제로 행했다. 사람들의 선행을 보면 곧 혜란(蕙蘭)[82]의 좋은 향기를 맡는 듯이하고, 사람들의 악행을 들으면 진흙탕에 더럽혀지는 듯이 하였다. 겨우 15살이 되자 미암(眉巖) 문절공(文節公) 유희춘(柳希春) 선생의 문하에 유학하면서, 의론이 인심(人心)과 도심(道心)의 뜻에 미치자 이치를 해석함이 매우 밝으니, 용모를 갖추고 엄숙하게 잘한다고 칭찬하였다. 장성하자 뜻을 굳게 하고 학문에 힘쓰기를 확실히 지키면서 더욱 도탑게 실행하였다. □만력(萬曆) 병자년(丙子年)에 진사시(進士試)에 합격하면서 지은 시를 한 번 내놓으니, 선지들의 입에서 입으로 외우면서 전해졌다. 서평(西平)[83] 한준겸

80) 殿中侍御史(전중시어사): 감찰사(監察司)의 정6품 벼슬.

81) 皇考(황고): 선고(先考; 先親)의 높임말.

82) 蕙蘭(혜란): 난초(蘭草)의 일종. 향기롭고 아름다움을 비유하는 말.

83) 西平韓浚謙(서평한준겸): 1557(명종 12)~1627(인조 5). 조선 중기의 문신. 자는 익지(益之). 호는 유천(柳川). '서평(西平)'은 '서원(西原)'의 오기인 듯. 서원(西原)은 '서원부원군(西原府院君)'을 말함. 1623년 인조반정(仁祖反正)으로 그의 딸이 인열왕후(仁烈王后)로 책봉되자 영돈녕부사로 서원부원군(西原府院君)에 봉해짐. 문집으로 『유천집(柳川集)』이 있음.

(韓浚謙) 공이 사람들에게 말하기를,

"이 시는 당인(唐人)의 말[84]이다."

라고 했다. 임오년(壬午年)에 문과(文科)에 급제하자 즉시 괴원(槐院; 承文院)에 뽑히고 승정원 주서(承政院注書)에 선임(選任)되었다. 사암(思菴) 박순(朴淳) 공과 서애(西厓) 유성룡(柳成龍) 공이 번갈아 도당(都堂; 議政府)에 추천하였고, 예문관 봉교(禮文館奉敎)에 발탁되었다. 한림(翰林; 禮文館 檢閱의 별칭)을 사직하는 상소를 올렸으나,

[159쪽]

疏辭不許 及侍經筵也 □宣廟覽其筆翰 每嘉奬焉 嘗就退溪李先生 講究
소사불허 급시경연야 선묘람기필한 매가장언 상취퇴계이선생 강구

性理之原 李先生深加稱 與後語思庵曰 曺和宇今世之通儒也 時朝廷
성리지원 이선생심가칭 여후어사암왈 조화우금세지통유야 시조정

取士 專以科第一路 而雖間采公議 薦進林下之士 即是處文而無實用
취사 전이과제일로 이수간채공의 천진임하지사 즉시처문이무실용

先生憂人才之難得 陳疏請復賢良科 一依先正臣趙光祖之所規劃 朝議
선생우인재지난득 진소청복현량과 일의선정신조광조지소규획 조의

不一事 遂寢識者恨之 丁亥遷兵曹佐郎 先生立朝 淸忠方直 見人違度
불일사 수침식자한지 정해천병조좌랑 선생입조 청충방직 견인위도

輒彈而矯之 人多憚焉 先是李相浚慶曰 朝廷慮有朋黨之 漸自乙亥以後
첩탄이교지 인다탄언 선시이상준경왈 조정려유붕당지 자을해이후

標榜起曰東曰西 西厓鶴峯諸賢及先生 雖欲調停 匡捄而莫之得焉 是年
표방기왈동왈서 서애학봉제현급선생 수욕조정 광구이막지득언 시년

先生出補全羅都事 黨人實擠之外也 先生巡列邑
선생출보전라도사 당인실제지외야 선생순열읍

【번역】

윤허하지 않고 경연(經筵)을 모시도록 했다. □선조(宣祖) 임금께서 그의 글을 보시고 매번 칭찬하시고 장려하셨다. 일찍이 퇴계(退溪) 이황(李滉)선생께 나아가 성리(性理)의 근원을 연구하니, 이황 선생께서 매우 칭찬하시고 훗날에 사암(思庵) 박순(朴淳)에게 말씀하시기를,

"조화우(曺和宇; 曺大中)는 금세의 통유(通儒)[85]다."

라고 하셨다. 그때에는 선비를 취함에 있어 오로지 과거(科擧) 한 가지 방법으로만 했는데, 비록 공의(公議)로 은사(隱士)들을 천거한 가운데 고르더라도 실속 없는 글을 하여 실제에는 쓸모가 없었다. 선생은 인재를 얻는 어려움을 걱정하여

84) 唐人語(당인어): 16세기 말에 크게 유행했던 당시풍(唐詩風)을 말함. 대표적인 당시풍의 작가로는 이른바 삼당파(三唐派)로 불리는 백광훈(白光勳)·최경창(崔慶昌)·이달(李達)이 있음.

85) 通儒(통유): 통유달사(通儒達士). 고금의 학문에 통달하여 학식이 깊고 넓은 학자.

상소문을 써서 선대의 바른 신하였던 조광조(趙光祖)의 계획에 의거하여 현량과(賢良科)[86]를 다시 실시하기를 청했는데, 조정 회의에서 일로 다루지 않다가 마침내 보류하니 식자들이 한스러워했다. 정해년(丁亥年)에 병조좌랑(兵曹佐郞)으로 옮겨 조정에 서니, 청렴하고 충성스러우며 반듯하고 곧아 사람들이 법도에 어김을 보면, 문득 지적하여 비판하고 바로 잡으니 많은 사람들이 꺼려했다. 먼저 원상(院相)[87] 이준경(李浚慶)[88]이 말하기를,

"조정에 붕당이 있는 것을 염려한다. 을해년(乙亥年) 이후 점차 동인(東人)이니 서인(西人)이니 라고 표방하면서 일어났다."

라고 했다. 서애(西厓; 柳成龍)와 학봉(鶴峯; 金誠一) 등 여러 현사들과 선생이 비록 조정하고 잘못을 바로잡고자[89] 했어도 그럴 수 없었다. 이 해에 선생은 밖으로 나가 전라도사로 보임(補任)되었으니, 실제는 당인(黨人)들이 밀어낸 것이었다. 선생이 여러 읍을 순행하면서,

[160쪽]

審灾傷 糾姦贓不少 貸墨守多 解綬去者 己丑至寶城 設軍籍講參試者
심재상 규간장불소 대묵수다 해수거자 기축지보성 설군적강참시자

靈光郡守金公喜潭陽府使金汝岉 時鄭賊汝立 伏誅討平 □赦文至 先生
영광군수김공희담양부사김여물 시정적여립 복주토평 사문지 선생

曰 此國之慶也 不可無餙喜 與兩試官 置酒張樂 觀察馳驛使 使先生製
왈 차국지경야 불가무희희 여양시관 치주장락 관찰치역사 사선생제

送 □文廟慰安文 盖全州□大成殿上樑文 卽汝立所作 多士醜之 將改建
송 문묘위안문 개전주 대성전상량문 즉여립소작 다사추지 장개건

故 先生立就之 其略曰 維舊樑文 逆竪所成 敦賊已跽 莽惡留甍 幸賴□
고 선생입취지 기략왈 유구량문 역수소성 돈적이기 망악유맹 행뢰

聖鉞 陰討凶獰 誅討之嚴正 有得於春秋之義也 凡先生之心憂國事 而力
성월 음토흉영 주토지엄정 유득어춘추지의야 범선생지심우국사 이역

抗之者 反爲人之所憚 不知嗛含沙者之 百計伺隙 而至於是年先生橫罹
항지자 반위인지소탄 부지겸함사자지 백계사극 이지어시년선생횡리

於欺天罔人之讒 身遭罔極之禍 嗟呼嗟呼 伊時
어기천망인지참 신조망극지화 차호차호 이시

86) 賢良科(현량과): 조선시대, 경학에 밝고 덕행이 높은 사람을 뽑기 위해 보이던 과거. 중종(中宗) 14년에 한(漢)나라의 현량방정과(賢良方正科)를 본떠 처음 실시하였음.

87) 院相(원상): 임금이 죽은 뒤 스무 엿새 동안 정무(政務)를 맡아 보는 임시 벼슬. 원로대신(元老大臣) 중에서 임명함.

88) 李浚慶(이준경): 1499(연산군 9)~1572(선조 5). 조선 중기의 문신. 자는 원길(原吉). 호는 동고(東皐)・남당(南堂)・홍련거사(紅蓮居士). 유배와 복직을 거듭하면서도 기묘사화와 을사사화 때 무고하게 희생된 사람들을 거듭 신원하였다. 선조(宣祖)의 원상(院相)으로 국정을 보좌하고, 임종 때 붕당이 있을 것이니 이를 타파하여야 한다는 유차(遺箚)를 올렸음.

89) 匡捄(광구): 광구(匡救). 잘못을 바로 잡아 구제함.

【번역】

재해(灾害)를 살폈는데, (官穀을)빌려주고도 먹으로 지워버리고 간사하게 숨겨놓은 것들이 적지 않아 벼슬에서 물러나게[90] 한 자들이 많았다. 기축년(己丑年)에 보성(寶城)에 이르러 군적(軍籍)[91]을 펼쳐놓았는데, 참시자(參試者)로는 영광군수 김공희와 담양부사 김여물이었다. 그때 역적 정여립을 죽이고 (역모를)평정했다는 □전하의 사문(赦文)[92]이 도착하니, 선생이 말하기를,

"이는 나라의 경사이다. 기뻐하지 않을 수 없다."

라고 하면서, 두 시관(試官)과 함께 술을 차리고 잔치를 베풀었다. 관찰사(觀察使)가 역사(驛使)[93]를 달려 보내 선생으로 하여금 □문묘(文廟)의 위안문(慰安文)을 지어 보내라고 하였다. 대개 전주(全州) □대성전(大成殿)의 상량문은 정여립이 지은 것으로 많은 선비들이 그것을 추하게 여겨 고쳐 지으려고 한 까닭이었다. 선생이 그러한 것을 따랐는데, 그 대략에 말하기를,

"옛날의 상량문은 역적이 지은 것인데, 군센 역적은 이미 무릎을 꿇었으나, 아직 악적의 용마루가 남아 있다. 다행히 □전하의 정벌로 은밀히 흉악하고 모진 역적을 죽이고 평정하기를 엄정히 한 것은 춘추(春秋; 歷史)의 뜻에서도 있는 것이다."

라고 했으니, 선생이 마음으로 나라 일을 걱정하며 힘껏 막는 것인데, 도리어 사람들이 꺼리는 바가 된 것이어서, 깊숙이 헤치려는 음모를 품은 소인배들이 온갖 계책으로 틈을 엿보고 있는 것을 몰랐던 것이다. 이해에 이르러 선생은 하늘과 사람을 속이는 참언(讒言)에 걸려 몸이 망극한 화를 만난 것이다. 안타깝고도 안타깝도다! 이때의 일은

[161쪽]

之事 昭載於國乘 先生之至誠事君 進退憂愛之心 跡炳如日星 無纖毫之
지사 소재어국승 선생지지성사군 진퇴우애지심 적병여일성 무섬호지

可瑕 而自古君子之見陷可勝言乎 先生臨絶 與其兄鶴灘公書曰 □主上
가하 이자고군자지견함가승언호 선생임절 여기형학탄공서왈 주상

90) 解綬(해수): 해인수(解印綬)의 준말. 인끈을 풀어 놓음. 곧 벼슬자리에 물러남.

91) 軍籍(군적): 군인의 지위나 신분을 적은 명부.

92) 赦文(사문): 나라의 경사를 당하여 임금이 죄인을 석방할 때 내리는 글.

93) 驛使(역사): 역참에서 공문이나 서신을 전달하는 사람.

聖明 天亦有知 第今以自外至者 抱寃以死云云 又作一詩曰 丹心一片
성명 천역유지 제금이자외지자 포원이사운운 우작일시왈 단심일편
鬼神知 一一本云有誰知 未吐深寃恨死遲 地下若從比干去 孤魂含笑不須
귀신지 일본운유수지 미토심원한사지 지하약종비간거 고혼함소불수
悲 以庚寅三月十三日 竟卒于獄中 享年四十二 白沙李文忠公 以問事郎
비 이경인삼월십삼일 경졸우옥중 향년사십이 백사이문충공 이문사랑
見伊時事 對人輒盛說 其寃死狀 先生之喪 自京而歸和順舊第路 過井邑
견이시사 대인첩성설 기원사장 선생지상 자경이귀화순구제로 과정읍
李忠武公純臣 時宰井邑 操文致奠哭甚哀 人皆危之 忠武公曰 吾不知曺
이충무공순신 시재정읍 조문치전곡심애 인개위지 충무공왈 오부지조
公罪名 情不自已 澤堂李公植撰 忠武公行狀 首揭此
공죄명 정부자이 택당이공식찬 충무공행장 수게차

【번역】

나라의 역사에 뚜렷이 실려 있다. 선생이 지성으로 군주를 섬기면서 나아가고 물러나며 근심하고 사랑했던 생각과 행적은 해와 별처럼 밝게 빛나서 털끝만큼도 흠이 없었다. 그러나 예로부터 군자가 함정을 만나서 이겼다는 말이 있었던가? 선생이 죽음에 임해서 그의 형님 학탄공(鶴灘公; 셋째 형님 敏中)에게 드린 글에 이르기를,

"□주상께서 밝은 지혜와 하늘도 역시 알고 있듯이, 아우는 지금 외직(外職; 全羅都事)으로부터 와서 원통함을 안고 죽습니다."

라고 했다. 또 시 한 편을 지어서 이르기를,

"일편단심은 귀신도 아는데 -다른 본(本)에는 '누가 알리오?'라고 되어 있다.
깊은 원통함은 아직 토하지 못했는데 죽음은 왜 이리 더디는가?
저승에서 만약 비간(比干)을 따라간다면
외로운 혼이 웃음을 머금으리니 슬퍼하지만은 않으리."

라고 했다. 경인년(庚寅年) 3월 13일 옥중에서 죽었으니 향년 42세였다. 백사(白沙) 문충공(文忠公) 이항복(李恒福) 선생이 일에 대해 낭관(郎官)에게 물으면서 그때의 사람을 대하는 일에는 그 원통하게 죽은 실상에 대해 자못 말을 꾸민 것이라고 했다. 선생의 상여가 서울로부터 화순 옛집으로 돌아가면서 정읍(井邑)을 지나가는데, 충무공(忠武公) 이순신(李舜臣)이 정읍 현감으로 있으면서 글[弔文]을 짓고 제사를 올리면서 곡을 하면서 심히 슬퍼했다. 사람들이 모두 위태롭다고 하니, 충무공이 말하기를,

"나는 조공(曺公; 조대중)의 죄명을 알지 못하니, 정으로 그만 둘 수 없다."

라고 했다. 택당(澤堂) 이식(李植) 공이 지은 〈충무공행장(忠武公行狀)〉[94]에서 이

것을 앞에 실었으니

[162쪽]

以美之 □上及覽 先生與家兄 書獄中詩上句 及全州大成殿慰安文 其兄

이 미 지 상 급 람 선생 여 가형 서 옥중 시 상 구 급 전주 대성 전 위 안 문 기 형

-鶴灘公 聯名原情 惕然感悟 □命放釋 親屬還給籍産焉 初先生之被誣

학 탄 공 연 명 원정 척연 감오 명 방석 친속 환급 적 산 언 초 선생 지 피 무

也 □上下教曰 丁巖壽等 爲乘國家逆賊之變 敢肆構陷之術 揑造無形之

야 상하 교 왈 정 암 수 등 위 승 국가 역적 지 변 감 사 구 함 지 술 날조 무형 지

言 陰陳邪譎之疏 賢相名卿 - 鵝溪西厓以下三十五人 無不指斥 必欲空國 原

언 음 진 사 휼 지 소 현상 명 경 아계 서애 이하 삼십 오 인 무 불 지척 필 욕 공 국 원

其設心 將欲何爲 其凶慘之狀 極爲駭愕 此必聽奸人指嗾 的然無疑 秋

기 설 심 장 욕 하 위 기 흉참 지 장 극 위 해악 차 필 청 간인 지 주 적연 무 의 추

浦黃公愼 時以正言 語稠廣曰 使曺某爲正人也 必不爲賊流涕 設奸人也

포 황 공 신 시 이 정언 어 조 광 왈 사 조 모 위 정인 야 필 불 위 적 유체 설 간인 야

逆賊旣誅之後 豈有對人涕泣之理 此疏萬萬不成說不近理 及崔滉之

역적 기 주 지 후 기 유 대인 체읍 지 리 차 소 만만 불 성 설 불 근 리 급 최 황 지

誦詩句鍛鍊也 牛溪成文簡公 貽委官書曰 曺詩本非大段 何不

송시 구 단련 야 우계 성 문 간 공 이 위관 서 왈 조 시 본 비 대 단 하 불

【번역】

아름다운 일이다. □주상께서 선생이 가형에게 준 글과 옥중에서 지은 시의 앞 구와 전주 대성전 위안문, 그의 형 -학탄공(鶴灘公)이 쓴 원정(原情)을 보시고, 걱정하시면서 깨달음을 느끼고 □주상께서 하교(下教)하시기를,

"정암수(丁巖壽)등이 국가의 역적의 변고가 있는 때를 타서 감히 거짓으로 모함하는 술수를 써서 형체없는 말을 날조하고, 은밀히 사악하고 거짓된 상소를 써서 어진 재상들과 이름 있는 벼슬아치 -아계(鵝溪; 李山海)와 서애(西厓; 柳成龍) 이하 35인 들을 지적하여 배척하였다. 이것은 반드시 공국(空國)[95]시키려고 원래 마음을 먹은 것이니, 장차 어찌 하려고 한 것인가? 그의 흉악하고 참혹한 모습은 지극히 놀라운 것인데, 이것은 필시 간사한 사람들의 사주를 지시받은 것이 분명하여 의심할 것이 없다."

라고 하셨다. 추포(秋浦) 황신(黃愼) 공이 당시에 정언(正言)으로서 치밀하고

94) 忠武公行狀(충무공행장): 『이충무공전서(李忠武公全書)』10권에 실린 행장(行狀)은 승지(承旨) 최유해(崔有海)가 지은 것이고, 상기 내용은 택당(澤堂) 이식(李植)이 대제학(大提學)으로서 지은 〈시장(諡狀)〉에 게재되고 있다. 해당 부분의 내용은 다음과 같다. 「己丑春 拜井邑縣監 甚有治聲 都事曺大中辭連鄭汝立逆獄 被追詣理 金吾郎搜取文書 見公有答問書 密語公欲去之 公曰 吾書無他語 且已在搜中不可不上 竟無所坐 大中之柩過邑前 公具奠哭送人有詰者 公曰 曺公不服而死 其罪不可知 繼經本道使客未可恝視也」(『한국문집총간』 55권).

95) 空國(공국): 군주의 다스림과 현신(賢臣)의 보필이 없는 나라.

광범위하게 말하기를,

"사신 조모(曺某; 조대중)는 바른 사람이다. 절대로 역적을 위하여 눈물을 흘렸다는 것은 간인들이 꾸민 것이다. 역적은 이미 죽은 후이니, 어찌 사람들을 대하고서 눈물을 흘렸을 이치가 있었겠는가? 이 상소는 만에 하나라도 말이 되지 않고 이치에도 가깝지 않은 것이며, 최황(崔滉)이 외운 시구는 죄를 덮어씌운[96] 것이다."

라고 했다. 우계(牛溪) 문간공(文簡公) 성혼(成渾)이 위관(委官; 당시 옥사를 맡은 관리)에게 글을 써서 말하기를,

"조대중의 시는 본래 대단한 것이 아닌데, 어찌하여

[163쪽]

調劑 此非稱念獄云 前縣監權公愉 首發論情 雪己丑寃死人 副提學金公
조제 차비칭념옥운 전현감권공유 수발논정 설기축원사인 부제학김공

誠一 大司憲金公宇顒繼之建白 公議大發 自是縉紳章甫聯疏 請雪公車
성일 대사헌김공우옹계지건백 공의대발 자시진신장보연소 청설공거

殆欲塡咽 先生之姪沙村公 - 諱守弘 亦以布衣上疏 極說五臣之寃 □上嘉
태욕전열 선생지질사촌공 휘수홍 역이포의상소 극설오신지원 상가

其誠意 懇惻辭旨理達 引見溫諭之 勉以成就學業 中丙午進士 同年擢
기성의 간측사지리달 인견온유지 면이성취학업 중병오진사 동년탁

文科 授弘文館正字 □聖衷洞鑑 固已有滂沛之漸矣 及□宣廟賓天 光海
문과 수홍문관정자 성충통감 고이유방패지점의 급 선묘빈천 광해

嗣位 疏又如前 至甲子□仁祖改玉 聞初政急務 當何先輔德 尹知敬曰
사위 소우여전 지갑자 인조개옥 문초정급무 당하선보덕 윤지경왈

己丑寃死當先雪 白江李公敬興繼曰 知敬言是也 於是領相李文忠公元
기축원사당선설 백강이공경여계왈 지경언시야 어시영상이문충공원

翼 左相尹公昉 右相申公欽獻議 皆以爲己丑寃 當
익 좌상윤공방 우상신공흠헌의 개이위기축원 당

【번역】

잘 처리하지 않았는가? 이것은 옥사에 마음을 다 한 것이 아니다."

라고 했다. 전 현감(縣監) 권유(權愉) 공이 처음 의논하여 기축년에 원통하게 죽은 사람들의 신원설치를 펴내니, 부제학(副提學) 김성일(金誠一)·대사헌(大司憲) 김우옹(金宇顒) 공 등이 잇달아 의견을 개진하니,[97] 공의(公議)가 크게 일어났다. 이로부터 사대부와 유생(儒生)들이 상소하니 공을 신원설치 해달라는 청이 길고 지치도록[98] 가득 찼다.[99] 선생의 조카 사촌공(沙村公) -휘 수홍(守弘; 선생

96) 鍛錬(단련): 단련(鍛練). 죄를 덮어씌움.
97) 建白(건백): 국사(國事)에 대해서 의견을 개진하는 일.
98) 車殆(거태): 거태마번(車殆馬煩). 수레는 위태롭고 말은 지침. 먼 곳의 오랜 여행으로 매우 지친 모습을

의 셋째 형님 敏中의 셋째 아들)이 또 벼슬을 하지 않으면서도 상소를 올려 다섯 신하들의 원통함을 지극히 말하니, □주상께서 그 성의와 간절하고 측은한 말의 뜻과 이치를 받아들이고 아름답게 여겨 (조수홍을)불러 만나보시고 온화하게 깨우쳐 주시면서, 학업에 성취하도록 권면(勸勉)하셨다. (조수홍은)병오년(丙午年; 1606년. 선조 39)에 진사시(進士試)에 합격하고, 같은 해 문과(文科)에 급제하시니, 홍문관(弘文館) 정자(正字)에 발탁하셨다. □성충(聖衷; 聖旨)으로 꿰뚫어 보셨으니, 참으로 은택(恩澤)이 널리 퍼져지기를 점점 더하신 것이다. □선묘(宣廟)가 빈천(賓天)[100]하시고 광해군(光海君)이 왕위를 이으시니 상소가 또 전과 같았다. 갑자년(甲子年; 1624년)에 이르러 □인조(仁祖)로 바뀌니, 처음의 급한 정무(政務)를 물으며, 응당 먼저 덕행을 도울 일이 무엇이냐고 물으셨다. 윤지경(尹知敬)이 말하기를,

"기축년에 원통하게 죽은 사람들을 응당 먼저 씻어주어야 한다."

라고 말하니, 백강(白江) 이경여(李敬輿)가 말하기를,

"윤지경의 말이 옳습니다."

라고 했다. 이에 영상(領相) 문충공(文忠公) 이원익(李元翼)·좌상(左相) 윤방(尹昉)·우상(右相) 신흠(申欽)이 의론을 드려 기축년의 원통한 죽음을 당연히 설원(雪冤)해야 한다고 했다.

[164쪽]

雪　先生及鄭困齋介清李東巖潑南溪洁柳清溪夢井　諸賢皆復官爵　遣官
설　선생 급 정 곤 재 개 청 이 동 암 발 남 계 길 유 청 계 몽 정　제현 개 복 관작　견 관

致祭　嗚呼　天道於是乎正矣　先生兄弟四人　皆人望也　長曰諱閎中號樂乎
치제　오호　천도 어 시 호 정 의　선생 형제 사 인　개 인 망 야　장 왈 휘 굉 중 호 락 호

堂　中司馬薦孝廉除鴻山泥城兩縣監　鴻山有生祠　次曰諱景中號碧松齋
당　중 사 마 천 효렴 제 홍 산 니 성 양 현감　홍 산 유 생 사　차 왈 휘 경 중 호 벽 송 재

中司馬登文科　歷兩銓郎典三郡事　次曰諱敏中號鶴灘　中司馬隱居不仕
중 사 마 등 문과　역 양 전 랑 전 삼 군 사　차 왈 휘 민 중 호 학 탄　중 사 마 은거 불사

先生其季也　有受於家庭　而俱以學行德業　模範當世　克紹恭僖之烈　世稱
선생 기 계 야　유 수 어 가정　이 구 이 학행 덕업　모범 당세　극 소 공 희 지 열　세칭

湖南四鳳　母夫人淑愼　而嚴正教諸子　以義方一以參奉公之心爲心　先生
호남 사 봉　모부인 숙 신　이 엄정 교 제자　이 의 방 일 이 참봉 공 지 심 위 심　선생

형용하는 말이나, 본문에서는 기축옥사에 억울하고 원통하게 죽어간 다섯 신하들에 대한 오랜 동안의 긴 신원설치를 청한 것을 말함.

99) 塡咽(전열): 가득 메움. 꽉 들어참.

100) 賓天(빈천): 제왕의 죽음을 완곡하게 이르는 말. 또는 존귀한 사람의 죽음을 두루 이름.

配慶州金氏 參奉應星之女 生二南三女 長曰守正號聾喑 次曰守憲號漆
배 경주 김 씨 참봉 응 성 지 녀 생 이 남 삼 녀 장 왈 수 정 호 롱 암 차 왈 수 헌 호 칠
園 俱以遺逸讀書修己 而恬淡自守 女長適
원 구 이 유일 독서 수기 이 념 담 자 수 여 장 적

【번역】

선생과 곤재 정개청·동암 이발·남계 이길·청계 유몽정 등 여러 현사들이 모두 관작이 회복되고 관리를 보내어 죽은 신하들을 제사지냈다. 오호라! 하늘의 도가 이에 바르게 된 것이고, 선생의 형제 네 사람이 모두 바라던 것이었다. 장자(長子)의 휘는 굉중(閎中)이고 호는 낙호당(樂乎堂)이니, 사마시(司馬試)에 합격하고 효렴(孝廉)을 천거되어 홍산현(鴻山縣)과 이성현(泥城縣) 두 현의 현감(縣監)을 지냈으며 홍산에는 선생의 사우(祠宇)가 있다. 차자(次子; 둘째)의 휘는 경중(景中)이고 호는 벽송재(碧松齋)이니 사마시에 합격하고 문과에 급제하여 이조와 병조의 전랑(銓郎)을 지내고 세 개 군을 연이어 맡아 다스렸다.[101] 차남(次男; 셋째)은 휘는 민중(敏中)이고, 호는 학탄(鶴灘)이니 사마시에 합격하고 은거하며 벼슬을 하지 않았다. 선생은 막내이다. 가정을 받아들여 학행과 덕업을 갖추어 당세의 모범이 되었으니, 공희공(恭僖公)의 의열(義烈)을 훌륭하게 계승한 것이다.[102] 세상 사람들이 '호남의 네 마리 봉황(鳳凰)이다'라고 칭송했다. 모부인은 어질고 신중하며 엄숙하고 바르게 여러 아들을 의롭고 방정하게 가르쳤으니, 한결 같이 참봉공(參奉公)의 마음을 (모부인의)마음으로 삼은 것이다. 선생의 부인은 경주 김씨이고 참봉(참봉) 응성(應星)의 따님으로, 2남 3녀를 낳았다. 장남은 수정(守正)이니 호는 농암(聾喑)이다. 차남은 수헌(守憲)이니 호는 칠원(漆園)이다. 함께 은거하며 독서하며 몸을 닦으니 청정(淸淨)하고 담박하게 스스로를 지켰다. 장녀는

[165쪽]

李亨養 次適柳涵 次適府尹李廷楗 先生墓在和順縣西細楊洞 坐卯之原
이 형 양 차 적 유 함 차 적 부윤 이 정 건 선생 묘 재 화순 현 서 세 양 동 좌 묘 지 원
先生之爲學 有志於古聖賢明 體適用之道 操心以不欺爲本 律身以持敬
선생 지 위 학 유 지 어 고성 현명 체 적용 지 도 조심 이 불 기 위 본 율신 이 지 경
爲主精思 而窮其理 審義而履其實 又以誠仁二字 求存養之原 篤好古書
위 주 정 사 이 궁 기 리 심 의 이 리 기 실 우 이 성 인 이 자 구 존양 지 원 독호 고서

101) 典三郡(전삼군): 역전삼군(歷典三郡). 세 개 군(郡)을 연이어 맡아 다스림.

102) 克紹(극소): 극소기구(克紹箕裘). 조상의 유업을 잘 계승함.

四書六經 及伊洛關鍵之遺籍 靡不融貫 而尤用力於庸學 俯讀仰思 而
사서 육경 급이락 관건 지 유 적 미 불 융 관 이 우 용력 어 용 학 부 독 앙 사 이
剖析精微 著庸學口訣一卷 以爲日用進修之方 惟不接非聖之書 此其明
부석 정미 저 용 학 구결 일 권 이 위 일용 진 수 지 방 유 부 접 비 성 지 서 차 기 명
諸心 而知之之事也 其事親也 則怡愉愛敬之誠 溫凊 滫瀡之奉 無不
제 심 이 지 지 지 사 야 기 사 친 야 즉 이 유 애 경 지 성 온 수 수 지 봉 무 불
曲盡 參奉公先於母夫人考終 以不克永梁爲恨 每當諱月 則感慕尤切 而
곡진 참봉 공 선 어 모부인 고종 이 불 극 영 양 위 한 매 당 휘 월 즉 감모 우 절 이
享祀極其誠禮 母夫人之所教 必承順未嘗暫惰 或
향사 극 기 성 례 모부인 지 소 교 필 승 순 미 상 잠 타 혹

【번역】

이형양(李亨養)에게 출가했고, 차녀(둘째 딸)는 유함(柳涵)에게 출가했고, 차녀(셋째 딸)는 부윤(府尹) 이정건(李廷楗)에게 출가했다. 선생의 묘는 화순현(和順縣) 서쪽 세양동(細楊洞) 묘향(卯向)에 자리하고 있다. 선생은 학문을 함에 옛 성현의 본체(本體)를 밝히고 작용에 적응하는 도에 뜻을 세우고, 속이지 않는 것으로 마음을 다잡았다. 공경(恭敬)하는 마음으로 몸가짐을 법도에 맞게 하고, 정밀한 생각을 위주로 하여 그 이치를 궁구하며 뜻을 살펴 그 실제를 실천했다. 또 성(誠)과 인(仁) 두 글자로써 본심을 보존하여 천성(天性)을 기르는 근원을 구했으며, 옛글과 사서(四書)[103]와 육경(六經)을 오로지 좋아했다. 이락(伊洛)[104]의 중요한 핵심인 옛 전적(典籍)을 철저히 이해하지 않음이 없었고[105] 더욱 배운 것을 실천하는데 힘을 쏟았다. 고개를 숙여 책을 읽고 고개를 들어 생각하며, 분명하게 분석하기를 정밀하고 작게 하여『용학구결(庸學口訣)』1권을 저술하여 도덕을 진전시키고 공업(功業)을 닦는 방법으로 썼으니, 성인의 글이 아니면 접할 수 없는 것이었다. 이 책은 그것을 마음에 밝혀서 알게 하는 일이다. 그 부모를 섬기는 것은 곧 마음을 기쁘게 해드리고 사랑하며 공경하는 정성이니, 겨울에는 따뜻하게 여름에는 서늘하게 해드리는 것이며,[106] 연하고 맛있는 음식[107]으로 봉양하기에 남김 없고 빠짐없이 하지 않음이 없는 것이다. 참봉공(參奉公)께서 모부인보다 먼저 돌아가셔서 오래 봉양하지 못했음을 이기지 못하고 한으로 여기고, 늘 돌아

103) 四書(사서): 일반적으로 유교의 경전인 대학(大學)·중용(中庸)·논어(論語)·맹자(孟子)와 주역(周易)·시경(詩經)·서경(書經)·춘추(春秋)·예기(禮記)악기(樂記)를 말함.

104) 伊洛(이락): 이락지학(伊洛之學). 송(宋)나라 정호(程顥)와 정이(程頤)의 이학(理學). 정씨 형제가 이수(伊水)와 낙수(洛水) 사이에서 강학(講學)하였으므로 나온 말.

105) 融貫(융관): 융회관통(融會貫通). 여러 가지 지식이나 도리를 융합하여 총체적으로 철저히 이해함.

106) 溫凊(온정): 동온하정(冬溫夏凊)의 준말. 겨울에는 따뜻하게 겨울에는 서늘하게 함. 곧 어버이에게 효도를 다함을 이르는 말.

107) 滫瀡(수수): 녹말을 섞어 음식을 부드럽고 윤기 있게 조리하는 것. 연하고 맛난 음식.

가신 달[108]을 당하면 마음에 느껴 사모함이 더욱 간절하여 제사를 받들기에 정성과 예를 지극히 하였다. 모부인이 가르친 바를 반드시 받들고 따르며, 일찍이 잠시도 게을리 하지 않았으며

[166쪽]

有辭色 稍嚴之時 則與諸兄 惶恐待罪 起敬起孝 必得其悅豫 伯仲之間
유 사색 초엄지시 즉여제형 황공대죄 기경기효 필득기열예 백중지간

盡其孝友之道 怡怡湛樂 人皆感服 其事君也 則悃愊一心 惟在引君當道
진기효우지도 이이담락 인개감복 기사군야 즉곤핍일심 유재인군당도

而必以堯舜君民爲期 雖在小官 而知無不言 讜直果敢 由是寡合 於時凡
이필이요순군민위기 수재소관 이지무불언 당직과감 유시과합 어시범

在敦族交友 守職治人 辭受取舍 一以古人是則 而或有疑難處 則必게稽
재돈족교우 수직치인 사수취사 일이고인시즉 이혹유의난처 즉필 계

考亭之言 與行而取正焉 此其反諸躬 行之之事也 平日不以知道自居 而
고정지언 여행이취정언 차기반제궁 행지지사야 평일불이지도자거 이

視其修己立論者 皆服其理達義精 盖其神明內腴 而英華外發之 實斯其
시기수기입론자 개복기리달의정 개기신명내유 이영화외발지 실사기

至矣 士林景慕 先生甚篤追躋恭僖公櫟(륵)亭書院 斯可以小洩 天地之
지의 사림경모 선생심독추제공희공 정서원 사가이소설 천지지

憾 百代之恫歟 樂堂公有子曰 守誠號淸江 松齋公
감 백대지통여 락당공유자왈 수성호청강 송재공

【번역】

혹 (모부인의)말씀과 얼굴빛이 조금이라도 엄숙할 때에는 여러 형님들과 함께 두려워하며 죄를 기다렸다. 더욱 공경하며 더욱 효도하여 반드시 기뻐하시게 했다. 형님들과 아우들 사이에 그 효도와 우애의 도를 다하고 기뻐하고 즐거워하니, 사람들이 모두 마음속으로 감복하였다. 그의 임금을 섬기기에는, 참되고 정성스러운[109] 한 마음으로 하였으니, 임금께 표명(表明)할 때에는 반드시 도에 합당하게 하였고, 반드시 요순(堯舜) 시절의 임금과 백성으로 기약하였다. 비록 낮은 벼슬자리에 있을 때라도 알고 있는 것은 반드시 과감하게 곧은 말로 하였다. 이런 까닭으로 그 당시에 남들과 잘 어울리지 못했다.[110] 무릇 친족을 돈독히 하고 벗을 사귀며, 직분을 지키고 사람들을 다스리며, 사양하고 받아드리며 취하고 버리는 것을 고인이 옳다고 여기는 것과 한 가지로 했으니, 혹 의심나고 어려운 곳에 처할 때는 반드시 고정(考亭)의 말씀[111]을 헤아려서 행하고 취하기를 바르게 하

108) 諱月(휘월): '휘일(諱日)'의 오기인 듯. 사람이 죽은 달.

109) 悃愊(곤핍): 지성스러움. 참되고 정성스러움.

110) 寡合(과합): 남과 잘 어울리지 못함.

111) 考亭之言(고정지언): 주희(朱熹)의 가르침. 고정(考亭)은 중국 복건성(福建省) 건양현(建陽縣) 남서쪽에 있는 정사(精舍). 송대(宋代)에 주희(朱熹)가 이곳에서 강학하여 그의 별호(別號)가 되었고, 그 학

였다. 이것이 그것을 몸으로 되돌려서 행하는 것이었다. 평일에는 스스로 도를 안다고 자처하지 않았으나, 그가 스스로를 닦으며 의론을 세우는 것을 본 사람들은 모두 그의 이치를 통달하고 뜻이 정밀함에 감복하였다. 대개 그의 정신이 밝고 마음이 넉넉하며 겉으로 아름다움이 드러난 실제인 것이니, 이것이 그의 지극함인 것이다. 선비들이 마음속으로 선생의 독실함을 우러러 사모하였으니 공희공(恭僖公) 륵정서원(櫟亭書院)[112]에 추향(追享)하여 조금이라도 펴내게 함이다. 천지가 안타까워하고 백대가 상심(傷心)하는 바이다. 낙당공(樂堂公; 樂乎堂, 閎中)의 아들은 수성(守誠)이고 호는 청강(淸江)이며, 송재공(松齋公; 碧松齋, 景中)의

[167쪽]

有孫曰熀號九峯 俱以春秋之義 出處之節 爲世所宗 而丙子倡義 討虜
유손왈엽호구봉 구이 춘추 지의 출처 지절 위세소종 이 병자 창의 토로

有功 叔姪俱蒙崇□褒旌雙忠之閭 丙子後連拜官不就 其學以考亭 爲
유공 숙질구몽숭 포정쌍충지려 병자 후연배관불취 기학이고정 위

折衷而有發 於儒先錄 私淑於退陶 篤信服膺 至有遺訓曰 欲學朱子 當
절충 이유발 어유선록 사숙 어퇴도 독신복응 지유 유훈 왈 욕학 주자 당

學退溪云云 鶴灘公有子曰守弘號沙村 學貫天人 而行誼純篤 作洪範演
학 퇴계 운운 학탄공유자왈수홍호사촌 학관 천인 이행의순독 작 홍범 연

義 發揮蔡氏之說 世稱性理名儒 從叔姪三賢 俱躋於恭僖公書院 嗚呼
의 발휘채씨지설 세칭 성리 명유 종숙 질 삼현 구제어공희공 서원 오호

先生才足以無施 不可知足 而無幽不獨 忠孝之節 正大之學 優於牖世範
선생 재족이무시 불가 지족 이무유부독 충효 지절 정대 지학 우어유세범

俗 而不幸遭罹禍患 不得其施之大展 未遂其澤之廣被然 而志行事實
속 이 불행 조리 화환 부득기시지대전 미수기택지광피연 이 지행 사실

履歷 哀榮炳於靑史 而不朽者存焉 子與姪之不墜世業
이력 애영병어 청사 이 불후 자존언 자여질지불추 세업

【번역】

손자는 엽(熀)이고 호는 구봉(九峯)인데, (從叔父와 조카가)함께 춘추(春秋)[113]

파를 고정학파라 하였음.

112) 櫟亭書院(륵정서원): 지금의 이름은 지곡서원(芝谷書院)으로, 전라남도 화순군 화순읍 다지리(茶智里)에 있다. 공희공(恭僖公) 조흡(曺恰) 선생의 향사(享祀)는 선조(宣祖) 17년(甲午年; 1584년)에 전라북도 순창군 금과면 고례리(古禮里)에 예천서원(禮川書院)으로 사액(賜額)하여 창건하였고, 임진왜란의 병화(兵火)로 소실되어, 정조(正祖) 9년(乙巳年. 1785년)에 화순군 화순읍 륵정(櫟亭)에 륵정서원(櫟亭書院)으로 복원하여 후손인 정곡 대중공(鼎谷大中公), 청강 수성공(淸江守誠公), 사촌 수홍공(沙村守弘公), 구봉 엽공(九峯熀公) 네 분을 배향하였다. 고종(高宗) 5년(戊辰年; 1868년)에 서원철폐령에 의해 훼철(毁撤)되었다가 1996년(丙子年)에 3차 복원하여 지곡서원으로 되었다. '櫟'의 원음은 '력(역)'이나 종문(宗門)에서 '륵정서원'으로 부름으로 그것을 따랐다.

113) 春秋(춘추): 공자(孔子)가 노(魯)나라의 사서(史書)를 필삭(筆削)하여 편년체(編年體)로 엮었다는 역사책. 노 은공(魯隱公) 원년부터 노 애공(魯哀公) 14년까지의 2백 42년간의 일을 기록한 것으로. 지극히 간략하게 일을 서술하면서 포폄(褒貶)을 가하여 썼다. 일반적으로 역사책이나 역사를 말함.

의 의기(義氣)로 절의(節義)를 내어, 세상을 위한 근본으로 삼아 병자년(丙子年; 1636년. 仁祖 14)에 창의(倡義)[114]하여 김로(金虜)의 난을 토벌하는 공이 있어 숙질(叔姪)[115]이 함께 높은 □임금으로부터 두 사람의 충성을 기리는 정려(旌閭)[116]의 은택을 입었다. 병자호란(丙子胡亂) 이후 연이어 벼슬을 배수(拜受)받았으나 취임하지 않았다. 그의 학문은 주자(朱子; 朱熹)를 절충(折衷)[117]으로 삼아 폈다고 〈유선록(儒先錄)〉에 나와 있다. 퇴도(退陶; 李滉)선생을 사숙(私淑)[118]하여 깊고 성실하게 믿고 마음에 간직하여 잊지 않았다. 유훈(遺訓)에 이르러 말하기를,

"주자(朱子)를 배우려면 응당 퇴계(退溪)선생에게서 배워야 할 것이다."

라고 말했다. 학탄공(鶴灘公; 敏中)이 아들에게 말하기를,

"수홍(守弘)의 호는 사촌(沙村)이니, 학문은 하늘과 사람을 꿰뚫었고 행실은 옳고 순박하며 독실하여 〈홍범연의(洪範演義)〉[119]를 지어 채씨(蔡氏)의 학설을 펼쳤으니, 세상에 칭송하기를 성리학의 명유라 하였다. 종숙질(從叔姪) 세 사람의 현인[120]들은 함께 공희공(恭僖公)의 서원(書院)[121]에 배향되어 있다. 슬프구나! 선생(정곡)의 재능(才能)은 충분한데도 베풀어짐이 없어서 충분히 알 수 없도다. 어두운 곳을 밝히지 아니함이 없었는데도[122] 충효의 절의만은 바르고 크고 넉넉하여 세속의 쓰임에 모범이 되었도다. 불행이 화난과 우환에 걸려 그 베풀어짐을 크게 펼 수 없었고, 그 은택을 넓게 입지 못했도다. 그러나 뜻과 행적의 사실과 이력은 죽은 뒤에야 영예(榮譽)[123]가 청사(靑史)에 빛나며 사라지지 않고 있도다.

114) 倡義(창의): 국난을 당했을 때 나라를 위해 의병을 일으킴.
115) 叔姪(숙질): 삼촌과 조카. 곧 굉중(閎中)의 아들 수성(守誠; 淸江公)과 경중(景中)의 손자 엽(熀; 九峯公)을 말함.
116) 旌閭(정려): 충신·효자·열녀 등을 그 동네에 정문(旌門)을 세워 표창하는 일.
117) 折衷(절충): 다른 견해나 관점을 어느 편에도 치우치지 않게 조절하여 알맞게 함.
118) 私淑(사숙): 직접 가르침을 받지는 않았으나 마음속으로 그 사람을 본받아서 도나 학문을 닦음.
119) 洪範演義(홍범연의): 『서경(書經)』 주서(周書)의 한 편명(編名)인 홍범(洪範)의 의리를 드러내어 밝힌 글로 여겨짐.
120) 從叔姪三賢(종숙질삼현): 수성(守誠; 淸江公)·수홍(守弘; 沙村公)·엽(熀; 九峯公) 세 사람.
121) 恭僖公書院(공희공서원): 현 지곡서원(芝谷書院). 주) 983번 참조.
122) 無幽不燭(무유불촉): 어두운 곳을 밝히지 아니함이 없음. 은미(隱微)한 일이라도 분명히 살펴서 앎을 비유.
123) 哀榮(애영): 생시에는 영화를 누리고 사후에는 애도(哀悼)를 받음. 또는 죽은 뒤에 주어지는 영예. 본문에서는 후자의 뜻으로 쓰임.

아들과 조카가 대대로 물려오는 가업(家業)을 잃지 않아

[168쪽]

蘭玉於家庭 麟鳳於朝 著大有所傳 天道之可必于是 可見而啓廸之功積
란 옥 어 가정 인봉 어 조 저 대 유 소 전 천도 지 가 필 우 시 가 견 이 계 적 지 공 적
累之慶爲無窮矣
누 지 경 위 무궁 의
上之十三年 己酉八月下澣 羅州羅炅謹記 - 號草堂
상 지 십 삼 년 기유 팔월 하한 나주 나 경 근 기 호 초 당

有明朝鮮國通訓大夫行全羅都事兼春秋館記注官鼎谷曺公
유 명 조선 국 통 훈 대부 행 전라 도사 겸 춘추관 기주 관 정 곡 조 공
墓碣銘 - 並敍
묘갈 명 병 서
濟恭 性不屑黨論 以爲朱夫子論元祐元豊之際曰 元祐之人 徒知異己者
제 공 성 불 설 당론 이 위 주 부자 론 원 우 원 풍 지 제 왈 원 우 지 인 도 지 이 기 자
之爲小人 而不知同己者之未必皆君子 此大賢不偏不倚之論也 以故凡
지 위 소인 이 부 지 동 기 자 지 미 필 개 군자 차 대현 불편 불 의 지 론 야 이 고 범
於□國朝分黨以後 互相傾陷之言 皆莫之信 今覽鼎谷曺公狀 其始終哀
어 국조 분당 이후 호상 경 함 지 언 개 막 지 신 금 람 정 곡 조 공 장 기 시종 애
榮 直今人髮豎氣湧 於是始知己丑獄之網打一邊善人 而
영 직 금 인 발 수 기 용 어 시 시 지 기축 옥 지 망타 일변 선인 이

【번역】

가정에서는 훌륭한 자제가 되고, 조정에서는 재지(才智)가 출중한 신하가 되어 뚜렷하고 크게 전하고 있으니, 천도(天道)는 반드시 옳다는 것을 여기에서 볼 수 있도다. 가르쳐서 인도하는[124] 공적이 쌓이고 쌓이니 경사(慶事)가 무궁하리로다.

주상(主上; 正祖) 13년 기유년(己酉年; 1789년) 8월 하한(下澣; 下旬) 나주(羅州) 나경(羅炅)은 삼가 쓰다. - 호는 초당(草堂)이다.

명조(明朝) 때의 조선국(朝鮮國) 통훈대부(通訓大夫) 행전라도사(行羅 都事) 겸 춘추관기주관(兼春秋館記注官) 정곡조공(鼎谷曺公) 묘갈명 (墓碣銘) - 병서(並敍)[125]

제공(濟恭; 蔡濟恭)[126]은 천성이 당론(黨論)을 달갑게 여기지 않으니, 주부자

---

124) 啓迪(계적): 깨우쳐 인도함. 가르쳐 이끌어 줌.

125) 이 글은 번암(樊巖) 채제공(蔡濟恭)의 문집 『번암집(樊巖集)』 제51권에 〈정곡조공(대중)묘갈명(鼎谷曺公大中墓碣銘)〉이라는 제명으로 수록되어 있음. (『한국문집총간』 235.236권 참조). 작가 채제공에 대해서는 후술.

126) 濟恭(제공): 채제공(蔡濟恭). 이 글을 쓴 번암(樊巖) 채제공(蔡濟恭) 자신을 말함. 자세한 내용은 후기

(朱夫子; 朱熹)가 원우(元祐)·원풍(元豊) 연간(年間)[127]을 논하여 말하기를,

"원우(元祐) 사람들은 다만 자기들과 다른 사람들을 소인들이라 여기고, 자기와 함께 하는 사람들이 모두 군자가 아님을 알지 못했다."

라고 한 것이 그것이다. 이것은 큰 현인은 한쪽으로 치우치거나 기울지 않음을 논한 것이다. 이런 까닭으로 무릇 □국가의 조정이 분당(分黨)된 이후로 서로가 남을 위험에 빠뜨릴[128] 말은 모두 절대로 믿지 않았다.[129] 지금 정곡(鼎谷) 조공(曺公; 조대중)의 행장을 읽어보니 시작에서 끝까지가 죽은 뒤에야 영예를 받고 있으니, 바로 사람들로 하여금 머리털이 곤두서도록 분노하게 하고[130] 노기(怒氣)가 산처럼 솟구치게 하니,[131] 이에 비로소 기축년의 옥사가 일변 선인들을 일망타진했음을 알았으며,

[169쪽]

主其事者 雖千百世 脫不得小人之目矣 公諱大中 字和宇姓曺 本昌寧盛族 高麗昌寧府院君諱謙之後也 簪組赫舃連八世爲平章事 入□聖朝 有諱璘□除漢城判尹 終不起 生諱恰 官兵曹判書 封玉川君 謚恭僖公 玉川淳昌舊號 因其所居鄕□錫封焉 是爲公六世五世祖也 曾祖諱穩 掌隷院司議 祖諱健南學教授 皇考諱世明 □陵署郞 娶羅州鄭氏 直長應星之女 判書軾之曾孫 □明宗四年己酉 公生焉 甫成童遊眉巖文節公門 文節與論經義嘖嘖焉 □萬曆丙子 中進士所製詩一出 士皆傳誦 西平韓公浚謙語人曰 此唐人語也 壬午闡文科 調承政院注

【번역】

그 일(옥사)을 주도(主導)한 사람은 비록 천 백년이 가더라도 소인(小人)이라는

참조.

127) 元祐元豊之際(원우원풍지제): 송(宋)나라 원우(元祐; 哲宗의 연호. 재위 1086~1094)와 원풍(元豊; 神宗의 연호. 재위 1078~1085)이 다스리던 때. 곧 원우 연간에 왕안석(王安石)의 신법(新法)을 반대했던 문인·학자들을 구당(舊黨)에 속한 원우당인(元祐黨人)이라 하고, 왕안석의 신법을 지지하는 사람들을 신당(新黨)이라 하여, 두 당이 대립하던 시기를 말함.

128) 傾陷(경함): 남에게 해를 입힘. 남을 위험에 빠뜨림.

129) 皆莫之信(개막지신): 『번암집』에는 「皆莫之必信」으로 게재되어 있음.

130) 髮竪(발수): 머리털이 곤두섬. 분노가 끓어오름을 비유.

131) 氣湧(기용): 기용여산(氣湧如山). 노기(怒氣)가 산처럼 솟구침. 매우 분노함을 형용.

지목을 벗어날 수 없는 것을 알았다. 공의 휘는 대중(大中)이요 자는 화우(和宇)며 성은 조씨(曺氏)다. 본래 창녕의 왕성한 족속이었는데, 고려 때 창녕부원군(昌寧府院君) 휘 겸(謙)의 후손이다. 벼슬[132]이 성대하여 8세에 연이어 평장사(平章事)를 지냈다. □조선 왕조에 들어와서 휘 인(璘)이 있었는데, 한성판윤(漢城判尹)에 제수되었으나 나아가지 않았다. 휘 흡(恰)은 벼슬이 병조판서였고 옥천군(玉川君)에 봉해졌고 시호는 공희공(恭僖公)이다. 옥천(玉川)은 순창(淳昌)의 옛 이름인데, 살고 있는 곳으로 그로 인하여 □임금께서 봉호를 하사한 것이다. 이 분이 공의 6세조와 5세조이다. 증조 휘 온(穩)은 장예원 사의(掌隷院司議)였고, 할아버지 휘 건(健)은 남학교수(南學敎授)였다. 돌아가신 아버지께서는 휘 세명(世明)인데 □능(陵)을 지키는 관리였다. 나주(羅州) 정씨(鄭氏) 직장(直長) 응성(應星)의 따님이시자 판서(判書) 식(軾)의 증손이시다. □명종(明宗) 4년에 공은 때어났다. 열다섯 살이 되자 미암(眉巖) 문절공(文節公; 柳希春)의 문하에서 문절공과 더불어 경서(經書)의 뜻을 논하는데 의론이 분분하였다. □만력(萬曆) 병자년(丙子年)에 진사시(進士試)에 합격한 시를 한 번 내놓으니, 선비들이 모두 외워서 전하였고, 서평(西平) 한준겸(韓浚謙)공이 사람들에게 말하기를,

"이 시는 당(唐)나라의 말[詩]이다."

라고 했다. 임오년(壬午年)에 문과에 급제하여 승정원(承政院) 주서(注書)를 맡았고,

[170쪽]

書 薦入禮文館奉教 □宣廟覽其筆翰 每嘉奬焉 嘗遊泮宮 謁退溪李先生
서 천입 예문 관 봉교 선묘람기필한 매가장언 상유 반궁 알 퇴계 이 선생

先生後語思菴朴公淳曰 曺某眞通儒也 思菴答曰 此人剛方正直 置之
선생 후어사암박공순왈 조모진 통유 야 사암답왈 차인 강방 정직 치지

風憲之地 宜有可觀 但疾惡太甚 終少容物之量 恐非公輔器也 當世朝廷
풍헌 지지 의유 가관 단질악 태심 종소용물지량 공비공보기야 당세 조정

標榜起曰東曰西 有龍戰玄黃之 漸公疾鄭澈甚 始登第往還淳昌郡 戛其
표방 기왈동왈서 유용전 현황 지 점공질 정철 심 시 등제 왕환순창군 알기

門不入 又嘗同舟涉錦江 黙不與語 金靈光公喜亦在坐 旣濟戒曰 此取禍
문불입 우상동주섭 금강 묵불여어 김 영광 공희역재좌 기제계왈 차취화

之道也 丁亥自兵曹佐郎 出爲全羅都事 黨人實擠之外也 公巡列邑 審灾
지도야 정해 자 병조 좌랑 출위 전라 도사 당인 실제지외야 공순 열읍 심재

傷 糾摘不少貸墨守 多解綬去者 至寶城設軍籍 講參試者靈光守金公喜
상 규적 불소 대 묵수 다해수거자 지보성설 군적 강참시자 영광 수김공희

132) 簪組(잠조): 관에 꽂는 비녀와 관복의 띠를 말하여, 관리를 말함.

潭陽守金汝岉也 時鄭賊汝立斃 討賊赦文至
담양 수 김 여 물 야 시 정 적 여 립 폐 토 적 사문 지

【번역】

예문관(藝文館) 봉교(奉敎)에 천거되었다. □선묘(宣廟)께서 그의 글을 보시고 매번 뛰어나다고 장려하셨다. 일찍이 반궁(泮宮; 成均館)에 유학하면서 퇴계(退溪) 이황(李滉)선생을 뵈었는데, 선생께서 훗날에 사암(思菴) 박순(朴淳)공에게 말씀하시기를,

"조모(曺某; 曺大中)는 진실로 고금의 학문에 통달하여 학식이 깊고 넓은 학자다."

라고 하셨다. 사암(思菴; 朴淳)이 대답하기를,

"이 사람은 강직하고 방정하며 정직하여 엄숙하고 정연하여 응당 볼만합니다. 다만 악을 미워함이 너무 심하여 끝내 남을 포용하는 도량이 좁아 재상(宰相)[133]의 그릇이 못될까 두렵습니다."

라고 했다. 당시에 조정에서는 동인(東人)이라 부르고 서인(西人)이라 부르는 것이 생겨나서 사람들이 싸우고 있었고,[134] 점차 공이 정철(鄭澈)을 미워함이 심해졌다. 처음 과거에 급제해서 순창군(淳昌郡)에 갔다 돌아오면서 상례(常禮)로도 그의 문을 들어가지 않았고, 또 일찍이 금강(錦江)을 건너면서 함께 배를 탔는데도 입을 다물고 함께 말을 하지 않았다. 영광(靈光)의 김공희(金公喜)도 역시 자리에 앉아 있었는데, 이미 강을 건너자 경계하며 말하기를,

"이것은 화를 입는 길이다."

라고 했다. 정해년(丁亥年)에 병조좌랑(兵曹佐郞)에서 나가 전라도사(全羅都事)된 것은 당인(黨人)들이 실제로 밀어낸 것이었다. 공이 여러 읍을 순행하면서 재해(災害)를 살피고, 적지 않은 관곡(官穀)을 빌려주고도 먹으로 지워 버린 것을 조사하고 적발하여[135] 벼슬에서 쫓아낸 사람들이 많았다. 보성(寶城)에 이르러 군적(軍籍)을 펼쳐놓고 보는데, 참시관(參試官)으로는 영광군수 김공희(金公喜)와 담양군수 김여물(金汝岉)이었다. 그때 역적 정여립이 죽고 적을 토벌한 경사가 있으니 (다른)죄수들을 풀어준다는 공문이 도달했다.

133) 公輔(공보): 천자를 보좌하는 삼공(三公)과 사보(四輔). 곧 재상(宰相)과 같은 벼슬을 이름.
134) 龍戰玄黃(용전현황): 음기(陰氣)와 양기(陽氣)가 서로 싸움. 여러 영웅들이 천하를 다툼을 비유.
135) 糾摘(규적): 조사하여 적발함.

[171쪽]

公曰 此□國之慶也 不可無餙喜 與兩試官 置酒張樂以罷 先是汝立出入
공왈 차 국지경야 불가 무희희 여양 시관 치주 장락이파 선시여립 출입

栗谷李文成公門 厚竊名譽 嘗指庭前柹木曰 孔子爛熟柹子也 栗谷未熟
율곡 이문성공문 후절 명예 상지 정전 시목왈 공자 란숙시자야 율곡 미숙

柹子也 公聞之大駭曰 汝立非愚則妄 君子一言以爲知 一言以爲不知 果
시자야 공문지대해왈 여립비우즉망 군자 일언 이위지 일언 이위부지 과

發此言得不畏人誅天殃歟 及栗谷卒 汝立又趨附李潑 斥栗谷甚力 至謂
발차언득불외인주 천앙여 급 율곡 졸 여립우 추부 이발 척 율곡 심력 지위

之誤國小人 公又曰 以一人 而初爲孔子 亞終爲誤國小人 則何其愛憎之
지 오국 소인 공우왈 이 일인 이초위 공자 아종위 오국 소인 즉하기 애증 지

至此也 遂貽書李潑曰 以胡康侯之賢 尙不識秦檜之奸 安知今世無此等
지차야 수이서 이발 왈 이호강후지현 상불식 진회 지간 안지 금세 무 차등

人耶 昔曹操欲緩呂布之死 昭烈曰 明公不見丁建陽董太師乎 操亦頷之
인야 석 조조 욕완 여포 지사 소열왈 명공 불견정 건양 동 태사 호 조역함지

背恩負義 人情之所共惡也 好善惡惡 君子
배은 부의 인정 지소공악야 호선오악 군자

【번역】

공이 말하기를,

"이것은 □나라의 경사이니 기뻐하지 않을 수 없다."

라고 하고, 두 시관과 더불어 술을 차리고 잔치를 베풀고 끝냈다. 이보다 먼저 정여립이 율곡(栗谷) 문성공(文成公) 이이(李珥) 선생의 문을 드나들면서 명예를 훔치더니, 일찍이 뜰 앞의 감나무를 가리켜 말하기를,

"공자(孔子)는 익은 감이요, 율곡(栗谷)은 덜 익은 감이다."

라고 했다. 공이 그 소리를 듣고 크게 놀라면서 말하기를,

"정여립은 어리석지 않다면 망령(妄靈)한 것이다. 군자는 한 마디 말로 알 수 있으며, 한 마디 말로도 모를 수 있는 것인데, 과연 이러한 말을 한 것은 사람의 죽음과 하늘의 재앙을 두려워하지 않는 것인가?"

라고 했다. 율곡이 죽자 정여립은 또 다시 이발(李潑)에게 빌붙어서 율곡을 배척하기에 힘을 쏟으며 율곡을 일컬어 '나라를 그르친 소인이라.'고 했다. 공이 또 말하기를,

"한 사람으로서 처음에는 공자의 버금간다고 여기더니, 마지막에는 나라를 그르친 소인이라고 하니, 어찌 그의 사랑하고 미워함의 지극함이 이에 이르렀는가?"

라고 하고, 마침내 이발(李潑)에게 글을 주어 말하기를,

"어찌 강후(康侯)[136]같은 어진 사람도 오히려 진회(秦檜)[137]같은 간사한 사람을

136) 康侯(강후): 주 무왕(周武王)의 아우인 희봉(姬封). 강(康)에 봉해져서 일컫는 말.

몰랐으니, 어찌 금세에 이 같은 사람들이 없겠는가? 옛적에 조조(曺操)[138]는 여포(呂布)[139]를 죽음에서 놓아주려 할 때, 소열제(昭烈帝)[140]가 말하기를, '밝으신 공께서는 정건양(丁建陽)[141]과 동태사(董太師)[142]를 못 보았는가?' 조조 역시 은혜를 배반하고 의리를 저버렸으니, 인정이 함께 미워하는 바이다. 선을 좋아하고 악을 미워함은 군자가

[172쪽]

之所尙也 盖謂勿交 汝立之意也 其燭奸之智 先事之誡 何其明且切也
지소상야 개위물교 여립지의야 기촉간지지 선사지계 하기명차절야

其巡寶城未發也 觀察馳驛使 使公製送 □文廟慰安文 盖全州□大成殿
기순보성미발야 관찰치역사 사공제송 문묘위안문 개전주 대성전

上樑文 卽汝立所製 多士醜之 將改建故也 公立就之 其略曰 幸賴□聖
상량문 즉여립소제 다사추지 장개건고야 공입취지 기략왈 행뢰 성

鉞陰討凶獰 敦賊已踞莽惡留甍 擧木可焚 削墨輕甚懲討之 又何如也 至
월음토흉영 돈적이기망악유맹 거목가분 삭묵경심징토지 우하여야 지

是黨人 乃以鄭賊之投托 李潑爲一網奇貨 於是嗾狎客白惟咸梁千頃丁
시당인 내이정적지투탁 이발위일망기화 어시주압객백유함양천경정

巖壽等會光州 捏造欺天罔人之疏 以李潑李洁鄭介淸柳夢井李黃鍾及公
암수등회광주 날조기천망인지소 이이발이길정개청유몽정이황종급공

一歸汝立之黨 盖皆一邊淸流善士也 於公則以聞汝立死爲之流涕素食
일귀여립지당 개개일변청류선사야 어공즉이문여립사위지유체소식

疏入秋浦黃公愼 時以正言語稠廣曰 使曺
소입추포황공신 시이정언어조광왈 사조

【번역】

바라는 바이다."

라고 했으니, 대개 정여립과는 사귀지 말라는 뜻이었으니, 간사한 사람들의 지모(智謀)를 드러낸 것이었고, 먼저 일을 경계한 것이었으니, 어찌 분명하고 간절실한 것인가? 그가 보성(寶城) 순행을 아직 하지 않았는데, 관찰사 역사(驛使)를 달려보내 공으로 하여금 □문묘의 위안문을 지어 보내라고 했는데, 대개 전주(全

---

137) 秦檜(진회): 송(宋)나라 고종(高宗) 때 악비(岳飛)를 죽이고 주전파(主戰派)를 탄압하면서 금(金)과 굴욕적인 화약을 맺게 했다. 뒤에 간신으로 몰려 왕작을 추탈 당함.

138) 曺操(조조): 삼국시대 위(魏)나라의 무제(武帝).

139) 呂布(여포): 후한(後漢) 구원(九原) 사람. 힘이 세고 궁마(弓馬)에 능하여 비장(飛將)으로 불림. 동탁(董卓)을 섬기다가 배반하고 유표(劉表)에게 귀순함. 나중에 조조(曺操)에게 사로잡혀 죽음.

140) 昭烈(소열): 삼국시대 촉한(蜀漢)의 시조 유비(劉備).

141) 丁建陽(정건양): 정원(丁原). 건양(建陽)은 자. 후한(後漢) 사람. 영제(靈帝)가 죽자 하진(何進)과 함께 환관들을 죽이려다가 실패하여 동탁(董卓)에게 죽음을 당함.

142) 董太師(동태사): 동탁(董卓). 후한(後漢) 농서(隴西) 사람. 소제(少帝)를 폐위시키고 헌제(獻帝)를 세우 스스로 태사(太師)가 되어 조정을 장악하고 횡포를 부리다가 왕윤(王允)과 여포(呂布)에게 살해됨.

州) □대성전(大成殿)의 상량문은 (역적)정여립이 지은 것이라 많은 선비들이 그것을 추하게 여겨 장차 고쳐 지으려는 까닭이었다. 공이 그것을 다르면서 그 대략을 말하기를,

"다행히 □전하의 정벌에 힘입어 은밀히 흉악한 모진 역적이 이미 무릎을 꿇었으나, 악적의 용마루가 아직 남아 있다. 나무(대들보)는 불에 태울 수 있고 (상량문의 글)먹은 깎아내기도 쉬우니 경계하고 없애야 하니, 어찌해야 하는가?"

라고 했다. 이때에 이르러 당인(黨人)들이 역적 정여립을 핑계로 이발(李潑) 등을 일망타진하는 보기 드문 기회로 삼았다. 이에 친하게 지내는 백유함(白惟咸)·양천경(梁千頃)·정암수(丁巖壽) 등이 광주(光州)에 모여 하늘과 사람을 기만하는 상소문을 날조하여 이발(李潑)·이길(李洁)·정개청(鄭介淸)·유몽정(柳夢井)·이황종(李黃鍾) 및 공을 정여립의 당이라고 한꺼번에 몰아갔으니, 대개가 모두 일변 명분과 절의를 지키는 착한 선비들이었다. 공이 정여립의 죽음을 듣고 그를 위하여 눈물을 흘리고 소반을 먹었다는 상소문이 들어가자, 추포(秋浦) 황신(黃愼) 공은 그때 정언(正言)으로서 조밀하고 길게 글을 써서 말하기를,

[173쪽]

某爲正人也 必不爲賊流涕行素 設奸人也 逆賊旣誅之後 寧有對人涕泣
모 위 정인 야 필 불 위 적 유체 행소 설 간인 야 역적 기 주 지 후 영 유 대인 체읍
之理 此疏不成說不近理 公巡到萬頃縣 被逮旣就獄 引寶城參試金汝岉
지 리 차 소 불 성 설 불 근 리 공 순 도 만경 현 피 체 기 취 옥 인 보 성 참시 김 여 물
等 爲證鞫廳 大臣鄭澈卒不施 但令捕入寶城知印二茶母 一栲訊甚酷 三
등 위 증 국 청 대신 정철 졸 불 시 단 령 포 입 보 성 지인 이 다모 일 고 신 심 혹 삼
人皆不服而死 公臨死與其兄進士敏中書曰 □主上聖明天亦有知 弟今
인 개 불복 이 사 공 임사 여 기 형 진사 민 중 서 왈 주상 성명 천 역 유 지 제 금
以自外至者 抱寃而死 雖曖昧極天 實是命也 死後則必有一道公論 然晩
이 자 외 지 자 포원 이 사 수 애매 극천 실 시 명 야 사후 즉 필 유 일도 공론 연 만
矣可笑 子順男頗向學云 死亦可慰 須十分勸勉 終作好人 勿以我死而少
의 가소 자 순 남 파 향학 운 사 역 가 위 수 십분 권면 종 작 호인 물 이 아 사 이 소
弛 我死眞所謂命也 愼勿歸咎於造言之人也 竟絶命於獄中 庚寅三月十
이 아 사 진 소위 명 야 신 물 귀 구 어 조언 지 인 야 경 절명 어 옥중 경인 삼월 십
三日也 享年社十二 白沙李文忠公 以問事
삼 일 야 향년 사 십 이 백사 이 문충 공 이 문 사

【번역】

"조모(曺某; 曺大中)는 바른 사람이다. 절대로 역적을 위하여 눈물을 흘리고 소반을 먹지 않았을 것이다. 간사한 사람이 꾸민 것이다. 역적은 이미 죽은 후인데, 어찌 사람들을 대하여 눈물을 흘렸다는 이 상소는 이치에 맞지 않고 말도 되지 않으며 이치에 가깝지도 않다."

라고 했다. 공이 만경현을 순행하는데 붙잡아 옥에 가두고, 보성에서 참시관을 했던 김여물 등을 불러들여 국청(鞫廳)에서 증언케 했다. 대신(大臣)이었던 정철(鄭澈)은 끝내 풀어주지 않고 다만 관인(官印)을 맡아 정무를 보던 관리[143] 두 사람과 다모(茶母)[144] 한 사람을 잡아들이게 하여 고문을 매우 혹독하게 하니, 세 사람이 모두 승복(承服)하지 않다가 죽었다. 공이 죽음에 임해서 그의 형 진사 민중(敏中)에게 글을 주어 말하기를,

"주상께서도 밝은 지혜를 가지셨고 또한 하늘도 알고 있듯이, 이 아우는 외직(外職; 전라도사)에 있다가 여기에 와서 원통함을 안고 죽어갑니다. 비록 애매하더라도 높은 하늘이 준 실지의 운명입니다. 죽은 후에는 필시 한 도(道; 전라도)의 공론이 있을 것입니다만 그러나 이미 늦은 일이니 우스운 일입니다. 아들 순남(順男)[145]이는 자못 학문에 뜻을 두었다고 일컬을 수 있습니다. 위로해주시고 모름지기 배움에 힘써 끝내 좋은 사람이 되라고 권하여 주십시오. 나의 죽음으로 조금이라도 해이(解弛)하지 말아야 합니다. 나의 죽음은 참으로 운명이라 말할 것입니다. 삼가여 말을 만들어 낸 사람들의 탓으로 돌리지 마십시오."

라고 하고, 마침내 옥중에서 죽었다. 경인년(庚寅年) 3월 13일이고 향년 42세였다. 백사(白沙) 문충공(文忠公) 이항복(李恒福)이

[174쪽]

郎見伊時事 對人輒盛說 其寃死狀 公之喪 自京而歸和順舊第 路過井邑
랑 견 이 시사 대인 첩 성 설 기 원사 장 공 지 상 자 경 이 귀 화순 구 제 로 과 정읍

李忠武公舜臣 時宰井邑 操文致奠哭甚哀 人皆危之 忠武曰 吾不知曺公
이 충무공 순 신 시 재 정읍 조 문 치전 곡 심 애 인 개 위 지 충 무 왈 오 부 지 조 공

罪名 情不自已 澤堂李公植 撰忠武行狀 首揭此以美之 公臨死作一詩曰
죄명 정 불 자 이 택 당 이 공 식 찬 충 무 행장 수 게 차 이 미 지 공 임사 작 일 시 왈

丹心一片有誰知 - 本作鬼神知 未吐深寃恨死遲 地下若從比干去 孤魂含笑
단심 일편 유 수 지 본 작 귀신 지 미 토 심 원 한 사 지 지하 약 종 비 간 거 고혼 함소

不須悲 奸臣崔滉撤去上句 以下句誦陳於□上曰 渠旣以比干 自況則 比
불 수 비 간신 최 황 철거 상 구 이하 구 송 진 어 상 왈 거 기 이 비 간 자 황 즉 비

□君於何地 以是激□上怒 追加極律禍 及泉壤妻妾子婿弟姪 並逮捕覈
군 어 하 지 이 시 격 상 노 추가 극 율 화 급 천양 처첩 자 서 제 질 병 체포 핵

143) 知印(지인): 원뜻은 관인(官印)을 관장하여 정무를 처리하던 일. 본문에서는 당시 사정을 잘 알고 있는 관청에서 일하는 사람의 뜻으로 쓰임.

144) 茶母(다모): 다비(茶婢) 또는 다모군사(茶母軍士). 관아에 딸린 여자 종의 하나로 주로 차를 끓이는 일을 함. 또는 차를 끓이는 일을 맡아 하는 군사(軍士).

145) 順男(순남): 순한 남자 아들. 또는 조대중 공 두 아들 수정(守正)과 수헌(守憲) 중 한 아들의 아명(兒名)일 것으로 여겨짐.

訊甚急 於是鄭澈亦恐爲公議 所不容請斷 以次律□上不從 又獻議曰 大
신심급 어시정철역공위공의 소불용청단 이차율 상부종 우헌의왈 대

中凶惡情狀 已露於詩句 但護賊自有其律妻
중흉악정상 이로어시구 단호적자유기율처

【번역】

문사랑(問事郞)146)으로서 그때의 일을 보았는데, 문득 사람들을 대할 때마다 그 원통한 죽음의 실상에 대해서 장황하게 말하곤 하였다. 공의 상여가 서울로부터 화순 옛집으로 돌아가는 길에 정읍을 지나가는데, 충무공(忠武公) 이순신(李舜臣)이 그때 정읍을 다스리고 있었는데, 글을 지어 제사를 올리며 곡하기를 매우 슬프게 하였다. 사람들이 모두 위험하다고 하자, 충무공이 말하기를,

“나는 조공의 죄명을 모르니, 인정으로 그만 둘 수 없다.”

라고 하였다. 택당(澤堂) 이식(李植) 공이 충무공 행장을 지으면서, 이것을 맨 처음에 썼으니 아름다운 것이다. 공이 죽음에 임해서 시 한 수를 짓기를,

「일편단심을 아는 사람이 누가 있으리오 – 본래 ‘귀신도 알련만’이다.

깊은 원한은 토하지도 못했는데 죽음은 더디구나.

저승에서 만약 비간(比干)을 따라간다면

외로운 혼은 웃음을 머금고 슬퍼하지만은 않으리라.」

라고 하였다. 간신 최황(崔滉)이 앞 구절은 떼어버리고 뒷 구절만을 외워 □임금께 올리니, 말씀하시기를,

“그 사람이 이미 스스로를 비간(比干)에 자처했다면 하물며 □군주는 어느 땅에 견주는 것이냐?”

라고 하고, 이것으로 □임금이 매우 분노해 하시며, 지극한 형률을 추가하니, 화가 저승까지 미치고 처첩과 아들과 사위, 조카들까지 함께 체포하여 사실을 신문하니 매우 급하게 되었다. 이에 정철 또한 공론이 있을 것을 두려워하여 그칠 것을 청했으나 용납되지 않자 그 아래 형율로 할 것을 □임금께 청했으나 따르지 않았다. 또 의론을 드려 말하기를,

“대중의 흉악한 정상은 이미 시구에서 드러났습니다. 다만 역적을 비호한 것은 스스로에게 있는 것이니, 그 형률로

146) 問事郞(문사랑): ‘문사낭청(問事郞廳)’의 준말. 중죄인을 심문할 때에 기록과 낭독을 맡은 임시 벼슬.

[175쪽]

妾壓膝於愚意 實有未安□上有稍納其言 及覽公所與家兄書 及獄中詩
첩 압슬 어 우 의 실 유 미안 상 유 초 납 기 언 급 람 공 소 여 가형 서 급 옥중 시

上句 全州□大成殿慰安文 惻然興感□命放釋親屬籍産亦還給焉 方崔
상 구 전주 대성 전 위안 문 측연 흥감 명 방석 친속 적 산 역 환급 언 방 최

滉之誦詩句鍛鍊也 牛溪成文簡公 貽澈書曰 曺詩本非大段 何不調劑 此
황 지 송시 구 단련 야 우계 성 문 간 공 이 철 서 왈 조 시 본 비 대 단 하 부 조제 차

非稱念獄云 越明年辛卯 □上大悔悟 下□教若曰 爲奸臣鄭澈 所構陷
비 칭 념 옥 운 월 명년 신묘 상 대 회오 하 교 약 왈 위 간신 정철 소 구 함

排斥者 如有其人 並收敍擢用 梁千頃等 皆□命嚴鞫 千頃等自服 爲澈
배척 자 여 유 기인 병 수 서 탁용 양 천 경 등 개 명 엄 국 천 경 등 자복 위 철

所嗾 斃於杖下 前縣監 權愉首發論 請雪己丑寃死人 於是廷議大發 □
소 주 폐 어 장하 전 현감 권 유 수 발 논 청 설 기축 원 사인 어 시 정 의 대발

上又嘗下□教若曰 丁巖壽等 爲乘國家逆賊之變 敢肆構陷之術 捏造
상 우 상 하 교 약 왈 정 암 수 등 위 승 국 가 역적 지 변 감 사 구 함 지 술 날조

無形之言 陰陳邪譎之疏 賢相名卿無不指斥 必欲空
무형 지 언 음 진 사 휼 지 소 현상 명 경 무 불 지척 필 욕 공

【번역】

부녀자들에게까지 압슬(壓膝)[147]을 한다는 것은 제 어리석은 의견으로는 실로 부끄러운 일이라 생각되옵니다."

라고 하니, □주상께서 그 말을 조금 용납하셨고, 공이 형님에게 준 글과 옥중에서 쓴 시의 앞 구절, 그리고 전주 □대성전의 위안문을 보시고, 측은한 마음이 느낌이 일어 □하명하시기를, 친속을 석방하고 몰수한 가산을 돌려주라고 하셨다. 조금 전 최황이 외운 시구는 시킨 대로 한 것이었다. 우계(牛溪) 문간공(文簡公) 성혼(成渾)이 정철에게 준 글에 이르기를,

"조대중의 시는 본래 대단한 것이 아닌데도 어찌하여 조화롭지 하지 못하였으니, 옥사를 적당하게 처리했다고 할 수 없다."

라고 했다. 다음해를 지난 신묘년(辛卯年)에 □주상께서 크게 뉘우치고 후회하시면서 □하교하시어 다음과 같이 말씀하셨다.

"간신 정철은 배척한 사람들을 함정에 빠뜨린 것이 이와 같이 있고, 아울러 양천경 등을 차례대로 발탁하여 썼으니, 모두 □어명(御命)으로 엄히 국문(鞫問)하시니, 양천경 등이 정철이 사주한 것이라고 자복하고 형장을 맞고 죽었다. 전 현감(縣監) 권유(權愉)가 처음 공론을 펴서 기축년에 죽은 원통한 사람들을 씻어 줄 것을 청했다. 이에 조정의 공론이 크게 일어나고, □주상께서도 또 일찍이 □하교하여 다음과 같이 말씀하시기를,

147) 壓膝(압슬): 죄인을 심문하기 위해 무릎 위를 압슬기로 가하거나 무거운 돌을 올려놓는 형벌.

“정암수 등은 국가에서 역적의 변고가 일어난 기회를 타서 감히 거짓으로 죄를 지어 함정에 빠뜨리는 술법을 쓰고, 없는 말을 거짓으로 만들어 은밀히 거짓 상소문을 써서 어질고 이름있는 재상들을 가리지 않고 배척하였으니, 이는 필시 나라를 군주도 없고 관리도 없는 나라로 만들려 하였으니,

[176쪽]

國 此皆奸人指嗾 己丑委官鄭澈 江界府安置 自是縉紳章甫聯疏 請雪
국 차개 간인 지주 기축 위관 정철 강계부 안치 자시진신장보연소 청설
湖南五臣寃 公車殆欲塡咽 及□宣廟昇遐 光海嗣 疏又如前 至□仁祖改
호남 오신원 공거태욕전열 급 선묘 승하 광해사 소우 여전 지 인조 개
玉 問初政急務 當何先 延平李公貴曰 伸鄭澈寃 爲宜輔德 尹公知敬獨
옥 문초정 급무 당하선 연평이공귀왈 신 정철 원 위의 보덕 윤공지경독
曰 急務非在伸澈寃 己丑寃人最當先 諸大臣相顧未有對 白江李公敬輿
왈 급무 비재신철원 기축 원인최당선 제 대신 상고 미유대 백강이공경여
繼陳曰 知敬言是也 □上命收議 領議政李文忠公元翼 左醫政尹公昉
계진왈 지경언시야 상명 수의 영의정 이문충공원익 좌의정 윤공방
右議政申公欽 以爲己丑寃當雪 於是乎公及李潑鄭介淸柳夢井 諸人皆
우의정 신공흠 이위 기축 원당설 어시호공급 이발 정개청 유몽정 제인개
復官爵 嗚呼天道於是乎正矣 公配慶州金氏參奉應星之女 生二男三女
복 관작 오호 천도 어시호정의 공배 경주 김씨 참봉 응성지녀 생이남삼녀
長守正 次守憲 長適李亨養 次適柳涵 次適府尹李
장수정 차수헌 장적이형양 차적유함 차적 부윤 이

【번역】

이것은 모두 간신이 사주한 것이다.”

라고 하고, 기축년(己丑年)의 위관(委官) 정철을 강계부(江界府)에 위리안치(圍籬安置)시켰다. 이로부터 사대부나 벼슬하지 않는 선비들이 연달아 상소를 올려 호남의 다섯 신하의 신원설치를 청하는 상소를 지치도록 올리고 울부짖는 소리가 가득했다. □선조(宣祖)께서 승하하시고, 광해군(光海君)이 보위를 이어도 상소는 전과 같이 또 계속되었다. □인조(仁祖)로 바뀐 후에, 처음해야 할 급한 정무로 무엇을 먼저 해야 하느냐고 물으시니, 연평군(延平君) 이귀(李貴) 공이 말하기를,

“정철을 신원하는 것이 군왕의 덕을 돕는데 마땅하옵니다.”

라고 하니, 윤지경(尹知敬) 공이 홀로 말하기를,

“급한 정무는 정철을 신원하는 일이 아니라, 기축년에 원통하게 죽은 사람들을 가장 먼저 (신원하는)일이옵니다.”

라고 했다. 여러 대신들이 서로 돌아다만 보면서 미처 대답을 하지 못하자, 백강(白江) 이경여(李敬輿) 공이 이어 진술하기를,

"윤지경의 말이 옳습니다."

라고 했다. □주상께서 의론을 모으도록 하명하셨다. 영의정(領議政) 문충공(文忠公) 이원익(李元翼)·좌의정(左議政) 윤방(尹昉)·우의정(右議政) 신흠(申欽)등은 기축년의 원통한 죽음을 씻어주는 것이 당연하다고 여겼다. 이에 공과 이발(李潑)·정개청(鄭介淸)·유몽정(柳夢井) 등 여러 사람이 모두 관작이 회복되었다. 오호라! 천도(天道)기 여기에서 바르게 된 것이다. 공의 부인은 경주 김씨(慶州金氏) 참봉(參奉) 응성(應星)의 따님으로 2남 3녀를 낳으셨다. 장남은 수정(守正)이고 차남은 수헌(守憲)이다. 큰 딸은 이형양(李亨養)에게 출가하고, 차녀는 유함(柳涵)에게 출가했으며, 막내 딸은 부윤(府尹) 이정건(李廷楗)에게 출가했다.

[177쪽]

廷楗 內外曾孫若干人 公葬在和順縣西 細楊洞坐卯之原 金夫人祔焉 公
정건 내외 증손 약간 인 공장재 화순 현서 세양동좌묘지원 김 부인 부언 공

蚤孤兄弟爲四 母夫人性嚴正教諸者 有法卒皆成就 以孝友學行 服鄕里
조고 형제 위사 모부인 성 엄정 교제자 유법졸개 성취 이 효우 학행 복 향리

非修之家何以揚於朝乎 有庸學口訣一卷 文集三卷 爲金吾郎搜去竟失
비수지가하이양어조호 유용학 구결 일권 문집 삼권 위김오랑수거경실

之 湖南士林景慕公深篤 追配恭僖公櫟(륵)亭院宇 斯可以少洩 當日百
지 호남 사림 경모 공 심독 추배공희공 정 원우 사가이소설 당일 백

身之恫歟 今其六世孫喜淳 抱公狀 千里入京 乞濟恭一言 欲以載麗牲之
신지통여 금기육 세손 희순 포공장 천리 입경 걸제공일언 욕이재려생지

石 色辭有足感人顧安 敢以耄耋辭 乃作銘 銘曰
석 색사유족감인고안 감이모질사 내작명 명왈

黨錮有傳 千古恨積 孰謂□聖世 視今猶昔 道不阿世 韙哉鼎谷 其心如
당고 유전 천고 한적 숙위 성세 시금유석 도불아세 위재정곡 기심여

丹 其血如碧 魂隨比干 名被天壤 所悲家
단 기혈여벽 혼수비간 명피천양 소비가

【번역】

내외 증손이 약간 있다. 공의 묘는 화순현(和順縣)의 서쪽 세양동(細楊洞) 묘향(卯向)의 들에 자리하고 있으며 김부인(金夫人)도 합장(合葬)하였다. 공은 어려서 아버지를 여의고[148] 형제는 넷이니, 모부인께서 성품이 엄하시어 여러 아들들을 법도 있게 바르게 가르치셨으니, 마침내 효우와 학행으로 성취하니 고향사람들이 탄복하였다. 잘 다스리지도 않은 집에서 어떻게 조정에까지 오를 수 있었는가?『용학구결(庸學口訣)』1권과 문집(文集) 3권이 있었는데, 금오랑(金吾郞)이 찾아가서 마침내 없어졌다. 호남의 선비들이 공의 독실함을 마음속으로 우러러 사모하

148) 蚤孤(조고): 어려서 부모를 여읨을 이르는 말. 본문에서는 아버지가 일찍 돌아가셨음을 말함.

였다. 공희공(恭僖公; 曺恰)의 륵정원우(櫟亭院宇; 현 芝谷書院)에 배향하였으니, 백번이라도 애통해 하는 마음을 조금이라도 드러내고자함이 아닌가? 지금 그의 6세손 희순(喜淳)이 공의 행장을 안고 천리 길 서울로 들어와서 제공(濟恭; 蔡濟恭)에게 한 마디 말을 구하여 비문(碑文)[149]에 실으려고 하는데, 표정과 말이 사람을 감동시켜 돌아보게 하였다. 이에 감히 늙은이의 말로 명문(銘文; 碑文)을 지었으니 명문에 이르기를,

黨錮有傳 당고(黨錮)[150]가 전하고 있으니
千古恨積 천고의 한(恨)이 쌓였도다.
孰謂□聖世 그 누가 성군(聖君)이 다스리는 세상이라 말하는가
視今猶昔 지금을 바라보니 옛날과 같도다.
道不阿世 시류(時流)를 따르지 말라고 했으니
韙哉鼎谷 옳았구나! 정곡(鼎谷) 선생이시여.
其心如丹 그의 마음은 단사(丹沙)와 같고
其血如碧 그의 피는 벽옥(碧玉)과 같네.
魂隨比干 혼백(魂魄)은 비간(比干)을 따랐으니
名被天壤 이름은 하늘과 땅에 가득하였도다.
所悲家國 집과 나라를 슬프게 하는

[178쪽]

國 禍祟朋黨 誰能眼公 修我簡策 有欲徵者 視此刻石
국 화 수 붕당 수 능 안 공 수 아 간 책 유 욕 징 자 시 차 각 석

大匡輔國崇祿大夫原任議政府領議政兼領經筵弘文館禮文館春秋館
대 광 보국 숭 록 대부 원임 의정부 영의정 겸 령 경연 홍문관 예문 관 춘추관

觀象監事奎章閣提學 樊菴蔡濟恭撰 -諡文肅公
관상감 사 규장각 제학 번 암 채제공 찬 시 문 숙 공

嘉善大夫 行司諫院大司諫尹弼秉謹書
가 선 대부 행 사간 원 대 사 간 윤 필 병 근 서

鼎谷曺先生贊 - 並敍
정 곡 조 선생 찬 병 서

149) 麗牲之石(여생지석): 사당(祠堂)이나 무덤 앞에 세운 비(碑). '여생(麗牲)'은 제사에 쓸 희생을 비석에 묶는 일. 후대에는 비석을 말함.

150) 黨錮(당고): 당고(黨固). 후한(後漢) 말기에 환관 세력이 관료를 금고(禁錮)에 처한 일. 뒤에 당인(黨人)들이 벼슬길을 막거나 제한하는 일을 이르는 말로 씀.

君子之休戚 雖在於一時 而其道則壽諸百世 是皆有關 於時運之幸 不幸
군자 지 휴척 수 재 어 일시 이 기 도 즉 수 제 백세 시 개 유관 어 시운 지 행 불행
至於己卯乙巳諸賢尤信 其雖當一朝之厄 而其道之在人也 如裘葛菽粟
지 어 기묘 을사 제현 우 신 기 수 당 일조 지 액 이 기 도 지 재 인 야 여 구갈 숙 속
之命脉於人 而不可無也猗歟 □明宣之世 群賢林立 而己丑一邊人之
지 명 맥 어 인 이 불가 무 야 의 여 명 선 지 세 군현 입립 이 기축 일변 인 지
乘機
승기

【번역】

禍祟朋黨 화는 붕당(朋黨)에서 말미암은 것이었네.

誰能眼公 누가 능히 공(公)을 볼 수 있으리오

修我簡策 나로 하여금 책을 쓰게 하네.

有欲徵者 부르고자 하는 사람이 있어

視此刻石 이것을 돌에 새겨 바라보노라.

대광보국숭록대부(大匡輔國崇祿大夫)151) 원임(原任) 의정부영의정(議政府領議政) 겸(兼) □경연(經筵) 홍문관(弘文館) 예문관(藝文館) 춘추관(春秋館) 관상감사(觀象監事) 규장각제학(奎章閣提學) 번암(樊菴) 채제공(蔡濟恭)152)이 짓다. -시호(謚號)는 문숙공(文肅公)이다.

가선대부(嘉善大夫) 행사간원대사간(行司諫院大司諫) 윤필병(尹弼秉)153) 삼가 쓰다.

정곡(鼎谷) 조선생찬(曺先生贊)154) - 병서(並叙)

군자의 평안함과 근심은 비록 한 때에 있으나, 그 도(道)는 백세에 걸쳐 오래가는 것이다. 이것은 모두 그 시대의 운수(運數)의 행과 불행에 관련되는 것이다. 기묘년(己卯年; 己卯士禍)과 을사년(乙巳年; 乙巳士禍)에 이르러서 이미 그것들은 더욱 믿을 수 있으니, 비록 한 왕조의 액운(厄運)이었으나 그 도(道)는 사람들에

151) 大匡輔國崇祿大夫(대광보국숭록대부): 조선시대, 정1품 문・무관(文武官)의 관계(官階). 태종(太宗) 때 정1품 상(上)의 특진보국숭록대부(特進輔國崇祿大夫)를 고친 이름.

152) 蔡濟恭(채제공): 1720(숙종 46)~1799(정조 23). 조선 후기의 문신. 자는 백규(伯規). 호는 번암(樊巖)・번옹(樊翁). 많은 고위관직을 수행하면서 간리(奸吏)의 작폐와 농업정책, 상업활동 등을 장려하여 백성 위주의 정책을 폈었다. 문집으로 『번암집(樊巖集)』 59권이 있음.

153) 尹弼秉(윤필병): 1730(영조 6)~1810(순조 10). 조선 후기의 문신. 자는 이중(彝仲). 호는 무호암(無號庵). 어려서부터 필법이 곧고 발라서 11세 때는 강세황(姜世晃)이 그의 글씨를 보고 왕우군(王右軍)의 골자(骨子)라고 칭찬할 정도였다. 청백리로 많은 관직을 수행함.

154) 贊(찬): 찬(讚). 아름다운 행적이나 사회 등을 기리는 문체의 일종.

게 있는 것이니, 사철 입는 옷[155]과 사철 먹는 양식[156]의 근본이 사람들에게 이어가는 것과 같으니 아름다운 것 아닌가? □밝으신 선조(宣祖)임금의 세상에는 뭇 현인들이 숲의 나무처럼 욱어졌는데, 기축년(己丑年)에 일변의 사람들이

[179쪽]

構陷 戕賢病國 雖百世之下 莫不惕然 興慨者也 鼎谷曺先生之淸修直節
구함 장 현 병 국 수 백세 지 하 막 불 척연 흥 개 자 야 정 곡 조 선생 지 청 수 직절
師表當世 親炙陶山而講克復太極之說 陶山夫子奬以通儒 思庵相公薦
사표 당세 친자 도산 이 강 극복 태극 지 설 도산 부 자 장 이 통 유 사암 상공 천
以風憲羽儀 □王朝陶鑄世教 庶幾拭目 而橫罹鬼蜮之機 可勝歎哉 至若
이 풍헌 우의 왕조 도주 세교 서기 식목 이 횡리 귀역 지 기 가승 탄 재 지 약
西厓柳川 東岡之宏輔碩德 並在指斥中 苟非□聖上之名哲 安知不盡歸
서애 유 천 동 강 지 굉 보 석덕 병 재 지척 중 구 비 성상 지 명철 안 지 부 진 귀
於滔天而莫救耶 方先生之履難也 白沙李相公 記冤獄事已詳 秋浦黃公
어 도 천 이 막 구 야 방 선생 지 이 난 야 백사 이 상공 기 원옥 사 이 상 추 포 황 공
斷其凶疏之萬萬不近理 李忠武公時以井邑宰 操文哀奠 牛溪成文簡公
단 기 흉 소 지 만만 불 근 리 이 충무 공 시 이 정읍 재 조 문 애 전 우계 성 문간공
貽書主獄者而責 以何不調劑 苟非先生之操存踐履 平日見信於人 則鐵
이 서 주 옥 자 이 책 이 하 부 조제 구 비 선생 지 조 존 천 리 평일 견 신 어 인 즉 철
鉞雷霆之下 豈有如是縷縷稱冤之人乎 始
월 뢰 정 지 하 기 유 여 시 루 루 칭원 지 인 호 시

【번역】

터무니없는 말로 죄를 꾸며 어진 사람들을 죽이고 나라를 병들게 하였으니, 비록 백세를 지나더라도 두려워하지 않을 수 없을 것이며 비분강개(悲憤慷慨)하는 마음을 일게 한다. 정곡(鼎谷) 조선생(曺先生)은 맑게 닦은 곧은 절개로 당대의 사표가 되었다. 도산(陶山; 退溪 李滉)선생을 직접 찾아 뵙고 극기복례(克己復禮)와 태극도설(太極圖說)을 강론하고 배우는데, 도산선생께서 (정곡을)통유(通儒)라 칭찬하시고, 사암(思菴) 상공(相公) 박순(朴淳)이 법도(法度)[157]와 모범(模範)[158]으로 추천하였다. □왕조(王朝) 세상을 가르치는 교훈을 양성하려[159] 하면서 거의 (정곡선생을)눈여겨 보았는데, 소인(小人)[160]들에게 뜻밖의 재앙을 당했으니 한탄을 이기지 못하리로다. 서애(西厓; 柳成龍)・유천(柳川; 韓浚謙)・동강(東岡;

155) 裘葛(구갈): 겨울옷인 갖옷[裘]과 여름옷인 갈의(葛衣). 곧 사철의 옷을 두루 이름.
156) 菽粟(숙속): 콩과 좁쌀. 양식을 두루 이름.
157) 風憲(풍헌): 백관(百官)의 기강을 바로잡는 직책에서 나온 말.
158) 羽儀(우의): 모범・귀감을 비유하는 말. 기러기는 높은 곳에 있으면서도 재덕(才德)을 갖추고 있어 그 깃털을 의표로 삼을 만 하다고 여긴데서 나온 말.
159) 陶鑄(도주): 거푸집을 만들어 기물을 주조한다는 말로, 육성하거나 양성함을 비유하는 말.
160) 鬼蜮(귀역): 귀신과 물여우. 모두 남몰래 사람을 해치는 요괴로, 교활하고 음험하여 뒤에서 사람을 해코지하는 소인(小人)을 비유.

金宇顒) 같은 크고 넓은 석덕(碩德)[161]들마저도 함께 지적하여 배척하는 중에 있었으나, 진실로 □성상(聖上)의 밝은 지혜가 아니라면 어찌 지극한 재앙[162]에 모두 들어가지 않는다는 것을 알았으며 구해낼 수 있었겠는가? 마침내 (정곡)선생이 재앙에 이르게 된 것이다. 백사(白沙) 상공 이항복(相公李恒福)이 이미 억울한 옥사를 자세하게 기록하고 있으며, 추포(秋浦) 황신(黃愼)이 그들의 흉악한 상소가 절대로 이치에 맞지 않다고 끊었으며, 충무공(忠武公) 이순신(李舜臣)이 그때에 정읍(井邑)을 다스리면서[井邑縣監] 글[弔文]을 지어 슬퍼하며 제사를 지냈다. 우계(牛溪) 문간공(文簡公) 성혼(成渾)은 옥사를 주관하던 사람에게 글을 주어 어찌 조화롭게 하지 못하였다고 책망하였다. 진실로 선생이 마음을 다잡아 보존하고[163] 실행하며 평일에 사람들에게 믿음을 보였으나, 쇠도끼와 천둥 벼락 아래서 어찌 수차례 원통함을 하소연 하는 사람이 있었겠는가?

[180쪽]

終公案 載於白沙集 江陵舊本 而晉州改刊也 補僞作而撤去舊本 欺天罔
종 공안 재 어 백사집 강릉 구본 이 진 주 개간 야 보 위작 이 철거 구본 기천 망
人之餘 又欲誣其百代 誣其鬼神 可哂也 已縉紳章甫交章 請伸而復官□
인 지 여 우 욕 무 기 백대 무 기 귀신 가 신 야 이 진신 장보 교 장 청 신 이 복관
賜祭 隱卒崇終之典 於是爲重 而天理終歸於正 小著文集若干卷 見失於
사 제 은 졸 숭 종 지 전 어시 위 중 이 천리 종 귀 어 정 소저 문집 약간 권 견 실 어
禍中 疏對箴銘諸條 及□聖廟文永訣書與詩詞 出於姪之記傳 而其餘則
화 중 소 대 잠 명 제 조 급 성묘 문 영결 서 여 시사 출 어 질 지 기전 이 기 여 즉
己丑後 諸賢敍述 曺君上舍翊鉉示其遺集於余 余感其事者有年 於是乎
기축 후 제현 서술 조 군 상사 익 현 시 기 유 집 어 여 여 감 기 사 자 유 년 어시 호
贊曰
찬 왈

親受師門通儒 實學程箴 講義周圖 研極君子 輔仁際會經國 邪氣間作禍
친 수 사문 통 유 실학 정 잠 강의 주 도 연 극 군자 보인 제회 경국 사기 간 작 화
罹羅織洞 無纖瑕秋水崑璧 噫陰沴之終 不敢蝃蝀兮 丹心一片 復光於天
리 나직 형 무 섬 하 추수 곤 벽 희 음 려 지 종 불감 체 동 혜 단심 일편 복 광 어 천
日 矢比干之願 從百
일 시 비간 지 원 종 백

【번역】

(冤獄의) 시작과 끝을 적은 공안(公案)이 강릉(江陵)에 발간된 백사집(白沙集) 구본(舊本)에 실려 있다. 구본(舊本; 江陵本)에서 '하늘과 사람을 속였다.'는 것을 진주(晉州)의 개간본(改刊本; 晉州本)에서는 거짓으로 고치고 빼버린 것이니, 또

161) 碩德(석덕): 덕망이 높은 사람.
162) 滔天(도천): 물이 하늘까지 차고 넘침. 죄악이나 재앙, 혹은 권세 따위가 극히 큰 것을 비유.
163) 操存(조존): 마음을 다잡아 보존함.

백대를 무고(誣辜)하려 하고 귀신(鬼神)을 무고(誣辜)하려 한 것이다. 가히 비웃을 일이다. 사대부와 선비들이 번갈아 가며 글을 써서 신원(伸冤)과 복관(復官)을 청하니, □임금이 사제(賜祭)[164]하시어 애도(哀悼)의 뜻을 표하시고,[165] 억울함을 예(禮)로써 높여주시는[166] 귀중한 전범을 보이신 것이어서, 하늘의 이치가 끝내 올바름으로 돌아간 것이었다. 문집 약간 권을 지었으나 화를 당하는 중에 잃어버렸다. 상소문(上疏文)과 대(對)와 잠명(箴銘) 등 여러 조항의 글과 □대성전 위안문과 영결서와 시사(詩詞)들은 아들과 조카들이 기록하여 전하고, 그 나머지는 기축년 이후 여러 현사(賢士)들이 서술한 것을 상사(上舍; 生員) 조익현(曺翊鉉) 군이 그 남은 문집을 나에게 보여주었다. 나는 그 일에 느낀 것이 여러 해였으니, 이에 기리는 글을 짓는다. 친히 스승의 문하에서 통유(通儒)라는 칭송을 받고, 정주학(程朱學)[167]의 가르침을 배우며, 주염계(周濂溪)의 태극도설(太極圖說)을 강의(講義) 연구를 지극히 하였다. 모여서 나라를 다스리는 군자로서 인(仁)을 도왔다. 사악한 기운이 일어나는 사이에 앙화(殃禍)에 걸려 없는 죄가 넓고 깊게 꾸며졌도다. 가을 물같이 맑으며 곤륜산(崑崙山)의 옥처럼 털끝만한 흠도 없었도다. 슬프도다. 음기(陰氣)의 재해[168]로 죽었으니 감히 무지개[169]도 뜨지 못하였구나. 충성스러운 일편단심은 다시 하늘의 해로 빛나고, 비간(比干)의 소원(所願)에 맹세하며

[181쪽]

世 仰其淸芬 彼之能欺天罔人者 不能使載史之 筆曰不忠不直之朱雲
세 앙기청분 피지능 기천 망인자 불능 사재사지 필왈 불충 부직지 주운

通訓大夫行和順縣監羅州丁載遠謹贊 - 號荷石
통훈대부 행 화순현 감 나주 정재원근찬 호하석

鼎谷曺先生建祠事蹟
정곡조 선생 건사 사적

164) 賜祭(사제): 대신의 죽음에 임금이 칙사를 보내어 제사를 지내 줌.
165) 隱卒(은졸): 임금이 죽은 신하에게 애도(哀悼)의 뜻을 표하는 일.
166) 崇終(숭종): 억울하게 죽은 신하의 죽음을 측은하게 여기어 임금이 그 억울함을 풀어주고 예(禮)로써 높이는 일.
167) 程箴(정잠): 정주학(程朱學)의 가르침. 정주학은 송(宋)나라의 정호(程顥)·정이(程頤)·주희(朱熹) 계통의 성리학(性理學).
168) 陰沴(음려): 사철의 음기(陰氣)가 부조화하여 발생하는 재해.
169) 螮蝀(체동): 무지개[虹]의 별칭.

先生諱大中字和宇 參奉諱世明子也 □嘉靖己酉 □明宗四年 生于祿邱
선생 휘 대 중 자 화 우 참봉 휘 세 명 자 야 가정 기유 명종 사 년 생 우 녹 구
里第 弱冠之初 已有宿儒之見讀書 專以窮格爲本 慨然有志於古人
리 제 약관 지 초 이 유 숙유 지 견 독서 전 이 궁 격 위 본 개 연 유 지 어 고인
爲己之學 早遊眉巖柳文節公門 文節與論經義嘖嘖焉 及論人心道心
위기지학 조 유 미 암 유 문절공 문 문절 여 논 경의 책책 언 급 론 인심도심
天理人欲之分 援引程朱辨析甚明 文節歛容稱謝曰 子眞吾師也 早喪嚴
천리 인욕 지 분 원 인 정주 변 석 심 명 문절 감 용 칭사 왈 자 진 오 사 야 조 상 엄
侍 以未及奉養爲恨 承順慈闈 極其誠孝 兄弟四
시 이 미 급 봉양 위 한 승순 자위 극 기 성효 형제 사

【번역】

백세를 좇으니, 그의 맑은 향기를 우러르도다. 저들이 하늘과 사람을 속일 수는 있었어도 역사에 싣게 하지는 못하였으니, 역사에 쓰여 있기를,

"충성스럽지 못하고, 정직하지 못하였도다. 주운(朱雲)이여!"

통훈대부(通訓大夫) 행화순현감(行和順縣監) 나주(羅州) 정재원(丁載遠)[170] 삼가 찬하다. -호(號)는 하석(荷石)이다.

정곡(鼎谷) 조선생(曺先生) 건사(建祠)[171] 사적(事蹟)

선생의 휘는 대중(大中)이요 자는 화우(和宇)이니, 참봉(參奉) 휘 세명(世明)의 아드님이시이다. □가정(嘉靖) 기유년(己酉年) (우리나라)□명종(明宗) 4년에 녹구리(祿邱里) 집에서 태어났다. 약관의 나이에 처음부터 명망 높은 선비[172]의 모습이 보였다. 독서를 함에 격물치지(格物致知)[173]를 궁구(窮究)함을 근본으로 삼아 오로지 하였으며, 개탄하면서 고인의 위기지학(爲己之學)[174]에서 뜻이 있었다. 일찍이 미암(眉巖) 문절공(文節公)의 문하에서 유학하여 경서의 뜻을 의론함이 분분하였고, 인심도심(人心道心)과 천리인욕(天理人欲)을 분변함에 정주(程朱)를 인용하니 변석(辨析)이 매우 분명하였다. 문절공이 자세를 가다듬고 칭찬하며 말하기를,

170) 丁載遠(정재원): 생몰년 미상. 조선 후기의 문신. 자는 기백(器伯). 일찍이 문학에만 힘쓰고 재물에는 뜻을 두지 않았다. 당시 광주유수 이종성(李種城)으로부터 글의 뛰어남과 뜻의 원대함을 인정받았다. 영조 때에 생원·진사 양시에 모두 합격하여 여러 관직을 역임하였다. 채제공(蔡濟恭)이 쓴 그의 묘갈명 〈통훈대부진주목사정공재원묘갈명(通訓大夫晉州牧使丁公載遠墓碣銘)〉이 채제공의 문집 『번암집(樊巖集)』 53권에 전함.

171) 建祠(건사): 사우(祠宇; 제사를 모시는 祠堂)를 건립함.

172) 宿儒(숙유): 학식과 명망이 높은 선비.

173) 窮格(궁격): 격물치지(格物致知; 사물의 이치를 연구하여 지식을 완벽하게 함)를 궁구(窮究)함.

174) 爲己之學(위기지학): 자기 자신을 수양하는 학문.

"그대가 참으로 내 스승이다."

라고 했다. 일찍이 아버님을 잃었으니 봉양을 다하지 못하는 것을 한으로 여겼으며, 어머님을 받들고 따라 효성을 지극히 하였다. 형제가 네 사람이니,

[182쪽]

人 皆以人望 並登大小科 世稱曺氏四鳳 □萬曆丙子 先生中司馬所製
인 개이인망 병등대소과 세칭조씨사봉 만력병자 선생중사마소제

木馬賦武溪深詩 傳播一世 韓公西平浚謙 每喜誦之語人曰 元和以下語
목마부무계심시 전파일세 한공서평준겸 매희송지어인왈 원화이하어

也 壬午以明經登文科 則□宣祖大王十五年也 先生沈潛經訓 雖當仕路
야 임오이명경등문과 즉 선조대왕십오년야 선생침잠경훈 수당사로

常多恬退之意 思菴朴相公淳薦于都堂曰 此等人不可 以循格用之 調
상다염퇴지의 사암박상공순천우도당왈 차등인불가 이순격용지 조

承政院注書 復遷藝文館奉教 長帶翰注 出入□禁闥筆翰敏洽 記注詳悉
승정원주서 복천예문관봉교 장대한주 출입 금달필한민흡 기주상실

□宣廟每嘉奬之 柳西厓成龍李鵝溪山海諸賢更相推讓 及在玉堂陳疏
선묘매가장지 유서애성룡이아계산해제현경상추양 급재옥당진소

請復賢良科 識者韙之 嘗遊泮宮 謁退溪李文純公 講論顔子克己復禮
청복현량과 식자위지 상유반궁 알퇴계이문순공 강론안자극기복례

不遷怒不貳過 無伐善無施勞 及周濂溪太極
불천노불이과 무벌선무시노 급주렴계태극

【번역】

사람들이 모두 선망(羨望)하였다. (네 형제가)함께 대소과(大小科)에 급제하니, 세상 사람들이 '조씨(曺氏)의 네 마리 봉황이다.'이라고 칭송하였다. □만력(萬曆) 병자년(丙子年)에 사마시에 합격하면서 지은 〈목마부(木馬賦)〉와 〈무계심(武溪深)〉 시가 일세에 전파되었는데, 서평(西平) 한준겸(韓浚謙) 공이 매번 기쁘게 외우면서 사람들에게 말하기를,

"이 시는 원화(元和)[175] 이후의 말[語; 詩]이다."

라고 했다. 임오년(壬午年)에 명경(明經)[176]으로 문과에 급제하였는데, 그때가 곧 □선조대왕(宣祖大王) 15년(1582년)이었다. 선생은 경서의 가르침을 깊이 연구하였으니, 비록 벼슬에 있으면서도 늘 벼슬에서 물러날 뜻이 많았다. 사암(思菴) 상공(相公) 박순(朴淳) 공이 도당(都堂; 議政府)에 추천하면서 말하기를,

"이 같은 사람은 품격에 따라 쓸 수는 없다."

175) 元和(원화): 원화체(元和體). 당(唐)나라 원화(元和; 憲宗의 연호) 연간에 백거이(白居易)와 원진(元稹)이 개창(開創)하여 성행한 시풍(詩風).

176) 明經(명경): 명경과(明經科). 고려와 조선시대의 과거 종목의 하나. 문과(文科)의 하나로 경학(經學)에 밝은 인재를 시취(試取) 하였는데, 오경(五經)의 의(義)와 사서(四書)의 의(疑)를 출제하여 선발하였음.

라고 하고, 승정원 주서(承政院注書)에 발탁하고, 다시 예문관 봉교(藝文館奉敎)로 옮겼다. 한주(翰注; 翰林과 注書)를 하면서 □궁궐에 출입하였는데, 글이 민첩하면서도 적당하고 말과 행동을 씀이 자세하고 다하니, □선묘(宣廟)께서 늘 훌륭하다고 하시면서 칭찬하셨다. 서애(西厓) 유성룡(柳成龍)과 아계(鵝溪) 이산해(李山海) 등 여러 현사들이 다시금 추천하였으나 사양하였다. 옥당(玉堂; 弘文館)에 있을 때 상소문을 써서 현량과(賢良科)를 다시 시행할 것을 청하니 식자들이 옳다고 여겼다. 일찍이 반궁(泮宮; 成均館)에 유학할 때 퇴계(退溪) 문순공(文純公) 이황(李滉) 선생을 뵙고 안자(顔子)의 극기복례(克己復禮)와 불천노불이과(不遷怒不貳過), 무벌선무시노(無伐善無施勞)를 강론하고 또 주염계(周濂溪)의 태극도설(太極圖說)을

[183쪽]

圖說 辨論皆切當 文純公深加稱賞 後語思菴曰 曺和宇眞通儒也 思菴答
도설 변론개절당 문순공 심가칭상 후어사암왈 조화우진통유야 사암답

曰 此人剛方正直 置之風憲之地 則必多可觀 但疾惡太甚 恐小容物之量
왈 차인강방정직 치지풍헌지지 즉필다가관 단질악태심 공소용물지량

先生特立獨行 不附權門 頗爲當路所嫉 戊子冬以騎曺佐郞 出爲本道亞
선생특립독행 불부권문 파위당로소질 무자동이기조좌랑 출위본도아

使佐幕之薦 雖托以擇人 而其實 則陰擠之於外也 巡到列邑 糾摘姦贓
사좌막지천 수탁이택인 이기실 즉음제지어외야 순도열읍 규적간장

不少假貸 勢家多怨之 貪官墨守望風解印者 亦數三邑 時鄭賊汝立伏誅
불소가대 세가다원지 탐관묵수망풍해인자 역수삼읍 시정적여립복주

而己丑獄起 先生爲飛語所誣 竟坐逮繫 與崔守愚永慶李東巖潑柳淸溪
이기축옥기 선생위비어소무 경좌체계 여최수우영경이동암발유청계

夢井諸賢 並死獄中 時年四十二 白沙李文忠公 時爲問事郞廳 備說其
몽정제현 병사옥중 시년사십이 백사이문충공 시위문사랑청 비설기

寃死之狀 事載江陵舊板 先生喪自洛歸鄕
원사지상 사재강릉구판 선생상자낙귀향

【번역】

변론(辨論)하니 모두가 합당했다. 문순공(文純公; 李滉)이 매우 칭찬하고, 훗날에 사암(思菴; 朴淳)에게 말하시기를,

“조화우(曺和宇; 曺大中)은 참으로 통유(通儒)다.”

라고 하셨는데, 사암(思菴)이 대답하기를,

“이 사람은 강직하고 방정하며 정직하여 감찰하는 어사(御史)의 지위에 두면 가히 볼만한 것이 많을 것입니다. 다만 악을 미워함이 지나치게 심하니, 포용하는 아량이 적은 것이 두렵습니다.”

라고 했다. 선생은 우뚝이 서서 홀로 다니고 권문세가에 빌붙지 않으니 자못

시기와 질투를 받는 것이었다. 무자년(戊子年) 겨울에 기조(騎曺; 兵曹) 좌랑(佐郞)으로 본도(本道; 全羅道) 아사(亞使; 都事) 좌막(佐幕; 裨將)에 천거되었으니, 비록 택인(擇人; 사람을 고름)에 의탁한 것이나 실지는 은밀히 외직으로 밀어낸 것이었다. 여러 읍을 순행하면서 간사스럽게 숨긴 것들이 적지 않았고, (官穀을) 세력 있는 집에게 거짓으로 빌려주고 먹으로 지워버린 탐관오리(貪官汚吏)들에 대해 원망하는 것이 많다는 것을 지적해내고, 벼슬에서 물러나게 한[177] 자들의 수가 또한 세 개 읍이었다. 그때 역적 정여립이 형벌을 받아 죽었으나 기축년에 옥사가 일어나니, 선생은 근거 없는 말에 무고되더니, 마침내 수우당(守愚堂) 최영경(崔永慶)・동암(東巖) 이발(李潑)・청계(淸溪) 유몽정(柳夢井) 등 제현과 더불어 체포되어 옥중에서 죽었다. 그때의 나이는 42세였다. 백사(白沙) 문충공(文忠公) 이항복(李恒福)이 당시에 문사낭청(問事郞廳)으로서 그 원통한 죽음의 모습을 강릉(江陵)에서 간행된 구판(舊板)에 실어 상세하게 말하고 있다. 선생의 상여가 서울에서 고향으로 돌아가는데,

[184쪽]

時忠武李公純臣宰井邑 聞先生喪之過界 操文致奠 人皆危之 忠武曰 曺
시 충무 이공 순신 재 정읍 문 선생 상 지 과 계 조 문 치전 인 개 위 지 충무 왈 조
公不服而死 吾不知曺公之罪名 且經本道使客 義不可恝 出哭甚哀 又金
공 불 복 이 사 오 부지 조 공 지 죄명 차 경 본도 사객 의 불가 괄 출 곡 심 애 우 김
吾郞搜先生家 得先生與忠武 所嘗往來書札 欲示隱諱之意 忠武不可曰
오 랑 수 선생 가 득 선생 여 충무 소 상 왕래 서찰 욕 시 은휘 지 의 충무 불가 왈
吾與曺公 主客間也 不知其罪名 且今已搜出 則不可隱諱 以負欺國之罪
오 여 조 공 주객 간 야 부지 기 죄명 차 금 이 수 출 즉 불가 은휘 이 부 기 국 지 죄
李澤堂植撰 忠武行狀首揭 此事以美之 其在獄中 臨絶時 與其兄生員諱
이 택당 식 찬 충무 행장 수 게 차사 이 미 지 기 재 옥중 임 절 시 여 기 형 생원 휘
敏中永訣書云 □主上聖明 天亦有知 而弟今以自外至者 抱冤而死 雖
민 중 영결 서 운 주상 성명 천 역 유 지 이 제 금 이 자 외 지 자 포원 이 사 수
曖昧極天 實是命也奈何 愼勿歸咎於造言之人也 又作一絶詩曰 丹心
애매 극천 실 시 명 야 내하 신 물 귀 구 어 조언 지 인 야 우 작 일 절 시 왈 단심
一片有誰知 一云鬼神知 **未吐深冤恨死遲 地下若從**
일편 유 수 지 일 운 귀신 지 미 토 심 원 한 사 지 지하 약 종

【번역】

그때 충무공(忠武公) 이순신(李舜臣)이 정읍(井邑)을 다스리고 있다가, 선생의 상여가 (정읍의)경계를 지나고 있다는 소리를 듣고 글을 짓고 제사를 지냈다. 사람들이 그것을 모두 위험한 일이라고 하니, 충무공이 말하기를,

177) 解印(해인): 해인수(解印綬). 인끈을 풀어놓음. 곧 벼슬자리에서 물러남.

"조공(曺公; 曺大中)은 굴복하지 않다가 죽은 것이며, 나는 조공의 죄명을 모른다. 또 본도(本道)를 지나가는 손님인데 의리로도 소홀히 할 수 없다."

라고 하고 나가서 심히 슬퍼하면서 곡하였다. 금오랑(金吾郞)이 선생의 집을 수색하여 선생과 충무공이 일찍이 주고받았던 서찰들을 찾아서 숨기려는 뜻을 보이자, 충무공이 불가하다고 하면서 말하기를,

"나와 조공은 주인과 손님의 사이이다. 그의 죄명을 모르고 또 찾아온 것을 숨기는 것은 나라를 속이는 죄를 지는 것이다."

라고 하였다. (이 말은)택당(澤堂) 이식(李植)이 지은 충무공행장(忠武公行狀) 첫머리에 이 일을 쓰고 있으니 아름답게 여긴 것이다. 그가 옥중에서 죽음에 임해서 그의 형님 생원 민중(敏中)에게 준 영결서(永訣書)에 이르기를,

「□주상전하께서도 지혜가 밝으시고 하늘도 역시 알고 있듯이, 아우는 이제 외직에 있다가 와서 원통함을 안고 죽습니다. 비록 애매함이 지극하나, 실로 이것도 운명이니 어찌하겠습니까? 삼가 말을 만들어낸 사람의 탓으로 돌리지 마십시오.」

라고 하고, 또 한 편의 시를 지어 말하기를,

"일편단심(一片丹心)을 알아주는 사람 누가 있으리오? -또는 '귀신도 알리라.'라고 한다.

깊은 원한을 토해내지도 못했는데 죽음이 더딘 것을 한하노라.

저승에서 만약

[185쪽]

比干去　孤魂含笑不須悲　當時用事之人　撤去上句　以下一句誦陳於□
비간 거　고혼 함소 불 수 비　당시 용 사 지 인　철거 상구　이 하 일 구 송 진 어

上前曰　渠旣以比干自況　則比□君父於何地　以是加罪　禍及泉壤　昆弟
상전 왈　거 기 이 비간 자 황　즉 비　군부 어 하 지　이 시 가죄　화 급 천양　곤제

子姪竝逮捕　覈訊甚急　黃秋浦愼以其時正言　詳辨其寃　牛溪成文簡公　抵
자질 병 체포　핵 신 심 급　황 추 포 신 이 기 시 정언　상 변 기 원　우계 성 문간공　저

書委官曰　曺詩本非大段　至於兩司罷遞　何不調劑　此非稱念獄　越明年辛
서 위관 왈　조 시 본 비 대 단　지 어 양사 파체　하 부 조제　차 비 칭념 옥　월 명년 신

卯　□上覽　其兄敏中　及其姪子守訓守誠守弘等　獄中寃情　及先生與兄
묘　상람　기 형 민 중　급 기 질자 수 훈 수 성 수 홍 등　옥중 원 정　급 선생 여 형

永訣私書　及獄中詩上句　與全州□大成殿慰安文　□特起惻然之感　□命
영결 사서　급 옥중 시 상구　여 전주　대성전 위안 문　특 기 측연 지 감　명

放釋其親屬　盖全州鄕校上梁文　卽汝立之所作也　醜其賊文之留於□
방석 기 친속　개 전주 향교 상량문　즉 여 립 지 소 작 야　추 기 적 문 지 유 어

文廟上樑上　將謀改建　監司使製慰安文　其文曰　幸賴
문묘 상량 상　장 모 개건　감사 사 제 위안 문　기 문 왈　행 뢰

【번역】

비간(比干)을 따라간다면

외로운 영혼이 웃음을 머금고 자못 슬퍼하지만은 않으리.”

라고 했다. 형(刑)을 집행하던 사람이 상구(上句)를 떼어버리고 아래 한구만을 외워서 □임금 앞에 진술하니, (임금이)말씀하시기를,

“그 사람(정곡)이 이미 비간(比干)으로써 스스로를 비유하니, □임금을 어느 땅[178]에 견주는 것이냐?”

라고 하였다. 이것으로써 죄가 더해졌으니, 죽음에 이르게 되었고 형제들과 조카들을 함께 체포하여 사실을 신문함을 매우 서두른 것이다. 추포(秋浦) 황신(黃愼)이 당시에 정언(正言)으로서 그 원통함을 상세하게 분변하였으며, 우계(牛溪) 문간공(文簡公) 성혼(成渾)이 위관(委官)에게 저지하는 글을 써서 말하기를,

“조대중의 시는 본래 대단한 것이 아니었는데, 양사(兩司)에서 파면하고 체포하기에 이른 것은 조화롭지 못한 것이니, 이는 옥사를 잘 생각한 것이 아니다.”

라고 했다. 다음 해를 지난 신묘년(辛卯年)에 □전하께서 그의 형님 민중(敏中)과 조카들인 수훈(守訓)・수성(守誠)・수홍(守弘) 등이 옥중에서 원통한 사정을 쓴 글과, 선생이 형님에게 준 영결(永訣)하는 개인적인 글과 옥중에서 쓴 시의 상구(上句), 전주 □대성전 위안문을 보시더니, □전하께서 특별히 측은한 느낌을 일으켜 □하명하여 그의 친족들을 석방시켰다. 대개 전주 향교의 상량문은 역적 정여립이 지은 것인데, 그 역적의 글이 아직 □문묘 상량에 남아 있는 것을 추하게 여긴 것이다. 그리하여 장차 고쳐 세우려고 감사(監司)가 위안문을 지어 보내라고 한 것인데, 그 위안문에서 말하기를,

[186쪽]

□聖鉞 陰討凶獰敦賊 已跽莽惡留甍 擧木可焚 削墨猶輕 - 一云消墨則輕等
성월 음토흉영돈적 이기망악유맹 거목가분 삭묵유경 일운소묵즉경등

語 於是伸雪之論起 其在洛下 則權判書愉 李文翼公德馨 力主其論有曰
어 어시신설지론기 기재락하 즉권판서유 이문익공덕형 역주기론유왈

三年大獄 寃楚萬狀 其在湖南 則都事羅德明 首倡抗疏有曰 曺大中爲人
삼년대옥 원초만상 기재호남 즉도사나덕명 수창항소유왈 조대중위인

慷慨 立志淸苦 不曳權門之裾 每激拒奸之論 孤立一道 衆口咻之 修撰
강개 입지청고 불예권문지거 매격거간지론 고립일도 중구휴지 수찬

178) 何地(하지): 어느 땅, 어느 나라를 말함. 비간(比干)이 살았던 중국의 은(殷)을 의미하며, 임금을 은나라의 폭군 주(紂)에 견주는 것이 된다는 의미.

吳益昌疏曰 曺大中居家孝友 出於天性 而立志淸苦 論議慷慨 常懷嫉惡
오익창 소 왈 조 대 중 거가 효우 출 어 천성 이 입 지 청고 논의 강개 상 회 질 악
之心 見忤奸人 此其所以不免於禍 承旨姜鳳覽疏曰 曺大中居家行誼
지 심 견 오 간 인 차 기 소이 불 면 어 화 승 지 강봉람 소 왈 조 대 중 거가 행 의
立朝淸節 國人所服 而今此橫罹極爲冤枉 都事羅德潤疏曰 曺大中孝友
입조 청절 국인 소 복 이 금 차 횡리 극 위 원왕 도사 나 덕 윤 소 왈 조 대 중 효우
篤實 學問眞正 洗馬崔弘宇疏曰 無形罪目 有口難明
독실 학문 진정 세마 최홍우 소 왈 무형 죄목 유 구 난 명

【번역】

“다행히 □성군의 정벌에 힘입어 은밀히 흉악한 역적을 토벌하셨으니, 역적은 이미 무륲을 꿇었다. 그러나 많은 악적의 흔적이 용마루에 남아 있으니, 나무는 들어 불에 태울 수 있고 (상량문의 글씨)먹은 깎아내기가 오히려 쉬운 것이다. - 또는 ‘먹은 지우기가 쉽다.’라고 되어 있다.”

등의 말이었다. 이에 신원설치하자는 공론이 일어났으니, 서울에 있는 사람으로는 판서 권유(權愉)와 문익공(文翼公) 이덕형(李德馨)이 그 논의에 힘 있게 주장하여 말하기를,

“3년간 동안 옥사(獄事)를 치르다보니 원망과 고통이 1만 가지나 됩니다.”

라고 말하고, 호남에 있어서는 도사(都事) 나덕명(羅德明)이 앞장서서 부르짖으며 상소를 올려 말하기를,

“조대중은 사람됨이 강개하고 뜻을 세움이 청고(淸苦)하여 권문세가의 문 에는 드나들지도 않았습니다. 늘 간사한 사람들을 막아내는 논의를 격렬하게 하여 한 도에서 홀로 섰으니 뭇 사람들의 입에 오르내렸습니다.”

라고 하였다. 수찬(修撰) 오익창(吳益昌)이 상소를 올려 말하기를,

“조대중은 집에 있으면서 효도하고 우애하였는데 천성에 나온 것이었고, 청고(淸苦)에 뜻을 세워 논의가 강개했으며, 항상 악을 미워하는 마음을 품고 있어 간사한 사람들에게 거슬렀습니다. 그 까닭으로 화를 면하지 못했습니다.”

라고 했다. 승지(承旨) 강봉람(姜鳳覽)의 상소에 말하기를,

“조대중은 집에 있음에 행실이 정의(情誼)롭고, 조정에 섬에 청절(淸節)하여 나라사람들이 감복하였는데, 지금 뜻밖의 재앙을 당해 지극히 원통하고 억울한 것입니다.”

라고 했다. 도사(都事) 나덕명(羅德明)이 상소하여 말하기를,

“조대중은 효도와 우애가 독실하였으며, 학문이 진정으로 올곧았습니다.”

라고 했으며, 세마(洗馬)[179] 최홍우(崔弘宇)는 상소하여 말하기를,

"형체 없는 죄목이었으니 입이 있어도 밝히기 어렵다.

[187쪽]

終負惡名抱冤而死 儒生梁克遴疏曰 曺大中志氣剛直 論議慷慨 □宣廟
종 부 악명 포원 이 사 유 생 양 극 린 소 왈 조 대 중 지기 강직 논의 강개 선묘

昇遐 光海君嗣位 疏請如前 完平府院君 李公元翼獻議曰 快從公議
승하 광해군 사위 소 청 여전 완평부원군 이 공 원 익 헌의 왈 쾌 종 공의

昭雪至寃 實嗣服之初政 而慰悅人心之一大擧措也 左議政李公恒福
소설 지 원 실 사복 지 초 정 이 위 열 인심 지 일대 거조 야 좌의정 이 공 항 복

獻議曰 曺大中等之寃臣於鞫獄之際 目見其事 已嘗言於同僚 又於□
헌의 왈 조 대 중 등 지 원 신 어 국 옥 지 제 목 견 기 사 이 상 언 어 동료 우 어

先王引對之日 亦以是□启之 淸平府院君韓公應寅獻議曰 公議之發久
선왕 인대 지 일 역 이 시 계 지 청평 부원군 한 공 응 인 헌의 왈 공의 지 발 구

而愈激快示昭雪 以答輿望 兩司玉堂合□启 箚□启 至於禁府回□启 而
이 유 격 쾌 시 소설 이 답 여 망 양사 옥당 합 계 차 계 지 어 금부 회 계 이

自□上允許 時朝議庬亂 未及復官 □仁廟改玉 問初政急務 當何先輔德
자 상 윤허 시 조의 방 란 미 급 복관 인묘 개옥 문 초 정 급무 당 하 선 보덕

尹公知敬對曰 雪己丑寃當先 白江李公敬輿繼之曰
윤 공 지 경 대 왈 설 기축 원 당 선 백강 이 공 경 여 계 지 왈

【번역】

끝내 악명(惡名)을 지고 원통함을 지고 죽었다."

라고 말했다. 유생(儒生) 양극인(梁克遴)이 상소하여 말하기를,

"조대중은 지기(志氣)가 강직하고 논의가 강개하였다."

라고 했다. □선묘(宣廟)가 승하하고 광해군(光海君)이 보위를 이었으나 청하는 상소는 이전과 같았다. 완평부원군(完平府院君) 이원익(李元翼) 공이 의견 올리기를,

"빨리 공의를 따르셔서 지극한 원한을 씻어주시는 것이 선왕의 사업을 계승하는[180] 처음 정무(政務)이옵고, 인심을 위로하고 즐겁게 해주는 일대 행실이 되실 것이옵니다."

라고 했다. 좌의정(左議政) 이항복(李恒福) 공도 의견을 드려 말하기를,

"조대중 등이 국옥(鞫獄)에서 원통한 신하가 될 때, 그 일을 목격한 것은 이미 일찍이 동료와 또 □선왕께서 인견하여 대할 때 □상계로 말씀드렸습니다."

하고 했다. 청평부원군(淸平府院君) 한응인(韓應寅)이 의견을 드려 말하기를,

"공의가 일어난 것이 오래되었으니 빨리 억울함을 씻어 주시어 여망(輿望)에 답하시는 것이 나을 것 같사옵니다."

라고 했다. 양사(兩司)와 옥당(玉堂)에서 □합계(合啓)를 올려 금부(禁府)에 이

179) 洗馬(세마): 조선시대, 세자 익위사(世子翊衛司)에 두었던 정9품 벼슬.

180) 嗣服(사복): 선인(先人)의 사업(事業)을 계승함.

르자, 회답하는 □계를 올리자 □주상께서 회답하여 윤허하셨다. 그때 조정에서 의론이 크게 혼란스러워 복관(復官)에 이르지 못했다. □인조(仁祖)로 바뀌자 처음으로 해야 할 급한 정무와 응당 어떻게 먼저 덕을 도울 것인가를 물으시자, 윤지경(尹知敬) 공이 대하여 말하기를,

"기축년의 원통함을 씻어주시는 것을 응당 먼저 해야 하옵니다."

라고 말했다. 그러자 백강(白江) 이경여(李敬輿) 공이 말하기를,

[188쪽]

知敬言是也 □上命收議 領議政李文忠公元翼 左議政尹公昉 右議政申
지경언시야 상명수의 영의정 이 문충공 원익 좌의정 윤공방 우의정 신
公欽議 以爲己丑寃當先雪 於是合辭□筵稟 伸雪復職追官致祭事在 其
공흠의 이위 기축 원당선설 어시 합사 연품 신설 복직 추관 치제 사재 기
時政院日記中 及己丑錄 學行名節 冠寃南服 世稱鼎谷先生所著 有庸學
시정원일기중 급 기축록 학행 명절 관원 남복 세칭 정곡 선생 소저 유용학
口訣一卷 文集若干卷 而爲金吾郎搜去 丙子嶺南儒生 金璟等八十餘人
구결 일권 문집 약간 권 이위김오랑수거 병자 영남 유생 김경등팔십여인
湖西儒生洪沔等百餘人發通 本道 太學通章繼發 營立院宇 金兵猝至事
호서 유생 홍면 등 백여인 발통 본도 태학 통장 계발 영입 원우 김병졸지사
因中止 至□正宗乙巳 道內士林 以先生配享于恭僖公櫟(륵)亭書院
인중지 지 정종 을사 도내 사림 이 선생 배향 우 공희공 정 서원

鼎谷集卷之四
정곡집권지사

【번역】

"윤지경의 말이 옳습니다."

라고 했다. □주상께서 수의(收議)하도록 하시니, 영의정 문충공 이원익·좌의정 윤방·우의정 신흠이 의론하여 기축년의 원통함을 먼저 씻어주는 것으로 삼았다. 이에 말을 합하여 □경연에 올렸다. 신원설치하고 관직을 회복시키며, 관작을 추증하고 나라에서 관리를 보내 제사지내는 것 등 그때의 일들이 승정원일기(承政院日記)와 기축록(己丑錄)에 있다. 학문과 행실, 명예와 절조, 남쪽을 순행한 일들이다. 세칭 정곡 선생이 지은『용학구결(庸學口訣)』1권과 문집 약간 권이 있었는데, 금오랑이 찾아 갔다. 병자년(丙子年)에 영남의 유생 김경(金璟) 등 80여 명과 호남의 유생 홍면(洪沔) 등 100여 명이 통문을 냈고, 본도의 태학에서도 통문을 연달아 내서 원우(院宇)를 건립할 것을 냈는데, 금(金)나라 군사들이 졸지에 이른 (침입한)일로 인하여 중지되었다. □정종(正宗; 正朝) 을사년(乙巳年)에 도내 사림들이 선생을 공희공(恭僖公) 륵정서원(櫟亭書院)에 배향했다.

정곡집(鼎谷集) 4권(卷)

[189쪽]

舊跋
구 발

辛未八月十三日己未　夏山曺昌得士魯氏　使其孫光馨來言　於羅州羅炅
신미 팔월 십 삼 일 기미 하 산 조 창 득 사 노 씨 사 기 손 광 형 래 언 어 나주 나 경

曰　吾先祖鼎谷公所著詩文　當禍時散亡殆盡　今距己丑二百餘年　行實
왈 오 선조 정 곡 공 소 저 시문 당 화 시 산망 태 진 금 거 기축 이 백 여 년 행실

事蹟　又不能紀傳　吾悲之　當己丑鍛錬之時　一代名流　盡入密網中脫不得
사적 우 불능 기 전 오 비 지 당 기축 단련 지 시 일대 명류 진 입 밀 망 중 탈 부 득

吾先祖被毒尤酷　上自公卿以下至於韋布　無敢一言以救解　丙子之先祖
오 선조 피 독 우 혹 상 자 공경 이 하 지 어 위포 무 감 일언 이 구 해 병 자 지 선조

錦峯公　首發伸冤之論　陳疏叫閽　至再至三　竟使旣絶之士氣　始有陽復之
금 봉 공 수 발 신원 지 론 진소 규 혼 지 재 지 삼 경 사 기 절 지 사기 시 유 양 복 지

慶　湖南士林　至今賴之　今計知吾先祖事實者　宜莫如子　子其爲賢碣銘
경 호남 사림 지금 뢰 지 금 계 지 오 선조 사실 자 의 막 여 자 자 기 위 현 갈명

炅何敢更加贅說　以取汰哉之誚　亦恐黨人之見　而怒之也　然士魯
경 하 감 경 가 췌 설 이 취 태 재 지 초 역 공 당인 지 견 이 노 지 야 연 사 노

【번역】

구발(舊跋)[181]

신미년(辛未年; 1811년) 8월 13일 기미(己未)일에 하산(夏山) 조창득(曺昌得)과 선비 노씨(魯氏)가 그의 손자 광형(光馨)을 나주(羅州)의 나경(羅炅)에게 보내 말하기를,

“우리 선조 정곡(鼎谷) 공이 지은 시문이 화를 당했을 때에 흩어져서 거의 없습니다. 기축년은 지금으로부터 200여 년이고, 행실과 사적 또한 쓰여 전할 수 없으니 저는 슬퍼합니다. 기축년은 죄를 덮어씌우던[182] 시기였으니 한 시대에 널리 알려진 명사(名士)들도 모두 촘촘한 그물 속에 걸려 들어가면 벗어날 수 없었습니다. 우리 선조께서는 독을 더욱 혹독하게 입었으니, 위로는 공경대부로부터 아래로는 벼슬하지 않는 선비들에 이르기까지 감히 구해달라는 말 한마디도 못했는데, 그대의 선조 금봉공(錦峯公)[183]께서 앞장서서 신원설치의 공론을 펴고 상소문을 써서 궁문에서 외치기를 두세 번하셨습니다. 그러자 마침내 끊겼던 선비들의 기개에 비로소 양기(陽氣)가 다시 생겨나는[184] 경사가 있었으니, 호남의 사림

181) 舊跋(구발): 옛 판본의 발문(跋文). 발문은 책 끝에 본문 내용의 대강이나 발간 경위에 관계된 사항을 간략하게 적은 글.

182) 鍛錬(단련): 죄를 덮어씌움. 고문하여 괴롭힘.

183) 錦峯公(금봉공): 앞에 나온 〈정곡선생건사사적(鼎谷先生建祠事蹟)〉에 의하면 나덕명(羅德明)으로 여겨짐. 원문 186쪽 4행 참조.

184) 陽復(양복): 양기(陽氣)가 처음으로 다시 생기는 일. 정치가 맑고 깨끗함을 비유하는 말.

들이 지금까지 의지하고 있습니다. 지금 헤아리기로는 우리 선조의 사실을 아는 사람은 자손만한 사람이 없으며, 자손들은 그 어진 사실을 비석에 새겨야 합니다."

라고 하니,

"이 나경(羅炅)이 어찌 감히 번거로운 말을 더하여 사실이 아닌 것을 써서 책망을 받겠습니까? 또한 당인(黨人)들이 보고 분노할 것이 두렵습니다. 그러나 선비 노씨(魯氏)의

[190쪽]

氏命之 烏可已乎 炅年至日 索神耗精幣 平日所聞不能記其什一 只就
씨명지 오가이호 경년지일 삭신모정폐 평일소문불능기기십일 지취
前賢疏箚政院日記 及諸家文集中 凡爲先生直之者 略加裒輯 以附於
전현소차정원일기 급제가문집중 범위선생직지자 약가부집 이부어
詩文之後 竊自傅於述而不作之義云爾
시문지후 절자부어술이부작지의운이

後學羅炅跋
후학나경발

蓋天地之間 有陽必有陰 有善必有惡 君子與小人是善惡之分也 譬如
개천지지간 유양필유음 유선필유악 군자여소인시선악지분야 비여
氷炭矛盾 勢不相容 君子謂小人爲邪 而必欲斥之 小人謂君子爲黨 而必
빙탄모순 세불상용 군자위소인위사 이필욕척지 소인위군자위당 이필
欲擠之 故自□國朝以來 縉紳大夫 往往多不幸罹禍罟 己卯而乙巳 乙巳
욕제지 고자 국조이래 진신대부 왕왕다불행리화고 기묘이을사 을사
而己丑 殺之者常爲小人 死之者常爲君子 則是乃善惡之有
이기축 살지자상위소인 사지자상위군자 즉시내선악지유

【번역】

명령이니 어찌 그만 둘 수 있겠습니까? 그러나 경(炅)의 나이도 나날이 정신도 흐려지고 마음도 어두워져 평일에 들은 바를 십분의 일도 기록할 수 없습니다. 다만 전대 현사(賢士)들의 상소문(上疏文)과 차자(箚子)와 승정원일기(承政院日記) 및 제가(諸家)들의 가운데서 선생에 대해서 바르게 쓴 것들을 간략하게 모아 시문(詩文)의 뒤에 붙여 집록(輯錄)하여[185] 술이부작(述而不作)[186]의 뜻에서 자서전(自敍傳)으로 하고자 할 뿐이다.

후학(後學) 나경(羅炅)이 발문(跋文)을 쓰다.

185) 裒輯(부집): 모아서 집록(輯錄)함.

186) 述而不作(술이부작): 선인(先人)의 학설이나 이론을 서술하여 밝힐 뿐 새로운 것을 창작하지 않음. 『논어(論語)』 술이편(述而篇)에 「子曰, 述而不作, 信而好古, 竊比我老彭」.

대개 천지간에 양(陽)이 있으면 반드시 음(陰)이 있고, 선(善)이 있으면 반드시 악(惡)이 있다. 군자와 소인은 선악으로 구분되는 것이다. 비유하면 얼음과 숯, 창과 방패의 세력과 같아서 서로 용납하지 않는 것이다. 군자는 소인을 일러 간사(奸邪)하다고 여겨 반드시 배척하려 하고, 소인은 군자를 일러 무리들이라고 여겨 밀어내려고 한다. 그러므로 □국조(國朝) 이래로 사대부들은 가끔 불행히도 앙화의 그물에 걸린 것이 많았으니, 기묘사화(己卯士禍)에서 을사사화(乙巳士禍)로, 을사사화에서 기축년(己丑年)에 죽인 사람들은 항상 소인들이었고, 죽은 사람은 항상 군자였으니, 여기에 선악이 돌아가는 바가 있는 것이다.

[191쪽]

歸也 當其時主獄者 雖千百載 脫不得小人之歸矣 謹按公學問高邁 天性
귀 야 당 기 시 주 옥 자 수 천백 재 탈 부 득 소인 지 귀 의 근 안 공 학문 고 매 천성
剛直 疾惡如讎 見忤奸黨 橫罹己丑之禍 始以爲賊流涕之讒 殞命犴狴
강직 질 악 여 수 견 오 간당 횡리 기축 지 화 시 이 위 적 유체 지 참 운명 안 폐
竟以地下比干之句 禍及泉壤 是何以異於秦檜之 以莫須有三字 構殺岳
경 이 지하 비간 지 구 화 급 천양 시 하 이 이 어 진 회 지 이 막 수 유 삼 자 구 살 악
武穆哉 東萊呂先生 嘗言余 每念武穆之死 直欲籲天 而不可得 今於公
무 목 재 동 래 여 선생 상 언 여 매 념 무 목 지 사 직 욕 유 천 이 불가 득 금 어 공
所遭之禍 尤當何如哉 嘗觀與李東巖書 以胡康侯之賢 尙不識秦檜之間
소 조 지 화 우 당 하여 재 상 관 여 이 동 암 서 이 호 강 후 지 현 상 불 식 진 회 지 간
安知今世無此等人乎 昔曹操欲緩呂布之死 昭烈曰 明公不見丁董之事
안 지 금세 무 차등 인 호 석 조 조 욕 완 여 포 지 사 소열 왈 명 공 불견 정 동 지 사
乎 背恩負義 人情之所共惡乎 而知惡君子之所尙也云 其惡惡之嚴 燭奸
호 배은 부 의 인 정 지 소 공 오 호 이 지 악 군자 지 소 상 야 운 기 오 악 지 엄 촉 간
之明 有如是者 而猶不免於慘禍 嗚呼痛哉 尙忍
지 명 유 여 시 자 이 유 불면 어 참화 오호 통 재 상 인

【번역】

당시에 옥사를 주재(主宰)했던 사람은 비록 천백 년이 지나더라도 소인으로 귀결됨을 벗어날 수 없다. 삼가 공의 학문을 살펴보면 고매하였고 천성이 강직하여 악을 미워하기를 원수같이 하였으니, 간사한 무리들이 꺼려하다가 뜻밖에 기축년의 재앙을 당했으니, 비로소 역적을 위하여 눈물을 흘렸다는 모함의 말로 옥에 갇혀서 죽었으니, 필경 '지하에서 비간(比干)을 따라간다면'이라는 싯구의 화로 죽음에 까지 이르렀으니, 이것이 어찌 진회(秦檜)가 세 글자를 없애 악무목(岳武穆)[187]을 얽어 죽인 것과 다르겠는가? 동래(東萊) 여선생(呂先生)께서 일찍이 나

187) 岳武穆(악무목): 악비(岳飛). 송대(宋代)의 명장. 무목(武穆)은 시호. 효자이자 명장으로 병법에 정통하여 금군(金軍)을 격파하는데 큰 공을 세웠으나 화의를 주장하는 간신 진회(秦檜) 등에 의해 옥중에서 살해됨. 복관(復官)되어 뒤에 악왕(鄂王)으로 추대됨.

에게 말씀하시기를, '늘 무목(武穆; 岳飛)의 죽음을 생각하라, 바야흐로 하늘을 향해 원통을 호소하더라도 어쩔 수 없는 것이다.'라고 했다. 지금 공이 (기축옥사의 화를)만났으니 더욱 어찌 할 것인가? 일찍이 이동암(李東巖; 李潑)의 글을 읽어보았는데, 어찌하여 강후(康侯)의 현명함으로도 진회(秦檜)의 간악함을 몰랐는가? 어찌 금세에도 이와 같은 사람들이 없음을 알겠는가? 옛날에 조조(曹操)가 여포(呂布)를 살려주려고 할 때, 소열제(昭烈帝)가 말하기를,

"밝으신 공께서는 정동(丁董)[188]의 일을 보지 않았는가? 은혜를 배반하고 의리를 저버렸으니 인정으로 함께 미워하는 것을 좋아하고, 미워할 줄 아는 것은 군자가 숭상하는 바이다."

라고 말했으니, 그 악을 미워하는 것이다. 엄격히 간사함을 밝혀 분명히 함에 이와 같은 것이 있었는데도, 오히려 참화를 면하지 못하였도다. 오호! 아프구나. 차마 말하겠는가?

[192쪽]

言哉 自當時及今 以己丑治獄之濫 尙論者皆以鄭澈爲禍首 豈非惡有所
언재 자당시급금 이기축치옥지람 상론자개이정철위화수 기비악유소
歸者耶 或有掇拾無稽 欲爲護澈 於天網之中得乎 自不覺其徒累 於已而
귀자야 혹유철습무계 욕위호철 어천망지중득호 자불각기도누 어이이
無益於澈也 噫當禍時 遺集散亡殆盡 存不能什一 惜乎 其言行之不盡傳
무익어철야 희당화시 유집산망태진 존불능십일 석호 기언행지부진전
於世也 後己丑二百載 錦城羅炅氏 裒輯家藏古紙 參攷時政日記 釐爲
어세야 후기축이백재 금성나경씨 부집가장고지 참고시정일기 리위
若干篇 自吾先君 竊嘗慨然 于此 思欲登梓壽傳 而每緣時屈有議未果
약간편 자오선군 절상개연 우차 사욕등재수전 이매연시굴유의미과
今因其所定編 次更加釐正 如或有考據之不審 敍次之不精 則深有望於
금인기소정편 차경가리정 여혹유고거지불심 서차지부정 즉심유망어
後來之賢者
후래지현자

丙申十一月下澣 十代孫秉禹謹識
병신십일월하한 십대손병우근지

【번역】

그때로부터 지금에 이르기까지 기축년 옥사의 다스림을 함부로 하였다는 것은, 아직도 의론하는 사람들은 모두 정철을 참화의 우두머리로 여기고 있으니, 어찌 악의 귀결될 바가 있는 것이 아닌가? 간혹 허물을 찾아보거나[189] 헤아려봄도 없

188) 丁董(정동): 후한(後漢) 사람 정원(丁原)과 동탁(董卓).
189) 掇拾(철습): 남의 허물을 찾아내어 공격함.

이, 하늘이 내린 형벌[190] 가운데서 정철을 비호(庇護)하고자 한다면 그럴 수 있겠는가? 깨닫지 못한 무리들이 이미 여러 번 있었으나 정철에게는 무익(無益)한 것이다. 슬프도다! 화를 당했을 때 남겨진 문집이 있었으나 거의 흩어지고 없어져 열 가운데 하나도 없다. 애석하도다! 그의 언행은 없어지지 않고 세상에 전하고 있었으니, 기축년이 지난 2백년 후에 금성(錦城; 羅州)의 나경(羅炅)씨가 집에 소장하고 있던 옛 글과 시정일기(時政日記; 承政院日記)를 참고하여 약간을 고쳐 편찬하였다. 나의 선군(先君; 先考) 때부터 일찍이 이것을 개탄하시면서 인쇄하여[191] 오래도록 전하고자 생각하였으나, 매번 시기가 좋지 않은데 일을 벌인다[192]는 의논으로 말미암아 결과가 아직 없었다. 이제 순서에 따라 편집하고 고치기를 더하여 바르게 하였다. 혹 살피지 못한 참고하여 근거로 삼을 것이 있거나, 차례가 정밀하고 깊지 못한 것이 있다면 훗날의 어진 사람들이 있기를 바란다.

병신년(丙申年; 1956년) 11월 하한(下澣; 下旬)

10대손 병우(秉禹) 삼가 쓰다.

[193쪽]

昔范文正公常曰 吾於人無怨讎 朱夫子嘗亟稱而善之 夫子奚取於范公
석범 문정공 상왈 오어인무 원수 주부자상극칭이선지 부자해취어범공

哉 以其有不怨天不尤人 而橫逆之來 斯受之之義 而然也今按 公躬遭
재 이기유불원천불우인 이횡역지래 사수지지의 이연야금안 공궁조

己丑羅織之禍 始以萋斐之讒 終陷鍛鍊之獄 若揆以常情 宜有怨尤者 而
기축 나직 지화 시이 처비 지참 종함 단련 지옥 약규이 상정 의유 원우 자 이

今觀公之上家兄永訣書云 弟以自外至者 抱冤而死命也 又曰 我死命也
금관공지상 가형 영결 서운 제이자외지자 포원 이사명야 우왈 아사명야

愼勿歸咎於造言之人 其視范公之無怨讎 爲何如哉 況范公之言 猶在於
신물귀구어 조언 지인 기시범공지무 원수 위하여재 황범공지언 유재어

宴安平常之時 公之言乃在於死生遑迫之際 其尤難於范公也 審矣當時
연 안평 상지시 공지언내재어 사생 황박지제 기우난어범공야 심의 당시

乃以地下比干之句 陷以怨□上之罪 嗚呼 公尙不歸咎於造言之人 況□
내이 지하 비간 지구 함이원 상지죄 오호 공상불귀구어 조언 지인 황

君父乎 此不待辨 而自明矣 若其立朝 始終受
군부 호 차부대변 이자명의 약기입조 시종 수

【번역】

문정공(文正公) 범중엄(范仲淹)[193]이 항상 말하기를,

---

190) 天網(천망): 천망회회(天網恢恢). 악한 짓을 하면 반드시 천벌을 받아야 함을 비유.

191) 登梓(등재): 글자를 새겨 책판에 올림. 뒤에 인쇄를 가리키는 말로 쓰임.

192) 時屈(시굴): 시굴거영(時屈擧贏). 시대 상황은 악화되어 가는데 도리어 사치스러운 일을 벌임.

193) 范仲淹(범중엄): 송(宋)나라 소주(蘇州) 오현(吳縣) 사람. 자는 희문(希文). 시호는 문정(文正). 시문

"나는 사람에게 원수가 없다."

라고 했는데, 주부자(朱夫子; 朱熹)가 일찍이 지극하게 칭송하며 그 말을 아름답게 여겼다. 주부자는 어찌하여 범공(范公)의 말을 취했는가? 그것은 하늘도 원망하지 않고 남도 탓하지 않으며,[194] 뜻밖의 재난[195]을 당하더라도 그것을 받아드린다는 뜻이다. 그러나 지금 살펴보건대 공의 몸이 기축년에 없는 죄에 걸린 것은 참소하는 거짓말로 비롯하였다가 끝내 옥사의 고문에 빠진 것이니, 만약 일상의 인정으로 헤아려본다면 마땅히 원망과 탓함이 있어야 한다. 그러나 지금 공이 집안의 형님에게 올린 영결서를 살펴본다면 이르기를, '아우는 외직(外職; 全羅都事)에 있다가 다다른 사람으로 원통함을 안고 죽는데, 죽음은 운명입니다.'라고 하고, 또 이르기를, '나의 죽음은 운명이니 삼가고 말을 만들어낸 사람들의 탓으로 돌리지 마십시오.'라고 했으니, 그것은 범공의 '원수가 없다.'는 것과 어떤가? 하물며 범공의 말은 오히려 편안하고 화평하게 있을 때 한 말이었다. 그러나 공의 말은 삶과 죽음이 황급히 닥쳤을 때의 말이니, 그의 말은 범공보다 더욱 어려운 것이었다. 당시를 살펴본다면, '지하에서 비간을 따르겠다.'는 시구로 □주상을 원망하는 죄에 빠진 것이다. 오호라! 공은 말을 만들어낸 사람들의 탓으로도 돌리지 않았는데, 하물며 □임금을 탓하였겠는가? 그리고 (그의 잘못에 대해)변석(辨釋)과 스스로 밝혀지는 것도 기다리지 않았다. 그가 조정에 있으면서 화를 입은 시작과 끝의

[194쪽]

禍顚末 詳在年譜故略 叙其所感於心者 以附卷末焉
화 전말 상 재 연보 고 략 서 기 소감 어 심 자 이 부 권 말 언

丙申十一月下澣 九代孫兌承謹識
병신 십 일 월 하한 구 대 손 태 승 근 지

【번역】

전말(顚末)은 연보(年譜)에 자세히 기록되어 있으므로 생략하고, 마음속의 느낀 바를 서술하여 책의 끝에 붙인다.

병신년(丙申年; 1956년) 11월 하한(下澣; 下旬)에

9대손 태승(兌承)이 삼가 쓰다.

(詩文)과 사(詞)에 능하여, 특히 〈악양루기(岳陽樓記)〉는 세상에 널리 회자되었음.

194) 不怨天不尤人(불원천불우인): 하늘도 원망하지 않고 남도 탓하지 않음. 『논어(論語)』 헌문편(憲問篇)에 「不怨天, 不尤人, 下學而上達, 知我者其天乎」.

195) 橫逆(횡역): 의외의 재난이나 액운(厄運).

참고 문헌

1. 『한국민족문화대백과사전』, (한국정신문화원, 1991)
2. 『鼎谷遺集』, (한국역대문집총서 577권, 경인문화사)
3. 『유학원론』, (성균관대학교 유학과, 1985)
4. 박완식역, 『성리학이란 무엇인가』, (여강출판사, 1993)
5. 『完譯 四書五經』, (성균서관, 1979)
6. 『昌寧曺氏判尹公派譜』 1.2권, (창녕조씨판윤공파보소, 2005)
7. 奇大升, 『高峯集』, (한국문집총간 40권, 민족문화추진회)
8. 柳希春, 『眉庵集』, (한국문집총간 34권, 민족문화추진회)
9. 『국역 연려실기술』, (민족문화추진회)
10. 成渾, 『牛溪集』, (한국문집총간 43권, 민족문화추진회)
11. 李舜臣, 『李忠武公全書』, (한국문집총간 55권, 민족문화추진회)
12. 蔡濟恭, 『樊巖集』, (한국문집총간 235-236권, 민족문화추진회)
13. 李恒福, 『白沙集』, (한국문집총간 62권, 민족문화추진회)
14. 金宇顒, 『東岡集』, (한국문집총간 40권, 민족문화추진회)
15. 李玄逸, 『葛庵集』, (한국문집총간 128권, 민족문화추진회)

양현승 梁鉉承

전남 화순 출생
국민대학교 문과대학 국어국문학과 졸업
동 대학원 문학석사・박사
서정대학 겸임교수
현 국민대학교 국어국문학과 부교수

주요 저서
『한국 '설' 문학 연구』(박이정, 2001년)
역주 『편옥기우기』(공저, 박이정, 2002년)
『한국 '설'문학선』(월인, 2004년)
역주 『제주양씨세적』(월인, 2007년)
역주 『홍무왕실기』(월인, 2014년)

국역 鼎谷集

초판 1쇄 인쇄 · 2015년 3월 5일
초판 1쇄 발행 · 2015년 3월 9일

저　자 · 조대중
역　자 · 양현승
발행인 · 박성복
발행처 · 도서출판 월인
서울특별시 강북구 노해로25길 61(수유2동 252-9)
등　록 · 제6-0364호
등록일 · 1998년 5월 4일
전　화 · (02) 912-5000
팩　스 · (02) 900-5036
www.worin.net

ISBN 978-89-8477-590-9 93810

값 30,000원

顚末詳載年譜故略敘其所感於心者以附卷尾焉

丙申十一月下澣九代孫兌承謹識

昔范文正公嘗曰吾於人無怨雖朱夫子嘗亟稱而善之夫子奚取於范公哉以其有不怨天不尤人而横逆之來斯受之之義而然也今按公躬遭己丑羅織之禍始以萋斐之讒終陷鍛鍊之獄若揆以常情宜有怨尤者而今觀公之上家兄永訣書云弟以自外至者抱冤而死命也又曰我死命也愼勿歸咎於造言之人其視范公之無怨雖爲何如哉況范公之言猶在於宴安平常之時公之言乃在於死生遑迫之際其尤難於范公也審矣當時乃以地下比干之句陷以怨 上之罪嗚呼公尚不歸咎於造言之人況 君父乎此不待辨而自明矣若其立朝始終受禍

尚忍言哉自當時及今以己丑治獄之濫尚論者皆以鄭
澈爲禍首豈非惡有所歸者耶或者掇拾無稽欲爲護澈
於天網之中得乎自不覺其徒累於己而無益於澈也噫
當禍時遺集散亡殆盡存不能什一惜乎其言行之不盡
傳於世也後己丑二百載錦城羅昊氏裒輯家藏古紙叢
攷時政日記釐爲若干篇自吾先君竊嘗慨然于此思欲
登梓壽傳而每緣時屈有議未果今因其所定編次更加
釐正如或有考據之不審敍次之不精則深有望於後來
之賢者

丙申十一月下澣十代孫秉禹謹識

歸也當其時主獄者雖千百載脫不得小人之歸矣謹按
公學問高邁天性剛直疾惡如讎見忤奸黨橫罹己丑
之禍始以爲賊流涕之讒殞命犴狴竟以地下比干之句
禍及泉壤是何以異於秦檜之以莫須有三字構殺岳武
穆哉東萊呂先生嘗言余每念武穆之死直欲籲天而不
可得今於公所遭之禍尤當何如哉嘗觀與李東巖書
以胡康侯之賢尚不識秦檜之奸安知今世無此等人乎
昔曹操欲緩呂布之死昭烈曰明公不見丁董之事乎背
恩負義人情之所共惡好而知惡君子之所尚也云其惡
惡之嚴燭奸之明有如是者而猶不免於慘禍嗚呼痛哉

氏命之烏可已乎旻年至呂索神耗精弊平日所聞不能記其什一只就前賢疏劄政院日記及諸家文集中凡爲先生直之者略加裒輯以附於詩文之後竊自傅於述而不作之義云爾

後學羅旻跋

蓋天地之間有陽必有陰有善必有惡君子與小人是善惡之分也譬如冰炭矛盾勢不相容君子謂小人爲邪而必欲斥之小人謂君子爲黨而必欲擠之故自 國朝以來縉紳大夫往往多不幸罹禍罟己卯而乙巳乙巳而己丑殺之者常爲小人死之者常爲君子則是乃善惡之有

鼎谷遺集卷後跋

辛未八月十三日己未夏山曺昌得士魯氏使其孫光馨來言於羅州羅晃曰吾先祖鼎谷公所著詩文當禍時散亡殆盡今距己丑二百餘年行實事蹟又不能紀傳吾悲之當己丑鍛鍊之時一代名流盡入密網中脫不得吾先祖被毒尤酷上自公卿以下至於韋布無敢一言以救解而子之先祖錦峯公首發伸冤之論陳䟽叫閽至再至三竟使旣絶之士氣始有陽復之慶湖南士林至今賴之今計知吾先祖事實者宜莫如子子其爲贊碣銘晃何敢叓加贅說以取汰㦲之誚亦恐黨人之見而怒之也然士魯

朝議厖亂末及復官 仁廟改玉問初政急務當何先輔
德尹公知敬對曰雪己丑冤當先白江李公敬輿繼之曰
知敬言是也 上命收議領議政李文忠公元翼左議政
尹公昉右議政申公欽議以爲己丑冤當先雪於是合辭
筵稟伸雪復職遣官致祭事在其時政院日記中及己
丑錄學行名節冠冕南服世稱鼎谷先生所著有庸學口
訣一卷文集若干卷而爲金吾郞搜去丙子嶺南儒生金
璟等八十餘人湖西儒生洪泂等百餘人發通本道太學
遍章繼發營立院宇金兵猝至事因中止至 正宗乙巳
道內士林以先生配享于恭僖公櫟亭書院

衍服而今此橫罹極爲冤枉都事羅德潤疏曰曺大中孝
友篤實學問眞正洗馬崔弘宇疏曰無形罪目有口難明
終負惡名抱冤而死儒生梁克遴疏曰曺大中志氣剛直
論議慷慨 宣廟昇遐光海君嗣位疏請如前完平府院
君李公元翼獻議曰快從公議昭雪冤實嗣服之初政
而慰悅人心之一大擧措也左議政李公恒福獻議曰曺
大中等之冤臣於鞫獄之際目見其事已嘗言於同僚又
於 先王引對之日亦以是 啓之淸平府院君韓公應
寅獻議曰公議之發久而愈激快示昭雪以答輿望兩司
玉堂合 啓劄 啓至於禁府回 啓而自 上允許時

盖全州鄕校上樑文卽汝立之所作也醜其賊文之留於
文廟樑上將謀改建監司使製慰安文其文有曰幸賴
聖鉞陰討凶獰敦賊已踣莽惡留甍畢木可焚削墨猶
輕（一云消墨則輕）等語於是伸雪之論起其在洛下則權判書愉
李文翼公德馨力主其論有曰三年大獄冤楚萬狀其在
湖南則都事羅德明首倡抗疏有曰曺大中爲人慷慨立
志清苦不畏權門之禍每激拒奸之論孤立一邊衆口咻
之修撰吳益昌疏曰曺大中居家孝友出於天性而立志
清苦論議慷慨常懷嫉惡之心見忤奸人此其所以不免
於禍承旨姜鳳覽疏曰曺大中居家行誼立朝清節國人

天實是命也奈何愼勿歸咎於造言之人也又作一絶詩曰丹心一片有誰知一云鬼神知未吐深寃恨死遲地下若從比干去孤魂含笑不須悲當時用事之人撤去上句以下一句誦陳於 上前曰渠旣以比干自况則比 君父於何地以是加罪禍及泉壤昆弟子姪並逮捕嚴訊甚急黃秋浦愼以其時正言詳辨其寃牛溪成文簡公抵書委官曰曺詩本非大段至於兩司罷遞何不調劑此非稱念獄越明年辛卯 上覽其兄敏中及其姪子守訓守誠守弘等獄中寃情及先生與兄永訣私書及獄中詩上句與全州 大成殿慰安文 特起惻然之感 命放釋其親屬

井諸賢並死獄中時年四十二白沙李文忠公時爲問事郎廳備說其寃死之狀事載江陵舊板先生喪自洛歸鄉時忠武李公舜臣宰井邑聞先生喪之過界操文致奠人皆危之忠武曰曺公不服而死吾不知曺公之罪名且經本道使客義不可恝出哭甚哀又金吾郎搜先生家得先生與忠武所嘗往來書札欲一不隱諱之意忠武不可曰吾與曺公主客間也不知其罪名且今已搜出則不可隱諱以負欺國之罪李澤堂植撰忠武行狀首揭此事以美之其在獄中臨絕時與其兄生員諱敏中永訣書云 主上聖明天亦有知而弟今以自外至者抱寃而死雖曖昧極

賢良科識者韙之嘗遊泮宮謁退溪李文純公講論顔子
克己復禮不遷怒不貳過無伐善無施勞及周濂溪太極
圖說辨論皆切當文純公深加稱賞後語于思庵曰曺和
宇眞通儒也思庵答曰此人剛方正直置之風憲之地則
必多可觀但疾惡太甚恐小容物之量先生特立獨行不
附權門頗爲當路所嫉戊子冬以騎曹佐郎出爲本道亞
使佐幕之薦雖托以擇人而其實則陰擠之於外也巡到
列邑糾摘姦贓不少假貸勢家多怨之貪官墨守望風解
印者亦數三邑時鄭賊汝立伏誅而己丑之獄起先生爲
飛語所誣竟坐逮繫與崔守愚永慶李東巖潑柳淸溪夢

之分援引程朱辨析甚明文節斂容稱謝曰子眞吾師也
早喪嚴侍以未及奉養爲恨承順慈闈極其誠孝兄弟四
人皆以人望並登大小科世稱曺氏四鳳 萬曆丙子先
生中司馬所製木馬賦武溪滚詩傳播一世韓公西平浚
謙每喜誦之語人曰此非元和以下語也壬午以明經登
文科郎 宣祖六王十五年也先生沉潛經訓雖當仕路
嘗多恬退之意思庵朴相公淳薦于都堂曰此等人不可
以循格用之調承政院注書復遷藝文館奉教長帶翰注
出入 禁闥筆翰敏洽記注詳悉 宣廟每嘉奬之柳西
厓成龍李鵝溪山海諸賢亟相推讓及在玉堂陳疏請復

經國邪氣間作禍罹羅織洞無纖瑕秋水崑璧噫陰沴之終不敢蝃蝀兮丹心一片復光於天日夫比干之願從百世仰其清芬彼之能欺天罔人者不能使載史之筆曰不忠不直之朱雲

通訓大夫行和順縣監羅州丁載遠謹贊 號荷石

鼎谷先生建祠事蹟

先生諱大中字和字叅奉諱世明子也 嘉靖己酉 明宗四年生于祿邱里第弱冠之初已有宿儒之見讀書專以窮格爲本慨然有志於古人爲己之學早遊眉巖柳文節公門文節與論經義嘖嘖焉及論人心道心天理人欲

主獄者而責以何不調劑苟非先生之操存踐履平日見信於人則鈇鉞雷霆之下豈有如是縷縷稱冤之人乎始終公案載於白沙集江陵舊本而晉州改刊也補僞作而毀去舊本欺天罔人之餘又欲誣其百代誣其鬼神可哂也已縉紳章甫交章請伸而復官 賜祭䘏卒崇終之典於是爲重而天理終歸於正所著文集若干卷見失於禍中疏對箴銘諸条及 聖廟文永訣書與詩詞出於子姪之記傳而其餘則已丑後諸賢叙述曺君上舍翊鉉示其遺集於余余感其事者有年於是乎贊曰

親受師門通儒實學程箴講義周圖研極君子輔仁際會

之厄而其道之在人也如裘葛菽粟之命脉於人而不可
無也猗歟 明宣之世羣賢林立而已丑一邊人之乘機
構陷戕賢病國雖百世之下莫不惕然興慨者也鼎谷曺
先生之清修直節師表當世親炙陶山而講克復太極之
說陶山夫子奬以通儒思庵相公薦以風憲羽儀 王朝
陶鑄世教庶幾拭目而横羅鬼蜮之機可勝歎哉至若西
厓柳川東岡之宏輔碩德並在指斥中苟非 聖上之明
哲安知不盡歸於滔天而莫救耶方先生之履難也白沙
李相公記寃獄事已詳秋浦黃公斷其凶疏之萬萬不近
理李忠武公時以井邑宰操文哀奠牛溪成文簡公貽書

韙哉鼎谷其心如丹其血如碧魂隨比干名被天壤所悲
家國禍祟朋黨誰能眼公修我簡策有欲徵者視此刻石
大匡輔國崇祿大夫原任議政府領議政兼領 經
筵弘文館藝文館春秋館觀象監事奎章閣提學
樊庵蔡濟恭撰 諡文肅公
嘉善大夫行司諫院大司諫尹弼秉謹書

贊

鼎谷曺先生贊 並叙

君子之休戚雖在於一時而其道則壽諸百世是皆有關
於時運之幸不幸至於己卯乙巳諸賢尤信其驗當一朝

正次守憲長適李亨養次適柳涵次適府尹李廷楗內外
孫曾若干人公葬在和順縣西細楊洞坐卯之原金夫人
祔焉公蚤孤兄弟爲四母夫人性嚴正敎諸子有法卒皆
成就以孝友學行服鄕里非修之家何以揚於朝乎有庸
學口訣一卷文集三卷爲金吾郎搜去竟失之湖南士林
景慕公甚篤追配恭僖公櫟亭院宇斯可以少洩當日百
身之恫歟今其六世孫喜淳抱公狀千里入京乞濟恭一
言欲以載麗牲之石色辭有足感人顧安敢以耄耋辭乃
作銘銘曰

黨錮有傳千古恨積孰謂　聖世視今猶昔道不阿世

言陰陳邪譎之疏賢相名卿無不指斥必欲空國此皆奸
人指嗾己丑委官鄭澈江界府安置自是縉紳章甫聯疏
請雪湖南五臣寃公車殆欲塡咽及 宣廟昇遐光海嗣
疏又如前至 仁祖改玉問初政急務當何先延平李公
貴曰伸鄭澈寃爲宜輔德尹公知敬獨曰急務非在伸澈
寃己丑寃人最當先諸大臣相顧未有對白江李公敬輿
繼陳曰知敬言是也 上命收議領議政李文忠公元翼
左議政尹公昉右議政申公欽以爲己丑寃當雪於是乎
公及李潑鄭介清柳夢井諸人皆復官爵嗚呼天道於是
乎正矣公配慶州金氏參奉應星之女生二男三女長守

中凶惡情狀已露於詩句但護賊自有其律妻妾壓膝拷愚意實有未安　上有稍納其言及覽公所與家兄書及獄中詩上句全州　大成殿慰安文惻然興感　命放釋親屬籍產亦還給焉方崔混之誦詩句鍛鍊也牛溪成文簡公貽澈書曰曺詩本非大段何不調劑此非稱念獄云越明年辛卯　上大悔悟下　教若曰爲奸臣鄭澈所構陷排斥者如有其人並收敍擢用梁千頃等皆　命嚴鞫千頃等自服爲澈所嗾斃於杖下前縣監權愉首發論請雪己丑寃死人於是廷議大發　上又嘗下　教若曰丁巖壽等爲乘國家逆賊之變敢肆構陷之術揑造無形之

十三日也亨年四十二白沙李文忠公以問事郎見伊時事對人輒盛說其寃死狀公之喪自京而歸和順舊第路過井邑李忠武公舜臣時宰井邑操文致奠哭甚哀人皆危之忠武曰吾不知曺公罪名情不自已澤堂李公植撰忠武行狀首揭此以美之公臨死作一詩曰丹心一片有誰知(本作鬼神知)未吐深寃恨死遲地下若從比干去孤魂含笑不須悲奸臣崔滉撤去上句以下句誦陳於 上曰渠旣以比干自況則比 君於何地以是激 上怒追加極律禍及泉壤妻妾子婿弟姪並逮捕嚴訊甚急於是鄭澈亦恐爲公議所不容請斷以次律 上不從又獻議曰大

食疏入秋浦黃公愼時以正言語稠廣曰使曹某爲正人也必不爲賊流涕行素設奸人也逆賊旣誅之後寧有對人涕泣之理此疏不成說不近理公巡到萬頃縣被逮旣就獄引寶城怨試金汝昀等爲證鞫廳大臣鄭澈卒不施但令捕八寶城知印二茶母一栲訊甚酷三人皆不服而死公臨死與其兄進士敏中書曰 主上聖明天亦有知弟今以自外至者抱冤而死雖曖昧極天實是命也死後則必有一道公論然晩矣可笑子順男頗向學云死亦可慰須十分勸勉終作好人勿以我死而少弛我死眞所謂命也愼勿歸咎於造言之人也竟絕命於獄中庚寅三月

亦領之背恩負義人情之所共惡也好善惡惡君子之所尚也蓋謂勿交汝立之意也其燭奸之智先事之誠何其明且切也其巡寶城未發也觀察馳驛使使公製送 文廟慰安文盖全州 大成殿上樑文卽汝立所製多士醜之將改建故也公立就之其略曰幸賴 聖鉞陰討凶獰敦賊已踞莽惡留釁舉木可焚削墨則輕甚懲討之又何如也至是黨人乃以鄭賊之投托李潑爲一網奇貨於是嗾押客白惟咸梁千頃丁巖壽等會光州揑造欺天罔人之疏以李潑李洁鄭介淸柳夢井李黃鍾及公一歸汝立之黨盖皆一邊淸流善士也於公則以聞汝立死爲之流涕素

公喜潭陽守金汝岉也時鄭賊汝立斃討賊赦文至公曰此 國之慶也不可無飾喜與兩試官置酒張樂以罷先是汝立出入栗谷李文成公門厚竊名譽嘗指庭前柿木曰孔子爛熟柿子也栗谷未熟柿子也公聞之大駭曰汝立非愚則妄君子一言以爲知一言以爲不知果發此言得不畏人誅天殃歟及栗谷卒汝立又趨附李潑斥栗谷甚力至謂之誤國小人公又曰以一人而初爲孔子亞終爲誤國小人則何其愛憎之至此也遂貽書李潑曰以胡康侯之賢尚不識秦檜之奸安知今世無此等人耶昔曹操欲緩呂布之死昭烈曰明公不見丁建陽董太師乎操

浚謙語人曰此唐人語也壬午闡文科調承政院注書薦
入藝文館奉教 宣廟覽其筆翰每嘉奬焉嘗遊泮宮謁
退溪李先生先生後語思庵朴公淳曰書某眞通儒也思
庵答曰此人剛方正直置之風憲之地宜有可觀但疾惡
太甚終少容物之量恐非公輔器也當世朝廷標榜起曰
東曰西有龍戰玄黃之漸公疾鄭澈甚始登第往還淳昌
郡戛其門不入又嘗同舟涉錦江默不與語金靈光公喜
亦在座旣濟戒曰此取禍之道也丁亥自兵曹佐郎出爲
全羅都事黨人實擠之外也公巡列邑審灾傷糾摘不少
貸墨守多解綬去者至寶城設軍籍講察試者靈光守金

直令人髮竪氣湧於是始知己丑獄之網打一邊善人爲
主其事者雖千百世脫不得小人之目矣公諱大中字和
宇姓曺本昌寧盛族高麗昌寧府院君諱謙之後也贊組
赫烏連八世爲平章事八　聖朝有諱璘　除漢城判尹
終不起生諱恰官兵曹判書封玉川君謚恭僖公玉川淳
昌舊號因其所居鄉　錫封焉是爲公六世五世祖也曾祖諱
穩掌隷院司議祖諱健南學教授皇考諱世明　陵署郎
娶羅州鄭氏直長覲之女判書軾之曾孫　明宗四年己
酉公生焉甫成童遊眉巖文節公門文節與論經義嘖嘖
焉　萬曆丙子中進士所製詩一出士皆傳誦西平韓公

蘭玉於家庭麟鳳於朝著大有所傳天道之可必于是可見而啓迪之功積累之慶爲無窮矣

上之十三年己酉八月下澣羅州羅旻謹記 號草堂

墓碣銘

有明朝鮮國通訓大夫行全羅都事兼春秋館記注官鼎谷曺公墓碣銘 並叙

濟恭性不屑黨論以爲朱夫子論元祐元豐之際曰元祐之人徒知異已者之爲小人而不知同已者之未必皆君子此大贒不偏不倚之論也以故凡於 國朝分黨以後互相傾陷之言皆莫之信今覽鼎谷曺公狀其始終哀榮

有孫曰焜號九峯俱以春秋之義出處之節爲世所宗而丙子倡義討虜有功叔姪俱蒙崇褒旌雙忠之閭丙子後連拜官不就其學以考亭爲折衷而有發於儒先錄私淑於退陶篤信服膺至有遺訓曰欲學朱子當學退溪云云鶴灘公有子曰守弘號沙村學貫天人而行詣純篤作洪範演義發揮蔡氏之說世稱性理名儒從叔姪三賢俱躋於恭僖公書院嗚呼先生才足以無施不可知足以無幽不燭忠孝之節正大之學優於牖世範俗而不幸遭罹禍患不得其施之大展未遂其澤之廣被然而志行事實履歷哀榮炳於青史而不朽者存焉子與姪之不墜世業

有辭色稍嚴之時則與諸兄惶恐待罪起敬起孝必得其悅豫伯仲之間盡其友于之道怡怡湛樂人皆感服其事君也則悃愊一心惟在引君當道而必以堯舜君民爲期雖在小官而知無不言讜直果敢由是寡合於時凡在款族交友守職治人辭受取舍一以古人是則而或有疑難處則必稽考亭之言與行而取正焉比其反諸躬而行之之事也平日不以知道自居而視其修己立論者皆服其理達義精盖其神明內腴而英華外發之實斯其至矣士林景慕先生甚篤追躋恭信公櫟亭書院斯可以小洩天地之憾百代之恫歟樂堂公有子曰守誠號淸江松齋公

李亨養次適柳涵次適府尹李廷楗先生墓在和順縣西
細楊洞坐卯之原先生之爲學有志於古聖賢明體適用
之道操心以不欺爲本律身以持敬爲主精思而窮其理
審義而履其實又以誠仁二字求存養之原篤好古書四
書六經及伊洛關鍵之遺籍靡不融貫而尤用力於庸學
俯讀仰思而剖析精微著庸學口訣一卷以爲日用進修
之方惟不接非聖之書此其明諸心而知之之事也其事
親也則怡愉愛敬之誠溫凊滫瀡之奉無不曲盡祭奉公
先於母夫人考終以不克永養爲恨每當諱月則感慕尤
切而享祀極其誠禮母夫人之所教必承順未嘗暫惰或

先生及鄭困齋介清李東巖發南溪浩柳清溪夢井諸賢皆復官爵遣官致祭嗚呼天道於是乎正矣先生兄弟四人皆人望也長曰諱閎中號樂乎堂中司馬薦孝廉 除鴻山尼城兩縣監鴻山有生祠次曰諱景中號碧松齋中司馬登文科歷兩銓郎典三郡事次曰諱敏中號鶴灘中司馬隱居不仕先生其季也有受於家庭而俱以學行德業模範當世克紹恭僖之烈世稱湖南四鳳母夫人淑愼而嚴正教諸子以義方一以叅奉公之心爲心先生配慶州金氏叅奉應星之女生二男三女長曰守正號聾暗次曰守憲號漆園俱以遺逸讀書修己而恬淡自守女長適

劑此非稱念獄云前縣監權公愉首發論請雪己丑冤死

人副提學金公誠一大司憲金公宇顒繼之達白公議大

發自是縉紳章甫聯疏請雪公車殆欲塡咽先生之姪沙

村公 諱守弘 亦以布衣上疏極說五臣之冤 上嘉其誠意

懇惻辭旨理達引見溫諭之勉以成就學業中丙午進士

同年擢文科授弘文館正字 聖衷洞鑑固已有滂沛之

漸矣及 宣廟賓天光海嗣位疏又如前至甲子 仁祖

改玉問初政急務當何先輔德尹知敬曰己丑冤人當先

雪白江李公敬輿繼曰知敬言是也於是領相李文忠公

元翼左相尹公昉右相申公欽獻議皆以爲己丑冤當雪

美之　上及覽先生與家兄書獄中詩上句及全州　大
成殿慰安文其兄鷄灘公聯名原情惕然感悟　命放釋親屬
還給籍產焉初先生之被誣也　上下教曰丁巖壽等爲
乘國家逆賊之變敢肆構陷之術捏造無形之言陰陳邪
譎之疏贊相名卿鵝溪西厓以下三十五人無不指斥必欲空國原其
設心將欲何爲其凶慘之狀極爲駭愕此必聽奸人指嗾
的然無疑秋浦黃公愼時以正言語稠廣曰使曺某爲正
人也必不爲賊流涕設奸人也逆賊旣誅之後豈有對人
涕泣之理此疏萬萬不成說不近理及崔堤之誦詩句鍛
鍊也牛溪成文簡公貽委官書曰曺詩本非大段何不調

事昭載於國乘先生之至誠事君進退憂愛之心跡炳如日星無纖毫之可瑕而自古君子之見陷可勝言乎先生臨絶與其兄鶴灘公書曰 主上聖明天亦有知弟今以自外至着抱寃以死云云又作一詩曰丹心一片鬼神知（一本云有誰知）未吐深寃恨死遲地下若從比干去孤魂含笑不須悲以庚寅三月十三日竟卒于獄中享年四十二白沙李文忠公以問事郎見伊時事對人輒盛說其寃死狀先生之喪自京而歸和順舊第路過井邑李忠武公舜臣時宰井邑操文致奠哭甚哀人皆危之忠武公曰吾不知胄公罪名情不自己澤堂李公植撰忠武公行狀首揭此以

突傷糾姦贓不少貸墨守多解綬去者己丑至寶城設軍
籍講綵試者靈光郡守金公喜潭陽府使金汝昀時鄭賊
汝立伏誅討平　赦文至先生曰此國之慶也不可無飾
喜與兩試官置酒張樂觀察馳驛使使先生製送　文廟
慰安文盖全州　大成殿上樑文卽汝立所作多士醜之
將改建故先生立就之其略曰維舊樑文逆竪所成敦賊
己踣莽惡留釁幸賴　聖鉞陰討凶獰誅討之嚴正有得
於春秋之義也凡先生之心憂國事而力抗之者反爲人
之所憚不知滚嗛含沙者之百計伺隙而至於是年先生
橫罹於欺天罔人之讒身遭罔極之禍嗟呼嗟呼伊時之

辭不許及侍經筵也 宣廟覽其筆翰每嘉奬焉嘗就退溪李先生講究性理之原李先生深加稱與後語思菴曰曺和字今世之通儒也時朝廷取士專以科第一路而雖間采公議薦進林下之士即是虛文而無實用先生憂人才之難得陳疏請復賢良科一依先正臣趙光祖之所規劃朝議不一事遂寢識者恨之丁亥遷兵曹佐郎先生立朝清忠方直見人違度輒彈而矯之人多憚焉先是李相浚慶曰朝廷慮有朋黨之漸自乙亥以後標榜起曰東曰西西厓鶴峯諸賢及先生雖欲調停匡捄而莫之得焉是年先生出補全羅都事黨人實擠之外也先生巡列邑審

祖也高祖諱衍殿中侍御史曾祖諱穩掌隷院司議祖諱
健南學教授皇考諱世明擧孝廉 除厚陵叅奉妣羅州
鄭氏直長覩之女判書軾之曾孫先生天資甚高端粹剛
直俊潔精敏承家以孝友家道正存心以誠敬心學實見
人之善若薰蘭蕙聞人之惡若浼泥塗生甫成童遊眉巖
柳文節公門論及人心道心之旨辨釋甚明文節斂容稱
善及長勵志勉學操守旣確踐履克篤 萬曆丙子中進
士所製詩一出士皆傳誦西平韓公浚謙語人曰此唐人
語也壬午闡文科卽選槐院調承政院注書思庵朴公淳
西厓柳公成龍交薦于都堂擢藝文館奉教及翰林上疏

曰熄次曰熵煒有三男挺華挺海挺夏爀有二男挺泰挺恔燁有一男挺履炯有二男挺賓挺國熄有二男挺老挺萬熵有一男挺會

通訓大夫行全羅都事兼春秋館記注官鼎谷曺先生實記

後孫進士翊鉉謹撰

先生姓曺氏諱大中字和字學者稱鼎谷先生其先昌寧人高麗昌寧府院君諱謙之後也世有偉人連八世爲平章事八 聖朝有諱璘 除漢城判尹不起生諱恰官正憲兵曹判書封玉川府院君謚恭僖公是爲先生五世六世

書眩亂是非盖其意大惡於鄭困齋所著東漢節義之說有指發故也噫凶人羅織謀害賢流謫後接武而先生以數字語旣受刑戮之禍可勝痛哉先生卒於庚寅三月十三日享年四十有二配慶州金氏 靖陵參奉應星之女也有二男長曰守正次曰守憲有三女長適士人李亨養次適柳涵次適義州府尹李廷楗有文集二卷爲金吾郎搜去永失之其所傳木馬賦武溪深詩或得於他人巾衍或得於當世樂府箴銘疏對諸條出於子孫之誦傳其餘被誣受禍澡寃復官等實蹟詳見野史及鄭困齋集中守正有四男長曰煒次曰爀次曰熚次曰烱守憲有二男長

南之人以伸五臣之冤爲士林公議察訪吳益昌參奉崔弘宇等前後伸冤疏並載於己丑野史至癸亥 改玉初引見諸大臣親問初政急務延平李貴常欲免鄭澈殺士之罪對曰當今急務無過於鄭澈之伸冤輔德尹知敬以近侍前在出次獨對曰臣意則澈之伸冤似非今日急務諸大臣相顧側視白江李敬輿爲知敬繼陳曰知敬之言是也大臣知其公議之不可沮發雪五臣之論然後始及救澈之議若非白江之公議則五臣之冤幾不得伸矣五臣李潑李洁鄭介清柳夢井及先生也其後寶城人安邦俊欲脫鄭澈殺士之名托以公言別爲己丑記事混正等

誦先生所作詩去上句丹心一片未吐深冤等語只以比干合契等語達于 上前曰以比干自許怨 上不道以激 天怒禍及泉壤籍沒家財追捕子孫滅族之禍迫在俄頃而先生之兄生員公敏中及侄子守訓守弘守誠守欽獄中原情及先生與兄永訣私書及 大成殿移安告祭文等書自 上下覽後特起惻然之感於丹心一片之句 主上聖明之語即 命放釋得免刑戮牛溪成文簡公與澈別紙有曰曺詩本非大段至於兩司罷遞何不調劑耶此非稱念獄云云出牛溪集中至乙未年進士羅德潤等血疏訟冤丙申年間都事羅德明等又陳疏自此湖

戕臣猾早盜盛名剽竊經史欺惑俊英往在癸未改建廟楹惟上樑文逆竪將成操范曄筆逞李斯情日月幾何溷辱神明幸賴　聖鉞陰討凶獰敦賊已踣莽惡留甍多士叫憤一國顚頽舉木可焚削墨則輕是用卜吉撤舊再營敢先昭告庶無震驚云云庚寅夏先生之喪自洛歸鄕時忠武李公舜臣宰井邑聞先生喪之過界卽齎奠迎哭之且金吾郞搜先生家得先生與忠武所嘗往來書札欲示隱諱之意忠武不可曰吾與曺公主客間也且不知其罪名今已搜去則不可隱諱以負欺國之罪云云出忠武行狀中其後自　上還對時語及寃死臣波及之事澈黨崔滉

兄永訣書云　主上聖明天亦有知而弟今以自外至者抱寃而死雖曖昧極天實是命也奈何死後則必有公論然晩矣可笑順男多有學氣云死亦有慰須十分勸讀終作好人勿以我死而少弛我死眞所謂命也愼勿歸咎於造言之人也一門之人恃我如十目一杖終至於呑恨奈如之何云云全州　大成殿上樑文汝立所作而汝立就捕之後郎爲重修者以其汝立之筆迹曾爲　聖廟之溷辱也先生時以都事受由還家時位牌移安告祭文使先生製送事刻期來關先生云亂臣賊子何代無之而此賊獨出於縉紳之間痛憎之心倍切於他賊即成其文曰慟

頭十人拿去之際徹教誘其黨陳疏救解後又嗾持平張雲翼以爲賊流涕行素八 啓庚寅二月晦間巡到萬頃縣承 命拿去先生聞賊死之日與潭陽府使金汝岉靈光郡守金公喜等相語曰國家有變臣子不可宴樂然罪人旣得亘猾伏誅亦不可無相賀云云遂同杯共席醉歡終日則非爲賊流涕行素者十目所視而及其羅獄之初金汝岉以爲必問待 命闕下者三日爲奸人所蔽卒無問焉遂使先生抱冤而死當推鞫荒亂之中遂製一小詩以伸其至寃其詩曰丹心一片鬼神知未吐深寃恨死遲地下若從比干去孤魂含笑不須悲又於臨死之日與其

容於世見擯於朝妬嫉諸賢罔有紀極而於李副學兄弟構怨尤甚則澈之含沙伺影謀欲網打者固非一夕之計而至己丑九月陪巡相行到長興府之際有 旨據灾傷看審次行到寶城郡逆賊討平之報適至寶城人鄭僑挾其舊憾造作爲賊流涕之語傳播於奸黨羅州鄉所柳澱光州人奇孝曾等飛書於鄭澈白惟咸梁千頃千會等陰嗾其黨丁巖壽等爲賊流涕之下又加行素二字會于光州遂爲陳疏其時宋祀連之子翼弼已命到光州澈隱匿其家與翼弼謀構凶疏自鵝溪以下三十六人指以爲逆黨先生亦與焉及至疏上 天威震怒以欺罔 君父疏

士長帶翰注出入 禁闥筆翰敏洽記注詳悉同列讓能
上亦眷顧西厓柳先生鶴溪李相公更相推重于儕流
中奸人鄭澈因以指目嫌隙始祟於此初先生雖當仕路
而常多退閒沉潛經訓及至諸公之推薦尤恐其驟進而
拜官輒辭未蒙 允許戊子冬以騎曹佐郞出補全羅都
事到任未久汝立之變作焉先生天性伉直疾惡如讎自
布衣時見澈籠絡一世以誤兩湖士習心常憤疾不欲染
跡其門登第初以事往還淳昌地路出其門外直過不見
又於錦江同舟不語澈之心啣久矣而先生與李副學潑
柳南原夢井諸賢最相親厚而澈以偏愎小人淸議所不

閣中以丁卯司馬擧孝廉官至尼山縣監次曰諱景中以
辛酉司馬丁卯得乙科歷兩銓郎典三郡事淸白聞于世
次曰諱敏中以癸酉司馬律身以禮人皆敬慕己丑後閉
門斂跡先生於伯仲間盡其友于之道怡怡洽好少無違
戾爲鄕黨之所欽服焉早遊眉巖柳文節公門論人心道
心之分辨析甚明文節曰吾之師表嘗謁退溪李先生講
論顔子克復博約之旨及不遷怒不貳過又及周濂溪太
極圖說李先生稱以通儒　萬曆丙子中司馬與林白湖
悌同榜所製木馬賦武溪深詩膾炙一世以明經登　萬
曆十年壬午文科卽我　宣廟十六年也先生以承文博

上之二十六年庚辰三月丙申載寧李玄逸謹撰

事實

先生姓曺氏諱大中字和宇號鼎谷麗朝昌寧府院君諱謙之後也六代祖諱璘入我　朝除漢城判尹不就五代祖諱恰以安岳郡守叅　太宗朝靖亂一等功臣官至兵曺判書封玉川君謚恭僖公四代祖諱衍以世蔭拜司憲府監察考諱世明以生員叅奉早卒母鄭氏監察承贇之孫兵曺判書軾之曾孫以　明宗四年己酉生先生于祿邱里第先生之孝誠出於天賦而早喪嚴侍未及奉養承順慈闈一遵古禮左右就養無所不備上有三兄長曰諱

曾孫宣傳官挺華訪余於京邸似若有所云云而未暇及屬此罪廢南來挺華之從弟士人挺國累累焉方在衰絰中抱其曾王父行實一通辱以顧余於晞陽瘴海之濱泣拜以請曰吾先祖受誣寃死之狀固執事之所前聞雖蒙異日昭天漏泉之澤得有雪寃復職之榮而獨未有揚闡幽光以明其志行之不可泯沒者惟公幸哀而賜之一言言訖又拜余以名在罪籍不敢治筆硯作文辭辭其請益堅余不得堅拒姑受而置諸巾衍今者幸蒙 天澤餘潤得齒平人玆敢据其家傳刪繁就簡第錄如右若其鋪張稱述以覆露其遺胤則唯在當世立言之君子焉謹狀

州金氏叅奉應星之女也有子二人長曰守正次曰守憲有女三人長適士人李亨養次適士人柳涵次適府尹李廷樾公天性剛毅正直不撓持身淸高論議慷慨見人姦邪側媚之態未嘗不避而遠之或不忍正視其面卒以此横罹奇禍幾不免赤族沉宗嗚呼憯矣憸邪媢疾之徒始以睚眦悁忿之私馴致戕賢病國之禍卒至魚爛河決而後已吁可畏也古語有之曰大獄之後必有大兵余每觀宋朝諸賢痛傷熙豐政宣之間凶邪誤國馴致靖康之禍未嘗不三復興歎今於己丑庚寅陰邪表裏欺天罔人釀成龍蛇之變又重歎吾東國運之大不幸也歲癸酉公之

敏中及兄子守訓等皆將論死敏中獄中援書備陳公詩
首尾及與其兄永訣書全州鄉學奉安文辭意 上感悟
事得已及後 上知鄭相國彥信及守愚堂崔永慶之被
誣冤死卽 命雪冤 贈職又將昭雪湖南五臣之冤給
其籍沒而遷延未及舉行逮臣臺閣前後交章及有湖儒
訟冤之舉焉一國公論者久矣 仁祖改玉五臣並蒙伸
冤復職之 恩五臣卽公及鄭困齋介清李東巖兄弟潑
洁柳清溪夢井也公生于 嘉靖己酉以 萬曆庚寅被
禍春秋四十二以某年月日葬于和順縣智谷原後某年
月日遷窆于同縣細楊洞銅鐵店後麓辛向之原公娶慶

言者之所爲乎其違命順受終無尤怨切蹙之意乃如此
己丑獄事後全州士林以鄕校上樑文乃汝立所製則改
構而新之及 聖廟移安公作告由文有曰往在癸未改
建廟楹唯上樑文逆竪所成操范曄筆逞李斯情日月幾
何幸賴 聖鉞陰討凶獰敦賊已踣莽惡留釁是用卜吉
撤舊再營敢先昭告庶無震驚云云其嫉惡憤邪之意溢於
言表亦足明其譏人罔極之情也後判金吾崔滉擧公之
獄中所作詩欲更起禍端去上句丹心一片等語單擧下
句下從比干孤魂含笑之語誦言于 榻前激怒 上意
構成怨 上不道之罪至禍及泉壤籍沒家產並逮其兄

解又嗾臺諫誣　啓公聞汝立之死至流涕行素即　命拿鞫公以庚寅二月逮繫錦衣獄其援書引金汝岉金公喜兩人爲證欲明其被誣狀汝岉等亦將置對明其寃待　命闕下澈黨曲爲周遮竟不進問卒使至寃莫伸栲死獄中三月十三日也其在獄也作七言詩一絶有丹心一片鬼神知未吐深寃恨死遲地下若從比干去孤魂含笑不須悲之語臨命之日與其兄進士敏中書曰弟今抱寃而死雖曖昧極天實是命也　主上聖明天亦有知死後必有公論然晩矣可笑奈何有子順男方志學死亦有慰須加勸勉終做好人勿以我死而少弛我死命也是豈遣

柳持憲夢井數人而已以故澈深御之其黨嫉惡之尤甚

己丑冬以湖南亞使巡行列邑到寶城郡聞從妹訃涕泣

悲傷適逆賊鄭汝立亡命之報至公以爲 國有大變不

可例作巡宣節度疾馳還營道遇潭陽府使金汝岉靈光

郡守金公喜共說汝立凶邪姦妄之狀俄報汝立窮處自

刎死乃相謂曰逆賊已死不可不酌酒相賀因杯酒團欒

而罷湖中無賴輩承望時宰風旨做出情外之謗互相傳

說流聞遠邇以爲公聞汝立之死涕泣行素至使其黨陳

疏上變兼指一時名卿盡爲逆黨 宣祖大王始以其疏

爲無狀構陷無辜欺罔 君父將拿問窮治澈既百般救

曾孫直長覲之女以嘉靖己酉正月初二日生公于和順縣祿邱里公生某歲而孤奉母夫人極其誠孝處兄弟篤於友愛至鄕里共稱之 萬曆四年丙子入太學補上舍生十年壬午始釋褐公潛心經訓無意仕進雖登科第常放閒于外若將終身朴相公淳愛其才能爲都堂別薦公於是始調承政院注書及藝文館奉教秉筆入 侍記注詳悉自 上每加嘉奬同列讓其能戊子冬拜兵曹佐郎俄出爲平安道都事以邱壠之寄於湖南也爲瞻掃展謁計遂請換南幕而歸始公鄙鄭相澈之爲人屛跡謹避若將浼焉至過門不入其素與交乃李副學潑潑弟舍人洁

鼎谷遺集附錄卷之四

行狀

通訓大夫行全羅都事兼春秋館記注官鼎谷曺公

行狀

公諱大中字和宇其先昌寧人嘗自號鼎谷高麗府院君謙之後八 本朝有諱璘除漢城判尹不就於公間六世五世祖諱恰以 太宗朝佐命功臣官至兵曹判書封玉川君 贈謚恭僖公四代祖諱衍以世蔭拜司憲府監察曾祖諱穩進士拜掌隷院司議祖諱健宣教郎定平教授考諱世明進士 厚陵叅奉娶羅州鄭氏兵曹判書軾之

怒特 命盡拿其子婿弟侄論以逆律守慶因此遞免澈請用次律子婿弟侄僅得免焉此在故參議臣安邦俊己丑記事可見澈於此有德而無怨云云邦俊己丑記事一篇專爲誣陷鄭困齋以其所無之事欲脫澈累士之名曲爲之說如此而景瑞澈薰也故引以用之

此　遁
說

柳景瑞等疏

疏略云云曺大中爲全羅都事爲賊流涕之說傳播遠近
監司洪汝諄査問本郡鄕所色吏則納招以爲扶安邑婢
相別時涕泣諫院欲以爲賊流涕論　啓正言黃愼以爲此
於事理萬萬不近僚議遂止及愼遞後他臺諫以涕泣行
素論　啓大中拿因加刑大中以詩一絶呈于省坐有地
下若從逢比去孤魂含笑不須悲之句是時沈守慶代澈
爲委官判府事崔滉欲進達守慶日臨死亂言何足取信
見而不進大中因斃杖下其死滉竟達於　筵中　上震

非可論或謂非所可爲不恤國是一何紛紛至此也又曰前日院所 啓非必的知某某人也物議咸以爲其時爲黨所忤者雖不知逆謀而多爲黨所陷故如是 啓之前日聖教所謂以逆黨爲陷穽是也 答曰知道 時政記

鄭宗溟弘溟等爲其父伸救疏 甲子

疏略云云曺大中訊鞫之際以其所作一絶呈于省坐有曰地下若從逢比去孤魂含笑不須悲云云委官沈守慶見而不達判府事崔滉以其詩涉於怨 上達於 建中自 上取覽其詩特 命並拿其妻子守慶因此遞免若此類被罪皆有曲折有非 臣父所知云云 宗溟欲脫其父殺賢之名故爲

是故申欽避嫌之辭亦曰落於一邊云云又曰若謂澈不死永慶而欲爲營護則非但得罪於萬世公論亦必得罪於天地鬼神矣頃者兩司論澈之時玉堂亦欲上劄而前修撰鄭曄沮遏公論使不得發敢逞私說抑止公論而無所忌憚請 命罷職 答曰鄭澈事論之恐汚口也置之可也永慶之事予願當之 啓辭依 啓 見守夢集○辛丑儒生金譽等上疏請伸崔永慶寃死狀 答曰夫崔永慶之枉死天下之至寃鄭澈之邪毒千古之奸兇也云云

政院啓 甲午十月初七日

略曰鄭澈之行胷臆殺無辜得罪於萬世公論 聖鑑洞燭國人昭知特其罪名未加耳護澈者求說不得或稱時

起於縉紳潛懷樂禍之心輒肆逞憾之計乘時伺隙擠陷無辜儒林喪氣行路咨嗟其用心之慘毒極矣云云請命追削官爵以爲人臣懷奸害物者之戒　答曰當今君臣但當枕戈日夜鍊兵討賊爲事而已自餘他事置之度外騷擾不可斟酌勿論可矣見時政記

禁府啓甲午八月初九日請伸崔永慶

略曰臣等每念崔永慶之冤直欲籲天而無從也盖永慶平日常以鄭澈爲索性小人澈心常啣之適遭逆變陰嗾其黨之無賴者做出無形之言百般羅織竟致其死又曰況其指嗾之事顯出於千頃等之招乎其情狀之昭著如

昏迷之人如坐針氈上何能知之可勿辭退待物議見時政記

司諫院避嫌啓大司諫李槩司諫李尚毅獻納崔瓘甲午

啓略曰故寅城府院君鄭澈娼疾是事排陷異己睚眦必報常恨崔永慶斥言其奸狀挾憾懷憤欲逞其毒者久矣適乘逆變做出無形之說遂成其獄及其推究無狀自

上特　命放釋則陰嗾言官叉生罪目竟使瘦死獄中一國之人莫不稱冤云云請　命罷斥　答曰予只自流涕卿等何必辭退待物論見時政記

兩司合　啓大司憲金宇顒大司諫李槩甲午

故領敦寧鄭澈質非端良性本陰薄遭值國運不幸逆變

第於此時臣之無狀乃忝臺諫之長欲隨衆抗論則以其
時罪人有可避之嫌妬婦之言人雖信歟云云又曰伏乞
聖明亟賜黜免更選方直之士以肅朝議以全愚分公
私幸甚 答曰公論非一人之私事亦何嫌可勿辭 昆東閣集

答正言朴東說 啓 甲午五月二十七日朴東說伸救鄭澈故有此批答

答曰予未知此間事亦未知某人所爲但崔永慶爲毒物
所害則明矣 予命放之而竟不得免終死獄中加以自
死之名天地間其寃極矣噫 予朝夕當退之人也故欲伸
其寃於 予在之時百年後雖歸見無慚色矣 予意只在
於此若其是非則自有公論難將一人手掩得天下目如 予

有意伸救者然人皆疑之江陵舊本冊子間或在於人家
果有挽鄭詩而載於初卷第九章而無己丑記事矣

滄浪集　成滄浪文濬

澈之爲相也浮薄之徒出入門庭而不能鎭定其爲委官
也治獄之際有未厭人心者此所以使彼輩籍口云

大司憲避嫌啓　甲午十一月初六日　金東岡宇顒

略曰頃年逆變之起不幸而有奸臣出於其間乘時逞憾
敢行射影之計構殺善士傷害平人以致寃歸朝廷國言
日甚今當改紀之時宜正奸臣之罪且伸濫逮之寃允副
人望以荅天心乃今日急先之務固亦一國共公之議也

鬼神可誣也百代可欺也然無此理人心不可誣而況鬼神乎匹夫不可欺而況百代乎云云

東里己丑錄

有曰李白沙恆福於己丑爲問事郎詳知寃獄委折挽鄭相國彥信詩曰大抵本如寄誰將論久速其來卽是歸弦理吾先燭然且爲君哀所不能免俗有口豈復言有淚不敢哭撫枕畏人窺呑聲潛飮泣誰將快剪刀痛割吾心曲其後李顯英爲江原監司刊白沙集于江陵而此詩載於其中未久有晋州改刊事拔去舊本及此詩追入己丑記事一篇宗旨則以不救寃獄事歸之於柳西厓而救則爲

梟寃骨又被此誣令人氣塞然東野之語豈能傳信於千秋盖不自覺其徒累於己而無益於澈也其爲術亦踈矣還可笑也吉注書有伯夷之清節兼箕子之中道可謂伯夷而無其隘者也安也以吉注書陳疏及辭職爲不及於伯夷以暴易暴之歌而非之云學未至於知之至而輕爲言論故歟抑欲掃却嶺南先賢之論而自立門戶歟其言類如此不足辨也

愚得錄 鄭困齋介清文集 序　　許眉叟 穆

有曰白沙李相國作己丑錄言寃獄事詳矣彼病之晉州本改刊白沙文集去己丑錄補僞作以沒其跡其心以爲

於杖下年四十二在獄時作詩一絶曰云云(見上) 判義禁崔
滉登對時去丹心一片等語而單擧若從比干之句以達
之 上震怒 命剖棺且籍其財後嶺湖多士連上章訟
寃 仁祖朝甲子復官

上鄭知事(世規)別幅(己亥正月) 尹孤山善道

近聞湖南故參議安公(邦俊)曾作五臣傳所謂五臣是鄭
困齋及李東巖昆季柳淸溪曺鼎谷也五臣冤死之後湖
南士林屢叫 闡闢而辨其誣安也反其說而爲之傳至
於困齋誣詆尤多云云 其意蓋欲爲鄭澈掩蔽戕殺善類之
罪也五臣之入於此傳何異於宋臣之入於奸黨碑也重

交猶有所歎咄者以規澈云○安邦俊澈黨也作己丑記事誣己丑名賢無所不至而於此乃爲之發明如此盖公論之不可誣者也

己丑錄

羅斗冬

曺大中字和宇號鼎谷其先昌寧人世居和順生于嘉靖己酉萬曆丙子中司馬壬午登第歷翰注以鵝溪李相公之薦入爲弘文應教尋出爲全羅都事己丑冬巡到寶城聞從妹訃涕泣悲傷時汝立獄起卽疾馳還營路遇潭陽府使金汝昀靈光郡守金公喜共說汝立凶狀俄聞汝立自刎酌酒相賀而罷丁巖壽等承澈旨投誣疏以爲公爲賊流涕庚寅三月以此被逮供辭所證鞫廳終不問致殞

十二又以一絶詩　呈鞫廳云云判義禁崔滉撤去上句
以比干等語上達激怒　天意禍及泉壤籍其產業云云

己丑記事　安牛山邦俊

金汝岉以討捕使訪曺大中會汝立自殺之報適至大中
曰國賊已得今日設酌未爲不可與汝岉大醉而散及被
拿引汝岉爲證汝岉欲明其寃待　命于禁府門外而鞫
廳終不問遂加刑訊云云又曰澈之按獄也前後栲掠死徒
者豈盡一一無怨如曺大中鄭介淸柳夢井金憑尹起莘
之徒終不能原情斃決引法力爭故成渾以書責曰安知
公一朝臨事反出沈公下云云蓋沈守慶爲委官於公之獄事論執不移故成渾以激之

蔽之卒無問焉原情草及獄中裂服上疏草文集諸卷八於沒財文書搜括時上 闕只餘同生兄敏中裂服上疏草及永訣書一紙云

己丑錄

鄭東里世規

曺大中字和字號鼎谷其先昌寧人世居和順生于嘉靖己酉萬曆丙子中司馬壬午登第歷翰注兵郎出爲全羅都事己丑冬巡到寶城聞從妹訃涕泣悲傷時汝立獄起疾馳還營路遇潭陽府使金汝㘅靈光郡守金公喜共說汝立凶謀狀俄聞汝立自刎酌酒相賀而罷矣以爲賊流涕之說見誣於奸徽庚寅二月被拿三月殞於杖下年四

者十人拿鞫事　傳旨下禁府時秋浦黃公愼以正言語
稱廣曰使曺大中爲正人也必不爲賊流涕設奸人也逆
賊旣誅之後寧有對人涕泣之理此疏不成說萬萬不近
理委官鄭澈使其黨館儒李廷龜陳疏救解又嗾持平張
雲翼以爲賊流涕行素八　啓庚寅二月晦間巡到萬頃
縣承　命拿去聞賊死之日與潭陽府使金汝岉靈光郡
守金公喜及崔慶雲等相語曰國家有變臣子不可宴樂
然罪人旣得則亦不可無賀相與設酌以慶酒食終日則
非爲賊流涕行素者十目所視而當其羅獄也初證以此
事則金汝岉亦以爲必問待　命於　闕下者三日澈擁

鼎谷遺集附錄卷之三

諸家文集叅攷錄

己丑野史

己丑九月曺大中以全羅都事行到長興府之際有 旨據災傷看審事行到寶城郡十月間逆賊亡命之報遽到巡相住處長興府而奸人鄭僑(寶城人)挾其舊憾造作爲賊流涕之邪說傳播於奇孝曾(光州人)柳澱(羅州人)等飛書於鄭澈白惟咸梁千頃梁千會(昌平人)等處而澈黨陰嗾其鷹犬丁巖壽(同福人)等以爲賊流涕入於陳疏中(指斥李山海金穎男以下二十五人)疏入 天怒震動以欺罔 君父疏頭巖壽等名在上列

丁判書文憲公範祖製

鼎谷遺集附錄卷之二

己未 肅宗大王五年

湖西儒生洪沔等百餘人又發通 通文佚 于本道議營立

院宇而未果

壬寅 景宗宣孝大王二年

館學通文 佚 來于羅州嶺南士林亦發通 佚 于本道將

建六賢祠于南平元積洞而未果

乙巳 正宗莊孝大王九年

本道士林配享先生于恭僖公櫟亭書院 在和順

春秋丁享文

書藏石室玉焦崑炎日月爭光士林攸瞻

終則右澈者隨而和之以爲口實以眩惑人聽其言之無倫類若是不足責也宗溟又以李潑老母稺子之死澈適遞委官而柳成龍李陽元相繼爲之欲以爲移罪之地噫澈之還爲委官在庚寅二月大中之死在三月十三日潑母之死在五月十三日成龍之拜右相在同月二十九日而猶未爲委官此日記所昭載國人所共知而猶欲誣之若此云云噫爲惡者身無存沒時無古今唐斲李林甫之棺槨 宣祖削南袞沈貞李芑鄭順明之官爵皆在身死之後則速置邦憲削鄭澈之官以作小人之戒云云

智等上自名卿下至韋布抱冤而被毒者凡幾十人矣於是乎澈之凶謀無所不至矣澈雖至巧安敢久眩曾未二年身被竄謫又未二年追有奪職惡積禍盈乃其常事而但 聖心悔悟常以澈爲毒澈奸澈指其子爲毒種勿叙澈之罷黜榜示朝堂昭示罪狀於國人之耳目以懲後世也其竄謫之時則曰澈賦性狡猾奸毒旣到配所未知作何等罪狀嚴加圍籬可也又曰鄭澈事論之汚口置之可也於此知澈之罪爲窮天極地亘萬世而不可貫也何圖澈之死後餘述未祛始則澈子宗溟投進僞章以伸其父專沒眞跡掇爲無根之累千言

縷縷也鄭介清以學問莊敬爲一時所重而嘗以澈爲飾情僞行非正人也又患時輩效澈之放浪爲著節義清談說以規之則澈啣之思所以陷之於節義論上抑加排字以爲罪目竟致邊死顚末俱在故先正臣柳成龍 啓及尹善道疏中非假臣等之呶呶也此外有曹大中之慷慨清高以爲賊流涕見誣柳夢井之耿介剛直以出穀與賊見誣李潑李洁之孝友清名以逆賊親知見陷李黃鍾之嫉惡剛腸又以李潑族黨抵死至於白惟讓三父子未免覆巢破卵李潑之八十老母七歲穉兒亦致壓沙而並戮如鄭彦信鄭彦智尹起莘柳宗

予用嘉尚疏事令該曹稟處

是歲太學通章〔通文〕以繼發本道士林大發公議營立院宇之際金兵猝至議因中撤

丁巳〔肅宗元孝大王三年〕

生員楊夢擧等陳疏請追崇己丑冤死之臣並鄭澈戕賢之罪其略云云奸澈乘機鼓吻不自顧忌廣置爪牙陰嗾鷹犬之有睚眦士之有名稱者無不羅織必置死地崔永慶以山林高蹈爲士所推尙以澈爲索性小人但做好官未有建明則澈啣之思所以構之百端羅織竟致瘦死此事顚末不備載 宣廟傳旨中非假臣等

丑也被誣寃死之狀已盡於鄭武瑞等疏中而臣等今日追訟其寃枉敢申重復之言者非為買價於泉下亦非要利於國人也伏乞 殿下俯察芻蕘之言 贈秩寃魂收用子孫則可以合士林之輿望可以雪九泉之寃枉於其扶公奬忠之道豈曰無小補哉嗚呼李潑李洁一羅禍網兄弟並戮老母穉兒一時夷殺覆宗絕祀則雖蒙伸雪而其寃不泯雖有 贈職而其祀無主旣無承祀之裔又無期功之親求其同姓以立其後則於禮於情得其宜矣伏願 聖明特下立後之 命以慰無主之孤魂云云 批曰省疏具悉 旨盡言之誠

誣竟致竄死朔北曺大中天資甚高學問眞正立志清苦論議慷慨常懷嫉惡之心每激拒扞之論見澈陰邪而雖在同道絶不相見立朝忠直見人違度輒彈而矯之遂以爲賊流涕之邪說爲澈誣陷竟致冤死於獄中又以一句之詩被誣猶酷禍及泉壤柳夢井學行高明志操剛直居家處朝一心忠孝莅官治民動止嘉尚一居憲府之職抹折奸孽之輩而爲澈所陷殞命杖下李黃鍾天資篤實意見高邁始與澈爲蔥竹之交及其中年見其奸怪之狀斷然絶之遂與崔永慶托爲心契而爲澈誣陷冤死獄中噫權奸用事忠良見戮未有如已

淺而未得霅著也崔永慶之學行李潑李洁之孝友今
不敢煩達而鄭彦信以宿德宰輔負世重望忠　君憂
國之心奬善斥邪之心實爲　國家柱石而當己丑逆
獄之初彦信以委官方治逆獄澈自畿甸入來密　啓
彦信與逆賊同宗不可按獄三疏見達陰囑湖儒梁千
頃等上疏至有　親鞫之擧又囑儒生梁洞等上疏構
捏而澈以其時委官闖隙密　啓竟至大受刑囚甲山
而死鄭介淸力學好古踐履篤實持身以敬教人有序
不求聞達志操堅確而嘗以澈飾情僞行非正人也又
患時輩之效澈放浪爲著節義淸談說以譏之爲澈所

己丑冤死臣李潑李洁兄弟追 贈之 命而其他冤
死之臣其數亦多獨未蒙 恩典泉下冤魂雖不足恤
而其在 聖上一視之德爲何如哉若以己丑冤死諸
臣言之古相臣鄭彥信叅判臣鄭彥智持平臣崔永慶
縣監臣鄭介淸大司諫臣李潑副提學臣李洁都事臣
曺大中持平臣柳夢井察訪臣李黃鍾等鄭澈之構捏
雖異含怨致死則同而崔永慶則雪冤之後卽爲復官
追 贈李潑李洁今又追 贈而其餘鄭彥信鄭彥智鄭
介淸曺大中柳夢井李黃鍾等六臣尙稽追 贈之
命此是一國之公議雖伸而未得伸也士林之憤鬱雖

也又曰竊惟方今之事足傷和氣以致災沴者不獨在
於 聖上之或失亦在於民心之失和也臣等請條陳
數說伏願 聖明裁擇焉士林公議惟在於己丑寃死
臣等未得均蒙褒 贈之典也辛未冬儒生鄭武瑞等
陳達己丑寃獄請削鄭澈官爵而日月之下洞燭澈之
奸宄 特下追奪之 命一國公議伸矣士林憤鬱洩
矣哉贒病國之奸必爲自報於九泉之下無辜寃死之
魂豈不感泣於冥冥之中乎既施懲惡討罪之典則宜
有褒 贈寃死之舉而矯首兩載猶無稟 啓此臣之
所以不度愚陋而心切疑惑焉頃因臺臣之 啓達有

嶺南儒生金璟等八十餘人發通(通文伏)本道議立六先生(東巖南溪困齋肅溪晚翠及先生)院宇

九年丙子(我仁祖十四年)

太學儒生(姓名不傳)仲卞己丑寃獄上疏略曰 臣 等伏覩 殿下臨御以來庶政之欲察生民之欲安莫過於今世凡在覆載之間稍有血氣之類莫不延頸企足佇待雨暘之順序星雲之有慶而近年以來災眚荐作旱澇不節雷變非常是何 聖明之世有此天譴之極乎 臣 等蓋聞人事失於下則天變形於上 殿下靈德出天對越無愧而咎徵疊臻和氣未應 臣 等實愚昧未解其故

議八　傳曰依議施行

五年乙丑我仁祖三年

二月因前年收議始復先生官爵其餘李潑李洁鄭介清柳夢井等四臣並　命復官禮曹關到本縣先生籍產依　啓下還給白惟讓爲一大臣所持未復官後肅廟庚午因三公議復其官

毅宗烈皇帝崇禎四年辛未我仁祖九年

儒生鄭武瑞等陳疏疏辭伏請追贈鄭彥信鄭彥智鄭介清曺大中柳夢井李黃鍾六臣之職又請追削鄭澈官爵　特下追奪之　命李潑李洁因臺臣啓已爲追贈

八年乙亥我仁祖十三年

○領相李元翼議略曰前日筵中自 上以鄭澈事下
問故臣以辛卯年忝憲長論 啓曲折仰達而至於今
日伸理之議非有防過之意也其時被罪白惟讓等諸
人臣等曩日累次獻議請伸雪令禁府查出諸人之名
稟處宜當○左議政尹昉議略曰鄭澈事臣於上年登
對之時已盡陳達其時被罪人如有橫罹者則令有司
查考稟處宜當○右議政申欽議略曰鄭澈事今若蕩
滌則豈不有關於同寅協恭之治道哉李潑等諸人被
罪時至於籍沒等事亦涉過重臣亦嘗欲以此並達於
聖明而未及者也令禁府查出稟處亦當○諸大臣

金瀅對曰伸鄭澈冤爲宜輔德尹知敬獨曰急務非在伸澈冤己丑冤死人最當先諸大臣相顧未有對李敬輿繼陳曰知敬之言是也於是 命議己丑冤死人伸冤復官事諸大臣收議（見梧里集）

四年甲子（我仁祖二年）

夏以五臣復官事特 命收議 傳曰鄭澈事似難輕議云云 特（先是澈以己丑委官被反坐之律辛卯閏二月 命暴其罪狀榜示朝堂六月江界安置壬辰蒙宥還甲午十一月兩司更論其罪追削官爵至是其子宗溟等陳疏請伸）又曰澈旣以治獄過濫至於被罪雷霆之下必有抱冤橫罹而不得伸者亦令大臣從公查出議處又曰議于大臣以 啓

冤枉之狀 天監旣已洞燭無餘而推恩昭雪之擧宜
斷自 聖衷 答曰依允 時朝議尨亂未及施行
熹宗哲皇帝天啓三年癸亥 我仁祖憲文大王元年
四月領相李元翼入侍 經筵朝講承旨曺友仁進曰
伸鄭澈事云云今日大臣臺諫入侍議處何如 上曰
此何如領相對曰今日入侍只有臣及臺諫二人而已
更有他大臣他臺諫在不可以此謂之博詢廣議處
之也然而人各有見可以仰對臣曾於辛卯年爲大司
憲論鄭澈之罪而至於澈之己丑治獄 臣亦以爲人所
不忍也 見梧里集及東里錄 上問初政急務延平君李貴兵判

雖死而委絕於天壤其風嘷雨泣踊地訴天傷天地之
和召水旱之災者理所必至又曰湖南士子則耳目較
近其構人受誣之狀知之旣盡且審則憤疾稱寃宜倍
於他人衝暑褁足千里陳疏者夫豈有所爲而欲媚於
竄中之朽骨哉誠見崔永慶以一體寃死之鬼不但首
蒙恩典　贈官賜祭官其子孫實曠世之盛典如李黃
鍾者並蒙厚恩深服　聖人好生之德苟察其寃則不
以已死而置之竊意同仁之恩無間彼此而有司無有
以此等寃狀上請者乃爲此區區之計欲於天地之大
人無所憾當此遇災覃恩之日尤當有以變通而當時

鑑矣嗚呼潑洁死而忠孝之風滅矣介清死而學問之士絶矣夢井大中死而清介正大之節喪矣自是之後父戒其子兄教其弟以正論力學爲取禍戕身之本以如此之人心士習欲望其維持不亦難乎云云疏入踏啓字下義禁府○十四日回 啓略曰天下之獄莫嚴於治逆嚴故易蔓而冤其間或有推鞫之臣有挾感逞怨之事則一入機穽毋論曲直便不得脫其禍尤爲罔極又曰或自上定配之 命已下而強請拿鞫一日再掠之類不一而足人之受誣者其惡非如言語薄過之比覆載神人之所不容其名湮家毀未足言其冤也

五臣伸冤之事人之罔極何至於此乎伏願 殿下大霈鴻恩還給李潑洁官爵追崇鄭介清之贒又 命柳夢井曺大中並蒙渙汗之德復其官爵以定國是云云

六月初四日全州儒生柳光烈等陳疏請伸五臣之冤其略云云權奸主獄鍛鍊羅織使一時名流無不連逮姑以洛下士夫言之則鄭彥信鄭彥智白惟讓尹起莘此其尤著也以嶺南言之則崔永慶柳宗智以湖南言之則李潑李洁鄭介清柳夢井曺大中等此其尤者也又曰潑洁之忠孝介清之學問夢井之守身清謹大中之持論不頗前後疏中已悉枚達伏惟 聖明亦已洞

大中與澈同在一道絕不相見大中之爲及第也澈要與之見大中終不肯見澈之懷憤非一日矣逆變之初權奸之黨造作流言曰大中爲賊流涕遂與權奸羅織殺之又以一句之詩終有斬屍之禍欲言其事令人氣斷噎二臣之無辜若是其明白而受構於奸澈至於此極窮天之痛庸有極乎若乃李潑洁之冤痛言之慘矣云云至於鄭介清林下一善士也云云又曰噎本道乃權奸所居之地植根既固流波滋漫私意蔽塞公論熄絕而猶恐五臣之冤或伸於 聖明之下澈子宗溟敢陳誣罔之疏粉飾虛僞之說托爲訟父之冤實欲戲敗

於公論之壅蔽也云云滄洲集云丁亥而究其疏意似在是年間故姑附於此鄭固齋

已有復官之命故於此只舉四臣

四十四年丙辰光海八年

是歲生員姜鳳覽等陳疏請還給李潑等官爵追崇鄭介清之賢又 命柳夢井曹大中等復官爵其略云云李潑李洁鄭介清等已有還給籍沒復其官爵之 命而獨柳夢井曹大中等猶未蒙赦宥之 命推恩昭雪之舉一日爲急臣等請先言夢井大中之寃後及潑洁介清之事焉柳夢井清直人也云云曹大中剛毅人也與賊素無相知之分爲本道都事時適與之相見而已

其宜沙汰之講暫有人言見忤於章甫之徒久矣適因討賊之疏構造無根之說爲賊流涕云者顚末無理矣撰疏粱千頃挾憾欺罔之罪何可盡達於 冕琉之下乎栲掠胼下肝膽崩摧臨刑將死精神爽越抱寃之懷著於詩句著實出於呼天至情寧有怨尤於 君父之前乎國人皆以一死爲寃則與逆同謀云者寃中之寃也又曰伏願 殿下三思而留神焉噫分而言之則雖有四臣之別合而言之則四臣同一寃也四臣之罪名昭昭於地上四臣之冥魂耿耿於泉下至寃之積人心不和天道失寧十年間兵火之災妖怪之作安知不由

中之特立不回名於一世則奸人之含沙伺影謀欲網打者爲如何者哉又曰 先王聖明公論得達奸情寃狀無不洞燭贓澈奸澈昭在 聖教先雪處士之寃繼復相臣之官一體五臣初無彼此之殊故 聖批亦曰非以其人等爲慫於逆謀也知澈之奸慝莫如 先王知五臣之寃枉莫如 先王一國臣民孰不感泣以望次第之 恩典而皇天不佑遽遭大戚臣民之痛曷有其極云云

是歲羅州前教授鄭詳陳疏請伸四臣之寃其略云云曹大中新進之士年未強仕亞使南來應接之禮多失

又曰伏願 聖慈當此三年後變化之日蕩滌泉壤之冤則非但慰一時朝野之望其扶植士氣鎭 國家萬世之基業抑亦由此而無疆云云 儒生姓名見伏疏草在巾笥故記之

三十九年辛亥 光海三年

羅州儒生羅德顯等上疏請伸五臣之冤疏畧云云嗚呼橫罹枉死何代無之而含冤至痛未有如己丑連累之人也一時之冤不知幾何而 臣 等獨以李潑李洁鄭介淸柳夢井曺大中等冤死每叫於 天閽者誠以 臣 等同在一道明知非辜冀伸至冤於萬一也何者如潑洁之孝友介淸之學問至於篤行如夢井之清謹如大

是歲儒生等陳疏請伸己丑之冤略曰 殿下踐祚之初臣羅德潤獨疏則 聖批有曰省疏足見忠懇鄭介淸等冤事予亦曾聞其槩矣但事在 先朝不敢輕議當與大臣商確以處大臣議 啓皆以極稱冤枉 聖批有曰事在 先朝姑待三年又己酉年臣金佑成悉陳一道五臣被誣之首末而其爲冤枉明若觀火 聖鑑亦已洞燭而至於三司累月合 啓則草野之公論朝廷之是非一而明矣國是已定而更無可疑則安可以不可加之名一日加於無辜之士乎一日二日以至二十二年之久則地下之目迨今不瞑於長夜之中也

之死稱冤而訟之者以其耳目之所及明知其實狀而冀伸鬱結之冤於　聖明之下也當初按獄之臣挾憾構捏以推鞫之聽爲逞怒之穽陰嗾偏昵之黨搰摭發明之跡眩亂　天聽因成罪案若非　先王之明聖幾乎空國而後已可勝痛哉又曰　聖教有曰予欲給李潑等籍沒還給鄭介清等官爵議大臣以　啓云云大臣之議一切稱冤從實以　啓而時無成名臣等竊惑焉姑待三年之　教明在國人之耳目欲給官爵之命亦播遠近之聞見而久留大臣之議不下儒生之疏輿情之鬱何可勝言云云

之事予亦粗知其槩然三司論請已久其意亦不可不
慰兹欲還給李潑曹大中等籍沒而鄭介淸如不在籍
沒之中則還給職牒如何○自四月二十四日至五月
初一日連 啓答曰難從之事無庸煩擾○五月十
八日合 啓大槩請李潑李洁鄭介淸曺大中白惟讓
等復其官爵給其籍沒此外寃死之人亦令廟堂並爲
查考一體施行 答曰公論如是當議而處之
是時務安生員羅元吉等上疏請伸五臣之寃略曰嗚
呼己丑逆變千古之所無也無辜橫罹天下之至寃也
一時之俱焚於烈火者不知其何限而臣等獨以五臣

先王之志終始可見而獨於數臣昭雪之典特未及舉
行耳上年春三司論列 聖批以待時爲 教臣伏感
聖意之有在 先王未及行之志必行於 殿下之
手乎今者 附禮已畢大霈滂流而抱冤泉壤之臣獨
未蒙曠蕩之典此公論之所以愈鬱而不知止者也夫
叛逆天下之大惡人得以誅之者也潑等之罪如有可
疑之實則臣等亦將沐浴請討之不暇何敢飾爲辭說
曲庇戮餘之朽骨自陷於不測之誅哉此實國人同言
非臣等所獨言也請加三思特 賜一加 答曰不可
輕議之意諭之已盡不允○四月下 備忘記曰己丑

地之冤以 答一國之望不勝幸甚進止 答曰勿爲煩執○二十七日三司合 啓臣等以己丑冤死諸臣伸雪之事累瀆 天聽未蒙 允兪臣等躕躇相顧不知所達當初逆賊出於縉紳之間在廷之臣孰不與知交遊往復書札其時掌鞫之臣乘時構揑百端羅織以爲網打之計使 先王不殺之仁雖欲赦之不可得豈不痛哉如李潑曺大中白惟讓鄭介淸等此其冤死中表表者也 先王旣以洞察其冤 答湖儒之疏曰非謂潑等與知逆謀掌鞫之臣亦目之以奸毒而竄殛之至於崔永慶鄭彦信等皆 贈爵復官曾不留難則

天道未嘗一日亡違公論則是違天也其天可違乎[illegible]
化以還大小拭目皆謂至公之理必伸於久鬱之餘而
惟此枉死之人尚在罪案沉魂未發監氣傷和此豈非
今日體天道順人心之意乎伏見頃日 答兩司之教
謂 先王未定事輕議爲難事之當改者雖在 先朝
猶有可改況此李潑等之死本非 先王之意而乃
先王已所洞燭者也今之伸寃實所以體 先王之心
而體 先王之心卽體天道也順人心也匹夫非辜三
年有災況玆諸人之寃竆天地非匹婦匹夫之比乎回
天怒慰輿望日急一日伏願 殿下快降一命以洩九

不發則昭雪之舉一日爲急三司之論吁亦晩矣導
先王已許之意慰今日輿情之鬱一則繼述之孝也
一則曠蕩之仁也今於兩司之 啓每以三年內不容
輕議爲敎臣等以爲今此昭雪之舉乃所以體 先王之
心而非所以改 先王之政也其必待三年之後者恐
非今日繼述之義也伏願 殿下急從公論以快人心
進止 答曰劄辭俱悉但此事 先王未有處置恐難
輕議也○十九日玉堂劄辭伏以李潑等之寃死逆獄
我 大行大王洞燭而公卿大夫切聞之閭巷間愚夫
愚婦亦莫不傷痛之此實一國之公論公論者天道也

玉堂劉辭伏以公論者根於天理發於人心雖以奸凶之威能使之不行於一時而不能使之不行於後日當己丑逆賊之變謂李潑等爲無辜者此乃一國之公論而曾在 先朝湖南儒生有請伸其冤枉者 先王教之曰非謂李潑等與知其逆謀也大哉此言實今日公論之本也不與其謀而死於逆黨自古深冤極痛寧有如此者乎當時構揑之狀 先王已盡洞燭如崔永慶諸人優蒙渙 恩而且於李潑等有此 聖教則昭雪之典蓋亦已定於天心矣卽今 离明繼照解澤滂流無物不霑有冤必伸而獨此冤死之人抱痛泉壤沉魂

爲 敎可見國人之同言而 先王之志已定也崔永慶鄭彦信等同被其禍而枉 先王朝贈官復職已不留難按獄之臣斥謂奸毒而竄流之此數臣之伸冤特未及施行耳遵 先王未及行之志霈洪 恩於旣骨之冤者其不在於 殿下乎上年春三司交章請雪其冤而 聖批以待時爲敎 臣等固知 聖意之有在也今者 祔禮已畢大霈滂流蕩滌數臣之冤此其時也時乎時乎不可更延公論久鬱激而難回請李潑李洁鄭介淸曹大中白惟讓等復其官爵給其籍沒此外冤枉之人並加査考一體施行 答曰已諭不允○十七日

予意諭之已盡姑待後日可也自今年三司之啓始發而光海每以三年之內不敢輕議爲啓故停啓

三十八年庚戌光海二年

二月 宣祖祔廟後三司兩司尹昉尹讓柳穡朴思齊金藎國李必榮閔德男吳煥許寶玉堂南以恭合啓請伸五臣之冤略曰臣等將己丑諸臣冤死之事仰瀆 聖聽庶幾快覩昭雪之典而自上持難已有日矣臣等竊惑焉逆賊出於縉紳之間當時在廷之臣孰不與之交遊書札往復按獄之臣陰挾宿憾逞其胸臆乘時羅織無所不至置之極罰而後已至今二十餘年言者無不酸鼻 先王亦以爲非與逆謀

之冤 啓略曰己丑逆賊出於縉紳之間按獄之臣乘時構陷一時名賢並陷於禍網無罪無辜駢首就斃當時抱冤慘不忍言人心久而愈痛天理幾乎熄矣幸 聖明洞燭其狀旣以公論可知許之臣等感激聚首知伸雪之有期而區區論執之不已者蓋一日爲急也又曰今我 聖上大霈朽骨實出於繼述之孝而豈可謂三年無改之比乎人心所在天且不違公論日激難以久沮請亟 賜一諭李潑李洁白惟讓鄭介淸曺大中蕩滌罪案復其官職還其籍沒此外冤死之人並令廟堂盡加查考一體施行 光海答曰凡事莫如待時而行

曰非以其人等爲逆謀同參一則曰問訊雖過足爲後戒其非逆謀則 先王已洞燭矣天下之惡莫大於叛逆旣非同參則其寃極矣天下之冤莫深於被誣旣受構陷則其痛極矣一時被誣而冤死者崔永慶 先王親自昭雪給其爵而官其子至 賜祭以慰之獨此五臣抱冤竆泉二十年菀然之魂其望恩於 聖上如天之德者豈有竆已次第開釋惟在 聖衷光海答曰姑待後日

三十七年己酉 光海元年

二月日三司 李尚毅尹皓尹銑金止男任章朴彛叙李滇金致遠 合啓請雪五臣

人之常情也及鄭賊刼干嫿女之後士夫莫不疑訝絶不相問者有年凶逆之謀豈有一毫與知之理乎變生之初與賊交遊之說雖出於言者之口許多書札中叛逆事豈有隻字毫畫之可疑而當事委問之臣一一不啓稟以明其寃狀李潑一家無遺噍類鄭介清柳夢井重刑遐竄俱死非命曺大中以作詩之故慘及泉壤其爲寃痛容有極哉況介清林下士也窮經說禮孤特自守所著之說實是有爲而發白橫加惡目因成罪案人心難誣擧國咸痛一道之人明知事狀籲呼　天門不一一不再是非公論豈待百年而定哉　先王聖敎一則

平府院君韓應寅議略曰己丑治獄之事末稍臣以承
旨或參鞫廳而至今病昏專未記憶故李潑等事未能
一一陳達矣大抵公論之發久而愈激則快示昭雪以
答輿望正在今日矣云云○諸大臣議入光海答曰知
道待領相上來畢收議以處且鄭介淸其時籍沒與否
考啓 其時適有逆變且值龍亂不得更啓
是歲羅州生員姜鳳覽等上疏請伸五臣之冤 疏辭佚 光
海下禁府議啓禁府回啓略曰逆臣汝立包凶飾僞
厚誣一世當時士大夫稍有一面之分莫不遍書問答
鄭介淸等五人同在一道或與之相厚或因書酬酢乃

末由問知雖因人粗得其一二而亦未詳焉大槩李潑等不愼交遊之罪固有之矣以此至陷於逆謀之極禍老母穉子駢首就戮不亦慘乎自初至今二十餘年人心莫不以爲冤痛而公論始發於今日此正昭雪至冤之秋也滌去罪案還給籍沒豈非幸甚云云○右議政沈喜壽議曰伏觀備忘記 下教委曲得中似難容贅於其間但旣謂李潑兄弟不與逆謀至於平時寂相親厚書尺往復推尊延譽而已則死於知人暗昧不愼交遊之罪足矣甚至老母穉子亦被刑禍前古所未有之律二十年只給籍沒恐或未雪九泉之冤云云○淸

國則爲逆臣龍蛇之判只在俄頃向背之間豈曰其親與不親潑等平日引進逆臣使登顯仕及其誅逆連累而死勢也然 朝家議法則當問情之有無不當諉之勢而任其死也臣猶記當時鞫廳議 啓之辭一款有云縉紳之間出一汝立已是大變夫豈有兩汝立乎云云如曰必無是理則是不與逆謀也不與逆謀則與凡臣奚擇焉惟其自處則泥首乞死可也臣於鞫獄之際所見如是已嘗言於同僚 先王引對之日亦以是啓之頃日 經筵又申前說云云○領府事李山海議略曰己丑年間臣罷散在家 廷鞫一事不出於朝報

其槩矣然事在 先朝不敢輕議當與大臣商確以處
仍 傳曰議大臣以 啓大臣收議完平府院君李元
翼議略曰己丑年間臣授任在外因人聞見之事到今
病昏亦已遺忘之大槩李潑等以不愼交遊之罪至陷
於謀逆之極禍人心之寃憐痛楚久而愈深在今快從
公論昭雪至寃實嗣服之初慰悅人心之一大擧措也
○左議政李恒福議略曰逆賊不難知逆謀則爲逆臣
不逆則爲平人而已故子家子最親於平子平陰之亂
一朝而便爲仇敵王導乃敦之切族而南皇之事以大
義滅親古今天下若此類何限而向 國則爲純臣背

沈義謙金孝元只是名利場人物乃敢立幟分黨朔著遂不靖至於癸未分黨已甚士類分波其害有不可言者及己丑之變奸人又媒孽其間一隊名流悉陷於叛逆之深坑可謂慘矣壬辰國破家亡之禍兆於癸未激於己丑馴致於內訌大作外寇斯酷可勝痛哉激素以狼愎之性乃生構揑之計設陰穽以陷無辜托公法以復私讎其一時希望風旨投疏羅織者相續於公車之下而上自士大夫下及韋布之士動足搖手舉在指目之中少有一言必陷於營救之罪故所以三年大獄冤楚萬狀云云　光海答略曰鄭介清等冤枉予亦曾聞

體冤死之鬼未蒙昭雪之 聖澤王者一視同仁之義果安在哉伏願 殿下覈察五臣非逆之情滌去逆惡之名復其官爵給其籍沒使四方民心咸仰 殿下好生之德宗社臣民之福也云云

三十六年戊申 二月宣祖昇遐光海君即位

二月前義禁府都事羅德潤陳萬言疏請伸己丑冤獄其略云云自經己卯乙巳之禍士氣沮喪人道幾乎熄矣唯幸李滉曹植出於其間以學問氣節彰明一世聞風而興起者蓋彬彬焉惟我 先王崇儒重道收召拔用當是時人心丕變士趨自明世道蔚乎可觀而不幸

是歲進士李潭等陳疏請復五臣等官爵疏略云云有
曰伏以己丑逆獄連累之人連章疊牘至二十年之久
而不已者豈有一毫之私而忍負 殿下求媚朽骨哉
只緣窮天極地之痛菀兩莫伸公論之激久而愈極冀
欲一伸其枉普被沛澤於幽明者也至於曹大中被誣
於邪輩之構陷不得自明於刑鞫之初終未免糜身於
地下冤痛之狀思欲暴白者庸有極乎又曰矧茲玉石
俱焚之餘已審其非逆則可不惻然動念哉崔永慶曾
蒙 贈官賜祭之榮李黃鍾亦受職牒之 恩太陽光
復於覆盆之內人必鼓舞於千里之外矣獨於五臣一

罪目有口難明終負惡名抱寃而死想今耿耿之魂應爲痛哭於冥冥之中矣又曰　聖教有曰澈之罪惡論之恐汚口也有曰奸澈有曰毒澈知澈之奸毒莫如聖上而見陷於奸毒者獨未蒙　宥此公議輿憫之尤極者也云云

六月日儒生韓浩等陳疏請伸五臣之寃(疏辭佚)　批畧曰非以其人等爲參於逆謀也或出於言官彈論或出於同黨招辭在法不得不問非謂同謀叛逆也凡人旣出於同黨之招則雖在他獄不爲推問乎又曰問訊雖過足爲後戒

死猶不已不亦甚乎又曰目今邦家再造至化惟新正當稗合人和扶植士氣之秋也豈可使含冤於九泉鬱而莫伸貽萬世無窮之痛歟在朝之臣非不知五臣之冤痛而噤默不言臣等竊痛焉云云

四月二十九日和順前參奉崔弘宇等陳疏請伸五臣之冤其略云云嗚呼人孰無死而死莫哀於非罪死孰無冤而冤莫甚於陷逆其橫被惡名含冤地下者豈若己丑連累枉死之人哉鄭介清李潑李洁柳夢井曺大中皆臣等一道人也或以作論節義受誣或以與賊相厚受罪或以與賊通書受罪或以爲賊流涕受誣無形

國人皆曰冤枉而耳目所及莫切於臣等而臣等既知
其冤枉不達於　聖明之下則臣等之罪亦大矣云云
三十五年丁未我宣祖四十年
正月二十一日全州儒生梁克遴等陳疏請伸五臣之
冤疏略云云曺大中志氣剛直論議慷慨見嫉奸人此
其所以不免於禍者也至於爲賊流涕之說出於無根
之邪舌而竟成罪目尤可謂慘矣當大賊就戮之日雖
參逆謀者猶恐形迹之或現況大中方以一道都事處公
府衆目之中其敢現然泣下乎豈臨死之詩不過自敘
其深冤以明其無辜而已何與於怨尤而如簧之讒

(堂李公先已伸雪復官故至是只擧五臣之寃)疏略云云曹大中居家友愛出於天性而立心清苦論議慷慨常懷疾惡之心而見忤於奸黨此其所以不免於禍者也爲賊流涕之說出於構揑之邪舌而因以爲罪目獄中一句之詩發於臨死荒亂之際而巧爲辭說更加其罪豈不冤哉又曰伏願聖明垂察焉頃者 殿下明日月之照垂天地之仁曾於竄逐廢痼之輩並令原宥而於崔永慶則至有中夜泣下之 教特爲昭釋一國臣民莫不感激而惟此數臣尚未蒙 恩此人心之愈鬱而公論之愈激也嗚呼玆前數臣湖南人也臣等亦湖南人也數臣之被罪

鞫之也又曰大抵是非當出於朝廷爾等之志雖勤不
須每煩

三十一年癸卯 我宣祖三十六年

三月十七日寶城前直長安重默陳疏請伸己丑之寃
正奸澈誣賢之罪 疏辭佚 十八日 上下禁府議啓○四
月初八日堂上沈喜壽宋言愼回 啓略曰抱寃六壤
至於十四年之久稱寃無異於崔永慶在今變化之日
特施昭雪之典未爲不可云云

三十四年丙午 我宣祖三十九年

十月日茂長前察訪吳益昌等陳疏請伸五臣之寃 曉翠

臣之孰邪孰正皎然若冰炭不待卞說而明矣又曰澈之罪惡固不容誅國家蒼黃不暇正刑至今地下猶戴其頭神人之所共憤多士之所共鬱伏願 殿下明以察之剛以斷之回恩降澤蕩伸冤鬱剖棺斬奸揭示常刑則事得其序物有其理綱紀賴之以正士氣賴之以振直道充彌陽德敷暢則人心和順天應休明陰邪自退禍根洞去而國勢固人心寧矣云云

二十七年己亥 我 宣祖三十二年

八月初二日羅州前別坐羅德峻等陳疏請伸己丑之冤正奸澈戕賢之罪 疏辭佚 上批曰初非指爲逆賊而

寃骨尚未瞑目於地下也嗚呼其身已死猶以爲不足
又取詩中妄發之語徇私曲解引以爲怨 上不道禍
及死後沒入家財彼讒人者亦已甚矣昔者朱雲折檻
有與遊龍比之言鄒陽自明亦引以二子則蓋言其直
也豈其推比而及彼者哉况丹心一片之語旣發於首
句而 主上聖明二字特書于與兄永訣之私書則非
怨亦明矣曹大中於臣叔父也臣之言則可謂私矣然
公論旣發安可以私而廢公哉伏願 殿下深燭必無
之理覈察誣陷之實試垂矜察焉又曰自古黨禍無代
無之而殺之者常爲小人死之者常爲君子則澈與亦

至於曺大中涕泣行素之說尤爲無理何則逆賊之變出於　聖明之世凡有血氣者莫不痛心刻骨欲食其肉况食君祿衣君衣而知君臣大義者寧有涕泣行素之理哉設與逼謀尤不必現然涕泣自取夷滅之禍矣反覆思究不然必矣抑有發明者焉曺大中聞賊死之日與金汝岉崔慶雲金公喜等相語曰國家有變臣子不可宴樂然罪人旣得則亦不可無賀云云而設酌以慶酒食終日則非爲賊流淚行素者十目所視而當其羅獄之日證以此事則金汝岉亦以爲必問待命於闕下者三日矣奸臣擁蔽卒無問焉此所以曺大中之

或以爲爲賊行素令其無辜斃於淫刑慘矣小人之構殺仁賢至此極也嗚呼古今天下雖有士林之禍豈有如今日之冤也哉伏願 殿下亟下一雪之 德音上答天意下慰輿望云云

二十六年戊戌（我宣祖三十一年）

和順儒生曹守弘（後爲文科官至弘文正字）陳疏請伸六臣之冤（時公年二十五上引見嘉奬之勉其成就）其略云云奸臣鄭澈乘時竊柄迷奪 聖明杜絕言路有怨睚眦者率以構陷一時名類殲滅殆盡嗚呼痛矣又曰曹大中始以謂爲賊流涕行素死於杖下終以爲怨 上不道斬屍沒財云云又曰

十二月羅州前義禁府都事羅德明等陳疏請伸六臣之冤其略曰曺大中爲人慷慨立志清苦不曳權門之裾每激拒奸之論孤立一道衆口咻之及其佐幕澈家莅近亦不經過而其所斥言而不諱者皆澈之惡則逢彼之怒無足怪也噫冰炭不同器邪正不兩立故小人道長則君子道消以直道難容之君子逢射影肆毒之小人則罹離之禍豈能免於道消之日乎又曰大中與逆賊既爲同朝之臣雖有識面之分元非交厚之間則必無哀死之心況於逆賊之死豈有悲傷於人所見之處乎澈之徒黨承望澈意揑造無形或以爲爲賊流涕

回 啓略曰逆賊之變出於縉紳之間方獄事之始起也自 上已慮有波及之患以玉石俱焚爲戒若使其時按獄之臣推廣 至意除元惡大憝及律所應坐者外皆當伸釋若是則人情大服而冤枉得伸當時則不然上自士大夫下至韋布之士動足搖手擧在指目中所以三年大獄冤楚萬狀臣等之意 特允儒生之疏悉加伸雪而此外未及擧名於疏剳者亦多有之依壬辰 下教法當緣坐外悉爲開釋之意令義禁府詳細開錄云云 答曰後當面議

二十四年丙申 我宣祖二十九年

今日之黨禍擬驗歷代實是危機敗證是非邪正之分
自有後世之公論唯在 殿下明辨而審擇之如何又
曰自 上明見萬里之外洞照怪鬼之狀特 命拿鞫
丁巖壽疏頭十人而奸臣作弄囑臺諫假公論而沮之
遂使 殿下惡惡之心不行於當日人有秉彝孰不惋
痛又曰 殿下洞燭奸賊之情狀 特憐善類之冤枉以
永慶被誣一事至有中夜泣下之旨此天地神人之福
也又曰伏願 殿下暴揚奸魁之罪昭雪冤枉之人告
于 宗廟社稷頒 教中外與一國更始云云 上批
曰爾等之論至矣當議處事下備邊司領議政柳成龍

以斥之是則未能擇交之罪也王莽之僞恭八萬人頌
其德陸棠之挾詐先儒信之不疑作爲家甥則知人之
難古今通患若原情以差其罪則交遊稱許之責自有
首受之地而餘當從末減之科矣又曰鄭澈以狠愎之
性乃生媒孽之計聚羣不逞之徒以張其勢設陰穽以
陷無辜托公法以復私讎挾平生睚眦之怨盡入於必
報之地外而嗾浮薄之徒假一道之士論而冀惑 天
聽內而囑奸細之輩藉臺諫之聲勢而構揑不測思所
以日夜挾攻而必置於死地倘微 聖明如日中天十
世之忠賢悉陷於叛逆之深坑其爲計可謂慘矣試以

之變目今國破家亡之兆未必不由於此凡有血氣者
孰不憤奮扼腕欲討奸賊逋天之罪而傷弓甫已餘燼
尚存緘口結舌鬱鬱莫伸者有年于玆矣幸今天啓
聖心离明旁燭辨別是非昭雪幽枉以紓朝野憤惋之
懷此正志士仁人盡言之秋也又曰己丑逆賊之變起
於縉紳之間而汝立初非放火劫人之賊實是欺天罔
人之奸故在當時博洽多聞爲士類所推許如李珥輩
最初交遊推重嘉奬而薦用淸班者實珥汲引之力也
自癸未分黨已甚李珥失勢之後汝立始改頭換面趨
附於東東人旣無先見之智徒信一時之虛名不得揮

天理之未嘗泯也況其指嗾構陷之事顯出於千頃之招乎爲惡者身無存沒時無古今皆得討而誅之不可謂事之已往而置而不論追削官爵事下吏曹（見金宇顒東岡集）自是士林公議將發湖南有追雪六賢之論六賢者先生及李東巖潑李南溪洁鄭困齋介清柳清溪夢井李晩翠黃鍾也（崔永慶因六臣蘖先已雪冤）

二十三年乙未（我宣祖二十八年）

三月羅州進士羅德潤等上疏請伸己丑冤死臣正鄭澈誣殺賢人之罪疏略云云我　朝自開國以來邪正消長固多反覆至於貽禍士林斬絶國脉則莫甚於己丑

時構陷冤死獄中伸冤追贈事下吏曹 贈大司憲

○十一月十一日兩司(大司憲金宇顒 大司諫李墍)合啓請削奪鄭澈官爵以正 王法 傳曰故領敦寧鄭澈以蛇蝎之性懷鬼蜮之謀毒氣所鍾惟以傷人害物爲事頃値逆變八秉朝權幸國家之禍以爲一己逞憾之地當初自 上以波及爲戒而乃攘臂鼓吻廣置爪牙多張網羅或使草野或令臺省上章澈皆親自指授或手草疏略不顧忌打盡異己爲穽國中以爲陷人之具凡以睚眦被擠害者不知紀極其恣行胸臆傾危賊害之狀昭然甚明有目皆見有口皆言亦可見人心之所同然

嚴使任意徘徊七日程餞至二十日拿鞫遣他都事押去澈賦性狡猾奸毒旣到配所交通雜人未知作何等罪狀嚴加圍籬可也○八月副提學金鶴峯誠一因朝講請雪崔永慶冤死 命議大臣復職 永慶字孝元號守愚堂和順人師曺南溟先生以遺逸拜持平不就庚寅被拿 上察其冤釋之再被逮竟死於獄中

二十二年甲午 我 宣祖二十七年

五月日前縣監權愉 官至判書 上疏言崔永慶以山林之士冤死獄中奸臣構陷快其私忿歸怨於 國云云○十九日喪人鄭宗溟 澈之子 上疏訴其父澈冤事不報○二十日 傳曰故司畜崔永慶以山林之士奸臣挾憾乘

儒生上疏名卿士類驅入逆流欲盡殲滅云云請並遠
竄 依允（澈配江界惟咸慶興春英三水拱辰慶源）○二十五日兩司合
啓尹根壽李海壽張雲翼等黨附鄭澈排斥異己引進
奸邪請並削官爵依允（雲翼穩城定配）○七月初五日兩司
論劾曾前臺諫承權奸指嗾論救丁巖壽等仍寢拿
命並罷職依啓（丁岩壽在鄉未捕洪千璟逃走梁千頃姜現等在京就捕訊問以渠之疏即澈之指嗾承服斃於杖之下）○十七日傳曰爲奸臣鄭澈所構
陷排斥者如有其人並收敘擢用（並出府政記及己丑錄）○二十
日鄭澈押去都事李台壽到順安馳啓以澈病重不
能趂時押去云傳曰李台壽不畏朝廷押去奸賊不

曰古者罷黜大臣榜示朝堂所以昭示罪狀於國人之
耳目而懲後人也今此鄭澈罷職承　傳依古事榜示
朝堂○六月二十二日都政吏郎尹暾以前舍人白惟
咸前正郎柳拱辰擬學官望　上震怒　傳曰白惟咸
柳拱辰趨附鄭澈濁亂朝廷罪重之人擬於學官望尹
暾拿推下獄　命削其職○二十三日大司憲李元翼
執義金勁掌令趙仁得尹覃茂持平李尚毅鄭光績大
司諫洪汝諄司諫權文海獻納金敏善正言李廷臣尹
燁等合　啓前領敦寧府事鄭澈及白惟咸柳拱辰李
春英等交相朋比濁亂朝廷欲陷異己之人敎誘湖南

无妄之實也聖人賛易繫无妄於天雷者良以此也原情於疑似之際考實於曖昧之中有罪者必死無罪者必生輕重不差寃枉得伸然後方可謂盡无妄之實而刑歸於義殺也伏願 殿下曲垂如傷之仁弘敷若保之德遐續臣等之命於垂絶之際焉謹昧死以聞

十九年辛卯 我宣朝二十四年

閏三月初六日兩司合 啓大槩吏曹正郎柳拱辰人物麁庸檢閱李春英爲人浮妄出入宰相澈之門云云請並罷 批曰依 啓○十四日兩司合 啓領敦寧鄭澈擅弄朝綱裁制一時請罷依 啓○十六日 傳

者也苟有他意豈敢顯然進呈於推鞫廳自取逆天之罪哉詳其大旨其意若曰生前未伸冤枉地下若從直道之人則吾知免夫之意隱然於丹心一片等語豈可以兩字之失而盡掩一絶之義也詩中妄發古所未免梨花白雪香之句李白未免無香而有香之誤雲白山青萬餘里之句杜甫未免蹈襲古詩之嫌號稱工於詩者有如是錯誤於神和氣平之時又况范昧急遽於杖下殞命之際其能免於下字之差失也情當矜恕罪當寬宥而可容於 殿下包含大度中矣雷霆發響百物震疊者天有无妄之災也人主用刑萬民慴伏者君有

所冤憫極天爲白昆右良情由乙尋常推鞫例除各別分揀以解冤枉爲白只爲

獄中聯名疏

義禁府囚人生員臣曺敏中幼學臣曺守訓曺守誠曺守弘等誠惶誠恐頓首百拜上言于
主上殿下伏以
臣以大中詩中妄發之罪將伏赤族之誅極天冤憫之情不得不陳宥過無大之
四聰也妄發之罪所謂眚災之適爾者也而其身已死莫懲其罪延及門族則切以爲曖昧也其詩之作非平居暇日有意於訕
上者也偶發於忍杖荒迷之際而不及致察於文字之犯嫌

則輕是用卜吉撤舊再營敢先昭告庶無震驚云云又
於臨死之時夬身亦中遺書求訣云 主上聖明天亦
有知而弟今自外至者抱冤而死雖曖昧極天實是命
也奈何死後必有公論然晚矣可笑順男多有學氣云
死亦有慰須十分勸讀終作好人勿以我死而小弛也
我死眞所謂命也愼勿歸咎於造言之人也一門之人
待我如十盲一杖終至於呑恨奈如之何兄主須移居
和順扶濟門戶如何念到妻子不知所言云云兄弟之
間所聞所見只此兩事分叺是白遣他無聞見爲白去乙
節十餘歲弱子三人一家之內四父子拿來爲有臥乎

矣拿來時及受刑良中並只來見不得爲如乎兄弟之
間相從稀罕凡事專亦知不得爲如乎事狀明白爲白
齊推只前年十一月分父忌過祭事大中家歸到次適
音金州　大成殿　位牌移安告祭文乙大中以製送
亦監司刻期來關是白去乙大中云亂臣賊子何代無
之而此賊獨出於縉紳之間痛憎之心倍切於他賊云
即成其文曰痛哉臣猾早盜盛名剽竊經史欺惑後英
往在癸未改建廟楹惟上樑文迸竪所成操范曄筆逞
李斯情日月幾何溷辱神明幸賴　聖鉞陰誅凶獰敦
賊已踞莽惡留虆多士叫憤一國顏頳槧木可焚削墨

溪渾與黻別紙略曰曹詩本非大段至於兩司罷遞何不調劑此非稱念獄(出牛溪文集)是歲士禍再作禍及泉壤(家牒云辛卯禍及泉壤)返葬于和順縣西面細楊洞乙坐之原

生員(臣)曺敏中原情

白等(矣身)必于大中同生喩良置早喪父母兄弟四人分散四方大中元居和順(矣身)段妻邊靈光地移居今至二十六年二日程道相距隔遠是沙除良其(矣身)弟段壬午年出身後仍在京職爲如可前年分本道都事除授爲白良置巡行列邑殊無暇日爲白遣(矣身)段本是風濕病重之人廢棄科業杜絶人事是乎等以用其

奉法而已 上震怒守慶力求免三辭見遞澈獨爲參官（出鄭東里世規己丑錄） 追加極律子壻弟姪逮捕嚴訊甚急於是澈獻議曰曺大中本以陰邪險妄之人奴事李潑白惟讓輩附會邪說恆言李珥成渾皆可殺以撓時譽又與逆賊交結甚密汝立自斃後涕泣行素之說發於公論觀其詩意怨懟 君父蓄怨朝廷之狀所難容言然比諸伏誅逆賊不無有間若斷以次律可以得中 上不允澈又獻議曰大中凶惡情狀已露於詩句護逆自有其律妻妾壓膝事於臣愚見實有未安 傳曰參謀與否難以臆斷女人則勿爲訊之（並出寄政記及知先錄） ○戊午

上不道並籍沒事議　啓諸議並以未取服遽定籍沒或有後弊爲　啓○十四日　傳曰李汲潑浩白惟讓曺大中家並籍沒 並出時政記及諸家文集及乙丑錄 ○先生嘗在鞫廳作一絶詩曰丹心一片鬼神知未吐深寃恨死遲地下若從比干去孤魂含笑不須悲委官沈守慶以爲罪人臨死荒亂之辭不足煩達且慮後弊置而不　啓潵嗾其黨判禁吾崔滉撤去上句以下句達於　榻前曰渠旣以比干自况則比　君於何地以是激　天怒　上引對問其故守慶對曰凡因原情供招外餘事曾無受理之例而況臨死荒亂之辭乎臣忝在大臣之列曾知

啓事 允下矣遣問事郎廳收議乎會于一處收議
乎 答曰命招議 啓仍 傳曰禁府堂上亦爲 命招
同日二品二上密 啓收議入 啓○備忘記曰李澄
等按律定罪事在不疑而羣議如此當從羣議矣予觀
大明會典有逆外籍沒之文則雖非逆賊有籍沒之法
矣 永樂時夏元吉因事籍沒此則雖非大罪有籍沒
之典矣古者多有籍沒其家之語我 朝亦有前例況
與逆賊交結之情狀昭昭天地所不容者乎其不能取服
明示正法失刑甚矣今不籍沒其家不足以嚴討逆之
典洩神人之憤李汲澄洁白惟讓曹大中護逆凶悖愬

異云云○沈守慶議小臣不參推鞫之時只聞傳播之言
未知其出於逆口者何如也但不服旣斃之後斷以逆
律恐未盡於刑政大體云云○金貴榮議小臣伏見李潑
等罪目只繫於與逆賊親密綢繆別無同參逆謀之端
今以同參之律追加於旣死之身未審於刑政大體何
如也云云○委官鄭澈 啓潑等之罪昭著已久誅討之
上教至嚴以臣等昏昧固難容贅請廣收廷議○六
月二日二品以上收議皆以爲當初旣不承服而斃以
證據擬罪遽加重律爲未穩云云○十月三日政院 啓
昨日委官 啓辭李潑等家籍沒與否他大臣一時議

狀○時先生之靈柩自京而南還李忠武公舜臣宰井邑聞公喪之返語人曰曺公不服而死其罪不可知且經本道使客義不可恝操文設奠哭之甚哀又金吾郎搜出公家文書得公與忠武公所嘗往來書札欲不隱諱之意忠武公不可曰吾與曺公主客間也且不知其罪名今已搜出則不可隱諱以負欺國之罪也李澤堂植撰忠武公行狀首揭此而美之○五月二十六日傳曰李潑等事狀已著證據已悉宜依律處斷議啓禁府啓略曰惟在聖斷云○二十八日以李潑等事收議○領相李山海議略曰潑等事臣之愚見亦與禁府回啓之意無

耆不可勝記 並出時政記及野乘與己丑錄

十八年庚寅 我宣祖二十三年

先生四十二歲二月巡到萬頃縣承 命拿去就禁府獄自獄中陳疏原情極明誣枉引寶城叅試金公喜金汝岉等為證公喜等以為必問待 命 闕下三日鞫廳大臣澈卒不施問但令捕寶城知印二茶母一拷訊甚酷三人皆不服而死 原情裂服疏二条上闕無傳

三月十三日先生殞於禁府獄中先生在獄中有家兄永訣書一幅永訣詩一絶 書與詩見上 ○時李文忠公白沙恒福以問事郎見伊時事對人輒慼說曺大中冤死之

涕行素設奸人也逆賊旣誅之後寧有對人涕泣之理此疏不成說不近理云云○瀓揚揚自得獨爲委官陰嗾梁山璹金光運又上疏盡斥時宰 上下備忘記曰人心乖悖至於如此此輩陳疏盡斥朝臣獨贊右相瀓以下數人自以爲直言反露其情狀可哂也○自是獄事鍛鍊蔓延凡東人之平日峻激者不死則竄一入其網不得自脫杖死者三十一人竄配者二十五人（鄭彥信配甲山仍卒配所鄭彥智定配江界白惟讓杖死獄中洪宗祿定配龜城韓百謙定配遠地崔永慶杖死獄中柳宗智杖死獄中金宇顒杖配會寧李潑李洁杖死獄中柳夢井杖死獄中李黃鍾杖死獄中鄭介淸竄死朔北）被囚者二十一人罷黜者三十餘人其餘死徙廢錮

澈使之製疏梁千頃姜海等脅岩壽爲疏頭巖壽老而無知不省疏意之如何故時人謂之丁愚頭疏入

上察其誣震怒 傳曰丁巖壽等爲乘國家逆賊之變敢肆構陷之計揑造無形之語陰陳邪譎之疏賢相名卿無不指斥必欲空國而後已原其設心將欲何爲其凶慘之狀極爲駭愕此必聽奸人指嗾的然無疑巖壽等名在上列者十人丁岩壽朴天挺朴太鵬李慶男金應會任尹聖金爭緒梁山龍柳思敬柳揆拿來推鞫定罪事下義禁府兩司承澈旨論救不已太學生等亦上疏以爲不宜蔽言路 上命勿鞫 澈又使臺諫於流涕下又加行素二字八 啓時黃秋浦愼以正言語稠廣曰使曹大中爲正人必不爲賊流

亦與焉其疏略云李山海與逆賊會面雖罕肝胆所屬交契甚密云云金頴男爲之謀出李山海等手跡火之云云李潑自以汝立之交欲待罪闕下云鄭彦信不以國家爲憂惟恐禍及私黨云羅士忱以其子德明締俟德潤與汝立交契甚密知禍及已請張其說顯爲伸告云鄭仁弘與汝立情私甚篤云韓孝純李廷立之欺明巧免其心所存終可疑云鄭介淸久與逆賊交遊親密塡篪邪說者云柳宗智與汝立相隨亦密會合山中云鄭彦智及權克禮克智等表裏親舊根據要津互相周旋云云監司柳永立推官金宇宏等皆以賂賄釋之云李鎰受命出塞而脫笠解劍以私遣之云洪汝諄無君不道之罪無一人舉劾請討則君臣之義幾乎息矣云李陽元尹毅中尹卓然之徒身在崇班日事征利貪饕是尙云云柳成龍名稱士類身負重望主張時論而固非知逆謀者今若反顧云宋言愼之肝肺無隱尹起莘之趍走取媚南經彦之賄遺贊詠李彦吉之輸財營第曺大中之爲賊流濟金弘毅之必宿震吉之家李弘老之誇着汝立之衫此輩皆嘗出入賊家眩亂邪說者也如李純仁柳夢井輩瑣瑣不足言澈門客宋翼弼所製也時宋祀連之子翼弼逃匿澈家

定配○初八日鄭澈拜右相仍爲委官○十二日 上御
宣政殿 親鞫鄭彦信鄭彦智洪宗祿鄭昌衍白惟讓
李潑李洁以出於鄭緝之招也李潑配熙川李洁竄渭
原鄭彦智竄江界白惟讓配富寧洪宗祿免減鄭彦信
中途付處鄭昌衍放送皆一時名流也○時寶城人鄭
僑挾其舊憾造作先生爲賊流涕之說傳播於奸黨羅
州鄕所柳澱光州人奇孝曾等飛書於鄭澈白惟咸梁
千頃千會等陰嗾其黨丁巖壽等會于光州遂爲陳疏
○十二月十四日湖南人丁巖壽等承望澈風旨疏斥
一時名流三十餘人與澈異議者皆指爲逆黨先生名

載寧安岳信川等處上變事也有曰汝立潛謀大逆與
其黨聚兵九月山約日謀犯 闕卽夜 命召三公六承
旨禁府堂上入直都摠管玉堂皆引對遂分遣宣傳官
禁府都事于黃海全羅等地○十一日前判敦寧鄭澈
自畿甸揚揚入來上秘密劄子乃措捕逆賊事也澈素
與士類相失至是嗾京外無賴輩構誣淸流鍛鍊成獄
無所不至○十七日汝立伏誅○十一月初二日生員
梁千會等上疏論鄭賊與朝臣交密着某某云而語及
李潑兄弟○初四日禮曹正郎白惟咸入京上疏論金
宇顒及李潑兄弟與逆賊交密且陳鞫獄疎漏事 東岡會寧

金應南柳成龍金宇顒許曄白惟讓李潑曺大中皆名流也其餘不可悉舉以東淸西濁金優沈劣互相傾軋見安鍊石黨論源流李珥爲調停之計言于相臣盧守愼建白兩人補外之說以義謙爲開城留守以孝元爲三陟府使見李廷龜月沙集自是黨議互相愈激東人以李珥爲兩是兩非之說指之謂沈黨時鄭汝立登庚午科棄官歸鄕以讀書爲名時往坡山學李珥成渾相從論學珥渾取其讀書常稱許於士友間以此汝立名重朝野多士聞風出入至以竹島先生稱之雜出於野乘及安邦俊已丑記事

是歲十月初二日黃海監司韓準秘密書狀入 啓卽

事日會士禍起相國鄭澈爲禍首見桐巢漫錄

先是乙亥東西黨起初金省庵孝元登科有盛名嘗薦銓郎而銓議沈義謙卽戚里也枳孝元不許孝元以名家子弟有學行文章又喜推賢讓能大得士類之心時年少士類懲於乙巳之禍沮抑外戚太甚於是指義謙爲妨賢弄權而攻之義謙雖外戚曾有退權奸扶士類之功年老位高者多擁護之自是先輩與後輩歧異由微至著癸未甲申年間東西名號始分以沈家在西故目之爲西人金家在東故目之爲東人右沈者鄭澈尹斗壽張雲翼李海壽具思孟皆戚里也右金者李山海

貸勢家多怨之貪官墨守多望風解綬去者○十月至寶城設軍籍講經試者靈光郡守金公嘉譚陽府使金汝峋也時鄭賊汝立斃討賊赦文至先生曰 國家有變臣子不可宴樂然罪人旣得巨猾伏誅不可無賀與兩試官置酒張樂終日以罷○十一月巡到靈光觀察使馳驛使使先生製送 文廟移安告祭文蓋金州 大成殿上樑文卽汝立所製多士醜之將改建故也刻期來關先生曰亂臣賊子何代無之而此賊獨出於搢紳之間痛憎之心倍切於他賊卽成其文 告祭文見上

士禍首末 成滄浪文濬牛溪子也上尹海平書云云己丑士禍○張谿谷維撰白沙行狀書己丑

之難得陳疏請復賢良科一依先正臣趙文正公光祖之所規劃朝議不一事遂寢識者恨之請復賢良疏見上

十六年戊子我宣祖二十一年

先生四十歲　四月初九日　除刑曹佐郎階承訓郎

正月趙憲疏論盧守愼李山海金應南黨比病國且論朴淳鄭澈見棄遐荒宜速宣召於是東西攻斥轉加一層

見宣祖時政記

十七年己丑我宣祖二十二年

先生四十一歲　三月初七日　除平安道都事俄遷爲全羅道都事○九月巡到列邑審災傷糾姦贓不小假

翰林院博士長帶翰注出入禁闥筆翰敏洽記注詳悉同列讓能 上每嘉奬之眷顧甚厚西厓柳先生成龍鵝溪李相公山海亟相推譽于儕流中鄭澈因以爲指目嫌隙始萌於此

十五年丁亥我宣祖二十年

先生三十九歲 三月初七日 除奉常寺直長兼承文院博士又遷爲弘文館正字○六月二十日 除成均館典籍○十月初四日 除司憲府監察○是歲鵝溪李相公薦于弘文館應教時朝廷取士專以科第一路而雖間采公議薦進林下之士卽是虛文無實用先生憂人才

以一人而初爲孔子亞終爲誤國小人則何愛憎之至
此邃貽書李東巖盖勿交汝立之意也書見上
十三年乙酉我宣祖十八年
先生三十七歲 二月十五日又 除承文院副正字○
六月十七日 除承文院正字○十二月十四日 除
承文院著作
十四年丙戌我宣祖十九年
先生三十八歲 正月 日 除奉常寺直長兼承文
院著作○十一月十六日 除承文院博士階務功
郎○是歲思庵朴相公愛其才能爲都堂別薦選輸

耶見宣祖時政記及石潭日記於是汝立爲修撰汝立嘗稱道栗谷曰孔子已熟底柿子栗谷未熟底柿子見金荷潭破寂錄李恒福白沙集亦曰全州賊汝立浮慕栗谷至引重於鄭西云○金時讓涪溪記聞又曰汝立見栗谷爲時所望傾身事之先生聞之大駭曰汝立非愚則妄君子一言以爲知一言以爲不知果發此言得不畏人誅天殃歟

十二年甲申我宣祖十七年

先生三十六歲 二月二十一日又除承文院副正字階通仕郎○正月十六日李栗谷珥卒汝立始改頭換面趨附於東人荷潭錄曰及李珥卒汝立附於李潑兄弟反攻栗谷曰李珥誤國小人云○白沙集白汝立乃變說自媚於時於是西人怨李潑兄弟愈甚先生聞之曰

曰此取禍之道也云

十年壬午 我宣祖十五年

先生三十四歲○四月初十日以明經登文科三等第二十四人清名人望甚重○十一月十八日除承文院副正字階從仕郎

十一年癸未 我宣祖十六年

先生三十五歲 選補藝文館奉教○李栗谷珥爲吏判肅謝 上引見慰諭珥曰當今人物眇然文士中可用之人尤爲難得鄭汝立博學有才此實可用但有凌厲之病耳今者每爲注擬而不 落點無乃有讒間之言

曺和宇眞通儒也思菴答曰此人剛方正直置之風憲之地則必多可觀但疾惡太甚恐小容物之量云

先生嘗過洛東江鄭澈方泛舟張樂乘流上下聞先生過邀與同宴是日卽　先王陟遐之日也先生不往作詩以譏之澈見之大慙巳丑之禍始祟於此（詩卽洛東江聞笛詩）

（見上）

先生天性剛直嫉惡太甚小不容貸時鄭澈倡狂酒色凌蔑禮防趨剩附權者靡然從之先生心常憤疾不欲染跡其門登第初往還淳昌地澈要與之見直過不見嘗於錦江同舟嘿不與語金靈光公喜亦在座旣濟歲

典三郡事濟自閑于世潛心經訓與柳眉岩文節公考證四書吐釋見眉岩日記○次曰諱敬中號鶴灘宣廟癸酉中生員隱居不仕以文學名世敎授湖嶺之間時人至以鄭蘂城王文中比之

先生卜居于縣西鼎谷里因自號曰鼎谷

神宗顯皇帝萬曆四年丙子我宣祖九年

先生二十八歲 是歲進士試中司馬二等第四人所製木馬賦武溪深詩膾炙一世士皆傳誦西平韓公浚謙語人曰此唐人語也木馬賦見伏武溪深詩見上

先生嘗遊泮宮謁退溪李文純公講論顏子克己復禮不遷怒不貳過無伐善無施勞及周濂溪太極圖說辨論皆切當文純公深加稱賞後語于思庵朴相公淳曰

左右就養無所不備兄弟四人長枕大被盡其友于之道怡怡洽好小無違戾鄉黨皆欽服焉

先生聘于慶州金氏之門參奉應星之女也 婚禮年月不能記故姑附於此

穆宗莊皇帝隆慶四年庚午 我宣祖昭敬大王三年

先生二十二歲 是歲十一月十三日丁外艱其執喪也一遵朱文公家禮參用禮記士喪禮柴毀哀戚之容人皆稱歎○ 先生兄弟四人皆以人望並登大小科世稱曹氏四鳳長曰諱閔中號樂乎堂 明宗丁卯中司馬 宣廟戊辰以孝廉除繕工監役出宰鴻尼兩縣言行篤實晝則點易夜則鳴琴風神灑落人皆景慕與奇高峯文憲公大升多有講磨之工云見高峯集○柳眉岩文節公希春嘗曰和順曹閔中之賢孝殁而訓養三弟有古人之風見眉岩日記 次日諱景中號碧松齋 明宗辛酉中生員後丁卯登文科歷兩銓郎

鼎谷遺集附錄卷之二

附錄

年譜

皇明世宗肅皇帝嘉靖二十八年己酉（我明宗恭憲大王四年）正月初二日先生生于和順縣祿邱里第諱大中字和字號鼎谷其先昌寧人也○妣夫人羅州鄭氏直長覲之女監察承賢之孫判書景武公軾之曾孫也

（謹按行狀曰先生天資甚高端粹剛直讀書專以窮格爲本慨然有志於古人爲己之學甫成童遊眉巖柳文節公門文節與論經義嘖嘖焉及論人心道心天理人欲之分援引程朱辨析甚明文節歛容稱善及長勵志劬學操守旣確踐履克篤焉又曰先生孝友出於天賦早喪嚴侍以未及奉養常爲至恨承順慈闈極其誠孝）

鼎谷遺集卷之一

之要讀中庸而得誠身之要詳觀於章句又觀於或問而曲暢旁通則其爲明理復初之道不外乎此故近講庸學隨讀而錄其所得以爲口訣一卷欲使初學者審其所以從事之方云爾

執中之謂也其曰擇善固執則精一之謂也其曰天命率性則道心之謂也就大學而言執中之道則其曰止於至善則執中之謂也其曰先正其心則道心之謂也嗚呼誠者中庸之樞紐也敬者大學之樞紐也誠敬二者實爲羣聖貫道之要而後人之欲學聖道者亦當從事於誠敬也前聖後聖其揆一也而要其歸則皆歸於執中之道欲求執中之道則道在邇而不必求諸遠也大易所謂父父子子兄兄弟弟夫夫婦婦而家道正矣以太極言之則人人有一太極而太極便是性也中也聖人定之以中正仁義而立人極者在是矣用力於此學者須讀大學而得明善

謹按全州 大成殿上樑文鄭賊汝立所製也 王是時將改撰先生以全羅都事巡到萬頃監司關到位牌移安告祭文製送催促甚急先生操筆立就云云

序

庸學口訣序

執中之道堯舜禹三聖之所以授受而至夫子時又發明於論語之書先聖相傳之旨訣于是可見也大學不言性而朱子之序大學言性而補之中庸不言心而朱子之序中庸言心而詳之至於周子太極圖說但言中正仁義與主靜而朱子註其說言敬以補之亦大學正心章章句言敬之餘意也就中庸而言執中之道則其曰君子時中則

日字而缺乎李郎前亦未修書送息奉蘋於 貴門尙不見踈

感激之情雖地下可忘可忘

庚寅三月十三日弟大中訣 押謹封

祭文

全州 大成殿 位牌移安告祭文

痛哉亘猾早盜盛名剽竊經史欺惑俊英往在癸未改建

廟楹惟上樑文逆竪所成操范暐筆逞李斯情日月幾何

涸辱神明幸賴 聖鉞陰討兇獰敦賊己照莽惡留釁多

士叫憤一國顔頳舉木可焚削墨則輕是用卜吉擲舊再

營敢先昭告庶無震驚云云

之事乎操亦頷之背恩負義人情之所共惡也好而知惡君子之所尚也云云詳見年譜

上家兄永訣書

云云 主上聖明天亦有知而弟今以自外至者抱冤而死雖曖昧極天實是命也奈何死後則必有一道公論然晩矣可笑順男多有學氣云死亦有慰須十分勸讀終作好人勿以我死而小弛也我死眞所謂命也愼勿歸咎於造言之人也一門之人恃我如十盲一杖終至於吞恨奈如之何 兄主須移居和順扶濟門戶如何念到妻子不知所言幸傳勿以不爲諺書爲恕也豈無地下相見之恐有

又自至丕應後志得行先王之道而得致先王之治猶反
手也每承求言之 教思效千慮之一得而惟此求賢之
事爲今日圖治之先務故敢陳芹曝之愚忱伏願
聖明深察焉

書

上李東巖 潑 書 別幅

相士者先觀其心不知其心而交之則後必有悔也以一
人而初謂孔子亞終謂誤國小人則何其愛憎之至此也
以胡康侯之賢尚不識秦檜之奸安知今世無此等人耶
昔曹操欲縊呂布之死昭烈曰明公不見丁建陽董太師

人有時習然後可以得其才設爲庠序學校申之以孝悌之教明之以仁義之道者此三代之所以作人也夫物不素蓄不可以需用器不豫具不可以猝辦畜田而自養植材而自庇理勢必然也養士有道必也明聖學闢異端然後士知所宗若不養之以正則雖其生質之美者亦將歸於汚下而無用矣經筵之上國學之中日講堯舜之道孔孟之書以是導率而凡老佛之近理亂眞者楊墨申韓之惑世誤人者永絕於言語文字之中不使爲吾道之病焉是爲養士之先務也善養苗者先去其害苗者善養樹者先除其害樹者此必然之理也如是作人則取用之際俊

精於先聖爲己之學者盖亦鮮矣先正臣趙光祖惟是之懼與金淨奇遵韓忠等相與協心請設賢良科其制也依倣於周代賢能之書漢朝孝廉之薦因此而得人則眞知實踐之儒明辨篤行之士庶幾可得而施爲至正復古之治挽古之俗不難矣以此而風厲學者則州序家塾之究經講道者皆知誠正修齊之本而人才之培養振作由是可致朝野臣民翹首瞻仰思見德化之盛而不幸中撤識者之慨然久矣欽惟　殿下篤於圖治勤於求賢苟行此制而取人則士趨皆正敎化日隆何患乎人才之不如古何憂乎治道之不若古乎且士有敎育然後可以得其賢

之賢也而未易知之雖或知之而取之不以其道用之不以其道則學古人之道而守其身者豈肯枉道而徇於人乎雖有其賢而知之不能用之不能不知其賢不用其賢而欲圖二帝三王之治則不亦難乎粤昔箕子之東也取人用人必以其道而厥後千餘載遂至貿貿羅代則以香徒而選人麗朝則以章句而取士以是得人豈得格致誠正之賢乎自我　聖朝立極以來治教休明取士用賢必以古法漸民以仁摩民以義節民以禮以崇正學淑人心爲先而世之爲學者皆知尊王賤霸然而俗儒記誦詞章之習猶未盡變訓子者或不知方誨人者或失其正而專

皆有所得矣

經筵進對說 對辭有人心道心對及仁說對而並佚

疏

請舉賢良疏

伏以爲國有道修己安民而已矣安民有道仁以率之德以化之而已矣苟欲修己安民則在於養君德正君心苟欲養君德正君心則在於得賢而左右之夫以堯舜之至仁盛德猶求賢臣而贊襄后明臣正此其感應之理也爲君而孰不以堯舜之治爲期取人而孰不以稷契之臣爲待然而知人之賢不肖蓋亦難矣後世未必無稷契皐夔

所得言行慥慥日乾夕惕

論學

庸學口訣 全秩見佚

易說一條戒示學者

有曰易乾之象曰天行健君子以自彊不息坤之象曰地勢坤君子以厚德載物家人之象曰風自火出家人君子以言有物而行有恒君子體自彊不息之道以做日新之工體厚德載物之道以容人愛物究言有物行有恒之義以謹言行則庶幾可至於古人之學而參爲三才之道亦在其中矣凡學易者推類而盡其餘則於事物當然之理

敬義箴 附小叙

惟敬惟義一體相須如鳥雙翼如車兩輪表裏交資動靜
持循事必當理求之於仁以之準繩所由成人

銘

座右銘

一日工夫在於早起一年施爲作於春始百年事業啓於
幼齒持身如玉處心如水入孝出弟日用常行仁熟義精
本立道生學而希聖理究誠明仕而輔君志篤忠貞臨事
敬謹履薄奉盈審幾善惡口瓶意城自彊不息觀乎天德
定以中正是謂人極養性制情罔愆儀式常稽古訓必有

武溪深 萬曆丙子進士試入格

將軍鐵馬向南嘶塞草茫茫寒日沉艱難王事不遑寧路
阻缺 長愁難禁連雲武溪八雲橫武溪流水千丈深鳥不
渡腸已摧何人更吹蕭蕭音獸不臨頭欲自何人更起淒
淒心一聲高一聲低武溪水多毒淫一聲長一聲短武溪
水增幽陰聲聲八耳愁更苦鬢邊霜髮愁 蕭森三軍情問
何如溪萬曲山萬岑腰間一劒缺 蛟龍壯氣猶向南雲侵
武溪深武溪深胡令壯士轉爲吟

木馬賦 見佚

箴

梧山色暮雲中

臨終詩 庚寅三月十三日

丹心一片鬼神知 一云有誰知 未吐深冤恨死遲 地下若從比干 一云逢比 去孤魂含笑不須悲

七言律詩

上家兄永訣詩 庚寅三月十三日

無貳 君親一體心 南山隆厚漢江深 聖恩未報身先悴家訓猶思涕自淋 伯仲塤篪惟夢寐 中間鴻鴈阻書音悲腔一掬那堪說 只信天知在上臨

六七言古詩

鼎谷遺集卷之一

詩

五言絶句

誠明吟

天人同一極道在自誠明不必求諸遠愛親與敬兄

寒泉

冽彼寒泉水源源竟夜間令人深得省神舍有天君

七言絶句

洛東江聞笛 詳見年譜

洛東江上仙舟泛吹笛歌聲落晚風行客停驂聞不樂蒼

鼎谷遺集目錄

卷之四附錄

卷之三附錄

生員姜鳳覽等疏

三司合 啓

玉堂劄辭

三司合 啓

生員羅元吉等疏

儒生等疏 姓名佚

儒生羅德顯疏

前教授鄭詳疏

生員姜鳳覽等疏

經筵進對

儒生曺守弘疏

前別坐羅德峻等疏

前直長安重默疏

前察訪吳益昌等疏

儒生梁克遴等疏

前參奉崔弘宇等疏

儒生韓浩等疏

進士李潭等疏

前禁府都事羅德潤疏

大臣收議

卷之二附錄

庸學口訣 全秩佚

易說二條戒示學者

經筵進對 對辭有人心道心對及仁說對云而並佚

疏

請舉賢良疏

書

上李東巖瀣書 別幅

上家兄永訣書

祭文

全州 大成殿 位牌移安告祭文

五賢遺集卷之五

鼎谷遺集目錄

卷之一

詩

鼎谷遺集